Der Vestische Kreis
Ein Festival der Vielfalt

Ralf Rudzynski, Nils Rimkus

ISBN 978-3-86037-422-1

1. Auflage

©2010 Edition Limosa GmbH
Lüchower Straße 13a, 29459 Clenze
Telefon (0 58 44) 97 11 63-0, Telefax (0 58 44) 97 11 63-9
mail@limosa.de, www.limosa.de

Redaktion:
Ralf Rudzynski, Dr. Nils Rimkus

Fotos:
Umschlag vorne: Nils Rimkus (3), Ralf Rudzynski (2), Günter Kortmann,
Familie Niermann, Svenja Küchmeister, Stadt Haltern am See
Umschlag hinten: Ralf Rudzynski (7), Nils Rimkus (2), Stadt Gladbeck,
Andreas Molatta, Stadtwerke Herten

Satz und Layout:
Zdenko Baticeli, Lena Hermann, Christin Stade

Korrektorat:
Anette Clar

Unter Mitarbeit von:
Bernhard Steingaß, Dr. Peter Kruck, Daniel Maiß,
Doreen Rinke, Ulrike Kauber, Carmen Baum

Medienberatung:
Ralf Rudzynski

Gedruckt in Deutschland.
Der Inhalt dieses Buches ist auf säurefreiem, alterungsbeständigem Papier gedruckt,
hergestellt aus chlorfrei gebleichtem Zellstoff aus FSC-zertifiziertem Holz.

Alle in diesem Buch enthaltenen Angaben, Daten, Ergebnisse usw. wurden nach bestem Wissen erstellt und mit größtmöglicher Sorgfalt überprüft. Dennoch sind inhaltliche Fehler nicht völlig auszuschließen. Daher erfolgen die Angaben und Hinweise ohne jegliche Verpflichtung oder Garantie des Verlages, des Herausgebers oder der Autoren. Diese übernehmen deshalb keinerlei Verantwortung für etwa vorhandene Unrichtigkeiten.

Das Werk einschließlich aller seiner Teile ist urheberrechtlich geschützt. Jede Verwertung außerhalb der engen Grenzen des Urheberrechtsgesetzes ist ohne Zustimmung des Verlages unzulässig und strafbar. Das gilt besonders für Vervielfältigungen, Übersetzungen, Mikroverfilmungen und Einspeicherung und Verarbeitung in elektronischen Systemen.

Ralf Rudzynski · Nils Rimkus

DER VESTISCHE KREIS

Ein Festival der Vielfalt

(Karte und Wappen: © Kreis Recklinghausen)

Der Vestische Kreis – ein Festival der Vielfalt

Auf Entdeckungsreise durch zehn Städte, die eine treibende Kraft für die Region sind

Veränderungen im Laufe der Jahrzehnte: Der Münsterplatz in Castrop-Rauxel früher und heute. (Foto: © Stadt Castrop-Rauxel/Ralf Rudzynski)

Gute Unterhaltung beim Spaziergang durch das Vest. (Foto: © Yvonne Köhler)

Seit der kommunalen Neugliederung im Jahr 1975 bilden zehn Städte eine Gemeinschaft: den Vestischen Kreis. Man verrät kein Geheimnis, wenn man daran erinnert, dass die Verbindung dieser Kommunen anfangs eher einem Zweckbündnis glich, denn auf gegenseitige Liebe stieß. 35 Jahre später gibt es zwar immer noch hier und da einige Ressentiments, doch der gemeinsame Gedanke rückt zusehends in den Vordergrund. Der Vestische Kreis wächst zusammen. Und das ist gut so.

In den Rathäusern hat sich längst das Bewusstsein durchgesetzt, dass jede einzelne der zehn Städte noch stärker wird, wenn alle zusammen als eine starke Einheit auftreten: Als der Vestische Kreis, der in vielen Bereichen beachtliches Potenzial besitzt, das wahrscheinlich erst zu einem kleinen Teil ausgeschöpft wird.

Eine echte Alternative: Urlaub im Vest

Ein zukunftsweisendes Beispiel ist der Tourismus. Von Castrop-Rauxel bis Waltrop gibt es viele Sehenswürdigkeiten, die einen Besuch lohnen. Längst haben Reiseveranstalter diese Region für sich und ihre Kunden entdeckt. Die Initiative »GOVEST – Entdecke den Kreis« gibt ebenfalls viele interessante Tipps und Informationen über schöne Ecken und lohnenswerte Ziele. Auch das Buch »Der Vestische Kreis« nimmt Sie mit an Orte und Plätze, die der eine gerne einmal kennen lernen und der andere liebend gerne noch einmal besuchen möchte.

Der Schleusenpark in Waltrop, die Mühle in Sythen, die Halde Hoheward in Herten, die Maschinenhalle in Zweckel, das Jüdische Museum in Dorsten oder diverse Altstädte sind nur einige von ungemein vielen Anziehungspunkten. Darüber hinaus gibt es noch so viel im Vest zu entdecken, dass man sich durchaus überlegen sollte, seinen nächsten Urlaub auf Entdeckungsreise in der heimischen Region zu verbringen. Warum in die Ferne schweifen, wenn das Gute liegt so nahe?

Eindrücke und Befindlichkeiten

Nicht von ungefähr trägt dieses Buch den Untertitel: »Ein Festival der Vielfalt.« Diese Vielfalt ist allenthalben zu spüren und zu sehen. Sie bezieht sich auf die Möglichkeiten der Freizeitgestaltung und die Sehenswürdigkeiten ebenso wie auf die Angebote aus Kultur und Sport. Und vor allem auf die zehn Städte selbst, die allesamt einen

Auch für Radfahrer und Pferdefreunde ist der Vestische Kreis ein Paradies. (Foto: © Günter Kortmann)

eigenen Charakter haben und sich mal in Nuancen, mal ganz deutlich unterscheiden.

In Castrop-Rauxel, Datteln, Dorsten, Gladbeck, Haltern, Herten, Marl, Oer-Erkenschwick, Recklinghausen und Waltrop leben circa 640 000 Menschen. Sie stehen für den bevölkerungsreichsten Kreis Deutschlands. Da sind Unterschiede zwangsläufig. Schon alleine wenn man bedenkt, dass zwischen Rhade im Westen und Elmenhorst im Osten rund 60 Kilometer liegen, und die Nord-Süd-Achse von Lavesum bis Hochlarmark etwa auf 30 Kilometern durch den Vestischen Kreis verläuft.

Von den Bürgern mitgestaltet

Dieses Buch nimmt Sie nicht nur mit auf eine Reise durch zehn Städte, sondern zudem durch zahlreiche, früher zum Teil eigenständige Gemeinden, die allesamt ebenfalls ihren ureigenen Charakter haben. Diese Unterschiede glauben wir, herausgearbeitet zu haben. Nicht zuletzt dank der Hilfe der Städte, vieler Heimatvereine und vor allem vieler Bürger vor Ort. Sie haben uns bei der Ausarbeitung der Texte mit wichtigen Informationen unterstützt und zudem ihre Eindrücke und Befindlichkeiten geschildert, die in den jeweiligen Kapiteln auch zum Ausdruck kommen.

So ist ein Buch entstanden, das von den Menschen, die im Vestischen Kreis leben, entscheidend mitgestaltet worden ist. Dadurch findet sich jeder wieder, wobei die Unterschiede und Eigenheiten respektiert und gewahrt bleiben. Ein Rhader wird nicht zwingend zum Dorstener gemacht, ein Oberwieser nicht zum Waltroper, ein Sythener nicht zum Halterner.

Abstecher in die Historie

Selbstverständlich gibt es einen Abstecher in die Geschichte. Was ist das Vest? Wie kommt dieser Begriff zustande? Warum gehören Castrop-Rauxel und Gladbeck dazu, Bottrop und Buer aber nicht mehr? Dies sind gerade mal drei von unzähligen Fragen, auf die dieses Buch die passenden Antworten parat hat. Das Vest hat eine alte Geschichte – tauchen Sie mit ein.

Weitere Facetten, die beleuchtet werden, sind die Spuren des Bergbaus, die an viel mehr Stellen zu erleben sind, als man auf den ersten Blick annehmen mag; zum Beispiel bei einer Wanderung auf die Halde Hoheward in Herten. Der Vestische Kreis ist auch die Schwelle zum grünen Münsterland und ein Paradies für Pferdesportler mit Sattel, Sulky oder Kutsche.

Unternehmen öffnen ihre Türen

Abgerundet wird dieses Nachschlagewerk durch die Vorstellung ausgesuchter Unternehmen, die charakteristisch sind für ihre Stadt oder den gesamten Kreis. Dabei macht es keinen Unterschied, ob es sich um ein kleines Handarbeitsgeschäft in der Recklinghäuser Altstadt oder den Chemiepark Marl handelt.

Viele Betriebe haben ihre Türen geöffnet und die Chance genutzt, sich auch einmal aus einer eher unbekannten Perspektive zu präsentieren. Wer wollte nicht schon längst mal einen Blick hinter die Kulissen und Fassaden werfen, die Historie vieler Traditionsunternehmen kennenlernen und viele andere interessante Details erfahren? Details von Firmen, die ebenfalls dazu beitragen, dass der Vestische Kreis und mithin zehn Städte eine treibende Kraft für die gesamte Region sind.

Ralf Rudzynski   Dr. Nils Rimkus

Sehenswert: das Jüdische Museum in Dorsten. (Foto: © Nils Rimkus)

Auch die zahlreichen Wasserstraßen gehören zu den wichtigen Lebensadern der Region. (Foto: © Ralf Rudzynski)

Inhalt

Der Vestische Kreis – ein Festival der Vielfalt 4

Typisch Vest

Ein Kreis voller Vielfalt und Lebensqualität........................ 8
Der Größte im Kreise der Kreise 9
Das Vest Recklinghausen – ein vitales Relikt mit Zukunft........ 10
Bottrop und Buer: Vestisches Stammland........................... 14
Partner der Städte – im Dienste der Bürger........................ 16
Zu Wasser, zu Lande und in der Luft 18
»Das Auto ist des Menschen liebstes Kind« 22
Auf dem Drahtesel zum Dahlenkamp............................... 23
Schützenfeste, Karnevalsumzüge und andere Bräuche 24

Von Castrop-Rauxel bis Waltrop

Von Gegensätzen und Gemeinsamkeiten 26
In Castrop-Rauxel lebt der europäische Gedanke................ 28
Die Altstadt hat sich fein herausgeputzt 30
Wie kommt Irland nach Castrop-Rauxel? 32
Kaleidoskop der grünen Stadtteile 34
Europas »Sprungschanze« steht in Castrop-Rauxel 35
Der Bergbau hat Rauxel und Ickern verbunden 38
Schloss Bladenhorst ist ein echter Hingucker...................... 39
Wichtiger Standort für den Pferderennsport 40
Das Dorf ohne Kirchturmspitze 41
»Ich liebe Datteln!« 42
Die Wasserstraßen haben neue Perspektiven eröffnet 43
Bummeln auf der Hohe Straße
und ein Päuschen am Neumarkt 44
Datteln Süden ist geprägt von Industrie 48
Der Beisenkamp gestern und heute 50
Im schönsten Niemandsland versteckt sich eine alte Freiheit.. 51
Wenn Ahsen in einem Meer aus Grün und Weiß versinkt..... 52
Traditionsreiche Vielfalt an Facetten und Mentalitäten.......... 54
Das Herz der Stadt schlägt an der Lippe 55
Schweben über Lippe und Kanal 56
Erdige Landwirtschaft und Wohnen am Wasser 57
Ein Stadtteil, in dem zwei Herzen schlagen........................ 58
Das grüne Juwel am Nordrand des Ruhrgebiets 60
Angenehmes Dorfleben mitten im Grünen 61
Zwischen »Muna« und Mühle 61
Wulfen – Stadtteil mit zwei Gesichtern 64
Gebaut für eine Zukunft, die sich nie erfüllte...................... 65
Bewegte Geschichte zwischen Rom und Baldur 66
Schon seit Jahrhunderten eine Einheit 70
Hände weg von Gladbeck... 71
»Wär' doch gelacht, wenn wir das nicht hinkriegen« 72
Einmal Bergbau und zurück 74
Zweckel und Schultendorf... 76
Zukunftstechnologien wurden gezielt angesiedelt 78
Ein guter Ort für Unternehmer 79
Ein Stadtteil putzt sich raus 80
Alter Ortskern und pfiffige Sanierungsideen 81

Die romantische Sythener Mühle ist eine von unzähligen Sehenswürdigkeiten, die der Vestische Kreis zu bieten hat. (Foto: © Ralf Rudzynski)

Die faszinierende Ausstrahlung
macht Haltern am See so attraktiv 82
An Rom vorbei in die historische Altstadt 84
Haltern und der Stausee sind seit 2001
endgültig untrennbar 86
Auch in Holtwick blüht die Heide...................................... 87
Der besondere Charme von Sythen »mit i« 88
Schloss und Mühle sind ein Blickfang 89
Wenn am Dachsberg der Meiler glüht 92
Der kleine Stadtteil mit dem großen Schatz 93
Per Hammelsprung nach Haltern 94
Die Zukunft wird erschlossen 96
Lebhaft und lebensnah – die City 98
Glashaus belebt die Innenstadt... 99
Schmuckkästchen »Altes Dorf«.. 100
Herta, Schlägel & Eisen und die SG 102
SV Vestia musste umziehen 103
Wo der Spargel zählt 104
Halden als Zeichen des Wandels 105
Vielseitig, freundlich, spannend: Marl,
die Industriestadt im Grünen 108
Brassert und Hüls: »Schöner Wohnen« für die Kumpel 110
Ohne die »großen Drei« kein modernes Marl 112
Der VfB Hüls: Eine Institution in Marl 112
Neue City: Nicht durchweg geliebt –
aber durchweg spannend.. 114
Von »Bereitschaft« bis »Känguru« –
Siedlungen erzählen Drewers Geschichte.......................... 115
»Alt-Marl ist im Prinzip ein Dorf geblieben« 118
Das Städtchen in der Stadt 119
»Wir haben hier ein starkes soziales Netz« 119
Zwischen Moschee und Sickingmühle,
Ballonstartplatz und Haard 120
Oer-Erkenschwick hat den Wandel geschafft..................... 122
Mit der Zeche Ewald-Fortsetzung
begann 1899 ein neues Zeitalter 123
Vom »Eichenhof« zum eigenen Stadtteil 124
Als Oer noch Münsterland und Erkenschwick
schon Ruhrpott war 125
Alles dreht sich um den Stimberg 127
Die Minikicker und der VfL Bochum 127
Ein unverwechselbares Profil durch die Neue Mitte 128

Der Stadtteil mit den drei Gesichtern	132
Ihre Gelassenheit zeichnet die »Hauptstädter« aus	136
Die Engelsburg – ein Juwel in der Altstadt	137
Recklinghausens Bürger tragen ihre Stadt auf Händen	138
Wenn die ganze Stadt den Hügel erklimmt	140
Hillen ist das Zentrum des Kreises	146
Speckhorn und Bockholt verbinden Stadt mit Land	148
Klärchen, König Ludwig und ein Kurort	150
Wo die Wiege der Ruhrfestspiele steht	155
Elvira Rosadzinski: »Waltrop ist eine interessante Stadt«	156
Als man die Innenstadt noch Unterdorf nannte	158
Ein Tänzchen am Schleusenpark	160
Über den Zebrastreifen von Datteln nach Waltrop	161
Von der alten Kolonie in die »Koreasiedlung«	162
Die Zeche Waltrop im Wandel der Zeit	164
Der Osten ist Waltrops starker Industriestandort	166
Über 400 verschiedene Kräuter auf einem Fleck	167

Kultur im Vestischen Kreis

Kultur im Vestischen Kreis – Synonym für Aufbruch und Zukunft	170
»Kohle für Kunst – Kunst für Kohle« ein Akt der Solidarität	172
Kevin Spacey, Jeff Goldblum & Co.	174
Große Bühnen, freche Kleinkunst	175
Geschätzt für kritische Medienschau	176
Seismograf für Qualität im deutschen Fernsehen	177
Beeindruckende Auswahl auf hohem Niveau	178
Kunst zum Mitnehmen	179
Aufklären, interessieren, aktivieren	180
Von RZ bis Radio Vest – stets gut informiert	181
Musik liegt in der Luft: Von Klassik bis Pop	182
Das ROR rockt die Bühne	183
Feiern, Freude und Spektakel	186

Wirtschaft im Vestischen Kreis

Auf dem Sprung in eine neue industrielle Ära	188
Motoren der Wirtschaft	190
Von CWH zu ChemSite – beispielhafter Strukturwandel	192
Erfolgsmodell ChemSite	193
Die Letzte ihrer Art	194
Landwirtschaft ist Wirtschaftskraft	196

Bunt geht es zu auf den vielen Märkten, wie hier im Recklinghäuser Süden. (Foto: © Ralf Rudzynski)

Die Landwirtschaft gehört nach wie vor zu den wichtigsten Wirtschaftszweigen im Vestischen Kreis. (Foto: © Ralf Rudzynski)

Gesundheit und Pflege im Fokus	198
Energiegeladen in die Zukunft	199

Erleben & genießen

Spannende Kontraste zwischen Natur und Kultur	200
Das Beste aus zwei Welten	202
Im Vest ist der Weg das Ziel	204
Die pure Romantik	208
Einfach monumental	212
Sandstrände, Startbahnen und Strandbars	214
Natur erleben – das pure Vergnügen	216

Sport im Vestischen Kreis

Die Amateure bringen im Vestischen Kreis erstklassige Leistungen	220
Lass den Kommissar doch sausen, freitags Traben in Recklinghausen	222
Sternstunden auf der Hillerheide	224
Herten lässt die Pferde traben	225
44 Reitvereine bilden eine starke Basis	226
Wenn die Hertener Löwen auf Korbjagd gehen	227
»Im Vest gibt es Fußball zum Anfassen«	228
Das Vest in der Fußball-Bundesliga	230
Das wichtige Angebot der BRSG Haltern	232
Tennisranch Elmenhorst: Gelebte Integration	232
Jeder Vierte ist Vereinsmitglied	233

Unternehmensregister	234
Orts-, Personen- und Sachregister	236
Herzlichen Dank!	238
Die Autoren	239

> Bei den Beiträgen mit **blauen** Überschriften handelt es sich um (Selbst-)Darstellungen der Protagonisten dieses Buches.
> Die mit **roten** Überschriften versehenen Beiträge sind redaktionelle Darstellungen zu verschiedenen Themen.
> Bildmaterial der Beiträge mit **blauen** Überschriften, wurde dem Verlag von den Protagonisten des Buches ohne Bildautoren-Nennung zur Verfügung gestellt. Bilder der im Buch vertretenen Institutionen und Protagonisten sind demnach von diesen geliefert und verantwortet.

Typisch Vest

Eigenwillige Schönheit: der Kreis Recklinghausen zwischen Ruhrgebiet und Münsterland. (Foto: © Svenja Küchmeister)

Ein Kreis voller Vielfalt und Lebensqualität

Zehn Städte zwischen Natur und Kultur, Freizeitspaß und Wirtschaftskraft

Der Kreis Recklinghausen ist ein besonderer Kreis. Zehn starke Städte machen ihn zu einem außergewöhnlichen Zusammenschluss, der den Menschen, die dort leben, aber auch Besuchern aus aller Welt viel zu bieten hat.

Beliebt bei Einwohnern wie Auswärtigen ist die Halde Hoheward. Sie ragt im Städtedreieck zwischen Herten, Recklinghausen und Herne gen Himmel. Wer sie erklimmt, wird vom Horizontobservatorium aus mit einer eindrucksvollen Aussicht über das gesamte mittlere Ruhrgebiet für die Mühen des Aufstiegs belohnt. Fördertürme inmitten des Grüns geben Zeugnis von der Bergbauvergangenheit der Region. Die Schalke-Arena ist zum Greifen nah, und auch die Hochhäuser der Essener Innenstadt, das Tetraeder auf der Halde in Bottrop oder der Gasometer in Oberhausen scheinen plötzlich nur noch einen Steinwurf entfernt.

Vom Haldenplateau aus sieht man auch, wie grün der Kreis Recklinghausen ist. 19 000 Hektar sind Wald. Hinzu kommen 29 000 Hektar landwirtschaftlich genutzte Fläche. Wer die Aussicht von oben kennt, wundert sich auch nicht mehr über 1000 Kilometer Wanderwege im Kreis, die über Wanderparkplätze gut erreichbar sind.

Das »westfälische Rothenburg«

Wer lieber auf historischen Pfaden wandeln möchte, findet zahlreiche Schlösser, alte Herrensitze und Burgen. Sehenswert ist das Alte Dorf Westerholt mit 58 meist denkmalgeschützten Fachwerkhäusern. Alte Inschriften in den Holzbalken, liebevoll gestaltete Vorgärten und schmale Gassen zwischen den weiß-schwarzen Häusern hindurch machen den Spaziergang durch dieses »westfälische Rothenburg« zu einem spannenden Erlebnis.

Ein ganz anderes Gesicht zeigt der Vestische Kreis in Haltern am See. Der Name verrät es schon: Haltern hat viel Wasser und ist damit vor allem im Sommer Anziehungspunkt für alle Sonnenhungrigen, die das Wasser in den Silberseen dem Freibad vorziehen. Auch landschaftlich setzt sich Haltern am See von den anderen Kreisstädten ab – und trägt daher auch den liebevollen Beinamen »Das Tor zum Münsterland«.

Kulturelle und wirtschaftliche Stärken

Weithin bekannt sind auch die kulturellen Highlights im Kreis Recklinghausen. Die Ruhrfestspiele locken ab dem 1. Mai international bekannte Schauspieler auf die Bühne und ein begeistertes Publikum aus dem ganzen Ruhrgebiet an verschiedene Aufführungsorte. Das Grimme-Institut sorgt mit der Verleihung des Grimme-Preises jedes Jahr für ein riesiges Medienaufkommen in Marl.

Auch wirtschaftlich haben sich unterschiedliche Schwerpunkte im Kreis herausgebildet. Die prägende Ära des Bergbaus ist vorüber, wenn auch in Marl mit Auguste Victoria eine letzte Zeche das schwarze Gold fördert. Dafür sind die Bereiche, die im Verbund mit der Kohle groß wurden,

Verkörpert eindrucksvoll den Strukturwandel im Kreis: das Horizontobservatorium auf der Halde Hoheward. (Foto: © Svenja Küchmeister)

Feste versteht man zu feiern, wie hier eine Schlosspark-Illumination. (Foto: © Svenja Küchmeister)

als Kompetenzfelder der Region ausgewiesen: Chemie und Energie. Dazu kommen zwei weitere, recht moderne Bereiche: die Gesundheitswirtschaft – der größte Arbeitgeber im Kreis! – und der Tourismus. Daneben spielt aber weiterhin das klassische, vorindustrielle »Kompetenzfeld« eine wichtige Rolle: die Landwirtschaft. Spargel, Kartoffeln, Erdbeeren – wussten Sie, dass der Vestische Kreis für diese und weitere Gemüse- und Obstarten eine der größten und wichtigsten Anbauregionen in Deutschland ist?

Besonderheiten und liebenswerte Ecken

Ob Castrop-Rauxel, Datteln, Dorsten, Gladbeck, Haltern am See, Herten, Marl, Oer-Erkenschwick, Recklinghausen oder Waltrop – jede der zehn kreisangehörigen Städte hat ihre ganz eigenen Sehenswürdigkeiten, Besonderheiten und liebenswerten Ecken, die es sich zu erkunden lohnt. Zusammen bilden sie den Kreis Recklinghausen, den Vestischen Kreis. Eine Einheit, die trotz aller Vielfalt gemeinsam stark ist für die Region und die Menschen, die dort leben.

Svenja Küchmeister

Der Vestische Kreis ist eine wichtige Anbauregion – auch für Erdbeeren. (Foto: © Daniel Maiß)

Idyllisch: das Alte Dorf Westerholt. (Foto: © Svenja Küchmeister)

Der Größte im Kreise der Kreise
Zahlenspiele zum Kreis Recklinghausen

640 000 Einwohner sind nicht zu überbieten: Der Kreis Recklinghausen ist der größte Kreis aller 301 – anderswo meist Landkreise genannten – Kreise Deutschlands. Die Kreise zusammen teilen sich rund 96 Prozent des Bundesgebiets und versammeln 68 Prozent der Bevölkerung auf sich. Meist leben in den Kreisen zwischen 100 000 und 200 000 Menschen, aber es gibt Ausnahmen. Die eine ist, wie erwähnt, der Vestische Kreis. Dann gibt es die 2001 gegründete Region Hannover mit 1,1 Millionen Einwohnern. Die hat zwar den Landkreis Hannover geschluckt, aber auch einen Sonderstatus, weshalb sie nicht wirklich als Kreis zählt. Der kleinste Landkreis ist Lüchow-Dannenberg in Niedersachsen, der knappe 50 000 Einwohner zählt. Neben den Kreisen gibt es in Deutschland noch 112 kreisfreie Städte.

30 Kreise in Nordrhein-Westfalen (NRW)

Nahezu 60 Prozent der Einwohner NRWs, des bevölkerungsreichsten Bundeslandes, leben in einem der 30 Kreise des Landes. In Zahlen sind das rund 11 Millionen von insgesamt 18 Millionen Nordrhein-Westfalen. Die NRW-Kreise bedecken rund 90 Prozent der Landesfläche – den Rest von Bevölkerung und Fläche teilen die 23 kreisfreien Städte unter sich auf. Logischerweise ist der Vestische Kreis der größte Kreis in NRW, der kleinste ist der Kreis Olpe mit etwa 140 000 Einwohnern. Dafür ist der Kreis Olpe einer der wenigen Kreise in NRW, der seit seiner Gründung im Jahr 1817 nahezu unverändert geblieben ist. Auch die Gebietsreformen der 1970er Jahre, die den Kreis Recklinghausen stark veränderten, sind am Kreis Olpe vorübergegangen.

Nils Rimkus

Sitz der Kreisverwaltung ist Recklinghausen. (Foto: © Nils Rimkus)

Zehn Wappen für zehn Städte – und in der Mitte das Kreiswappen. (Foto: © Nils Rimkus)

Typisch Vest

Das Vest Recklinghausen – ein vitales Relikt mit Zukunft

Ein Blick in die Geschichte des Kreises

»Cöllnische Grafschaft Recklinckhusen im West.« Ausschnitt aus einem Werk von Nicolaus (Claes) Janszoon Visscher II. (1618 bis 1679), das in Amsterdam um 1650 erschien. (Vorlage: © Vestisches Museum/ Haus der Geschichte Recklinghausen)

Viele Jahrhunderte war das spätere Vest von Germanen besiedelt. Die frühen Strukturen als gerichtlich-räumliche Einheit entstanden wohl schon unter den Sachsen.
(Foto: © Varusschlacht im Osnabrücker Land GmbH. Museum und Park Kalkriese)

Erzbischöfe betrieben Landesausbau

Um 1200 begannen die Kölner Erzbischöfe mit dem inneren Landesausbau, wozu zwei Städtegründungen – Recklinghausen 1236, Dorsten 1251 – und der Aufbau eines Netzes von Pfarr- und Rektoratskirchen gehörten. Ein eindrucksvolles Zeugnis für die Entfaltung ihrer Macht ist die Propsteikirche St. Peter in Recklinghausen. Die »Mutterkirche« des Vest wurde 1247 auf den abgebrannten Gemäuern der Kirche errichtet, von der aus ab etwa 800 die Missionierung der Region betrieben wurde.

Eine Urkunde aus dem Jahr 1305 – die älteste Quelle für das vestische Ministerialensiegel mit dem thronenden Heiligen Petrus – bezeichnet das Vest als iudicium Riklenkhusen, und eine Klageschrift von 1336 verwendet erstmals den

Mit dem »Vest« ist es eine eigenartige Sache: Die meisten Bewohner des Kreises Recklinghausen wähnen sich wie selbstverständlich im »Vest« wohnhaft. Das seit 1991 für den Kreis sendende Lokalradio wählt »Vest« zum Namensteil und wird keinen Tag müde zu betonen, dass es im, über und für das »Vest« informiert. Der Kreis selbst nennt sich seit 2006 ganz offiziell auch »Vestischer Kreis«. Diese Beispiele bezeugen eine Vitalität des Begriffs »Vest«, die nachgerade erstaunlich ist. Denn das historische Gebilde dieses Namens ist bereits vor 200 Jahren untergegangen.

Das alte Vest war ein katholisch geprägtes Gebiet, das vom Hochmittelalter bis 1803 eine politische Einheit bildete. Als Vest bezeichnete man um 1300 einen Gerichts- oder Rechtsprechungsbezirk. Er hat sich im Fall Recklinghausens auch umgangssprachlich erhalten, während andere »Veste«, wie das Vest Gummersbach oder das Vest Lüdenscheid, längst untergegangen sind. Diesen Gerichtsbezirk zwischen Emscher und Lippe gab es womöglich schon unter den Sachsen, und er blieb als gerichtlich-räumliche Einheit erhalten, als Karl der Große (747/748 bis 814) die Sachsen unterwarf und sie gewaltsam christianisierte. Seit karolingischer Zeit oblag dem Erzbistum Köln die kirchlich-geistliche Hoheit über das Vest, und diese bauten die Kölner Oberhirten über mehre Jahrhunderte mehr und mehr auch zu einem weltlichen Herrschaftsraum aus. Das gelang aus verschiedenen Gründen. Einer neben wichtigen anderen war, dass die Kölner über die Zeit Gerichtsbefugnisse bündelten, bis sie die flächendeckenden Hochgerichtskompetenzen ausübten: Wer im Mittelalter herrschen wollte, benötigte als entscheidendes Instrument nämlich die Gerichtsbarkeit über Land und Leute.

Das Vest war streng katholisch, wie hier die Marienstatue am Wasserschloss Herten bezeugt.
(Foto: © Nils Rimkus)

Die Vestische Straßenbahnen GmbH

Wir fahren Linie – steigen Sie ein

Die Busse der Vestischen Straßenbahnen GmbH gewährleisten auf einer Fläche von etwa 899 Quadratkilometern die Mobilität ihrer Kunden. Die komplette Flotte ist barrierefrei. (Foto: © Vestische Straßenbahnen GmbH)

Die Vestische Straßenbahnen GmbH, besser bekannt unter dem Kürzel »die Vestische«, bietet ihren Kunden umweltverträgliche Mobilität. Auf insgesamt 103 Linien verbindet das Nahverkehrsunternehmen der Emscher-Lippe-Region Städte, erschließt Wohnquartiere oder bietet schnelle Wege in die Zentren. Nachtschwärmer, die am Wochenende unterwegs sind, wissen die Nacht-ExpressLinien zu schätzen.

Das Verkehrsgebiet der Vestischen erstreckt sich über eine Fläche von etwa 899 Quadratkilometern mit 897 000 Einwohnern. Geografisch reicht es von Haltern im Norden bis Herne im Süden und von Oberhausen im Westen bis Dortmund-Mengede im Osten. Damit ist die Vestische flächenmäßig einer der größten Verkehrsbetriebe Deutschlands. In vergangenen Jahren bewegten sich die Fahrgastzahlen auf einem erfreulich hohen Niveau. Allein im Jahr 2009 entschieden sich 63,5 Millionen Menschen für das umweltschonende Angebot der Vestischen.

Komplette Busflotte mit Niederflurtechnik

Vor allem in der Fortentwicklung der Fahrzeugtechnik hat die Vestische immer wieder Pioniergeist bewiesen. Bereits am 2. Juni 1988 fiel bei der Vestischen der Startschuss für den Einsatz von Niederflurbussen. Als erster Nahverkehrsbetrieb stattete das hiesige Nahverkehrsunternehmen eine Linie komplett mit stufenlosen Linienbussen aus, die heute aus dem Straßenbild moderner Städte nicht mehr wegzudenken sind. Heute ist die komplette Busflotte barrierefrei.

Aktuell verfügt die Vestische über 175 Komfortbusse. Dies sind immerhin mehr als 80 Prozent des gesamten Fahrzeugparks. Diese Linienbusse sind mit einer Klimaanlage ausgestattet, die in Verbindung mit getönten Scheiben den Fahrgästen im Sommer ein angenehmes Raumklima bietet und im Winter freie Sicht nach außen garantiert. Sie verfügen außerdem über eine Videoschutzanlage, die das Sicherheitsempfinden der Fahrgäste und des Fahrpersonals deutlich steigert. Ein weiteres Qualitätsmerkmal ist eine Rampe, die Rollstuhlfahrern und stark mobilitätseingeschränkten Menschen den Zugang zum ÖPNV auch da erleichtert, wo die Haltestellen noch nicht einen stufenlosen Einstieg ermöglichen.

Busfahren – prima fürs Klima

Die Vestische hat in den letzten Jahren die Verjüngung der Busflotte forciert. Sie leistet damit einen nachhaltigen Beitrag zur Reduktion der Abgasemissionen im Vest Recklinghausen. Ein Teil der in den Landesfarben grün-weiß-rot gestalteten Linienbusse verfügt über die zur Zeit weltweit saubersten Dieselmotoren und erreicht die Abgasstufe EEV, dem gegenwärtig anspruchsvollsten europäischen Abgasstandard für Busse und Lkw. Der Partikelausstoß – auch von Kleinstpartikeln – wird dabei fast vollständig eliminiert. Die Hälfte der Flotte der Vestischen fährt mit Euro-4-Motoren und besser.

Und was den CO_2-Ausstoß angeht, ist die Vestische bereits seit langem tipptopp unterwegs. In der Verkehrsspitze benötigen Linienbusse im Stadtverkehr pro Fahrgast sogar weniger als einen halben Liter Dieselkraftstoff auf 100 Kilometer. Für die CO_2-Emissionen bedeutet dies, dass jeder Fahrgast, der in der Rushhour anstelle des Autos den Bus nimmt, mehr als 90 Prozent CO_2 vermeidet. Ein nicht zu unterschätzender Beitrag zum Klimaschutz.

Seit Mai 2009 setzt die Vestische zwei Midi-Wasserstoffhybridbusse im Linienverkehr ein. Der »Zukunftssprit« ist Wasserstoff. Außer Wasser werden keine Emissionen produziert. Diese Busse rollen zu 100 Prozent schadstofffrei und besonders geräuscharm. Der Praxiseinsatz der Wasserstoffbusse, die von einer Brennstoffzelle angetrieben werden, ist ein wichtiger Schritt auf dem Weg, dass sich die Region auch überregional als Wasserstoffkompetenzzentrum etabliert.

Norbert Konegen

Natürlich kommt man mit der »Vestischen« auch zum Halterner Stausee. (Foto: © Vestische Straßenbahnen GmbH)

Seit Mai 2009 setzt die Vestische auch Midi-Wasserstoffhybridbusse im Linienverkehr ein. (Foto: © Vestische Straßenbahnen GmbH)

Beitrag von:
Vestische Straßenbahnen GmbH
Westerholter Straße 550 · 45701 Herten
Tel. (0 23 66) 18 60 · Fax (0 23 66) 18 64 44
info@vestische.de · www.vestische.de

Reisen wie in alten Tagen auf den alten Wegen: Kutschfahrt über den Napoleonsweg in der Hohen Mark. (Foto: © Nils Rimkus)

altniederdeutschen Begriff veste van Rekelinchusen. Als diese Dokumente entstanden, war der Prozess der Ausdehnung und Umwidmung geistlicher Hoheit zu weltlicher Herrschaft beendet.

Fast unüberwindliche natürliche Grenzen

Das alte Vest trennte sich im Westen durch eine zackenförmige Grenze vom Herzogtum Kleve. Sie verlief durch den Köllnischen Wald, durch den heute die B236 führt, und die Kirchheller Heide, westlich von Bottrop, Grafenwald, Kirchhellen und Dorsten. Im Osten sicherte bei Waltrop eine Landwehr zwischen Emscher und Lippe die Grenze zur Reichsstadt Dortmund. Im Norden bildete die Lippe die natürliche Grenze zum Fürstbistum Münster, im Süden die Emscher zur Grafschaft Mark. Beide Flussläufe waren umsäumt von nahezu undurchdringlichen Bruch- und Sumpflandschaften, die das Vest sehr wirksam abschotteten. Aber wo sie schützten, isolierten sie auch.

Am Rande der großen Ereignisse

So trafen die schweren Unwetter der Geschichte das Vest nicht immer mit voller Wucht, wenngleich ihre Verwüstungen schlimm genug waren: Hinterlegt von wiederkehrenden schrecklichen Pestepidemien, tobten Kriege wie der zwischen Kurköln und den Grafen von der Mark im 14. Jahrhundert und die Soester Fehde ein Jahrhundert später; es kam die 140 Jahre währende Verpfändung des Vestes ab den 1430er Jahren, in der das Land ausgelaugt und vernachlässigt wurde; die Truchsessischen Wirren um 1580 waren wie Vorboten der fürchterlichen Katastrophe des Dreißigjährigen Krieges, in der das Vest am Ende seinen katholischen Glauben behauptete und sich die Emscher als Konfessionsgrenze zur protestantisch-preußischen Grafschaft Mark etablierte.

Deutlich spürbar wurde die isolierte Lage des Vest beim Handel. Gab es innerhalb des Vest noch recht gute Ost-West-Verbindungen, führten nach Süden über die Emscher nur Knüppeldämme. Damit war es von Verkehrsadern wie dem Hellweg, die mit Händlern und Waren auch Reichtum und Aufstieg brachten, abgeschnitten. Dorsten und Recklinghausen wurden zwar Hansestädte, doch sie profitierten vom Fernhandel nie so stark wie andere westfälische Hansestädte.

Vom guten Leben unterm Krummstab

Am Ende der Kölner Zeit hatte das Vest sechs Jahrhunderte wie in einem Dornröschenschlaf verbracht. Es wies einen starken rheinisch-katholischen Einschlag auf, war landwirtschaftlich geprägt mit eingestreuten kleinen Ackerbürgerstädten und Dörfern, Bevölkerungszahl und -dichte hatten sich wenig verändert, die Infrastruktur war lückenhaft, das Wachstum bei Handel und Industrie bescheiden. Kritiker sprechen hier von Rückständigkeit, aber es wäre ungerecht, das Wirken der katholischen Oberhirten allein nach modernen Maßstäben, die den ökonomischen Fortschritt in den Mittelpunkt stellen, zu beurteilen. »Unterm Krummstab ist gut leben« lautete ein altes Sprichwort, und es deutet an: Die Lebensumstände der Vestaner waren vergleichswei-

Die Horneburg in Datteln war im Mittelalter eine der bedeutendsten Burgen im Vest. (Foto: © Stadt Datteln)

Stumme Zeugen der industriellen Revolution: die Türme der Zeche Auguste Victoria I/II in Marl. (Foto: © Nils Rimkus)

se gut. So war in geistlichen Territorien die Abgabenlast geringer, weil die Kirchenfürsten kleinere Armeen unterhielten, und die Verwaltung war nicht so ausufernd und kostspielig wie in anderen absolutistischen Fürstentümern.

Erst die Preußen, dann der Bergbau

Das Ende dieses alles in allem beschaulichen Daseins kam mit der Französischen Revolution und der Herrschaft Napoleons: 1803 wurde Kurköln im Zuge der Säkularisation aufgelöst. Nach einer kurzen Episode mit wechselnden Herrschaften ging das Vest 1816 im neuen Kreis Recklinghausen der preußischen Provinz Westfalen auf. Die Grenzen des Vest erweiterten sich um die Herrlichkeit Lembeck und erfuhren noch diverse kommunale Neuordnungen.

Die zielstrebigen Preußen waren es auch, die um 1840 die Äxte schwangen, den Emscherbruch durchschnitten und die erste Nord-Süd-Chaussee durchs Vest bauten. Es entstand der Abschnitt der Bundesstraße 51, der von Haltern über Recklinghausen nach Bochum führt. Aber dies alles war noch nicht die entscheidende Umwälzung. Das tatsächliche Ende der alten Zustände im Vest kam erst, als der Einzugsbereich des Kohlebergbaus den Hellweg verließ, in den

Symbol des Neuanfangs: die Ruhrfestspiele Recklinghausen. Bei einer Grubenfahrt lernen Fahrsteiger Hinsenkamp und die Betriebsräte Heuser, Klever und Müller von der Zeche »General Blumenthal« Mitglieder des Ensembles »Peer Gynth« kennen. (Foto: © Hermann Pölking/Archiv Ruhrfestspiele)

1860er Jahren die Emscher überschritt und am Ende des 19. Jahrhunderts die Lippe erreichte. Als Stichdatum eignet sich 1856: Mit den ersten Abteufarbeiten für die Zeche Nordstern – nomen est omen, denn sie galt als nördlichstes Bergwerk im Ruhrgebiet – erfasste das Industriezeitalter auch das Vest Recklinghausen und veränderte es von Grund auf.

Wandel kam explosionsartig

Zechenanlagen wurden zu Zentren einer nahezu chaotischen Landeserschließung. Den Schachtanlagen Clerget (1869) und General Blumenthal (1873) in Recklinghausen folgten Zechen in Gladbeck, Bottrop Datteln, Dorsten und anderswo. Darum herum vollzog sich explosionsartig der Prozess der Verstädterung und Industrialisierung, einhergehend mit einem dramatischen demografischen und sozialen Wandel, der seinesgleichen suchte im Deutschen Reich.

Der Zustrom von Arbeitsmigranten war gewaltig: Stadt und Kreis Recklinghausen wiesen innerhalb Deutschlands anfangs des 20. Jahrhunderts die höchsten Anteile polnischstämmiger Bevölkerung auf. Recklinghausen hatte zwischen 1300 bis 1800 eine Einwohnerzahl, die innerhalb der Eckwerte 1500 und 3000 pendelte. 1870 war die Einwohnerschaft schon auf 4665 gewachsen und stieg dann sprunghaft bis 1900 auf 34 019 an: Stadt- und Landkreis Recklinghausen verzeichneten damals die stärkste Wachstumsrate aller preußischen Gemeinden. Der Höchststand wurde im Mai 1963 erreicht mit 131 739 Einwohnern, um bis in die Gegenwart auf rund 120 000 abzu-

Jeder Krieg brachte Tod und Leid – aber die Menschen gaben nicht auf: Passionsspiele auf dem Kirchplatz vor der zerstörten Petruskirche in Recklinghausen 1948. Ein Jahr darauf begann der Wiederaufbau. (Foto: © Stadt- und Vestisches Archiv Recklinghausen)

Zuwanderer prägen die Geschichte des Kreises. Hier werden türkische Gastarbeiter angelernt. Das Foto entstand in Recklinghausen am 5. November 1965. (Foto: © Stadt- und Vestisches Archiv Recklinghausen)

Typisch Vest

Die Zukunft kann kommen: Sonnenaufgang über dem Vestischen Kreis. (Foto: © Svenja Küchmeister)

1912 folgte Buer, 1921 Bottrop und Gladbeck. Ende der 1920er Jahre gingen das Amt Horst und die junge Stadt Buer in der neuen Großstadt Gelsenkirchen auf, Stadt und Amt Haltern wurden hingegen dem Kreis Recklinghausen zugeschlagen. Die nächsten großen Veränderungen erfolgten mit der kommunalen Gebietsreform Mitte der 1970er Jahre. Hierbei stießen die kreisfreien Städte Recklinghausen, Castrop-Rauxel und Gladbeck wieder zum Kreis, der damit seine heutige Gestalt annahm und einen Kreisverband mit zehn Gemeinden bildete.

Die Zukunft gestalten

Im Sog der Industrialisierung entstand auf diese Weise der Kreis Recklinghausen, wie er sich heute darstellt: mit seinen grünen Zonen um Wohnsiedlungen und Stadtkerne, mit seinen Kultur-, Freizeit- und Bildungseinrichtungen, mit seinen Verkehrsadern aus Schienen-, Kanal- und Straßennetz. Aber eines ist anders geworden. Günther Röhrdanz schrieb 1979 im Buch »Der Kreis Recklinghausen«: »Das Vest steht auf der Kohle, es hat eine Bindung an die Kohle, und es ist auf der Kohle gewachsen. Auch in Zukunft wird die Kohle ihre Bedeutung behalten.«

30 Jahre später fördert Auguste Victoria in Marl als letzte Zeche noch das Schwarze Gold, doch ihre Tage sind gezählt. Das Vest wird deshalb nicht untergehen. Gewiss, der andauernde Strukturwandel fordert Einschnitte. Aber die Menschen im Vest zeigen tatkräftig wieder einmal ihre Grundhaltung: Schwierigkeiten sind dazu da, überwunden zu werden. Und so schließen sie das Kapitel Bergbau, eröffnen neue Berufs- und Arbeitsfelder, verfolgen neue Lebenspläne und denken stolz daran, dass es das Vest als historisch gewachsene Landschaft schon gab, lange bevor die erste Kohle gefördert wurde. Mit dem Vest ist es eben eine eigenartige Sache.

Nils Rimkus

Traditionspflege bereichert das Leben zwischen Emscher und Lippe. (Foto: © Svenja Küchmeister)

sinken. Während im Vest des Jahres 1818 etwa 28 900 Menschen lebten, sind es gegenwärtig rund 640 000!

Gebietsreformen als organisatorische Antwort

In den staatlichen und kommunalen Verwaltungen mühte man sich mittels verschiedener Gebietsreformen, die Entwicklungen planerisch in den Griff zu bekommen. 1901 wurde Recklinghausen aus dem Kreisverband ausgegliedert,

Bottrop und Buer: Vestisches Stammland

»Dorf am Hügel« wurde Großstadt

Bottrop geht zurück auf »Borthorpe«, was soviel wie »Dorf am Hügel« bedeutet. Die Siedlung wurde erstmals 1092 urkundlich erwähnt und erhielt 1423 das Marktrecht. Bottrop gehörte spätestens seit dem 14. Jahrhundert zum Vest und wurde dank seiner günstigen Lage ein bekannter Marktflecken: Hier trafen sich der sog. »Vestische Hellweg«, der von Recklinghausen ins Rheinland führte, und die Straße nach Dorsten. Als das

Prosper II mit dem Industriedenkmal Malakowturm und Fördergerüst. (Foto: © Stadt Bottrop)

Das Rathaus der Stadt Bottrop am Ernst-Wilczok-Platz. (Foto: © Stadt Bottrop)

Vest 1816 in der preußischen Provinz Westfalen aufging, blieb auch Bottrop dem neuen Kreis Recklinghausen zugehörig. Der Steinkohlebergbau begann hier mit der Zeche Prosper I im Jahr 1856, und damit begann auch das rasante Wachstum. Am 1. Januar 1921 schied die junge Kommune aus dem Kreis Recklinghausen aus und wurde kreisfreie Stadt.

»Freiheit« brachte Buer besondere Rechte

Buer taucht erstmals als »Puira« in einer Urkunde des Kölner Erzbischofs Heribert aus dem Jahr 1003 auf. Seit 1180 gehörte auch Buer zum Kölner Hochgerichtsbezirk zwischen Emscher und Lippe, aus dem bald das Vest hervorgehen sollte. Die Siedlung erhielt als »Freiheit« im Jahre 1448 stadtähnliche Rechte. Der weitere Weg ähnelt dem Bottrops: 1816 gelangte Buer in den preußischen Kreis Recklinghausen, 1856 läutete die Erschließung großer Steinkohlevorkommen

Weithin sichtbare Landmarke: das Bottroper Tetraeder. (Foto: © Stadt Bottrop)

das Wachstum zur Industriestadt ein. 1912 wurde Buer kreisfreie Stadt. Bereits 1926 überschritt die Einwohnerzahl die 100 000-Grenze, doch 1928 wurde Buer mit Horst und Gelsenkirchen zur Großstadt Gelsenkirchen vereint.

Nils Rimkus

»Gut, dass es die SONO gibt«

Seit 1934 kompetenter Ansprechpartner für Krankentagegeld- und Sterbegeldversicherungen

Der markante Eingangsbereich der SONO a.G. an der Hans-Böckler-Straße 51 in Bottrop. (Foto: © Ralf Rudzynski)

Die über 10 000 Mitglieder unterstreichen, dass die »Soziale Notgemeinschaft« nichts von ihrer Notwendigkeit eingebüßt hat – im Gegenteil: Auch heute kann man schneller in eine soziale Schieflage geraten, als man glaubt. Völlig unverhofft können eine längere Erkrankung oder ein Unfall das geregelte Leben aus der Bahn werfen und neben den gesundheitlichen Problemen auch finanzielle Schwierigkeiten entstehen lassen. Sechs Wochen lang übernimmt der Arbeitgeber im Krankheitsfall normalerweise die Lohnfortzahlung. Dann springt zwar die gesetzliche Krankenversicherung ein, doch sie übernimmt in der Regel nicht mehr als 70 Prozent des Bruttogehaltes.

SONO bedeutet soziale Notgemeinschaft

»Da können pro Monat ganz schnell 300 oder noch mehr Euro fehlen«, gibt Thomas Diesner, Vorstandsvorsitzender der SONO, zu bedenken und fragt: »Können Sie bei solchen Einbußen noch alle anfallenden Kosten wie Miete, eventuell Kredite oder allgemeine Lebenshaltung begleichen?« Eine Frage, mit der man sich auseinandersetzen sollte, bevor es zu spät ist. Denn es beruhigt ungemein, wenn man einen Partner an seiner Seite weiß, der genau diese Lücke abdeckt.

Durch Ulrike Steglich und Thomas Diesner von der SONO fühlen sich die Versicherten bestens betreut. (Foto: © Ralf Rudzynski)

Ähnliches gilt es für den Sterbefall zu bedenken, denn nichts kommt unerwarteter als der Tod. Wer dieses Thema nicht tabuisiert, sorgt frühzeitig mit einer Sterbegeldversicherung dafür, dass die Hinterbliebenen im Ernstfall nicht von den Kosten überrollt werden und gegebenenfalls sogar Abstand von einer würdigen Beerdigung nehmen müssen.

Für solche Fälle gibt es die SONO, die ihrem Grundsatz als soziale Notgemeinschaft alle Ehre macht. Denn die bei der Gründung am 1. Oktober 1934 festgeschriebenen Ziele haben nach wie vor Gültigkeit: Diese sind die Gewährleistung der sozialen Absicherung im Krankheitsfall sowie die Sicherung der anfallenden Kosten im Todesfall.

Der Versicherungsverein auf Gegenseitigkeit hat sich nicht nur unter den Bergleuten, in deren Interesse er einst entstanden ist, einen guten Namen gemacht. Die Aussage, »gut, dass es die SONO gibt«, drückt seit Jahrzehnten die Erleichterung vieler Versicherten aus.

Absicherung im Krankheitsfall

Als Ergänzung zur gesetzlichen Krankenversicherung bietet die SONO die folgenden Tarife an: Mit dem Tarif KTN ist der Verdienstausfall bis zu einer Höhe von maximal 40 Euro pro Tag versichert. Der KTN orientiert sich am realen Verdienstausfall. Beim Tarif KTV kommt dagegen im Leistungsfall immer die volle Summe des versicherten Tagegeldes zur Auszahlung. Er deckt auch Kosten ab, die im Vorfeld nicht kalkulierbar sind. Unter bestimmten Voraussetzungen ist eine Kombination beider Tarife möglich, so dass man bis zu 80 Euro pro Tag erhalten kann.

Das Versicherungsalter reicht von 16 bis 60 Jahren. Soll die Versicherung ab der siebten Krankheitswoche mit einem Tagegeld von 5 Euro greifen, bezahlt zum Beispiel ein 30-jähriger Mann pro Monat 2,86 Euro, die gleichaltrige Frau sogar nur 2,40 Euro. Überdies bietet die SONO den Krankenhaus-Tagegeld-Tarif (KHT) bis maximal 50 Euro pro Tag an. Der KHT-Tarif der SONO umfasst übrigens auch Sonderregelungen bei Anschlussheilbehandlungen.

Gewinnüberschüsse

Da es sich bei der SONO um einen Versicherungsverein auf Gegenseitigkeit handelt, profitiert jedes Mitglied auch von erwirtschafteten Gewinnen. »Wir sind verpflichtet, diese Gewinne an die Mitglieder zurückzuführen«, betont Vorstandsmitglied Ulrike Steglich. Das geschieht in Form von Rückstellungen, wodurch gegebenenfalls notwendige Beitragserhöhungen geringer ausfallen können oder Leistungsverbesserungen möglich sind.

Bei der Sterbegeldversicherung der SONO profitiert man ebenfalls von den erwirtschafteten Gewinnen in Form von Bonifikation und Gewinnzuschlag.

Beitrag von:
SONO
Soziale Notgemeinschaft
Hans-Böckler-Straße 51 · 46236 Bottrop
Tel. (0 20 41) 18 22-0 · Fax (0 20 41) 18 22 20
info@sonoag.de · www.sonoag.de

Typisch Vest

Partner der Städte – im Dienste der Bürger

Die Aufgaben und Leistungen der Kreisverwaltung sind vielfältig

Wenn sie an den Kreis Recklinghausen denken – was kommt den Bewohnern in den Sinn? Den meisten wird wohl spontan RE einfallen, womit ihr Autokennzeichen beginnt, und damit die Stettiner Straße in Marl. Dort sitzen die Kfz-Zulassungsstelle und die Führerscheinstelle. So oder so – diese Assoziationen beschreiben kaum, was ein Kreis wirklich ist und leistet. Vielleicht wird seine Bedeutung deutlicher bei der Vorstellung eines Notfalls: Man wählt 112 – und kann über die Leitstelle des Kreises Recklinghausen Feuerwehr und Rettungsdienste erreichen. Damit ist eine weitere wichtige Aufgabe des Kreises angedeutet.

Gemeinden verwalten sich selbst

Der Kreis Recklinghausen ist zunächst wie andere Kreise beziehungsweise Landkreise in Deutschland ein Gemeindeverband mit gesetzlich verankerten Vollmachten: eine Körperschaft des öffentlichen Rechts, die die Gebietshoheit in einem bestimmten Raum – eben dem Kreisgebiet – ausübt. Dabei funktioniert der Kreis nach den Prinzipien der gemeindlichen Selbstverwaltung. Das bedeutet, dass viele öffentliche Aufgaben eigenverantwortlich von den Kreisen und Gemeinden erfüllt werden. Der Vorteil ist, dass nicht eine ferne Zentralgewalt über Fragen von lokaler Bedeutung entscheidet, sondern diese bürgernah vor Ort behandelt werden können.

Das oberste Entscheidungsorgan im Kreis ist die Volksvertretung: der Kreistag. Er hat im Falle Recklinghausens 72 Mitglieder, die von den Bürgern der kreisangehörigen Städte für die Dauer von fünf Jahren im üblichen demokratischen Prozedere gewählt werden. Die Mitglieder sind ehrenamtlich tätig. Der Kreistag bildet die leitenden Organe der Kreisverwaltung. Das sind verschiedene Ausschüsse mit unterschiedlichen Aufgabenbereichen. Dabei gibt es Pflichtausschüsse – etwa der Rechnungsprüfungsausschuss oder der Wahlprüfausschuss – und freiwillige Ausschüsse. In diesen werden Themen wie Soziales und Gesundheit, Schule, Landschaftspflege, Umweltfragen und Bauangelegenheiten, Verkehr, Wirtschafts- und Strukturpolitik behandelt. Der Vorsitzende des Kreistages, Leiter der Kreisverwaltung und Repräsentant des Kreises ist der Landrat. Gegenwärtig bekleidet dieses Amt das SPD-Mitglied Cay Süberkrüb. Er ist, wie seine drei ehrenamtlichen Stellvertreter, vom Kreistag gewählt worden: der Landrat für sechs Jahre, seine Stellvertreter für die Dauer der fünfjährigen Wahlperiode. In allen Verwaltungsangelegenheiten steht dem Landrat der hauptamtlich tätige Kreisdirektor zur Seite.

Kreis entlastet die Partner

Das Verhältnis zwischen Kreis und den zehn Kreisstädten ist eng und partnerschaftlich, da sie gemeinsam die Aufgaben übernehmen, die eine kreisfreie Stadt allein leistet. Die Finanzierung des Kreises ist gesetzlich festgelegt. Zum einen gibt es feste Zuweisungen des Landes und Einnahmen aus Gebühren und Bußgeldern. Zum größten Teil finanziert sich der Kreis jedoch aus der Kreisumlage, das sind Gelder in fester Höhe von den kreisangehörigen Städten. Als Gegenleistung übernimmt der Kreis Aufgaben – und darin besteht seine zentrale Bedeutung –, die er

Der einwohnerstarke Kreis Recklinghausen stellt große Anforderungen an die Verwaltung. (Foto: © Angela Bischof)

Typisch Vest

Sitz der Kreisverwaltung: das Kreishaus in Recklinghausen an der Kurt-Schumacher-Allee 1. (Foto: © Nils Rimkus)

– das ist in anderen Kreisen üblich. Aber zum Zwecke der Gefahrenabwehr gibt es eine enge Zusammenarbeit zwischen dem Kreis und der Kreispolizei, den Polizeibehörden des Landes und Bundes, der Bundeswehr und dem Technischen Hilfswerk. Darüber hinaus betreibt der Kreis die Kreisleitstelle: Wenn ein Bürger des Vestischen Kreises die Notrufnummer 112 wählt, meldet sich in der Regel ein Kreismitarbeiter, der weitere Maßnahmen zur Rettung einleitet: Er alarmiert die Freiwilligen Feuerwehren und organisiert die Rettungswagen, die jeden aus der Not zu befreien versuchen.

Angesichts dieser Aufgabenvielfalt wird deutlich: Die Kreisverwaltung kümmert sich um die Anliegen der Kreisbewohner und vertritt ihre Interessen – als moderner Dienstleister für die Bürger.

Nils Rimkus

Der Kreis betreibt die Kreisleitstelle für Feuer- und Katastrophenschutz und Rettungsdienst. (Foto: © Nils Rimkus)

gebündelt, effektiver und kostengünstiger als die kreisangehörigen Städte lösen kann. Kostenintensiv sind vor allem die vielfältigen sozialen Bereiche, die ein Kreis über Jugend-, Gesundheits- und Sozialämter abdeckt. So übernimmt er die Wohnungskosten von Langzeitarbeitslosen – Stichwort Hartz IV –, gewährt Hilfen für Pflegebedürftige und unterhält das Gesundheitsamt, zu dem auch ein Beratungsangebot für psychisch und geistig Beeinträchtigte sowie für Sucht- und Drogenabhängige angehört.

Aber der Kreis übernimmt auch das Einrichten und die Pflege von Landschafts- und Naturschutzgebieten und trägt zur Finanzierung des Landschaftsverbands Westfalen Lippe (LWL) bei. In die Zuständigkeit des Kreises gehört überdies der öffentliche Personennahverkehr, das Führerscheinwesen, die Kfz-Zulassung sowie der Bau und Unterhalt der Kreisstraßen. Ferner kümmert er sich um Tierseuchenbekämpfung und Tierschutz, um Lebensmittelüberwachung und Abfallbeseitigung. Außerdem ist der Kreis Träger der Berufsbildenden Schulen. Im Bereich der Wirtschaftsförderung sind die Städte zwar Ansprechpartner für die lokalen Unternehmen, aber in den Bereichen Existenzgründung und Regionaltourismus liegt die Wirtschaftsförderung in Händen der Kreisverwaltung.

Sicherheit organisieren

Nicht zuletzt ist ein Kreis auch im Bereich Sicherheit und Ordnung aktiv. Zwar ist im Vestischen Kreis die Polizei dem Landrat nicht unterstellt

Existenzgründer sind beim Kreis gut aufgehoben. (Foto: © Nils Rimkus)

Typisch Vest

Zu Wasser, zu Lande und in der Luft

Der Vestische Kreis verfügt über ein erstklassiges Verkehrsnetz

Als Mitte des 19. Jahrhunderts die Montanzeit im Kreis Recklinghausen anbrach, war der Ausbau eines leistungsfähigen Verkehrsnetzes zwingend notwendig. Denn die Industrialisierung und nachfolgend die Verstädterung der Region waren ohne angemessene Transportwege und -mittel, um die Massen an Menschen und Material zu befördern, nicht denkbar. Zu diesem Zweck wurden zunächst der Schienenverkehr und die Wasserwege ausgebaut. Erst ab der Mitte des letzten Jahrhunderts begann – mit dem Anstieg des Individualverkehrs – der Aus- und vor allem Aufbau eines engmaschigen Straßennetzes.

Die Industrialisierung fuhr Bahn

Heute ist in nahezu jeder Stadt im Kreis Recklinghausen ein Bahnhof zu finden. Der bedeutendste Bahnhof befindet sich in Recklinghausen, von wo aus Intercityverbindungen nach Nord- und Süddeutschland und vornehmlich in den Raum Düsseldorf/Köln führen. Das Grundgerüst des heutigen Bahnnetzes entstand bereits in der zweiten Hälfte des 19. Jahrhunderts. Die erste Bahnlinie

19 Bahnhöfe und 9 Schienenpersonennahverkehrslinien (SPNV) durchziehen das Kreisgebiet. (Foto: © Nils Rimkus)

– die Köln-Mindener-Strecke – wurde 1847 ins Kreisgebiet gelegt. Es folgte die Verbindung von Wanne-Eickel nach Münster, mit der Recklinghausen 1870 den Anschluss ans Schienennetz erhielt. Dann kamen bis 1905 die Hamm-Osterfelder-Eisenbahn, die Strecken Haltern-Hervest-Dorsten-Wesel, Oberhausen-Dorsten-Coesfeld, Gelsenkirchen-Dorsten-Borken und Oberhausen-Recklinghausen-Hamm hinzu. Erst 1968, aber auf uralten Plänen beruhend, wurde Marl mittels der Strecke von Haltern nach Gelsenkirchen-Buer eingebunden.

Dieser überregionale Schienenverkehr wird ergänzt durch ein engmaschiges und leistungsstarkes S-Bahn-, Regional- und Nahverkehrsnetz. Die Geschichte des Öffentlichen Personen-Nahverkehrs (ÖPNV) begann 1898, als die erste Straßenbahnlinie des Kreises in Betrieb genommen wurde: Sie verband die Städte Recklinghausen und Herne. Gegenwärtig wird der ÖPNV im Kreisgebiet durch die Vestische Straßenbahnen GmbH geleistet. Dabei steht die »Straßenbahn« nur noch aus Tradition im Namen; ihre Dienste hat heute der flexiblere Omnibusbetrieb übernommen.

Viele romantische Sträßlein führen über Land – wie hier bei Lembeck. (Foto: © Nils Rimkus)

Typisch Vest

Wichtig für Warenverkehr: Wasserstraßen

Eine der wichtigsten Verkehrsadern der alten Zeit war – zumindest streckenweise – die Lippe. Dorsten als Handelsplatz nutzte bis ins 18. Jahrhundert hinein die Lippe abwärts zum Rhein für den Schiffsverkehr. Als die Eisenbahnen kamen, kam der Warenverkehr auf der Lippe zum Erliegen, aber die Zeit der Wasserstraßen sollte dank ihrer Bedeutung für den Stoff- und Materialtransport wiederkommen. Seit 1899 ist der Dortmund-Ems-Kanal, der von Dortmund nach Emden führt, in Betrieb. Bis in die 1930er kamen der Rhein-Herne-Kanal, der Datteln-Hamm-Kanal und der Wesel-Datteln-Kanal – für den Ost-West-Verkehr mit Rheinanschluss von immenser wirtschaftlicher Bedeutung – hinzu. Dieses Kanalnetz auf vestischem Kreisgebiet ist ein wesentlicher Teil des westdeutschen Kanalnetzes und gehört zu den bedeutendsten künstlichen Wasserstraßen Europas. Es stellt die Wasserwegeverbindung zum Rhein, zur Elbe und zur Nordsee her und weist zwei Güterbinnenhäfen, fünf weitere Binnenhäfen und diverse Schleusenanlagen auf. Es wird kontinuierlich ausgebaut, um den Anforderungen des modernen Binnenschiffverkehrs, der mehr und mehr auf großräumige Containerschiffe setzt, gerecht zu werden. Transportiert werden gegenwärtig hauptsächlich noch Erze, Kohle, Schüttgüter der Baustoffindustrie und Mineralöl, es kommen vermehrt Containergüter hinzu. Neben ihrer wirtschaftlichen Bedeutung spielen die Kanäle eine wichtige Rolle für die Naherholung und sportliche Freizeitgestaltung.

Bewegungsfreiheit auf der Straße und in der Luft

Mit dem Bau der ersten Nord-Süd-Chaussee durchs Vest, die als Abschnitt der B51 von Haltern über Recklinghausen nach Bochum zog, brach um 1840 verkehrstechnisch ein neues Zeitalter an. Aber zunächst waren Schiene und Wasserstraßen die maßgeblichen Transportwege. Das änderte sich erst nach dem Zweiten Weltkrieg. Nun belebte die sprunghaft steigende individuelle Motorisierung den Straßenbau, und bis in die Gegenwart entstand ein hervorragendes Netz aus Kreis-, Land- und Bundesstraßen sowie Bundesautobahnen. Den Vestischen Kreis durchschneiden mit der A2 und der A42 zwei Hauptverkehrsadern in West-Ost-Richtung, mit der A43, der A31, der A52 drei in Nord-Süd-Richtung. Auf die erhöhten Anforderungen in manchen Räumen, die Berufs- und Fernverkehr sowie Pendlerströme stellen, wird derzeit reagiert: mit dem Neubau der B474n bei Datteln und Waltrop als Fortsetzung der A45, dem Ausbau der B224 zur A52 im Raum Gladbeck/Bottrop und dem sechsspurigen Ausbau der A43 zwischen Recklinghausen/Herten und dem Autobahnkreuz Bochum.

Selbst Kreisbewohnern, die in die Luft gehen wollen, kann geholfen werden. Erstens eröffnet der Flugplatz Marl-Loemühle die Möglichkeit zu geschäftlichen und privaten Flügen. Und schließlich sind da noch Düsseldorf, Münster/Osnabrück und Dortmund. Diese Flughäfen, die Flüge in alle Erdteile ermöglichen, liegen zwar nicht im Vestischen Kreis, sind aber ruck, zuck zu erreichen – dank der erstklassigen Verkehrsinfrastruktur des Vestischen Kreises.

Nils Rimkus

Mehr als 90 Autobahnkilometer sind im Kreis verfügbar. (Foto: © Nils Rimkus)

Auch große Frachtschiffe nutzen das Kanalnetz. (Foto: © Nils Rimkus)

Typisch für den Vestischen Kreis: herrliche Baumalleen. (Foto: © Nils Rimkus)

Typisch Vest

Auf 6500 Quadratmetern dreht sich alles ums Fahrzeug

Guter Service hat einen Namen: KFZ KURT – Autohaus und KFZ-Werkstatt unter einem Dach

Kauf und Reparatur eines Autos sind Vertrauenssache. Dem Team von KFZ KURT aus Recklinghausen kann man vertrauen. Und das wissen viele Autofahrerinnen und Autofahrer aus dem gesamten Vestischen Kreis zu schätzen.
Freiwillig hat sich das Unternehmen einem unbestechlichen Check unterzogen und sich durch einen Sachverständigen des TÜV Nord auf Herz und Nieren prüfen lassen. Das Ergebnis ist beeindruckend: KFZ KURT hat diesen Test mit 100 Prozent bestanden und darf sich seit dem 22. Januar 2010 als geprüftes Unternehmen im Bereich Service und Reparaturqualität bezeichnen.

Freiwillige Prüfung durch den TÜV Nord

Die Arbeitsabläufe im Unternehmen an der Bochumer Straße wurden als »vorbildlich« herausgestrichen. Auch der freundliche Umgang mit den Kunden und nicht zuletzt die Hilfsbereitschaft haben den Prüfer rundum überzeugt. »Diese Auszeichnung ist einerseits Bestätigung, andererseits aber auch immer Ansporn für die Zukunft«, strahlt Inhaber Ensar Kurt, der selbst sowohl KFZ-Elektrikermeister als auch KFZ-Mechanikermeister ist. Mit sechs Angestellten hat er den Betrieb, der Autofit-Partner ist, einst eröffnet und bis heute sogar schon 23 Arbeitsplätze geschaffen. Eben auch deswegen, weil die Mitarbeiter großen Wert darauf legen, dass »alle Kunden absolut zufrieden sind. Denn das Vertrauen der Kunden ist unser höchstes Gut. Wir sagen Ihnen vorher, was es nachher kostet.«

Freie Werkstatt mit vier Meistern

Da KFZ KURT, wo gleich vier Meister tätig sind, den Status einer freien Werkstatt hat, werden Wartungen oder Reparaturen an Fahrzeugen aller Marken wie zum Beispiel VW, Mercedes, BMW, Opel oder auch sämtlicher ausländischer Marken durchgeführt. Sieben moderne Arbeitsplätze mit technisch hochwertiger Ausrüstung wie neuesten und modernsten Diagnosegeräten für alle Hersteller, Bremsenprüfstand, Achsvermessung samt notwendigem Werk- und Hebezeug garantieren eine schnelle und professionelle Mängelbeseitigung bei jedem Fahrzeug.
Die Bandbreite umfasst darüber hinaus Instandhaltung, Klimaservice, Computer-Achsvermessung für alle Hersteller, Bosch-Elektrik/Elektronik, Reifenkomplettservice, Werkstattwagen, Hol- und Bringservice und natürlich Hauptuntersuchung (HU) und Abgasuntersuchung (AU), die täglich – auch samstags – von einer amtlich anerkannten Überwachungsorganisation durchgeführt werden.

Zertifizierter Betrieb für die Umrüstung auf Flüssiggas

Auch die Umrüstung des Pkws auf Flüssiggasantrieb gehört zu den Leistungen. Die dafür benötigte Zulassung erhielt KFZ KURT vom TÜV

Inhaber Ensar Kurt und Büroleiterin Brigitte Epple heißen die Kunden herzlich willkommen. (Foto: © Ralf Rudzynski)

Michael Golombeck ist einer von gleich vier KFZ-Meistern bei KFZ KURT. (Foto: © Ralf Rudzynski)

Saarland. Seit Dezember 2008 ist die Werkstatt zertifizierter Nachrüstbetrieb für flüssiggasbetriebene Fahrzeuge. Von der Vestischen Innung gab es die Anerkennung als Werkstatt für die Durchführung von GSP (Gassystemeinbauprüfung) und GAP (Gasanlagenprüfungen). KFZ KURT ist ferner Vertragswerkstatt für Autogasanlagen von Landi-Renzo, seit 1956 führender Hersteller von Autogasanlagen.

Die Autowelt an der Bochumer Straße 82a in Recklinghausen. (Foto: © Ralf Rudzynski)

Typisch Vest

Ganz einfach zu erreichen: Autohaus und Werkstatt liegen direkt an der Bochumer Straße 82a, die sich wie eine Lebensader durch den Recklinghäuser Süden zieht. (Foto: © Ralf Rudzynski)

Mit dem firmeneigenen Lkw ist das Autohaus auch in der Lage, Fahrzeuge abzuschleppen. (Foto: © Ralf Rudzynski)

ausgezeichnet. Gleiches erhielt KFZ Kurt von Pro Garant.

Die gesamte Angebotspalette findet man jederzeit auf der Internetseite www.kfz-kurt-shop.de. Oder schauen Sie persönlich vor Ort vorbei: »Wir würden uns freuen, Sie demnächst als Kunden begrüßen zu dürfen.«

Im großen Verkaufsraum stehen sowohl Neuwagen als auch sehr gute Gebrauchtfahrzeuge. (Foto: © Ralf Rudzynski)

Autogas ist umweltfreundlich. Auch die weiteren Vorteile einer Umrüstung liegen auf der Hand. Die Kraftstoffersparnis beträgt über 50 Prozent. Zudem ist Gas deutlich günstiger als herkömmlicher Kraftstoff wie Diesel oder Benzin. Bereits nach 30 000 bis 40 000 Kilometern hat sich die neue Anlage amortisiert. Und tanken kann man auch gleich bei KFZ KURT. »Wir sind die preiswerteste Gastankstelle im Umkreis«, merkt Büroleiterin Brigitte Epple an.

Neu-, EU- und Gebrauchtfahrzeuge

Erreichbar ist die Gastankstelle zu den üblichen Geschäftszeiten, also montags bis freitags von 8 bis 18.30 Uhr sowie samstags von 9 bis 14 Uhr. In dieser Zeit kann man sich übrigens auch nach einem neuen Wagen umschauen. Denn bei KFZ KURT sind Werkstatt und Verkaufsgeschäft unter einem Dach. Insgesamt dreht sich hier auf 6500 Quadratmetern alles ums Fahrzeug.

Zwar ist das Haus ein KIA-Servicepartner, im großen Verkaufsraum findet man aber ebenso Neu-, EU- und Gebrauchtfahrzeuge vieler Hersteller. »Unsere Ansprechpartner beraten Sie natürlich auch in puncto Finanzierung und Leasing«, so Ensar Kurt. Ankauf von Fahrzeugen und Inzahlungnahme bei Neukauf sind ebenfalls möglich. Der Gebrauchtwagen-Garantiegeber GGG hat das Unternehmen übrigens auch mit dem Vertrauenssiegel für hervorragend aufbereitete und werkstattgeprüfte Gebrauchtwagen

Die Gastankstelle auf dem Gelände von KFZ KURT ist die preiswerteste im Umkreis. (Foto: © Ralf Rudzynski)

Beitrag von:
KFZ KURT
Bochumer Straße 82a · 45661 Recklinghausen
Tel. (0 23 61) 30 22 60 · Fax (0 23 61) 3 02 26 15
info@kfz-kurt.de · www.kfz-kurt.de

Typisch Vest

»Das Auto ist des Menschen liebstes Kind«

Die Kfz-Zulassungsstelle des Kreises ist eine der größten in Deutschland

Hermann-Josef Lücke, der Leiter der Kfz-Zulassungsstelle, an seinem Arbeitsplatz in Marl. (Foto: © Nils Rimkus)

Marl, Stettiner Straße 10. Hier muss jeder hin – zumindest jeder Bewohner des Vestischen Kreises, der seinen Wunsch nach (Auto-)Mobilität verwirklichen will. Denn dort sitzt die Kfz-Zulassungsstelle.

Bis zu 800 Besucher täglich

»Im Frühjahr und Herbst geht es hier richtig rund«, sagt Hermann-Josef Lücke, Leiter der Zulassungsstelle. »Im letzten April hatten wir manchmal 800 Menschen hier – täglich!« Sie kommen, um Pkw, Motorrad, Bus, Lkw oder was sonst amtlicher Bestätigung bedarf, an- oder abzumelden. In den letzten fünf Jahren überschritt die Zahl der Kfz-Neuanmeldungen jedes Jahr die Marke von 20 000 Fahrzeugen. Am 1. Mai 2010 waren im Kreis RE genau 390 131 Fahrzeuge angemeldet. Mit diesen Daten ist Hermann-Josef Lückes Amt das fünft- beziehungsweise sechstgrößte seiner Art in Deutschland. An der Spitze stehen die Großräume Berlin und Hamburg, und um die Plätze fünf und sechs »kämpfen« seit Jahren der Vestische mit dem Rhein-Sieg-Kreis. Langfristig gesehen steigt im »RE«-Kreis die Zahl der zugelassenen Fahrzeuge – sogar absolut –, obwohl die Einwohnerzahlen rückläufig sind. »Tja, das Auto ist des Menschen liebstes Kind«, lächelt Hermann-Josef Lücke.

Sieben Stellen zusammengelegt

Früher gab es Zulassungsstellen in Marl, Datteln, Dorsten, Gladbeck, Castrop-Rauxel, Recklinghausen-Süd und im Kreishaus. »Um Kosten zu sparen, wurden diese Stellen 1993 aufgegeben. Marl liegt geografisch zentral im Kreis. Deshalb wurde hier die Zentralstelle geschaffen«, erinnert sich Lücke. Diese Zentralisierung musste gegen Widerstände durchgesetzt werden, rechnete sich aber: Jährlich werden rund 1,2 Millionen Euro eingespart. Allerdings gab es nun auch häufiger »Staus«: Die Warteschlangen in der Marler Stelle reichten mitunter bis auf die Straße. Deshalb bezogen 1999 das Straßenverkehrsamt mit der Führerschein- und der Zulassungsstelle verschiedene Gebäude,

Mittlerweile in einem eigenen Gebäude, nur wenige Meter von der Zulassungsstelle entfernt: die Führerscheinstelle. (Foto: © Nils Rimkus)

in der Zulassungsstelle wurden Warte- und Bedienbereich getrennt. Hinzu kam ein Bistro, um die Wartenden bei Laune zu halten.

»Dies hat sich für unsere Kunden ausgezahlt«, sagt Hermann-Josef Lücke. »Wir haben uns Kundenorientierung auf die Fahnen geschrieben und verbessern uns ständig.« Für die 53 Mitarbeiter im Amt wurde durch Umstrukturierungen ein flexibler Arbeitseinsatz möglich, womit schnell auf Besuchsspitzen reagiert werden kann. Auf diese Weise konnte die durchschnittliche Wartezeit stark gesenkt werden. Waren es vor wenigen Jahren noch eine, manchmal zwei Stunden, so liegt sie jetzt im Schnitt nur bei 20 bis 30 Minuten. Und wer morgens früh kommt – das Amt öffnet um 7.15 Uhr –, geht den zeitintensiven Zulassungsdiensten, die gegen zehn reinschauen, aus dem Weg. Und ist schon nach zehn Minuten mit der Zulassung fertig.

Absolute Raritäten: GLA und CAS

Eine gute Idee war auch die Online-Reservierung des Wunschkennzeichens, die 1999 eingerichtet wurde. »Das wird begeistert angenommen und bricht jedes Jahr neue Rekorde«, weiß Hermann-Josef Lücke. Aber manchmal können die Mitarbeiter nichts tun. Wenn nämlich Castroper ein CAS und Gladbecker ein GLA anmelden möchten. Diese Zeichen fielen der Eingemeindung 1975 zum Opfer, ein gleichmacherisches RE trat an ihre Stelle. Die Lokalpolitik denkt zwar laut darüber nach, diese Kennzeichen wieder einzuführen, um Identitäten und Lokalkolorit zu stärken. Aber bis es soweit ist, bleiben sie rar: Gegenwärtig kurven noch 93 GLA und 60 CAS über die Straßen.

Nils Rimkus

Der Eingang der Zulassungsstelle, rechts das Bistro. (Foto: © Nils Rimkus)

Auf dem Drahtesel zum Dahlenkamp

Mit einem Zeitzeugen durch den Vestischen Kreis – Karl Loer erinnert sich

Karl Loer kennt nach acht Jahrzehnten im Vest nahezu jeden Winkel des Kreises. (Foto: © Ralf Rudzynski)

Er wurde am 15. September 1929 in Recklinghausen geboren. Fast sein ganzes Leben hat er im Vestischen Kreis verbracht. Zwar wohnte Karl Loer zwischenzeitig in Herne 2, doch dafür war er während dieser Zeit beruflich im Kreis unterwegs. Als Hauptwerkmeister für Wagenuntersuchung bei der Bundesbahn hat er Schienenstränge gesehen, die schon längst stillgelegt sind. Seit 20 Jahren hat er mit seiner Ehefrau in Rhade eine neue Heimat gefunden.

Karl Loer ist ein Zeitzeuge. Er hat erlebt, wie sich der Vestische Kreis in den letzten 80 Jahren entwickelt hat: »Zwar gibt es nach wie vor viel Grün, aber der Bergbau hat vieles verändert. Von den ehemaligen Zechenanlagen stehen kaum noch welche, aber die Kohle hat für den Zuzug von vielen Menschen gesorgt. Dadurch wurde der Kreis erschlossen, wie man an der zunehmenden Wohnbebauung feststellen konnte.«

Der Bahnhof in Hervest

Auch andere Veränderungen sind unverkennbar. »Hervest hatte früher einen riesigen Bahnhof«, weiß Loer. »Heute ist das Gebäude umgestaltet worden und wird unter anderem von der Freien Christengemeinde Dorsten als Kirche genutzt. Man kann sich nicht vorstellen, wie viele Menschen und Züge sich früher dort getummelt haben.«

Auch voll beladene Güterzüge, die durch Rhade fuhren, hat Loer gesehen: »Hier war ein Haltepunkt auf der Strecke von Amsterdam nach Winterberg. Und noch heute kann man dank der Anbindung an das überregionale Streckennetz von Rhade über Essen mit dem Personenzug bis Wien-West fahren.«

Ein Sprint mit dem Fotoapparat

Nicht nur beruflich war Loer im Vest viel unterwegs, sondern auch für sein Hobby. Als Fotograf gelangen ihm Schnappschüsse, die sogar der WDR im dritten Fernsehprogramm platzierte. In den Fußballstadien der Region war er fast an jedem Wochenende als »rasender Reporter« zu Hause. Zeigte ein Schiedsrichter auf den Elfmeterpunkt, legte Karl Loer zur Not einen Sprint um den halben Platz hin, um noch rechtzeitig auf den Auslöser zu drücken.

Er erlebte die Zweitligajahre der SpVgg Erkenschwick: »Am Stimberg habe ich so manch spannende Partie gesehen. Auch die Zeiten, in denen Klaus Berge mit dem 1. FC Recklinghausen für Furore sorgte oder die SpVgg Marl und der VfB Hüls in der Oberliga zu den Spitzenteams gehörten, habe ich kennengelernt.«

Selbst den Weg ins Waltroper Waldstadion fand er in den 1990er Jahren. Als der VfB in der Verbandsliga kickte, wurden die Fahrten von Rhade bis ans andere Ende des Vests zu wahren Tagesausflügen. Da waren ihm die Heimspiele des FC Rhade weitaus lieber. »Zum Dahlenkamp bin ich ganz schnell mit dem Drahtesel hingeradelt.«

Schwäche für den Pferdesport

Eine Schwäche hatte Karl Loer für den Trabrennsport. Highlights in Recklinghausen waren die Breeders Crown-Tage oder die Weltmeisterschaft der Fahrer 1993, bei der Heinz Wewering auf der Hillerheide zum Titel fuhr. Auch Jörg Koller und Bodyguard of Spain knipste er bei vielen Starts auf ihrem Weg zum Weltrekord.

Bestens erinnert er sich an die Eröffnung des ehemaligen Pferdegestüts von Josef Skutta in Castrop-Rauxel: »Als er seine Anlage einweihte, platzte das Areal in Bladenhorst aus allen Nähten. Es war eine Veranstaltung mit viel Zinnober wie einer großen Tombola. Zu den Preisen gehörten Autos und Traumreisen.« Auch bei Auktionen von Reit- und Springpferden auf dem Gestüt Bladenhorst war Loer in den 1980er Jahren und hat zahlreiche Fotos geschossen.

Auf Schützenfesten hielt Karl Loer festlich geschmückte Zelte und Gemeinden fest. »Es gibt Dörfer, in denen man vor lauter Girlanden und Wimpeln die Straße nicht mehr erkennt«, lächelt er. »Natürlich waren und sind auch die Rosenmontagsumzüge in Recklinghausen oder Dorsten immer ein Erlebnis.«

Im Keller seines Hauses bewahrt er einige Fotos auf. »Viele habe ich aber an Vereine weitergegeben, die mehr damit anfangen können.« Aber manch einer weiß noch heute, wo man bei der Suche nach alten Motiven fündig werden kann.

Ralf Rudzynski

Beim Bau des ehemaligen Gestüts Bladenhorst wurde überall auf viele kleine Details geachtet. (Foto: © Karl Loer)

Auch bekannte Fußballprofis wie den Trainer des FC Bayern München, Hermann Gerland, bekam Karl Loer vor die Linse. (Foto: © Karl Loer)

Ein Zeitzeugendokument von einem Zeitzeugen: Volle Ränge bei der Eröffnungsveranstaltung auf dem Gestüt Bladenhorst. (Foto: © Karl Loer)

Typisch Vest

Schützenfeste, Karnevalsumzüge und andere Bräuche

Bürgerschützenvereine gehen auf ehemalige Bürgerwehren zurück

Im gesamten Kreis zählen die Schützenfeste zu den Höhepunkten des Jahres. (Foto: © Ralf Rudzynski)

Karnevals- und Schützenvereine und ihre entsprechenden Aktivitäten besitzen im Vestischen Kreis einen sehr hohen Stellenwert. So gehören Karnevalsumzüge oder Schützenfeste zu den wichtigen Traditionen, die in der Region gelebt werden. Gleiches gilt für andere Bereiche der Brauchtumspflege, für die sich unter anderem zahlreiche Heimatvereine engagieren.

Den ältesten historischen Ursprung haben die Schützenvereine, die aus Bürgerwehren entstanden sind, die bereits vor über 600 Jahren gegründet wurden. Die Aufgabe der damaligen Schützen lag darin, ihre Städte, Dörfer und Gemeinden vor Übergriffen zu schützen. Im Laufe der Jahrhunderte traten diese Aufgaben zwar in den Hintergrund, doch das gesellige Beisammensein sowie der sportliche Ehrgeiz im Ausschießen von Schützenkönigen überdauerten alle Veränderungen. Noch heute gehören die Schützenfeste in vielen Ortschaften zu den gesellschaftlichen Höhepunkten des Jahres.

Die ersten Erwähnungen des Schützenwesens datieren im Vest aus dem Ende des 14. Jahrhunderts. In Recklinghausen gibt es die Alte Bürgerschützengilde von 1387, bis 1397 geht die Geschichte der Bürgerschützengilde Datteln zurück. Die Dorstener Altstadtschützen bestehen seit 1487, Aufzeichnungen des Bürgerschützenvereins Elmenhorst dokumentieren, dass es ihn zumindest schon 1498 gegeben hat. Von 1550 stammt der Schützenverein Waltrop.

Rosenmontagsumzüge und Schützenfeste

Zu den althergebrachten Traditionen zählt auch der Karneval mit Veranstaltungen, Prunksitzungen und anderen Feierlichkeiten wie dem Pyjamaball in Waltrop. In Dorsten, Haltern und »Rund um die Wälle« in Recklinghausen gibt es Rosenmontagsumzüge. Alljährlich jubeln den Jecken zwischen 50 000 und 100 000 Besucher zu.

Die Namen der Karnevalsvereine haben einen guten Klang. Unbedingt erwähnt werden müssen die Große Recklinghäuser Karnevalsgesellschaft Grün-Gold (Nachfolger der Fastnachtgesellschaft Quelo von 1937), die KG Poahlbürger 1948, die Roten Funken Recklinghausen von 1955, die Damenkarnevalsgesellschaft KG Altstadtblüten, die Castroper Karnevalsgesellschaft Venezia, der

Zu den vielen Vereinen im Vestischen Kreis gehört auch die Bürgerschützengilde Hochlarmark 1927. (Foto: © Karl Loer)

CCCS Rot-Weiß 1959 aus Castrop-Rauxel und der Karnevalsclub Wittringer Ritter 1998. Als Dachorganisation aller Karnevalsgesellschaften im Vestischen Kreis fungiert das Carnevalkomitee Vest Recklinghausen (Homepage: www.c-v-r.net). Zwar sind die Anfänge des Karnevals im Vest nicht ganz genau terminiert, doch sind in Dorsten bereits anno 1402 und in Recklinghausen anno 1486 erste Aktivitäten protokolliert. Dieses wird aus dem von Werner Koppe im Winkelmann-Verlag veröffentlichen Buch »Recklinghäuser Fastnacht – einst und jetzt« ersichtlich.

Plattdeutscher Sprach- und Heimatverein Datteln

Des Weiteren kümmern sich Heimatvereine um die Brauchtumspflege. Der Heimatkunde haben sich zum Beispiel auch der Plattdeutsche Sprach- und Heimatverein Datteln oder die Landfrauen Waltrop verschrieben.

In allen Vereinen sorgen ehrenamtliche Mitglieder dafür, dass solche Traditionen erhalten bleiben. Und damit bewahren sie ein wichtiges Stück vestischer Tradition.

Ralf Rudzynski

Mit dem Karneval wird eine der wichtigsten Traditionen im Vest gepflegt. Das Foto zeigt das Abschlussbild auf der Bühne des Bürgerhauses Süd in Recklinghausen, nachdem sich Claudia Roth (Bündnis 90 / Die Grünen) wacker vor dem »Närrischen Gerichtshof« geschlagen hat. Dafür erhielt sie von Vereinspräsident Patrick Gruner (2.v.l.) die »Weiße Weste der GRO-RE-KA«. (Foto: © Paul Wiesmann)

Typisch Vest

Branntwein von Boente:
Ein Markenzeichen seit 180 Jahren

Tradition und aktuelle Innovationskraft schließen sich nicht aus

Wie alles begann

Wilhelm Heinrich Boente aus Speckhorn erwarb vor ungefähr 180 Jahren eine Gaststätte »Am Holzmarkt 8« in Recklinghausen und begann hier mit dem »Schnaps-Brennen«. 1871 übergab er das Geschäft an seinen Sohn, Franz Boente, der wenige Jahre später die Brennerei in die Augustinessenstraße verlagerte. Nach dem Ersten Weltkrieg übernahm die nächste Generation, wieder ein Franz Boente, das Unternehmen. Dieser Franz Boente war der Schwiegervater des heutigen Inhabers Werner Gehring. Bereits 1965 trat Werner Gehring in die Geschäftsleitung ein. 1985 wurde die Brennerei in einen Neubau im Gewerbegebiet Hohenhorst, Am Stadion, verlagert und der alte Betrieb in der Augustinessenstraße wurde zur Gasthausbrauerei und Brennerei Boente. Seit dem Tod seiner Frau Renate Gehring 1989 ist Werner Gehring alleiniger Eigentümer.

Mit Kompetenz und Spezialitäten zum Erfolg

Branntwein und Recklinghausen – das ist, seitdem sich der Mensch im Laufe der Geschichte mehr oder weniger kenntnisreich mit der einst eher geheimnisumwitterten Herstellung berauschender Getränke zu befassen begann, nie wirklich ein Widerspruch gewesen.
Weil die Nachfahren von Wilhelm Heinrich Boente klug genug waren, ihre Kennerschaft und wachsende Kompetenz in Sachen Kornspezialitäten vor allem durch sorgfältige Pflege lupenreiner Herstellungsverfahren, durch Festhalten an übernommenen Qualitätsansprüchen und durch Konzentration auf den Absatz zu festigen, stellte sich der Erfolg ein.

Deputat für die Bergleute

In Zeiten der Zechenära wurde es schnell willkommener Brauch, jedem Bergmann eine Flasche Schnaps pro Tag mit unter Tage zu geben. Als Deputat quasi von der Bergwerksleitung, die damit sicher die löbliche Absicht verfolgte, ihren Leuten die harte Arbeit vor Ort zu erleichtern.
Am Tor zum westfälischen Münsterland gelegen, ist Recklinghausen seit jeher Teil dieser Regionen, in der man einen ehrlichen »Kurzen« besonders schätzt. Nicht umsonst ist noch heute auf einer alten Laterne im Treppenaufgang zur traditionellen Kornbrennerei Boente in Recklinghausen, die bereits auf ein fast 180-jähriges Bestehen zurückblickt, zu lesen: »Den aollen Klaoren, den Mönsterlänner, den drinkt män blos de richtige Kenner.«

Tradition – Technik – Trendprodukte

Im Betrieb wird nach wie vor nach überlieferten Rezepturen, die örtliche Apotheker einst sorgfältig zusammenstellten, allerdings mit Hilfe modernster Technik, Korn hergestellt und zur Reifung auf traditionelle Art in Eichenfässern gelagert. Darunter sind die Trendgetränke der neuen Generation mit Waldgeist und Holla die Waldfee, Rum, Kräuterliköre, Drinks mexikanischen Ursprungs und andere Produkte.
Für das Produkt »BOXENSTOP« einer »Tankfüllung« mit Wodka Feige Likör und einem Soundmodul an der Flasche, welches circa 15 Sekunden lang den »MOTORSOUND« ertönen lässt, erhielten die BOENTIANER als einzige Spirituose den Innovationspreis der CMA! Unser »Original Weizen Jans« und »Vest Weizen« wurden durch die Landwirtschaftliche Gesellschaft (DLG) bereits mehrfach hoch prämiert und sind schlagender Beweis dafür, dass die Wertigkeit der in Flaschen gefüllten Lebens- und Genussqualität aus Recklinghausen genau dieser Philosophie gerecht wird. 2010 wurde Boente's Bierbrand als einziger Bierbrand Deutschlands mit Gold prämiert. Tradition und aktuelle Innovationskraft schließen sich nicht aus, das beweist Boente immer wieder!

Wilhelm Heinrich Boente *Franz Boente* *Alexander Boente*

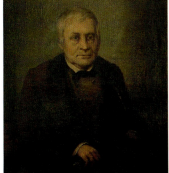

Beitrag von:
Kornbrennerei Boente Inh. Werner Gehring e.K.
Am Stadion 77 · 45659 Recklinghausen
Tel. (0 23 61) 2 10 45 · Fax (0 23 61) 1 70 84
www.kornbrennerei-boente.de
www.boente-waldgeist.de

Von Castrop-Rauxel bis Waltrop

Von Gegensätzen und Gemeinsamkeiten

Zehn Städte, reizvolle Vielfalt, liebenswerte Bewohner

Eine Reise durch den Vestischen Kreis ist wie eine Wanderung zwischen Gegensätzen und Gemeinsamkeiten. 640 000 Einwohner leben hier, verteilt auf zehn Städte, deren Einwohnerzahlen bei rund 30 000 beginnen (Waltrop) und bei rund 120 000 enden – in Recklinghausen, dem Sitz der Kreisverwaltung. Jede dieser Städte blickt auf eine eigene Geschichte zurück, wofür sich allerorten architektonische und landschaftliche Belege und typische, den Raum strukturierende Ausprägungen finden. Dadurch summieren sich Gegensätze und Gemeinsamkeiten zu einer erstaunlichen Vielfalt.

Zwei alte und zwei »neue« Städte

Mit Recklinghausen und Dorsten – Städte bereits im Mittelalter –, Datteln, Haltern am See, Herten, Marl, Oer-Erkenschwick und Waltrop besteht

Großartige moderne Architektur: die Doppeltürme des Marler Rathauses. (Foto: © Nils Rimkus)

»Grüne« Städte im Kreis: Man ist schnell mitten in der Natur. (Foto: © Günter Kortmann)

der eigentliche Kreis Recklinghausen bereits seit 1816. Zieht man Teile von Dorsten und Haltern ab, dann ist der historische Kern des Kreises namens »Vest« noch einige Hundert Jahre älter. Castrop-Rauxel und Gladbeck kamen 1975 im Zuge der kommunalen Neugliederung als weitere Städte hinzu, die sich geografisch außerhalb des mittelalterlichen Vest Recklinghausen befinden.

Während der Nordrand des Kreises eher durch seine landschaftlichen Reize und dörfliche Anmutung auffällt, ist der südliche Bereich geprägt vom Bergbau und seinen Folgeindustrien. Auf seine Spuren stößt man in den meisten Städten des Kreises – direkt sichtbar wie nur indirekt spürbaren. Sichtbar sind die vielen Stätten der Industriekultur oder Halden wie Hoheward und Hoppenbruch, die jedem Besucher einzigartige Erlebnisse bescheren. Sie deuten aber auch an, dass hier ein prägender Arbeitgeber verschwindet: Der Kreis befindet sich in einem Strukturwandel, dessen Begleiterscheinungen – wie überall im Ruhrgebiet – die Kommunen vor große Herausforderungen stellen.

Willkommen im Vestischen Kreis – hier bei Dorsten-Rhade. (Foto: © Ralf Rudzynski)

Die Städte haben viel zu bieten

So ist in fast allen Städten des Kreises der Arbeitsmarkt schwierig und greifen die Faktoren des demografischen Wandels besonders stark (Bevölkerungsalterung und -abnahme). Einige Städte haben in den letzten Jahren drei, vier, mitunter sogar fünf Prozent ihrer Einwohner verloren. Gleichwohl arbeiten die Verwaltungen, die Wirtschaft und viele Bürger mit Hochdruck daran, Kreis und Kommunen für die Zukunft gut aufzustellen. So entstehen viele neue Arbeitsplätze in den Bereichen, die der Kreis als Kompetenzfelder ausgewiesen hat: Chemie, Energie, Gesundheit und Tourismus. Und es wurde und wird viel getan, um die vielen Stärken der Städte im Vestischen Kreis herauszustellen und ins rechte Licht zu rücken. Denn man hat hier in der Tat unglaublich viel zu bieten.

Da sind die Denkmale der Industriekultur – imposante Zechenanlagen und wunderschöne »Kolonie«-Siedlungen – nur das eine. Beeindruckend sind die romantischen Schlösser und Windmühlen, die lebendigen Stadtviertel und idyllischen Dörfer, die vielen bunten Feste, die Kulturangebote von hohem Rang, die Fülle von Sport- und Freizeitmöglichkeiten und die großartige, immer nahe Natur. Für hohe Lebensqualität sorgen zu-

Von Castrop-Rauxel bis Waltrop

dem die attraktiven Wohnlagen sowie die Bildungs-, Gesundheits- und Sozialeinrichtungen. Das größte Plus der Städte im Kreis Recklinghausen sind freilich die Bewohner selbst. Wenn hier auch unterschiedliche Mentalitäten anzutreffen sind.

Charmant eigenwillig

Bei einer Reise durch den Vestischen Kreis begegnet man Menschen unterschiedlichen Schlages – oft sogar innerhalb einer Stadt oder sogar innerhalb eines Ortsteils. Die Gebietsreform Mitte der 1970er war nicht zimperlich. Oft wurden Verwaltungseinheiten aus Siedlungen und Orten geschaffen, die weder Geschichte noch Identität teilten. Und auch heute noch wird vielerorts auf diesen alten Eigenheiten bestanden – was den Charme dieser Orte und Menschen durchaus ausmacht.

Bei einer Städtetour trifft man den quirligen, offenen und rau-herzlichen Ruhrgebietstyp genauso wie den nicht minder rau-herzlichen, aber nicht ganz so leicht zugänglichen »Poahlbürger«. In fünf Minuten kann man von Recklinghausen nach Oer-Erkenschwick kommen. Vom Tempo her, das in den jeweiligen Städten angeschlagen wird, merkt man sofort einen Unterschied. Und in Arbeiterstädten wie Marl trifft man eben andere Menschen als in Haltern am See, wo der Wechsel vom Ruhrgebiet zum Münsterland spürbar ist. Aber in einem Punkt spielt es keine Rolle, in welcher der zehn Städte man sich befindet: Ist einmal das Eis gebrochen und das Vertrauen erworben, stehen die Bürger im Vestischen Kreis unverbrüchlich zu ihren Entscheidungen und öffnen als gesellige und freundliche Gastgeber ihre Türen. Bei allen spannenden Gegensätzen der Städte im Kreis Recklinghausen: Dies ist ihre wohl anziehendste Gemeinsamkeit.

Ralf Rudzynski, Nils Rimkus

Gefeiert wird überall gern – wie in Gladbeck beim Appeltatenfest. (Foto: © Stadt Gladbeck)

Gemütliche Innenstädte, viel Kunst im öffentlichen Raum – hier in Haltern am See. (Foto: © Ralf Rudzynski)

Hervorragende Kulturangebote: hier das Ikonenmuseum in Recklinghausen. (Foto: © Ikonenmuseum Recklinghausen/ Ferdinand Ullrich)

Die Schlösser im Kreis sind gern besuchte romantische Orte. (Foto: © Daniel Maiß)

Lauschige Plätze laden ein, hier am Tigg in Datteln. (Foto: © Ralf Rudzynski)

Von Castrop-Rauxel bis Waltrop

In Castrop-Rauxel lebt der europäische Gedanke

Im Ballungszentrum Ruhrgebiet überzeugt die Stadt durch ihr eigenes Profil

Die A42 und der Rhein-Herne-Kanal gewährleisten eine exzellente Verkehrsanbindung. (Foto: © Ralf Rudzynski)

Der Münsterplatz war bereits im Jahr 1961 ein zentraler Punkt. (Foto: © Stadt Castrop-Rauxel)

Das Ruhrgebiet ist das größte urbane Ballungszentrum in Deutschland. Angesichts der Aneinanderreihung solcher Großstädte wie Essen, Dortmund, Bochum, Gelsenkirchen oder Recklinghausen ist es im Ruhrpott selbst für eine Kommune mit fast 77 000 Einwohnern nicht einfach, sich ein eigenes Profil zu verschaffen. Castrop-Rauxel jedoch hat dies geschafft – und zwar schon relativ früh.

Unmittelbar nach dem Zweiten Weltkrieg engagierten sich die Bürger für den europäischen Gedanken. Bereits am 16. Juli 1950 entschieden sich 96 Prozent der Einwohner bei einer Abstimmung für die Aufhebung der eigenen Staatshoheit zugunsten eines Vereinten Europas. Die Stadt ist stolz darauf, schon 1962 vom Europarat mit dem Titel »Europastadt« ausgezeichnet worden zu sein.

Im Jahr 1979 wurde sie mit dem Theodor-Heuss-Preis für beispielhaftes Engagement um die europäische Völkerverständigung geehrt. Nach wie vor halten unter anderem Städtepartnerschaften zu Gemeinden im In- und Ausland diese Tradition hoch. Das Engagement für Europa rückte Castrop-Rauxel bereits bundesweit in den Fokus, als Begriffe wie Europäische Union, Gemeinschaftswährung oder gar Euro allenfalls fern am Horizont erkennbar gewesen sind.

»Ich stehe zu Castrop-Rauxel«

Weitaus weniger bekannt sind die Ursprünge des eigentümlich anmutenden Doppelnamens, der immer wieder Ziel vermeintlicher Witze ist. Die Einwohner selbst nehmen es gelassen, denn sie haben allen Grund, auf ihre Stadt stolz zu sein. Allen voran steht mit Johannes Beisenherz (Jahrgang 1949) der Bürgermeister: »Ich bin hier geboren, zur Schule gegangen und habe einen Großteil meines beruflichen Lebens in meiner Heimatstadt verbracht. Ich stehe absolut zu Castrop-Rauxel, weil es eine wunderbare Stadt ist, die eine sehr hohe Lebensqualität garantiert und alles bietet, was eine liebenswürdige, moderne Stadt ausmacht. Egal, wo man sich befindet, das nächste Naherholungsgebiet ist nur wenige Meter entfernt.« Heute nehmen Parkanlagen, Wälder oder Felder – zum Beispiel in ländlich geprägten Ortsteilen wie Becklem oder Dingen – noch rund 60 Prozent der Stadtfläche ein.

Die Europastadt im Grünen

Wie aber ist denn nun aus der 834 in einer Grundstücksurkunde erstmals erwähnten »villa castrop« der Name Castrop-Rauxel entstanden? Die beiden Silben des Wortes »Castrop« bedeuten Speicher (»kasto«) und Dorf (»torp«/«trop«/«trup«). Das »Dorf am Speicher« bestand aus Gehöften, in denen die Ernten aufbewahrt wurden; wahrscheinlich schon zu Zeiten der Feldzüge Karls des Großen (747/748 bis 814) gegen die Sachsen anno 772.

Für den Namensteil »Rauxel« (Krähenwiese) ist die Herleitung schwieriger. Dafür muss man die älteste bekannte Schreibweise aus dem Jahr 1266 zugrunde legen: »Roukessele«. Diese Silben stehen für Krähe (»Rouk«) und feuchter Wiesengrund (»sel«).

1926 wurden Castrop und Rauxel zur Stadt Castrop-Rauxel im Landkreis Dortmund zusammengelegt. 1928 erhielt sie die Kreisfreiheit. Seit der Gemeindeneuordnung im Jahr 1975 gehört Castrop-Rauxel zum Kreis Recklinghausen, sprich zum Vestischen Kreis. Und dieser ist dadurch um eine weitere Facette reicher; nämlich um die Europastadt im Grünen.

Bernhard Steingaß/Ralf Rudzynski

An der Rathausfassade kann man sehen, mit welchen europäischen Gemeinden Castrop-Rauxel verschwistert ist. (Foto: © Stadt Castrop-Rauxel)

Von Castrop-Rauxel in die Welt – Chemierohstoffe von RÜTGERS

Fünf Kolonnen, je 50 Meter hoch und aus gleißendem Stahl – schon von weitem sehen Besucher der Stadt Castrop-Rauxel die Produktionsanlagen der RÜTGERS Germany. Die so genannte KTD, oder Kontinuierliche Teerdestillation, ist das Herzstück des weitläufigen Chemiebetriebs im Nordosten der Stadt. Seit über 100 Jahren verarbeitet das Unternehmen den Rohstoff Steinkohlenteer zu Basischemikalien, die für verschiedene Industrien unverzichtbar sind. Heute befinden sich auf dem knapp 100 Hektar großen Areal neben der Teerdestillation weitere hochmoderne Anlagen, in denen chemische Grundstoffe hergestellt werden.

Lieferant chemischer Grundstoffe

Elektrodenbindemittel für die Aluminiumindustrie, Feuerfestmaterialien für die Stahlindustrie, Naphthalin für die Bauindustrie und Farbstoffe für die chemische Industrie – das Produktspektrum der RÜTGERS Germany ist vielfältig. RÜTGERS verwertet den Rohstoff Steinkohlenteer, der als Nebenprodukt bei der Koksherstellung anfällt, zu 100 Prozent. Davon profitieren Industrie und Umwelt gleichermaßen: Die Industrie erhält Grundstoffe, auf die sie für die Erstellung verschiedener Produkte nicht verzichten kann. Die Weiterverarbeitung von Steinkohlenteer schont darüber hinaus die CO_2-Bilanz. Denn die Alternative zur Weiterverarbeitung durch RÜTGERS wäre der wesentlich CO_2-intensivere Einsatz als Heizstoff.

Erfolgsfaktor Logistik

Eine exzellente Anbindung an das europäische Schienennetz und ein eigener Hafen – der Standort Castrop-Rauxel ist ein wichtiger Knotenpunkt im weltweiten Logistik-Netzwerk der RÜTGERS Gruppe. Rohstoffe aus Castrop-Rauxeler Produktion werden nach Duisburg transportiert. An diesem RÜTGERS-Standort werden hochwertige Industrieharze hergestellt. Ein direkter Weg führt von Castrop-Rauxel auch an die Küste: Spezialschiffe transportieren Steinkohlenteerpeche ins belgische Zelzate, wo sich ebenfalls eine Teerdestillation befindet. Hier werden die RÜTGERS-Produkte im unternehmenseigenen Hochseehafen auf Spezialschiffe verladen, die Kurs auf Nord- und Südamerika und den Mittleren Osten nehmen.

Partner der Region

RÜTGERS ist nicht nur ein verlässlicher Partner der Industrie – auch an seinen Standorten ist das Unternehmen im wirtschaftlichen und gesellschaftlichen Leben fest verankert. Ein solides Ausbildungsprogramm, hohe Sozialstandards und eine vertrauensvolle Zusammenarbeit zwischen Betriebsrat und Geschäftsführung zeichnen das Unternehmen aus. Von den derzeit 450 Mitarbeitern des Standorts sind allein 50 Auszubildende. Die angehenden Chemikanten, Industriekaufleute, Chemielaboranten und Industriemechaniker legen bei RÜTGERS ein solides Fundament für ihren weiteren Berufsweg. Dem wissenschaftlichen Nachwuchs hat sich die RÜTGERS Stiftung verschrieben: Die 1999 ins Leben gerufene Stiftung fördert naturwissenschaftliche und technische Projekte an allgemeinbildenden Schulen.

Die Kontinuierliche Teerdestillation (KTD) ist das Herzstück des Werkes Castrop-Rauxel. (Foto: © RÜTGERS)

Aus dem Rohstoff Steinkohlenteer lassen sich wertvolle Chemierohstoffe erzeugen. (Foto: © RÜTGERS)

Ausbildung bei RÜTGERS: Ein gutes Fundament für die berufliche Zukunft. (Foto: © RÜTGERS)

Beitrag von:
RÜTGERS Germany GmbH
Kekuléstraße 30 · 44579 Castrop-Rauxel
Tel. (0 23 05) 705-0 · Fax (0 23 05) 705-521
communication@ruetgers-group.com
www.ruetgers-group.com

Von Castrop-Rauxel bis Waltrop

Die Altstadt hat sich fein herausgeputzt

Auf dem Marktplatz kocht Castrop-Rauxel über

Der Marktplatz mit dem übermächtigen Turm der Lambertus-Kirche. (Foto: © Ralf Rudzynski)

Rund um die Lambertus-Kirche befindet sich die Altstadt von Castrop-Rauxel. Alt sind freilich ihre Tradition und viele ihrer schönen Häuser, doch dank einiger Veränderungen hat sie gleichzeitig den Sprung in die Gegenwart mühelos bewältigt. Diese neu gestaltete Altstadt hat sich herausgeputzt, ist attraktiv und lebendig.

Versehen mit neuer Pflasterung und Ruhezonen mit Bänken unter Bäumen, bietet sie eine willkommene Abwechslung zwischen dem Angebot der großen Einzelhandelsketten mit modischen, kleinen Boutiquen und Geschäften samt fachkundigem Personal. »Ich nutze die Altstadt immer wieder gerne zum Bummeln«, strahlt Doris Jagodzinski (Jahrgang 1961).

Jugendstilfassaden am Altstadtmarkt

Durch das schöne Ambiente der oft denkmalgeschützten Geschäftsfassaden in der Fußgängerzone wird der Einkaufsspaß noch erhöht. »Es gibt hier Geschäfte, die ich so in anderen Fußgängerzonen nicht finde«, staunte die in Saarbrücken lebende Doris Schwarz-Fedrow (Jahrgang 1963) während eines Besuchs bei Freunden: »Durch die vielen Möglichkeiten, sich hinzusetzen, einen Kaffee zu trinken oder etwas zu essen, ist der Einkauf viel stressfreier.«

Auch die Jugendstilfassaden am Altstadtmarkt, der dreimal in der Woche mit seinen Marktständen zum Einkauf und Verweilen einlädt, beeindrucken gewaltig. Am plätschernden Reiterbrunnen mit seinen in der Sonne gelegenen Bänken macht man gerne eine Pause.

Weiter dient der Altstadtmarkt als Veranstaltungsort im Jahresverlauf. Weit über die Grenzen Castrop-Rauxels hinaus ist der Satirische Adventskalender bekannt. In der Adventszeit wird jeden Abend eine Tür geöffnet, und bekannte Comedians oder Musikkünstler bieten ein einstündiges Programm der Extraklasse an.

Man trifft sich

Um Fronleichnam herum findet das Gourmetfest »Castrop kocht über« mit Live-Musik, Tanz und gutem Essen von Köchen und Restaurants aus der Region statt. »Auf diesem Fest begegnet man immer wieder auch Kollegen, die man zum Teil jahrelang nicht gesehen hat«, schwärmt Frank Schulte (Jahrgang 1966). Theateraufführungen, Themenmärkte, Frühjahrs- und Herbstkirmes runden das gesellschaftliche Jahr ab.

In der Altstadt werden auch die Erinnerungen an die deutsche Vergangenheit wachgehalten. Am Kuopioplatz befindet sich ein jüdischer Friedhof. Auf dem Simon-Cohen-Platz – mitten in der Fußgängerzone gelegen – ist ein Denkmal mit Inschrift genau an dem Platz errichtet worden, wo einst die Synagoge stand.

Denkmäler in der Altstadt

Ein eigenes Denkmal wurde der Taubenzucht, dem traditionellen Hobby des Ruhrgebiets, gesetzt. An der Brunnenanlage Obere Münsterstraße/Kuopioplatz schuf der Künstler Franz Josef Kampmann 1986 einen Bronzeguss, für den er einen Castrop-Rauxeler Taubenzüchter als Vorbild nahm. Wenn man vom Kunstwerk zum gegenüberliegenden Hausgiebel schaut, kann man den anderen Teil des Werkes erkennen: Eine Taube – das Rennpferd des kleinen Mannes – auf einem Mauersims sitzend.

Auf dem Lambertusplatz unterhalb der Kirche befindet sich eine weitere Skulptur. Dort kreierte Jan Bormann ein Wasserspiel. Ein weiterer Blickfang in der Altstadt, in der das Leben jeden Tag aufs Neue aufblüht.

Bernhard Steingaß

Der von Jan Bormann geschaffene Brunnen vor der Lambertus-Kirche. (Foto: © Ralf Rudzynski)

Im neuen Amphitheater auf dem Leoplatz steht die Kultur im Mittelpunkt. (Foto: © Ralf Rudzynski)

Der Stadtgarten mit dem Parkbad Süd ist ein kulinarischer Treffpunkt für Groß und Klein. (Foto: © Ralf Rudzynski)

Von Castrop-Rauxel bis Waltrop

Damals wie heute

1959
1960
1964
1968
1972

Theodor Schmidt senior gründete im September 1959 auf der Ickerner Straße 2 die Fleischerei Schmidt. Dort befanden sich Produktionsbetrieb und das erste Geschäft. Bereits im September 1960 eröffnete in Dortmund-Nette an der Mengeder Straße die zweite Filiale.
Der erste Generationswechsel erfolgte am 31. Dezember 1964.
Theodor Schmidt junior und seine Frau Johanna übernahmen und erweiterten den Betrieb 1968 mit der Filiale auf der Lange Straße 68 und 1969 um eine weitere in Dortmund-Nette auf der Ammerstraße. Aufgrund des betrieblichen Wachstums wurden 1972 die Produktion und Filiale auf der Ickerner Straße geschlossen und eine größere und für den Betrieb passende Produktionsstätte in Obercastrop an der Wittener Straße 166 bezogen. Um auch im Ortsteil Rauxel für ihre Kunden präsent zu sein, wurde dort 1974 eine Filiale eröffnet und 1976 öffneten sich die Türen in der Nähe des alten Stammhauses auf der Ickerner Straße 40. Der Wunsch des Familienunternehmens, auch in der Altstadt präsent zu sein, erfüllte sich im Dezember 1984.
Zum dritten Generationswechsel kam es am 1. Januar 1995.
Michael und Sabine Kortmann (geborene Schmidt) übernahmen den Fleischereibetrieb.
Heute findet man Fleischwaren Theo Schmidt in Castrop-Rauxel:
Am Markt 6
Bahnhofstraße 315
Langestraße 68
Ickernerstraße 40

2010

Familien-Fleischerei in dritter Generation mit EU Zulassung.
Das bedeutet für Sie handwerkliche Eigenproduktion plus optimale Hygiene und Fleisch aus der Region.
Das heißt Frische, die man schmeckt!

100 Prozent aller Fleischprodukte aus eigener Herstellung.
90 Prozent aller Wurst und Schinkenprodukte aus eigener Herstellung.

Das wichtigste Gewürz in einer Fleischerei ist Frische, denn Frische ist durch nichts zu ersetzen.
Unser Ziel ist es, alle unsere Produkte frei von Geschmacksverstärkern und Allergenen Stoffen herzustellen.
Daran arbeiten wir.

Beitrag von:
Fleischwaren Theo Schmidt
Inhaber Michael Kortmann
Wittener Straße 166
44575 Castrop-Rauxel
Tel. (0 23 05) 2 02 45
Fax (0 23 05) 2 02 94
mdk@fleischwaren-schmidt.de
www.fleischwaren-schmidt.de

Wie kommt Irland nach Castrop-Rauxel?

Noch heute prangen vier Buchstaben hoch über der Stadt: E-R-I-N

Der 68 Meter hohe Förderturm der Zeche Erin mit seinen vier weithin sichtbaren Buchstaben. (Foto: © Stadt Castrop-Rauxel)

Eine wichtige Rolle für die Entwicklung der Stadt Castrop-Rauxel spielte die Zeche Erin. Im Jahre 1867 gründete der Ire William Thomas Mulvany die Zeche, die den keltischen Namen der Insel Irland bekam. Die Bergbauära endete nach einer langen wirtschaftlichen Blüte erst im Jahr 1983 mit der Schließung des letzten Bergwerks: der Zeche Erin.

Auf dem ehemaligen Gelände entstand – richtungsweisend für den Strukturwandel – ein Komplex als Dienstleistungs-, Gewerbe- und Landschaftspark. Der 68 Meter hohe Förderturm der Zeche Erin mit seinen vier großen und weithin sichtbaren Buchstaben blieb als sehenswertes und lebendiges Wahrzeichen der Industriekultur stehen. Nachts angeleuchtet, im Rahmen des Kunstprojektes Nacht-Tag-Panorama des Emscher Landschaftsparks, ist der ehemalige Förderturm immer wieder ein lohnendes Objekt für schöne Bilder.

Der Kreis schließt sich

Dort, wo früher die Zufahrt zur Zeche war, entstand die neue Polizeiwache. Für Polizeihauptkommissar Udo Mörchen (Jahrgang 1954) schloss sich damit ein Kreis. 1970 begann er eine Lehre als Betriebsschlosser auf der Zeche Erin, wo er über- und untertage tätig war. Im September 1973 endete diese Lehrzeit und noch im Oktober desselben Jahres begann er eine Ausbildung bei der Polizei. Über mehrere Dienststellen kam Udo Mörchen letztendlich wieder zurück nach Castrop-Rauxel und versieht seit dem Jahr 2000 seinen Dienst auf der Wache in der Erinstraße 1 mit Blick auf »seinen« Förderturm.

Zeche Erin und der Hammerkopfturm

Ein weiteres Denkmal im Stadtgebiet ist der ebenfalls zur ehemaligen Zeche Erin gehörende Hammerkopfturm im Ortsteil Schwerin. Der 1920 erbaute Luft- und Personenbeförderungsschacht ist heute einer der ältesten in Nordrhein-Westfalen noch vorhandenen Türme seiner Bauart.
Rund um den Turm entstand ein keltischer Baumkreis, der sich am mythischen Baumkalender der Kelten orientiert. Danach steht jeder Baum für bestimmte Eigenschaften und Stimmungen, die auf Menschen übertragen werden.

Die Bergehalde Schwerin

Gleichfalls in Schwerin befindet sich die Bergehalde Schwerin, mit 147 Metern höchste Erhebung in Castrop-Rauxel. Die Halde entstand durch Arbeiten auf der Zeche Graf Schwerin in den Jahren 1875 bis 1965. Heute kann man über vielseitig angelegte Treppen und Wege – bestehend aus unterschiedlichen Überbleibseln der schwerindustriellen Zeit (Eisenbahnschwellen, Grubenhölzern, Stahlbrammen, Eisenbahnschienen) – die Halde erklimmen. Dort erwartet den Besucher die begehbare Sonnenuhr des Künstlers Jan Bormann, die die Zeit in Richtung Zukunft weist.

Von Westhofen nach Schwerin

Der Ortsteil Schwerin trug ursprünglich übrigens den Namen Westhofen. Das war eine in Westfalen allgemein übliche Bezeichnung für eine Siedlung, die westlich eines größeren Ortes lag. Heute erinnert noch die Westhofenstraße daran. Seinen heutigen Namen erhielt Schwerin im Jahr 1936.

In Schwerin steht der ebenfalls zur ehemaligen Zeche Erin gehörende Hammerkopfturm. (Foto: © Stadt Castrop-Rauxel)

Der Blick von der Horststraße zeigt die Zeche Erin »unter Dampf«. (Foto: © Stadt Castrop-Rauxel)

Von Castrop-Rauxel bis Waltrop

In dieser Skulptur von Jan Bormann drehen sich die Räder des Windparks Schwerin. (Foto: © Ralf Rudzynski)

Durch die Errichtung der Zeche Graf Schwerin und einiger Koloniehäuser für die Bergleute wuchs Westhofen zu einem kleinen Ort heran, der durch Marktplatz, Geschäfte und Gaststätten belebt wurde. Graf Schwerin wurde 1967, die dazugehörige Kokerei 1975 stillgelegt.

Rund um den Neuroder Platz

Aus dem Landkreis Neurode siedelten sich nach dem Zweiten Weltkrieg viele Schlesier in Castrop-Rauxel an. Da diese an den Traditionen ihrer alten Heimat stark festhielten, war ihre neue Heimat in den 1950er und 1960er Jahren eine Art Zentrum der Heimatvertriebenen aus Neurode. Das nahm die Stadt Castrop-Rauxel zum Anlass, den neu gestalteten Marktplatz Neuroder Platz zu nennen.

Dort werden übrigens hin und wieder auch Marktstände aufgebaut, die sich dank ihrer guten Auswahl großer Beliebtheit erfreuen. Auch das dortige Geschäftszentrum bietet alle Möglichkeiten, über den täglichen Bedarf hinaus einkaufen zu können.

Liebevoll dekorierte Vorgärten

In den angrenzenden Bergbausiedlungen ist die Vergangenheit allgegenwärtig. Liebevoll restaurierte und mit schönen Gegenständen von Untertage dekorierte Vorgärten zeigen die Verbundenheit der Bewohner zu ihrem Ortsteil und dessen Vergangenheit.

»Hier stimmt das Miteinander, hier stimmt der Zusammenhalt«, sagt Gerd Becker (Jahrgang 1954). Er spricht im Brustton der Überzeugung über seinen Stadtteil und streicht heraus, dass er nicht in, sondern »auf Schwerin« lebt: »Hier im Ortsteil wird gesagt: Ich wohne auf Schwerin.« Dementsprechend fallen Ortsfremde sofort auf, wenn sie eben vorgeben, »in« Schwerin zu wohnen.

Diese sprachlich gebräuchliche Form leitet sich davon ab, dass man »auf« der Zeche Schwerin arbeitete und somit auch auf Schwerin wohnte. Der Ausdruck könnte allerdings durchaus auch mit der erhöhten Lage des Stadtteils zusammenhängen. Denn wenn man »auf Schwerin« will, geht es aus fast allen Richtungen bergauf.

Bernhard Steingaß

In Schwerin wird die Windenergie angekurbelt. (Foto: © Ralf Rudzynski)

Tisch & Design – Schönes für Ihr Zuhause

Hochwertige Haushaltswaren und attraktive Accessoires

Als eine sehr gute Adresse für hochwertige Haushaltswaren und attraktive Deko-Accessoires hat sich die Firma Tisch & Design in Castrop-Rauxel etabliert. Das liegt nicht zuletzt daran, dass sich das Fachgeschäft ganz bewusst abhebt von vielen unpersönlichen Einkaufsmöglichkeiten im Internet oder aus dem Katalog.

Bei Tisch & Design gibt es nicht nur Glas, Porzellan, Hausrat, Geschenke, Lederwaren, Schmuck und Gartenmöbel, sondern dazu vor allem kompetente Beratung und erstklassigen Service. Gerade das persönliche Gespräch mit dem vertrauten Ansprechpartner ist vielen Kunden immens wichtig. Man wird individuell beraten und kann sich zudem vor Ort selbst ein Bild machen, welche Accessoires und Designerartikel in Form, Farbe oder Größe die eigenen vier Wände verschönern.

Persönliche Beratung und guter Service

Auf einer Fläche von mehr als 900 Quadratmetern hat Tisch & Design eine riesige Auswahl von rund 100 000 Artikeln, die man im Haushalt benötigt oder die das eigene Zuhause abrunden. Zum umfangreichen und vielfältigen Sortiment gehören Edelstahlwaren, Pfannen, Töpfe, Bestecke, Küchenhelfer, Geschirr, Glaswaren, Porzellan, Vasen, Kerzenhalter, Tischwäsche, Servietten, Lampen, Taschen, Modeschmuck und vieles mehr.

Selbstverständlich stammen die Sachen aus den Manufakturen führender Hersteller wie WMF, Rösle, Fissler, Rosenthal, Villeroy & Boch, Hutschenreuther, Goebel, Leonardo, ASA, VOI Lederwaren, Coeur de Lion etc.

Tisch & Design hat schöne Dekoartikel und Accessoires, die das Zuhause abrunden. (Foto: © Ralf Rudzynski)

Die Kunden schätzen die Vorzüge einer kompetenten Beratung. (Foto: © Ralf Rudzynski)

Beitrag von:
Tisch & Design Kreuch GmbH und Co. KG
Dortmunder Straße 4 · 44575 Castrop-Rauxel
Tel. (0 23 05) 44 10 00 · Fax (0 23 05) 44 11 52
info@kreuch-design.de · ww.kreuch-design.de

Von Castrop-Rauxel bis Waltrop

Kaleidoskop der grünen Stadtteile

Von Frohlinde bis Pöppinghausen

Frohlinde, der östlichste Stadtteil von Castrop-Rauxel, war mit einigen Bauernhöfen eine typisch westfälische Bauerschaft. Dazu gehörte auch die Getreidemühle mit ihrem Mühlteich. Eigentlich zählte die mehrheitlich katholische Bevölkerung zur Castroper St. Lambertus-Gemeinde. Mit dem Bau einer eigenen Kirche unter dem Patronat der Heiligen Schutzengel Anfang des 20. Jahrhunderts folgte jedoch die Abspaltung von der Castroper Gemeinde.

Der Bau einer Schule an der Hubertusstraße und mehrerer Wohnhäuser an der Dortmunder Straße zu Beginn des 20. Jahrhunderts folgten. Obwohl sich kleine Geschäfte und Gaststätten ansiedelten, entstand kein Ortskern wie in anderen sich weiter entwickelnden Bauerschaften.

Julia Hüning (Jahrgang 1990), geboren und aufgewachsen in Frohlinde, ist von ihrem Stadtteil begeistert. »Ich wohne im Grünen, trotzdem sind die Altstadt von Castrop-Rauxel oder andere Einkaufsmöglichkeiten für junge Leute gut erreichbar.« In Frohlinde wurde 1956 durch die Schönstatt-Bewegung ein Schönstatt-Zentrum errichtet, zu dessen 50. Jubiläum sogar der Paderborner Erzbischof Becker anreiste.

Mitte der 1970er Jahre wurde mit dem Bau mehrerer Wohngebiete begonnen, deren Straßennamen sich an den Partnerstädten orientierten. Zudem wurde Frohlinde auch durch den Bau eines Golfplatzes zu einem begehrten und teuren Wohngebiet in Castrop-Rauxel, ohne den früheren ländlichen Charme verloren zu haben.

Ehemalige Bauerschaften

Auch der im Süden von Castrop-Rauxel gelegene und an Bochum und Dortmund angrenzende Stadtteil Merklinde war ursprünglich eine kleine Bauerschaft. Im Heberegister des Klosters Werden wurde der Stadtteil als »Mediclinn« um 1150 erstmalig erwähnt. Neben einem Industriegebiet bietet Merklinde einen Grüngürtel, in dem Erholung möglich ist.

Sowohl Frohlinde als auch Merklinde gehörten ursprünglich zum Amtsbezirk Mengede, der heute ein Stadtteil von Dortmund ist. So ist es nachvollziehbar, dass die Eingemeindung nach Castrop-Rauxel hier eigentlich abgelehnt wurde, da sich die Bürger in diesen beiden Ortsteilen eher zu Dortmund hingezogen fühlten.

Auch ein Industriegebiet gibt es in Merklinde. (Foto: © Ralf Rudzynski)

Im Wildgehege in Deininghausen kann man zahlreiche Tiere des Waldes bestaunen. (Foto: © Ralf Rudzynski)

An vielen Stellen im Stadtgebiet – wie hier in den Kämpen in Merklinde – bekommt man in einladenden Hofläden frisches Obst und Gemüse direkt vom Erzeuger. (Foto: © Niermann)

Obercastrop und Behringhausen

In der Isenberger Voigtrolle 1220 erstmalig als Obercasdorp erwähnt, war Obercastrop eine an der Nordseite der Castroper Platte gelegene Bauerschaft. Angesehene Bauernfamilien siedelten sich im Laufe der Jahre hier an. Gegen Ende des 12. Jahrhunderts bildeten Obercastrop und Castrop eine Siedlung. Später vollzog sich die Trennung, da sich Castrop zu einem städtischen Gebilde entwickelte. Währenddessen lebten Kötter, Tagelöhner und Bauern in Obercastrop. Im Jahre 1902 verlor Obercastrop seine Selbstständigkeit und bildete mit Behringhausen und Castrop die Stadt Castrop, um dann 1926 ein Stadtteil von Castrop-Rauxel zu werden.

Heute findet man in Obercastrop wie Behringhausen zur Stadtgrenze nach Bochum und Herne hin noch Felder und Bauernhöfe, die von der Vergangenheit zeugen. Hier wird der Reitsport groß geschrieben. Weiter entstand ein kleines Geschäftszentrum, welches sich insbesondere in der Weihnachtszeit durch seine Aktionen wohltuend von anderen abhebt. In Obercastrop befindet sich außerdem das erste Brauhaus in Castrop-Rauxel, das Brauhaus Rütershoff.

»Deininghausen kocht«

Um 1150 zahlte Albert von Deninhusen Steuern an die Abtei Essen-Werden. Im Urkataster 1828 wird erwähnt, dass 123 Menschen in Deininghausen leben. Im Rahmen der Gründung der

In Frohlinde kommen Freunde des Golfsports auf ihre Kosten. (Foto: © Stadt Castrop-Rauxel)

Von Castrop-Rauxel bis Waltrop

Das Jugendzentrum in Deininghausen wurde von den Jugendlichen selbst mitgestaltet. (Foto: © Ralf Rudzynski)

im Grünen. Umgeben von Feldern und Wäldern wuchs ein in sich geschlossener Stadtteil heran. Durch erfolgreiche Stadtteilarbeit im Jugendzentrum entstand ein familiärer Zusammenhalt. Regelmäßige Veranstaltungen wie gemeinsames Frühstück, Aufräumaktionen und Sportevents zeugen davon. Auch der in Pöppinghausen am Rhein-Herne-Kanal gelegene Yachthafen des AMC mit seiner Gastronomie ist ein beliebtes Ziel für Freizeitkapitäne, Fahrradfahrer und Wanderer.

Bernhard Steingaß

Stadt Castrop-Rauxel wird Deininghausen 1926 ein Teil von Castrop-Rauxel.

In den 60er Jahren des 20. Jahrhunderts entstand aus dem Modell Waldsiedlung Deininghausen ein Stadtteil; umgeben von Bauernhöfen, Feldern und Wäldern. Heute leben dort über 3000 Menschen. Nicht zuletzt der für sein Ehrenamt ausgezeichnete Verein Bürger für Deininghausen setzt sich immer wieder für den Ortsteil und seine Belange ein.

Stadtteilfeste wie »Deininghausen kocht« sorgen für Zulauf und zeigen, wie gut Nachbarschaft und Hilfe gelebt werden. Dieses bestätigt auch Bürgermeister Johannes Beisenherz, der feststellt, dass Castrop-Rauxel geprägt ist durch ein hohes Engagement seiner Bürgerinnen und Bürger. »Das gemeinsame Miteinander auf ehrenamtlicher Basis ist ein prägendes Kennzeichen der Stadtgesellschaft Castrop-Rauxel«, so Beisenherz.

Auf private Initiative geht übrigens auch das Wildgehege zurück, das in Deininghausen entstanden ist und in dem man zahlreiche Tiere des Waldes bestaunen kann.

Zusammenhalt in Pöppinghausen

Der Ortsteil Pöppinghausen, im Nordwesten angrenzend an Herne und Recklinghausen, liegt

Zwischen Feldern und Grünanlagen liegt Pöppinghausen. (Foto: © Ralf Rudzynski)

Europas »Sprungschanze« steht in Castrop-Rauxel

Zwei Stararchitekten setzten den Europaplatz in Szene

Ein Zeugnis der Baukunst der 1960er und 1970er Jahre ist das Ensemble am Stadtmittelpunkt aus Rathaus, Europa- und Stadthalle. Die Stararchitekten Arne Jacobsen und Otto Weitling entwarfen den Komplex am Europaplatz. Die schwungvollen Dächer, damals eine Weltneuheit, tragen den liebevollen Beinamen »Sprungschanze«.

Die Europahalle mit einer Fläche von 2000 Quadratmetern bietet Platz für 3500 Personen. Die Stadthalle mit einer maximalen Fläche von 600 Quadratmetern kann 1000 Personen fassen. Dazu gehört eine Außenfläche von 10 000 Quadratmetern. In den Hallen und im Außenbereich gibt es regelmäßig ein buntes Angebot an Veranstaltungen aus Unterhaltung und Sport, Produktpräsentationen, Tagungen und Konferenzen, Publikums- und Fachausstellungen. Knapp 250 000 Besucher kann die Forum-Gesellschaft pro Jahr bei Publikumsveranstaltungen begrüßen.

Westfälisches Landestheater

Castrop-Rauxel ist seit 1946 Sitz des Westfälischen Landestheaters. Das WLT ist eines von vier nordrhein-westfälischen Landestheatern. Es hat die höchste Anzahl an Gastspielen in NRW und

Es ist offensichtlich, warum Stadt- und Europahalle auch als »Sprungschanze« bezeichnet werden. (Foto: © Ralf Rudzynski)

Auch das neue Rathaus gehört zum Ensemble am Stadtmittelpunkt. (Foto: © Stadt Castrop-Rauxel)

verfügt über ein Kinder- und Jugendtheater. Regelmäßige Spielorte in Castrop-Rauxel sind die Stadthalle und das WLT-Studio.

Auf dem Castrop-Rauxeler Altstadtmarkt zeigt es im Sommer unter dem Motto »Bühne raus ....!« drei Tage lang Theater im Freien für Kinder und Erwachsene. Ebenso dienen der Hammerkopfturm und Schloss Bladenhorst als Bühnen für das WLT, die mit großer Zuschauerbegeisterung angenommen werden. Der Spielplan bietet ein reichhaltiges Programm aus Musikaufführungen, Klassikinszenierungen und zeitgenössischer Dramatik.

Bernhard Steingaß

Von Castrop-Rauxel bis Waltrop

Perfektion, Design und Einzigartigkeit

In Vollendung gestaltete Küchen sind das Markenzeichen von KKTG

An einem außergewöhnlichen Ort präsentiert Torsten Grenda außergewöhnliche Küchen. Dem Ambiente des sehenswerten Wasserschlosses Bladenhorst angemessen, sind die Küchen Konzepte von KKTG nicht einmal im Ansatz mit herkömmlichen »Modellen von der Stange« zu vergleichen. Denn dort, wo andere Anbieter und Hersteller mit ihrem Latein bereits am Ende sind, fängt für Torsten Grenda die Herausforderung gerade erst an.

In seinen Ausstellungsräumen zeigt er, wie schön Küchen in Vollendung wirklich sein können. Dabei lässt er auch seinen erstklassigen Blick für die Raumgestaltung mit in seine Ideen – oder natürlich die seiner Auftraggeber – einfließen. Der Phantasie sind keine Grenzen gesetzt. So entstehen individuell zugeschnittene Küchen, die neben dem reinen Zweck von Komfort und Nützlichkeit vor allem von der Optik her begeistern. In Vollendung gestaltete Küchen sind das Markenzeichen von KKTG.

Von Castrop-Rauxel bis Waltrop

Durch die Zusammenarbeit mit Partnerunternehmen bietet die Ausstellung im Schloss Bladenhorst perfekt in Szene gesetzte Küchen. Dazu gehören Fenstervorhänge, Teppiche, gedeckte Tische mit Markenwaren von Hutschenreuther, WMF, Villeroy & Boch und Rosenthal sowie viele weitere Dekoaccessoires, durch die man sich in diesem Ambiente als Kunde schon fast heimisch fühlt.
Der vorhandene Einrichtungsstil wird selbstredend berücksichtigt und zum Beispiel die Wandgestaltung entsprechend angepasst. Auch für diese perfekte Harmonie ist Torsten Grenda der Ansprechpartner aller Gewerke. Gewiss hat das

Dem Ambiente des sehenswerten Schloss Bladenhorst angemessen, sind auch die Küchen Konzepte von KKTG absolut außergewöhnlich.
(Alle Fotos: © Torsten Grenda)

Zusammenspiel aus Perfektion, Design und Einzigartigkeit ihren Preis, doch Grenda versichert: »Es geht durchaus auch mit einem kleinen Budget.«
Das Montageteam hat unter anderem das geschulte Auge für jegliche Form von Grundrissveränderungen, durch die vorhandene Flächen optimal genutzt werden können. Unter den Küchenexperten befindet sich ein Elektrofachmann, der sämtliche Geräte anschließt und auf Wunsch die Vernetzung des gesamten Stromhaushaltes übernimmt. Ebenso steht ein Gas- und Wasserinstallateur zur Verfügung, der zum Beispiel auf dem Gebiet der erneuerbaren Energien immer wieder intelligente Lösungen findet.
Die Räumlichkeiten von KKTG sind immer einen Besuch wert. Bei den Öffnungszeiten orientiert sich Torsten Grenda ebenfalls an den Wünschen seiner Kunden. Selbstverständlich kommt er auch zu ihnen nach Hause, um bei einer gewünschten Küchenmodernisierung seine Erfahrung und seine Kreativität für das Besondere mit einbringen zu können.

Beitrag von:
KKTG Küchen Konzepte
Westring 346 · 44579 Castrop-Rauxel
Tel. (0 23 05) 9 78 85 83
Fax (0 23 05) 9 78 85 84
k-k-t-g@t-online.de

Von Castrop-Rauxel bis Waltrop

Der Bergbau hat Rauxel und Ickern verbunden

Im »Multikulti-Vorort« Habinghorst sind über 40 Nationen zu Hause

Der Hauptbahnhof in Rauxel bietet mit einer direkten Verbindung zum Düsseldorfer Flughafen die Möglichkeit, von Castrop bequem in die ganze Welt zu verreisen. (Foto: © Ralf Rudzynski)

1926 wurde das Dorf Rauxel mit der Stadt Castrop zur neuen Stadt Castrop-Rauxel zusammengelegt. Rauxel selbst war damals in gewisser Weise schon mit dem Stadtteil Ickern verwoben. Bereits in den 60er Jahren des 19. Jahrhunderts wurde man rund um Rauxel bei der Suche nach Steinkohle fündig. 1871 begann mit den Zechen Victor in Rauxel und 1908 mit der Zeche Ickern im Ortsteil der Steinkohlenbergbau.

Beide Zechen wurden 1917 durch eine gemeinsame Geschäftsleitung miteinander verbunden. Peter Klöckner übernahm 1923 mehrere Montanbetriebe sowie die beiden Zechen. Alles verschmolz dadurch in die Klöckner-Werke AG Rauxel-Berlin, deren Firmensitz in Rauxel blieb.

Heute spielt sich im Stadtteil Rauxel das Leben weitgehend rund um den Bahnhof und ein kleines Geschäftszentrum ab. Zudem hat hier seit jeher mit der RÜTGERS Germany GmbH der größte private Arbeitgeber der Stadt Castrop-Rauxel seinen Sitz nebst riesigem Werk und Siedlung für Angestellte.

Ickern ist der größte Stadtteil

Ickern ist heute der größte und mit über 16 000 Bürgern auch einwohnerstärkste Stadtteil: am Tor zum Münsterland, aber doch im Ruhrgebiet, verkehrsgünstig, mit vielen Autobahnanschlüssen im

Schön, dass es so etwas in der heutigen Zeit noch gibt: Die Klümpchenbude in der »Rütgerssiedlung«. (Foto: © Ralf Rudzynski)

Nordosten von Castrop-Rauxel. Durch die Industrie vor Ort war Ickern im Zweiten Weltkrieg häufig Ziel von Bombenangriffen. Selbst heutzutage werden dort noch Blindgänger aus dem Krieg gefunden, die die Evakuierung und Sperrung der angrenzenden A2 zur Folge haben.

Die Ende 1950 beginnende Kohlekrise machte sich auch in Ickern bemerkbar. Im September 1973 wurden auf den beiden Zechen Ickern I/II und Victor III/IV die letzten Schichten gefahren. Denkmäler wie die Seilscheibe, Kunstwerke aus dem Bergbau und der 1925 gestaltete, am Ickerner Knoten stehende bronzene Bergmann erinnern an diese Epoche.

Im Dezember 1967 kaufte das Land Nordrhein-Westfalen eine als Bergwerkslehrlingsheim genutzte Liegenschaft. Bereits im folgenden Jahr entstand dort der Meisenhof, eine offene Justizvollzugsanstalt mit 450 offenen und 16 geschlossenen Haftplätzen.

Modernes und attraktives Ickern

Heute präsentiert sich Ickern als attraktives und modernes Geschäftszentrum mit Fachbetrieben und bundesweit agierenden Unternehmen, aber auch mit einem Marktplatz, an dem zweimal pro Woche die Verkaufsstände aufgebaut werden. »Ickern ist toll«, strahlt Rentnerin Roswitha Gerber (Jahrgang 1939). Ihr Ehemann Robert (Jahrgang 1935) ergänzt: »Alles ist fußläufig erreichbar, und bei großen Einkäufen findet man genügend Parkplätze.«

Am Marktplatz steht die Kirche St. Antonius. In den Jahren 1922 bis 1925 gab ihr der Industriearchitekt Alfred Fischer eine parabelartige Form. Diese war zur damaligen Zeit einzigartig in Deutschland. Im schlichten Inneren prägen Gewölbe mit Rundstrebebögen die Kirche. Beim Glockenturm treten die kubischen Formen besonders in den Vordergrund.

Das Parkbad Nord

In Ickern, genauer gesagt im Volkspark, befindet sich mit dem Parkbad Nord das Freibad der Stadt Castrop-Rauxel. Hier wurde durch großes ehrenamtliches Engagement der Bürgerinnen und Bürger des Ortsteils und der Stadtverwaltung ein von der Schließung bedrohtes Schwimmbad attraktiv wieder hergerichtet. Ickern-End besticht durch seine sehr gut erhaltenen Bergbausiedlungen, in denen mit viel Liebe zum Detail die alten Zechenhäuser renoviert und die Vorgärten gestaltet wurden.

Die parabelartige Form der St. Antonius-Kirche war nach ihrer Fertigstellung im Jahr 1925 einzigartig in Deutschland. (Foto: © Ralf Rudzynski)

Am Ickerner Knoten schaut der bronzene Bergmann auf Seilscheibe und »Untertage-Kunstwerk«. (Foto: © Ralf Rudzynski)

Das Parkbad Nord wurde durch ehrenamtliches Engagement der Bürgerinnen und Bürger wieder instandgesetzt. (Foto: © Stadt Castrop-Rauxel)

Das Kulturzentrum Agora befindet sich am früheren Eingangsgebäude der Zeche Ickern I/II. (Foto: © Ralf Rudzynski)

Geld für Habinghorst

Einen deutlichen Gegensatz zu Ickern bildet der weiter westlich gelegene Ortsteil Habinghorst. Er gilt innerhalb der Stadt als »Multikulti-Vorort«. Hier leben Einwohner aus über 40 verschiedenen Nationen. Der Anteil der ausländischen Mitbürger ist mehr als doppelt so hoch wie im gesamten Stadtgebiet.

Um das soziale Miteinander und die wirtschaftlichen Perspektiven des Stadtteils zu stärken, hofft Castrop-Rauxel, aus der Städtebauförderung 3,5 Millionen Euro zu erhalten. Diese Fördergelder sollen für »städtebauliche und sozialflankierende Maßnahmen« verwendet werden. Zudem soll die Lange Straße als Einkaufszentrum von Habinghorst gestärkt werden.

Bernhard Steingaß/Ralf Rudzynski

Ein weiteres Denkmal in Ickern ist die Agora. Das frühere Eingangsgebäude der Zeche Ickern I/II wurde 1985 von der griechischen Gemeinde übernommen und in Eigenleistung zu einem Gemeindezentrum umgebaut. Später erfolgte im Rahmen der Internationalen Bauausstellung Emscherpark die Erweiterung zum Agora-Kulturzentrum mit dem Bau eines Amphitheaters und eines Kulturcafés.

Auch so wie hier in Habinghorst kann man seinen Vorgarten hervorheben. (Foto: © Ralf Rudzynski)

Schloss Bladenhorst ist ein echter Hingucker
Bei der Autofahrt kann man schnell dem Charme der Wasserburg erliegen

Im Castroper Holz ist das von einem Wassergraben umzogene Schloss Bladenhorst ein echter Hingucker. Selbst der unmittelbar vorbeiführende Westring kann dem Gebäude nichts von seinem Reiz nehmen – im Gegenteil: Eher muss man bei der Autofahrt aufpassen, nicht dem plötzlich und unerwartet auftauchenden Schloss und dessen Charme zu erliegen.

Die erste Erwähnung als Ritterburg derer von Blarnhurst datiert aus dem Jahr 1266. Das heutige Erscheinungsbild erhielt das Schloss ab 1530 durch die Edelherren von Viermundt als damalige Regenten der Anlage. Als letztes Adelsgeschlecht wohnten dort die Freiherrn von Weichs zur Wenne. 1926 wurde Schloss Bladenhorst von den Klöckner-Werken gekauft.

Inzwischen hat es mit Bodo Möhrke einen neuen Besitzer gefunden. »In unserer Familie haben wir bereits ein altes Haus. Ich hatte Ausschau nach etwas noch Älterem gehalten. Durch Zufall habe ich von der Versteigerung des Schlosses gehört, doch hatte schon ein Geldinstitut den Zuschlag bekommen. Nach Verhandlungen konnte ich es dann erwerben«, verrät der Schlossherr.

Wohnungen und Büroräume

Im restaurierten Teil entstanden Privatwohnungen und Büroräume, in denen einige Unternehmen exklusive Produkte anbieten. So findet man in den Räumen der Firma Küchen-Konzepte von Torsten Grenda außergewöhnliche Küchen. »So stelle ich mir die Zukunft vor: wohnen und arbeiten auf dem Schloss«, schaut Bodo Möhrke voraus. Ferner finden im Schloss oder im herrlichen Innenhof Veranstaltungen statt. Erwähnt seien das Tatort-Dinner, Lesungen, Musikaufführungen und das Weinfest.

Schlossbewohner Lothar Schledz (Jahrgang 1943), ehemaliger Leiter der Franz-Hillebrand-Schule in Ickern, zog 1982 von Waltrop aus ins Schloss. Er ist begeistert: »Wir haben eine tolle Wohnung im Erdgeschoss. Wunderschön ist auch der Steg übers Wasser zu unserem Garten. Diese Entscheidung haben wir nie bereut.«

Bernhard Steingaß, Ralf Rudzynski

Ein schöner Anblick: das Wasserschloss Bladenhorst (Foto: © Stadt Castrop-Rauxel)

Von Castrop-Rauxel bis Waltrop

Wichtiger Standort für den Pferderennsport

Die Naturrennbahn und das Trainingsgestüt in Bladenhorst

Der Pferderennsport hat in Castrop-Rauxel echte Tradition. Innerhalb der Stadtgrenzen gibt es gleich mehrere Stätten von großer Bedeutung. Da sind die alte und die neuere Naturrennbahn am Haus Goldschmieding, in der über Jahrzehnte hinweg die Galopper zu Hause waren. Und da ist das Trainingsgelände in Bladenhorst. Das dortige Gestüt Forstwald war und ist für mehrere der besten Trabertrainer des Landes ein Topstandort, um ihre Cracks auf die Zuchtrennen im In- und Ausland vorzubereiten.

Vom irischen Unternehmer und Mitbegründer der Zeche Erin, William Thomas Mulvany, wurde 1872 das Haus Goldschmieding als Sommersitz erworben. Im angrenzenden Park wurden damals bereits Rennen, aber ausschließlich Flachrennen gelaufen. Auf Mulvanys Anregung wurde die Piste in eine Hindernisbahn umgewandelt.

Galopprennen am Haus Goldschmieding

Das hügelige Park- und Wiesengelände wurde vom englischen Rennreiter und Trainer James Toole nach englischem Vorbild zur Naturhindernisrennbahn umgestaltet. So war bis 1913 das Haus Goldschmieding Mittelpunkt der Rennbahn, ehe diese im Zuge des Ersten Weltkrieges den Betrieb einstellen musste.

Es dauerte bis 1938, ehe man auf der anderen Seite der Dortmunder Straße auf einem neuen Geläuf die Pferde wieder starten ließ. Über 17 Hindernisse – teils natürliche Handicaps wie Gräben und Anhöhen – oder künstlich geschaffene Hecken und Mauern führte der Parcours. Die Einfassung mit Ligusterhecken ist bis heute erhalten. Dann kam der Zweite Weltkrieg, und der Rennbetrieb musste erneut eingestellt werden.

Ein etwas vergilbter Hinweis auf die Galopprennen in Castrop-Rauxel. Die weißen Pfosten markieren übrigens den ehemaligen Verlauf des Geläufs. (Foto: © Ralf Rudzynski)

Landmarken der Galopprennbahn wie der Zielturm stehen noch an ihrem Platz. (Foto: © Ralf Rudzynski)

Pfleger Klaus Schmitz freut sich mit Nu Pagadi über dessen Triumph im Traberderby 2008. (Foto: © Ralf Rudzynski)

Der Pferdesport lebte aber immer weiter, und so gingen die Pferde 1950 erneut an den Start. Aufgrund stark zurückgehender Zuschauerzahlen wurden allerdings nur noch zwei Renntage pro Jahr veranstaltet. Das Ende war abzusehen, und 1970 wurden in Castrop-Rauxel die letzten Galopprennen gestartet. Der 97. Castroper Renntag fand nur noch vor 421 zahlenden Interessierten statt. Eine weitere, noch vorgesehene Veranstaltung konnte aus finanziellen Gründen nicht mehr ausgerichtet werden.

Der Zielturm steht noch

Heute ist die Rennbahn ein Teil des naturkundlichen Lehrpfades in Castrop-Rauxel und nach wie vor im Sprachgebrauch der Bürger verwurzelt. Im Winter findet man hier Rodelbahnen für Groß und Klein. Doch auch heute noch kann man einige Landmarken wie den Start- und Zielturm erkennen, die Atmosphäre einatmen und spüren, wie es damals gewesen sein muss.

Das ehemalige Rennbahngelände wurde 2003 in die Denkmalliste eingetragen, da es für die Stadt Castrop-Rauxel von stadtentwicklungspolitischer und kultureller Bedeutung ist. Heute wird das Gelände für Großveranstaltungen wie Ritterfestspiele genutzt. Und dann kommen auch die Pferde wieder auf die Rennbahn.

Derby-Sieger aus Bladenhorst

Des einen Freud ist des anderen Leid. Mögen die Traber ein Grund für die Schließung der Galopprennbahn im Park gewesen sein, sind sie andererseits auch Aushängeschild des Pferdsports von Castrop-Rauxel. Heinz Wewering, zweifacher Weltmeister und mithin der beste Sulkysportler aller Zeiten, bereitete jahrelang seine Cracks in Bladenhorst auf dem Gestüt Forstwald vor.

Auch andere bedeutende Trainer wie Gerd Holtermann oder Willi Rode sind oder waren hier ansässig. Im Jahr 2008 kam mit Nu Pagadi zum wiederholten Male ein Derbysieger aus Bladenhorst. Als Trainer zeichnete sich Willi Rode verantwortlich, im Rennen steuerte Thomas Panschow den Fuchshengst zum Triumph.

Bernhard Steingaß, Ralf Rudzynski

Das Reiterstandbild auf dem Altstadtmarkt erinnert an die erste Castroper Naturhindernisbahn. (Foto: © Stadt Castrop-Rauxel)

In den letzten Jahrzehnten sind die Traber in Castrop-Rauxel in den Blickpunkt gerückt. (Foto: © Ralf Rudzynski)

Von Castrop-Rauxel bis Waltrop

Das Dorf ohne Kirchturmspitze

In Henrichenburg lautet die Telefonvorwahl noch 0 23 67

Die Turmspitze der St. Lambertus-Kirche wurde bei den Aufbauarbeiten nach dem Zweiten Weltkrieg nicht mehr erneuert. (Foto: © Ralf Rudzynski)

Die in der St. Lambertus-Kirche gefundene Jahreszahl 1463 beweist, dass hier schon frühzeitig Gottesdienste gefeiert wurden. Der Bau der heutigen Kirche begann 1902. Bomben im Zweiten Weltkrieg zerstörten Turm und Altarraum. Die Turmspitze wurde bei den Aufbauarbeiten nicht erneuert. Mit dem Maximilian-Kolbe-Haus wurde die Kirche zu einem Pfarrzentrum umgebaut.
Die Henrichenburger haben die Möglichkeit, in »ihrem Dorf« den täglichen Bedarf in einem Zentrum mit kleinen und großen Geschäften und auf umliegenden Bauernhöfen zu decken. »Hier fühle ich mich einfach wohl«, so Beatrix Backhaus (Jahrgang 1962). »Obwohl neu hinzugezogen, war es schön, wie schnell man in die Gemeinschaft aufgenommen wurde. Da Kindergarten und Grundschule vor Ort sind, wird die Gemeinschaft intensiver gefördert.«

Bernhard Steingaß

Immer für die Bürger im Einsatz: Löschzug 4 der Feuerwehr Henrichenburg. (Foto: © Ralf Rudzynski)

Im Norden von Castrop-Rauxel, durchschnitten vom Rhein-Herne-Kanal, liegt Henrichenburg. Von der nicht mehr erhaltenen Henrichenburg leitet sich der Name des Ortes ab. Ihre Reste wurden bei Aushubarbeiten 1994 entdeckt. Heute ist auf dem Gelände die Grünanlage des Landschaftsarchäologischen Parks Henrichenburg so angelegt, dass man anhand der Hecken die Umrisse, Innenräume und Türme der Burg erkennen kann. Auf der gegenüberliegenden Straßenseite steht noch das Haus Henrichenburg.
Bis zum Jahr 1802 war das Kirchspiel Henrichenburg dem Vest Recklinghausen zugeordnet. Durch Ausgliederung der Gemeinden Horneburg, Waltrop und Henrichenburg aus dem Amt Datteln kam Henrichenburg 1857 zum Amt Waltrop. Im Zuge der kommunalen Neugliederung 1975 folgte die Eingemeindung in die Stadt Castrop-Rauxel.

Kirmes und Schützenfest

Da Henrichenburg seinen dörflichen Charakter erhalten hat, wird unter Henrichenburgern stolz von »unserm Dorf« gesprochen. Auch konnte man die eigene Telefonvorwahl behalten: 0 23 67. Höhepunkte im Ortsteil sind die Ende Mai stattfindende Kirmes und das alle zwei Jahre anstehende Schützenfest mit Umzug.

Vor Ort können die Bürger in einer kleinen Einkaufspassage den alltäglichen Bedarf decken. (Foto: © Ralf Rudzynski)

»Ich liebe Datteln!«

Andreas Münnich spricht vielen seiner Mitbürger aus dem Herzen

Die Wasserstraßen haben Datteln neue Perspektiven eröffnet. (Foto: © Andreas Molatta)

Ein architektonisches Highlight: Die Libeskind-Villa auf dem Gelände der Firma Rheinzink. (Foto: © Frank Marburger)

Über unterschiedliche Ansichten lässt sich vortrefflich streiten. Viele Dinge haben Vor-, aber auch Nachteile und jede Medaille eben auch eine Kehrseite. Oft freilich kommt es auf die Sichtweise an. Verändert sich der Blickwinkel, lassen sich ganz andere Eindrücke gewinnen. Genauso verhält es sich mit Datteln, denn auch um sich dieser Stadt zu nähern, gibt es – im wahrsten Sinne des Wortes – mehrere Perspektiven.

Was für Gegensätze: Im Süden rollt die Blechlawine, im Norden wächst der Mais. (Foto: © Ralf Rudzynski)

Man kann sich Datteln aus dem Süden über die Castroper Straße (B235) nähern und wird angesichts der hohen Verkehrsdichte gewiss nicht gerade begeistert sein. Man kann sich Datteln aber auch über die Redder Straße, die Markfelder Straße oder die Ahsener Straße nähern. Dann leuchten angesichts der vielen unterschiedlichen Farbenspiele der Natur die Augen. Man kann sich Datteln auch über einen der vier Kanäle nähern, die aus der Stadt den größten Kanalknotenpunkt der Welt machen. Und auch dabei wird man viel eher angetan als abgeneigt sein.

Eine Frage der Perspektive

Wer sich von der B235 oder den riesigen Kraftwerkstürmen abschrecken lässt und sich sein Bild von Datteln nur aufgrund dieser Eindrücke macht, sollte seine Perspektive überdenken. Denn selbst was das Steinkohlekraftwerk angeht, gibt es auch innerhalb der Bevölkerung keineswegs nur Gegner. Zu den Befürwortern zählt Brigitte Brausen (Jahrgang 1947). Sie vertritt folgende Ansicht: »Die Kohle hat uns früher nicht krank gemacht, und sie wird uns auch in Zukunft nicht krank machen.«

Früher, das war vor allem von 1906 bis 1972, als die Zeche Emscher-Lippe innerhalb kürzester Zeit für großes Wachstum sorgte. Als darüber hinaus ab 1930 gleich vier Kanäle die aufstrebende Gemeinde umschlossen, dauerte es nur noch sechs Jahre, bis aus dem erstmals am 17. Juni 1147 in einem päpstlichen Schreiben erwähnten »in Datlen ecclesiam« die eigenständige Stadt Datteln wurde.

Ruhrgebiet und Münsterland

Heute überwiegen in der Stadt, die eine optimale Verbindung zwischen Ruhrgebiet und Münsterland darstellt, eindeutig die Vorzüge. Diese liegen auf der Hand wie das immense Freizeitangebot mit seinen Sportmöglichkeiten zu Lande und zu Wasser, mit endlosen Rad- und Wanderwegen entlang der Kanäle, im Jammertal oder durch abgelegene Bauerschaften wie Pelkum, Natrop, Sutum, Bockum und Klostern. Und seit ihrer Eingemeindung im Jahr 1975 bereichern die ehemals eigenständigen Gemeinden Ahsen und Horneburg mit sehenswerten Wasserschlössern wie dem Haus Vogelsang oder der Horneburg das historische und kulturelle Angebot.

Stolz ist die Kommune aber auch auf das Rathaus, das Hermann-Grochtmann-Museum, die St. Amandus-Kirche oder das St. Vincenz-Krankenhaus. Überaus beeindruckend ist ferner die bemerkenswerte Wiederaufbauarbeit nach dem Zweiten Weltkrieg, in dem große Teile von Datteln zerstört worden waren. Zudem hatte die Wehrmacht auf dem Rückzug vor den einmarschierenden Truppen der Alliierten sämtliche Brücken gesprengt.

Ein eindeutiges Bekenntnis

Es spricht für sich, dass viele der rund 35 000 Einwohner positiv über ihre Stadt sprechen. »Es gibt kaum wirkliche Hochhäuser oder marode Viertel. Im Vergleich zu einigen Großstädten habe ich in Datteln ein sicheres Gefühl«, meint Florian König (Jahrgang 1987).

Das größte Kompliment stellt Andreas Münnich (Jahrgang 1963) seiner Stadt aus. Er arbeitet an der B235 und wohnt unweit der Ahsener Straße im Innenstadtbereich. Münnich schwärmt: »Alles ist ziemlich zentral gelegen, in den Geschäften bekommt man eigentlich immer das, was man benötigt, und man ist schnell in der Natur. Ich liebe Datteln!«

Ralf Rudzynski

Von Castrop-Rauxel bis Waltrop

Die Wasserstraßen haben neue Perspektiven eröffnet

Datteln gilt als der größte Kanalknotenpunkt der Welt

Datteln ist zwar eine Wasser-, aber keine Hafenstadt. (Foto: © Andreas Molatta)

Aller guten Dinge sind in Datteln vier, zumindest was die Kanäle angeht. Sie gehören zu den tragenden Säulen, die wegweisend waren für die Entwicklung der Kommune. Während man mittlerweile vergeblich nach Spuren sucht, die zwischen Ahsen und Meckinghoven noch auf den Bergbau hinweisen, sind die Kanäle allgegenwärtig. Allerdings hat sich deren Wertigkeit ein wenig verlagert. Der früher im Vordergrund stehende wirtschaftliche Faktor der vier Schifffahrtswege geht inzwischen mit anderen für Datteln wichtigen Aspekten einher.
So kann man die Bedeutung gar nicht oft genug unterstreichen, die die Kanäle für die Freizeitgestaltung und mithin als Erholungsmöglichkeit haben. Dadurch wiederum stellen sich Synergieeffekte ein, die auf einem eher indirekten Wege letztlich wieder der ansässigen Wirtschaft zugute kommen. Und zu alledem kommt der einzigartige Status als größter Kanalknotenpunkt der Welt.

Die vier Kanäle

Das urbane Leben in Datteln spielt sich seit Anfang des 20. Jahrhunderts entlang der Westseite des Kanals ab. Als Kaiser Wilhelm II. am 11. August 1899 den Dortmund-Ems-Kanal eröffnete, eröffnete er damit auch den anliegenden Dörfern und Gemeinden neue Perspektiven. Durch diese Schifffahrtsstraße wurde es möglich, Kohle und Stahl aus dem tiefsten Inland bis an die Nordsee zu transportieren.
15 Jahre später wurde der Datteln-Hamm-Kanal eingeweiht, und mit dem nahezu zeitgleich in Betrieb genommenen Rhein-Herne-Kanal entstand eine Verbindung bis zum Rhein. Seit 1930, als auch der Wesel-Datteln-Kanal fertiggestellt wurde, ist Datteln an drei Seiten von Wasser umgeben.

Der Dortmund-Ems-Kanal in Höhe der Waltroper Straße. (Foto: © Andreas Molatta)

Wasserstadt Emscher-Lippe

Bemerkenswert ist freilich, dass Datteln trotz rund 30 000 Schiffsbewegungen pro Jahr eine Wasser-, aber keine Hafenstadt im eigentlichen Sinne ist. Denn einen wirklichen Hafen mit großen Umschlagplätzen gibt es nicht. Schon früher hatten die meisten Unternehmen gleich an den Kanälen eigene Anlegestellen. So wurden auch Koks und Kohle der Zeche Emscher-Lippe per Kran auf die am Dortmund-Ems-Kanal liegenden Frachter verladen.
Solche Liegeplätze sind mittlerweile weitgehend zurückgebaut. Statt dessen sieht man vor allem in den Becken rund um die Provinzialstraße eher Freizeitboote oder kleinere Yachten. Die sollen in absehbarer Zeit übrigens auch am Anfang des Datteln-Hamm-Kanals ankern. Auf der anderen Seite dieses Standorts plant die Stadt die Zukunft. Dort, wo früher die Schächte 3 und 4 der Zeche Emscher-Lippe waren, soll die Wasserstadt Emscher-Lippe entstehen, in der man attraktives Wohnen mit maritimem Flair nebst eigenem Hafen für Sportboote verbinden möchte.

Das Kanalfestival

Schon längst eine Attraktion an den Wasserstraßen ist seit September 1969 das Kanalfestival am »Dattelner Meer«, also dem Zusammenfluss von Dortmund-Ems-Kanal und Wesel-Datteln-Kanal. Das Kanalfestival bildet mit seiner Mischung aus Musik, Comedy und Veranstaltungen auf dem Wasser den Höhepunkt im Dattelner Kalender. Highlight ist der Lampionkorso, bei dem unzählige beleuchtete Schiffe über den Kanal ziehen. Fester Bestandteil der Feierlichkeiten ist seit jeher auch der ökumenische Gottesdienst am Schiffermast.
Für die Fahrensleute, die an 365 Tagen im Jahr über Datteln Kanäle schippern, ist Horst Borrieß zu einer verlässlichen Größe geworden. Seit 1981 betreut er die »Seebären« als Binnenschiffer-Seelsorger, besucht sie auf ihren mittlerweile hochtechnisierten Schiffen und ist für sie auch in vielen anderen Dingen eine hilfreiche Anlaufstation. Mit der Friedenskirche am Schiffshebewerk hat Borrieß aber auch einen festen Ankerplatz.

Ralf Rudzynski

Freizeitboote und kleinere Yachten liegen in den Becken rund um die Provinzialstraße. (Foto: © Ralf Rudzynski)

Die Friedenskirche am Schiffshebewerk. (Foto: © Ralf Rudzynski)

Von Castrop-Rauxel bis Waltrop

Bummeln auf der Hohe Straße und ein Päuschen am Neumarkt

Auch für Historiker hat die Dattelner Innenstadt einiges zu bieten

Umschlossen von West-, Süd- und Ostring ist der Kern der Dattelner Innenstadt. Hier gibt es mehrere Punkte oder Gebäude, die entweder von historischer Bedeutung sind oder aber das heutige Leben prägen. Das zweifellos wichtigste Bauwerk ist die St. Amandus-Kirche. Wahrscheinlich schon im 9. Jahrhundert hat sie sich an ihrem heutigen Platz zwischen Kirchstraße und Heibeckstraße befunden; wenn auch damals noch als bescheidener Holzbau. Damit allerdings darf die katholische St. Amandus-Kirche mit Fug und Recht als Ausgangspunkt für die Besiedlung von Datteln angesehen werden.

St. Amandus-Kirche

Wie große Teile von Datteln wurde auch die St. Amandus-Kirche im Zweiten Weltkrieg erheb-

Im Hermann-Grochtmann-Museum erfährt man viel Wissenswertes rund um die Historie der Stadt Datteln. (Foto: © Ralf Rudzynski)

Im Jahr 1913 wurde das durch Amtmann Bülow erbaute Rathaus fertiggestellt. (Foto: © Ralf Rudzynski)

lich in Mitleidenschaft gezogen. Immerhin hat das Gemäuer des Westturms die Luftangriffe überstanden. Er steht übrigens schon seit Mitte des 13. Jahrhunderts an seinem Platz und ist damit das älteste Gebäude der Stadt. Einen ziemlichen Gegensatz dazu findet man gleich an Ort und Stelle. Direkt gegenüber der St. Amandus-Kirche steht das 1974 eröffnete St. Vincenz-Krankenhaus und verkörpert damit einen in der Tat epochalen Gegensatz.
Etwa 300 Meter nördlich der St. Amandus-Kirche kann man noch mehr über die Geschichte von Datteln erfahren. Inmitten einer herrlichen Grünanlage um den Lohbusch findet man nicht nur das Rathaus, sondern außerdem das Hermann-Grochtmann-Museum. Neben zahlreichen

Die St. Amandus-Kirche gilt als Ausgangspunkt für die Besiedlung von Datteln. (Foto: © Ralf Rudzynski)

Exponaten rund um die Historie der Stadt ist auch das Gebäude selbst, der 1809 erbaute und unter Denkmalschutz stehende Dorfschultenhof, überaus sehenswert. Benannt ist das Museum nach einem der wichtigsten Heimatforscher. Es passt ins Bild, dass hier alljährlich Mitte Juni ein mittelalterliches Dorffest »Anno 1147« stattfindet. Einen Anlass zu einer besonderen Feier hätte man übrigens auch im Jahr 2013. Denn dann steht das Rathaus genau 100 Jahre. Zu Ehren seines Erbauers, des Amtmannes Bülow, ist die gleichnamige Straße benannt worden, die zwischen Münsterstraße und Ostring verläuft und schließlich den Übergang zu den Gewerbegebieten am Drievener Weg im Norden bildet. Der Name der Genthiner Straße geht indes auf die im Jahr 1990 geschlossene Partnerschaft mit der Gemeinde aus Sachsen-Anhalt zurück.

Vom Tigg zum neuen Mittelpunkt

Genau zwischen St. Amandus-Kirche und Rathaus markiert heute ein kleiner Brunnen den einstigen Dorfmittelpunkt, den Tigg. Er war sowohl Marktplatz und Versammlungsort, aber auch wichtige Station von Prozessionen. Der Tigg befindet sich am Anfang der Hohe Straße, die sich

Der Tigg war früher der Mittelpunkt des Dorfes. (Foto: © Ralf Rudzynski)

Wenige Meter unterhalb der Kreuzung von Südring und Castroper Straße befindet sich diese Parkanlage mit dem 16 Meter hohen Ehrenmal der Stadt. (Foto: © Ralf Rudzynski)

Auf der Hohe Straße findet man viele Fachgeschäfte und immer ein nettes Café, um es sich gemütlich zu machen. (Foto: © Ralf Rudzynski)

Ab dem Ring verändert die Castroper Straße ihren Charakter und wird zu einer netten Einkaufsstraße. (Foto: © Ralf Rudzynski)

als angenehme Fußgängerzone bis weit über die Stadtgrenzen hinaus einen Namen gemacht hat. Die Bandbreite der vor allem inhabergeführten Fachgeschäfte reicht von Fahrrad-, Elektro- oder Schuhläden über Drogerien und Apotheken bis hin zu Modegeschäften wie Waltons Trendsport, wo sich junge Leute sportlich einkleiden können. Am Ende der Hohe Straße erreicht man mit dem Neumarkt das neue Zentrum der City. Banken und andere Dienstleistungsbetriebe sind hier ebenso ansässig wie nette Cafés, die nach dem Einkauf zu einem kleinen Päuschen einladen. Jeden Mittwoch und Samstag kann man außerdem gemütlich über den Wochenmarkt bummeln. Bevor die Industrialisierung in Datteln einzog, war der Neumarkt eine Viehweide. Und dort wo heute die Busse der Vestischen Straßenbahnen halten, um die Bürger in die Vororte oder die Nachbarstädte zu bringen, stieg man früher tatsächlich noch in die Tram ein.

Geschäfte an der Castroper Straße

Im 90-Grad-Winkel an die Hohe Straße knüpft die Castroper Straße an, auf der weitere Geschäfte wie das große Warenhaus Danielsmeier oder die Firma Brauckhoff ihren Sitz haben. Die Bürger stehen zu ihrer Stadt. »Ich kaufe nach Möglichkeit immer hier an Ort und Stelle ein«, betont Brigitte Brausen (Jahrgang 1947), die seit jeher in Datteln lebt und sich klar zu ihrer Heimat bekennt; auch »wenn es am Tigg durchaus etwas schöner sein könnte. Früher gab es dort zum Beispiel einen Weihnachtsmarkt. Aber insgesamt gefällt mir Datteln sehr gut.«

Zu den weiteren Sehenswürdigkeiten innerhalb der Ringstraßen zählt gewiss auch die 1928 fertiggestellte Lutherkirche. Aufgrund ihrer ausgezeichneten Akustik bildet sie häufig auch den Rahmen für klassische Konzerte.

Hachhausen und Hötting

Über die Friedrich-Ebert-Straße hin verlässt man die Innenstadt in westlicher Richtung. Vorbei am Gewerbegebiet Rudolf-Diesel-Straße, der Siedlung am ehemaligen Wetterschacht der Zeche Emscher-Lippe, durch die Bauerschaft Hachhausen und schließlich entlang der Siedlung Im Winkel erreicht man Oer-Erkenschwick.

Im Osten der City geht es jenseits der B235 über die Hafenstraße nach Waltrop. Im Bereich zwischen Hafenstraße, Ostring und der Schleuse Datteln befinden sich unter anderem das Stadion sowie die Sportanlagen des TV Datteln 09, dem mit mehr als 1500 Mitgliedern größten Sportverein der Stadt. Angenehm wohnen lässt es sich hier in unmittelbarer Nähe zum Volkspark – im Volksmund »Höttingspark« genannt – oder in der Siedlung am Hötting, ehe diese ins gleichnamige Gewerbegebiet übergeht.

Ralf Rudzynski

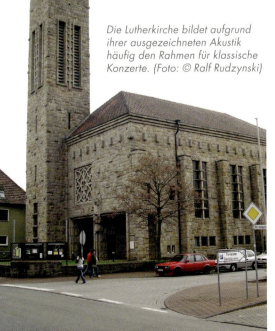
Die Lutherkirche bildet aufgrund ihrer ausgezeichneten Akustik häufig den Rahmen für klassische Konzerte. (Foto: © Ralf Rudzynski)

In der Höttingsiedlung lässt es sich recht angenehm wohnen. (Foto: © Ralf Rudzynski)

Auch Bauernhöfe finden sich noch im Hötting. (Foto: © Ralf Rudzynski)

Von Castrop-Rauxel bis Waltrop

Beratung, Schutz, Intervention: Sicherheit rund um die Uhr

Beim Huthwelker SicherheitsDienst sind Sie in den besten Händen!

Ein Einbruch in Haus, Wohnung oder Büro ist ein schockierendes Erlebnis. Noch schwerwiegender als der materielle Schaden sind psychische Folgen durch die Verletzung der Privatsphäre. Ein guter Schritt zu einem sicheren Gefühl ist die Zusammenarbeit mit einem Partner, dem man vertrauen kann – wie dem Huthwelker SicherheitsDienst. Karsten Huthwelker und seine Mitarbeiter, die innerbetrieblich geschult werden und Prüfungen vor der IHK ablegen, sind keine Bodyguards in schwarzer Kleidung. Im Vordergrund stehen zurückhaltendes Auftreten und die Konzentration auf das Wesentliche wie Beratung, Schutz und Intervention rund um die Uhr.

Objektschutz oder Beratung bei technischen Maßnahmen: Mit dem Huthwelker SicherheitsDienst ist man stets auf der sicheren Seite. (Foto: © Ralf Rudzynski)

Objektschutz und Housesitting

Diese Seriosität spiegelt sich auch in der Beratung durch den Experten für Schutz und Sicherheit wider. Sie ist kostenlos und ohne Verpflichtung. Als unabhängiger Sicherheitsdienst wird für jeden Kunden ein auf die Bedürfnisse zugeschnittenes Sicherheitspaket geschnürt; sowohl hinsichtlich möglicher Dienstleistungen als auch technischer Maßnahmen in Form von Alarmanlagen oder Überwachungskameras.
Zu den Dienstleistungen gehören unter anderem Objektschutz, Baustellenbewachung, Öffnungs- und Schließdienst, Alarmverfolgung oder die Anwesenheit als Doormen in Ladengeschäften sowie bei Firmenevents. Ein weiterer wichtiger Punkt ist das Housesitting. Damit ist das Zuhause während Ihres Urlaubs geschützt, und Sie können die Ferien sorglos und entspannt genießen. Engagiert ist Karsten Huthwelker zudem im Verein »protect our children«. In Behauptungskursen für Kinder gibt der Familienvater den Jüngsten wichtige Tipps für das richtige Verhalten in zwielichtigen Situationen.

Karsten Huthwelker legte seine Gesellenprüfung als Primus ab. Heute gibt er seine langjährige Erfahrung weiter und stellt auch an seine Mitarbeiter höchste Ansprüche. (Foto: © Ralf Rudzynski)

> Beitrag von:
> Huthwelker SicherheitsDienst
> Castroper Straße 118 · 45711 Datteln
> Tel. (0 23 63) 8 07 61 76
> Fax (0 23 63) 8 07 61 78
> info@h-sd.de · www.h-sd.de

25 Jahre Reformhaus Becht

Lebensmittel in Bioqualität – Ernährungs- und Allergieberatung – Naturarzneimittel

Das Reformhaus Becht ist aus dem täglichen Leben in Datteln nicht mehr wegzudenken. Bereits seit 1986 steht die Familie von Inhaberin Christiane Becht-Baran in allen Fragen rund um gesunde Ernährung, Naturarzneimittel, Naturkosmetik und Körperpflegeprodukte den Kunden zur Seite. Demnächst wird das 25-jährige Jubiläum gefeiert.
Gerne kommt man ins Reformhaus an der Castroper Straße. Die Kunden wissen neben dem guten Angebot und der Qualität auch den persönlichen Kontakt und die exzellente Beratung zu schätzen. Zum Beispiel in Bezug auf die Schoenenberger Schlankheits-Kur, die sich zur Entschlackung und als Unterstützung beim Abnehmen bewährt hat. Diese speziellen Saftkuren eignen sich zudem, um mehr Vitalität, eine bessere Fitness und ein angenehmes Wohlbefinden zu erzielen.

Schoenenberger Schlankheits-Kur

Passend zu qualifizierter Ernährungsberatung bekommt man Obst und Gemüse in Bioqualität, vegetarische Lebensmittel, täglich frische Vollkornbrote sowie bei Bedarf auch Nahrungsergänzungsmittel. Für Allergiker hält das Reformhaus Becht ein großes Sortiment an glutenfreien Produkten bereit. Die Auswahl an diätischen Lebensmitteln ist ebenfalls überaus reichhaltig. Auch das Angebot an unterschiedlichen Teesorten besticht sowohl durch Auswahl als auch durch Qualität. Es umfasst unter anderem Biotee, Arzneitee und ayurvedischen Tee. So macht es das Reformhaus Becht möglich, natürlich und gesund zu leben.

Viele Kunden schwören zur Entschlackung oder als Unterstützung beim Abnehmen auf die Schoenenberger Schlankheits-Kur. Christiane Becht-Baran berät Sie gerne. (Foto: © Ralf Rudzynski)

> Beitrag von: Reformhaus Becht
> Castroper Straße 19 · 45711 Datteln · Tel. und Fax (0 23 63) 21 34

Von Nike 6.0 bis adidas Originals: In Datteln werden Trends gesetzt

Aktuelle Streetwear in bester Markenqualität bei Waltons Trendsport

In der Hohe Straße 19 in Datteln werden Trends gesetzt. Trends in den Bereichen Streetwear und Trendsport. Auf einer Fläche von 250 Quadratmetern findet man bei Waltons Trendsport immer ein gutes Outfit für Sport und Freizeit: Trendmode zum Chillen im Café, coole Mode für Partys oder Musiksessions, das Richtige für die Tour zum Strandbad, aber auch warme Pullis und Winterjacken, Snowboard-, Ski- oder andere Funktionsjacken. Große Auswahl und Markenqualität stehen eindeutig im Vordergrund. Man bekommt die adidas-Jacke, die trendige Nike-Kappe, den immer aktuellen Converse-Schuh, das witzige T-Shirt oder die Jacke von Zimtstern und noch vieles mehr. Waltons Trendsport hat den angesagten Street Style, um sich rundum wohl zu fühlen. Zum ausgesuchten Sortiment gehören zudem Nike 6.0, DaKine-Rucksäcke, Vans, das ambitionierte Skate- und Freizeitlabel Hurley oder adidas Originals.

adidas Originals

Die Kunden kommen nicht nur aus dem gesamten Vestischen Kreis und anderen umliegenden Städten, sondern sogar auch aus Hannover oder Frankfurt. Es hat sich herumgesprochen, dass man bei Waltons Trendsport findet, was woanders erst gar nicht in die Regale kommt. So wie die speziellen und limitierten Serien von adidas Originals, die nicht nur exzellent aussehen, sondern überdies auch als Sammlerteile hoch im Kurs stehen.

An Einrichtung, Deko und Musik wird ebenfalls sofort klar, dass das Team um Inhaber Carsten Münch die angebotene Trendwear selbst lebt: »Alle stehen hinter den Marken und der Philosophie und sind mit Spaß dabei.« Und zum Shoppen gehört immer auch ein lockerer Smalltalk mit den Kunden: »Dadurch wissen wir außerdem ganz genau, was sie möchten.«

Engagement für die Jugend

Auch in anderen Punkten arbeitet Waltons Trendsport aktiv an der Gestaltung von Datteln mit. »Das Engagement für und die Arbeit mit Jugendlichen ist uns sehr wichtig«, versichert Münch. Auf vielen Veranstaltungen und Partys ist Waltons Trendsport präsent oder initiiert zum Beispiel eigene Skateevents.

Auch in der Hohe Straße selbst sorgt Waltons Trendsport immer wieder für Abwechslung. Dazu gehören die gut besuchten Modenschauen, bei denen die neuen Kollektionen präsentiert werden, aber auch Fun-Veranstaltungen wie das Sommerfest mit Cocktail Night oder das Bobby Car-Rennen in der City. Waltons Trendsport setzt eben auch in diesen Bereichen immer wieder Trends.

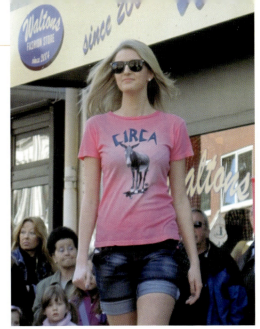

Vor dem Geschäft in der Hohe Straße präsentiert Lena, bekannt aus Germanys Next Topmodell, für Waltons Trendsport die neuesten Kollektionen. (Foto: © Ralf Rudzynski)

Ob T-Shirt, Short, Schuhe oder Rucksack – bei Waltons Trendsport findet man immer hochwertige Markenware. (Foto: © Ralf Rudzynski)

Die Top-Adresse für Trendsport und Streetwear in der Hohe Straße 19. (Foto: © Ralf Rudzynski)

Natürlich bekommt man auch die bequemen Nike-Schuhe in vielen Varianten. (Foto: © Ralf Rudzynski)

Zum Sortiment von adidas gehören trendige Sachen, die nur wenige Händler in Deutschland führen. (Foto: © Ralf Rudzynski)

Beitrag von:
Waltons Trendsport
Hohe Straße 19 · 45711 Datteln
Tel. (0 23 63) 30 35 39
waltons-trendsport@web.de

Von Castrop-Rauxel bis Waltrop

Datteins Süden ist geprägt von Industrie

»Lebensader« B235 durchzieht Meckinghoven und Hagem

Die stark frequentierte B235 ist im Dattelner Süden sowohl Fluch als auch Segen. (Foto: © Ralf Rudzynski)

Ein seltener Moment: Kein Fahrzeug auf der Castroper Straße. (Foto: © Ralf Rudzynski)

Biegt man von der B235 in die Zechenstraße, wird man sogleich von zwei schönen Baumreihen empfangen. (Foto: © Ralf Rudzynski)

Durchzogen von der am stärksten frequentierten Ausfallstraße der gesamten Stadt ist der Dattelner Süden. Die aus Castrop-Rauxel kommende Bundesstraße 235 schlängelt sich zunächst als Wittener, dann als Castroper Straße durch Meckinghoven und Hagem, bevor sie über Südring und Ostring an der City vorbei und weiter nach Olfen, Lüdinghausen und Münster führt.
Zehntausende Lkw und Pkw quälen sich täglich über die im Süden lediglich zweispurige B235, die für Datteln Vor- und Nachteile mit sich bringt. In einer an der Castroper Straße liegenden Kfz-Werkstatt arbeitet Andreas Münnich (Jahrgang 1963). Er stellt klipp und klar fest: »Für unseren Betrieb ist diese Lage sehr gut.«

Fluch und Segen

Schon ein wenig anders beurteilen es die Anwohner der ineinander übergehenden Stadtteile südlich der City. Für sie ist die Verkehrsbelastung alles andere als angenehm. »Die B235 ist sowohl Fluch als auch Segen«, sagt Florian König (Jahrgang 1987), der an der Castroper Straße wohnt. Einen Drang, von hier wegzuziehen, verspürt er jedoch nicht. »Wenn man die Fenster zur Hauptstraße schließt, hört man nichts. Nach hinten hinaus ist unser Garten, in dem es ruhig ist. Zudem bin ich in fünf Minuten am Wasser. Das ist ein großer Pluspunkt.«
König zeigt aber auch die Kehrseite der Medaille auf: »Manchmal ist es schwer, gefahrlos aus den Seitenstraßen auf die B235 einzubiegen. Andererseits haben wir eine gute Anbindung an das allgemeine Straßennetz und mithin an die A2. Das Problem der B235 ist, dass sie zu klein ist für das Verkehrsaufkommen. Aber gleichzeitig ist sie ein absolutes Muss. Ohne sie würde es gar nicht gehen. Für Datteln ist sie eine Lebensader.«

Zeche Emscher-Lippe

Eine Lebensader, die sich seit Jahrzehnten die Industrie zunutze macht und somit auch viele Arbeitsplätze für Datteln sichert. Begonnen hat alles mit der Zeche Emscher-Lippe. Sie hatte nicht zuletzt durch den am 11. August 1899 eröffneten Dortmund-Ems-Kanal, der in unmittelbarer Nähe vorbeiführt, einen immensen Standortvorteil.

Über den Kanal konnte die Kohle bis zur Nordsee transportiert werden.
1902 begann man in der Bauerschaft Hagem mit dem Abteufen der Schächte 1 und 2, die vier Jahre später in Betrieb genommen wurden. Heute sucht man nahezu vergeblich nach Überresten des Bergbauzeitalters. Nur ein Kreisverkehr und eine Seilscheibe erinnern an die 1972 stillgelegten Schachtanlagen 1 und 2 der Zeche Emscher-Lippe, deren einstiger Standort heute als Industrie- und Gewerbegebiet genutzt wird. Gleiches gilt für das andere große Feld des Dattelner Bergwerkes mit seinen zwei Kilometer weiter nördlich angelegten Schächten 3 und 4, in denen von 1912 beziehungsweise 1915 ebenfalls bis 1972 das Schwarze Gold zu Tage gefördert wurde.
Aufgrund des zunehmenden Bedarfs an Arbeitskräften entstanden alsbald mehrere Siedlungen, in denen die »Kumpel« eine neue Heimat fanden. Von 1900 bis 1920 stieg die Bevölkerung in Datteln von knapp 4000 Einwohnern auf rund 20 000. Zu den damals neu errichteten Vierteln gehörten die Meistersiedlung in Hagem, die

Diese Seilscheibe über den ehemaligen Schächten 1/2 der Zeche Emscher-Lippe erinnert an den Bergbau in Datteln. (Foto: © Ralf Rudzynski)

Altes Kraftwerk und Neubau liegen direkt am Kanal. (Foto: © Andreas Molatta)

Dümmersiedlung sowie die von 1907 bis 1912 entstandene Beisenkampsiedlung zwischen den Schachtanlagen 1/2 und 3/4.

Kraftwerk und Gewerbegebiete

Längst hat sich das Bild in Hagem und Meckinghoven verändert. Mitte der 1960er Jahre wurde in Meckinghoven mit dem Bau des Steinkohlekraftwerkes mit seinen zwei 165 Meter hohen Türmen begonnen. Seit 2007 wird am nicht unumstrittenen Kraftwerk 4 gebaut, das auf der östlichen Seite des Dortmund-Ems-Kanals entsteht und die bisherigen und in Sichtweite befindlichen Blöcke ersetzen soll.

Das neue Kraftwerk in Datteln. (Foto: © Ralf Rudzynski)

Ab den 1970er Jahren siedelten sich Unternehmen aus anderen Sparten an wie Rheinzink, das zu den wichtigsten Betrieben der Stadt zählt. Mit zusammen über 1800 Mitarbeitern sind freilich das St. Vincenz-Krankenhaus und die Vestische Kinder- und Jugendklinik die größten Arbeitgeber der Stadt. Beide gehören zur Vestischen Caritas-Kliniken GmbH.

An der Castroper Straße findet man zudem zahlreiche Handwerksbetriebe, Einzelhändler und Autohäuser. Super- und Baumarktketten haben im Gewerbepark Emscher-Lippe ihre Filialen eröffnet. Für Jungunternehmer bietet die Stadt das Gründerzentrum in der Klosterstraße an.

Die Libeskind-Villa

Auf dem Gelände von Rheinzink an der Bahnhofstraße befindet sich mit der Libeskind-Villa auch ein architektonischer Schatz Datteln. In Zusammenarbeit mit dem Unternehmen kreierte der renommierte Architekt Daniel Libeskind ein Gebäude aus Zink und Holz, das Maßstäbe für energiesparende Bauweise setzt. Libeskind bekam bekanntlich auch den Zuschlag für den Wiederaufbau des World Trade Centers in New York und das Jüdische Museum in Berlin.

Zu den wichtigsten Institutionen im Dattelner Süden gehört zweifellos die Vestische Kinder- und Jugendklinik in der Dr.-Friedrich-Steiner-Straße, die kurz nach dem Zweiten Weltkrieg gegründet wurde. Sie ist auch Klinik der Universität Witten-Herdecke und deckt ein äußerst breites Spektrum ab, so dass die jungen Patienten nicht nur aus ganz Deutschland, sondern auch aus dem Ausland anreisen. Auf der Internetseite www.kinderklinik-datteln.de findet man weitere Informationen.

Ralf Rudzynski

Ein Blick in die Meistersiedlung. (Foto: © Ralf Rudzynski)

Mitte der 1960er Jahre wurde in Meckinghoven das mittlerweile alte Steinkohlekraftwerk gebaut. (Foto: © Ralf Rudzynski)

Die Vestische Kinder- und Jugendklinik gehört zu den wichtigsten Institutionen im Dattelner Süden. (Foto: © Ralf Rudzynski)

Von Castrop-Rauxel bis Waltrop

Der Beisenkamp gestern und heute

Vom Charakter der Zechensiedlung ist nicht viel übrig geblieben

Von der Herrlichkeit des Bergbaus ist in Datteln kaum etwas übrig geblieben. Immerhin stehen in der Beisenkampsiedlung, die von 1907 bis 1912 zwischen den Hauptfeldern der Zeche Emscher-Lippe entstanden ist, noch Häuser mit typischen Merkmalen. Auffällig sind vor allem die grün-weißen Fensterläden einiger Fronten an der Castroper Straße.

Der Beisenkamp wurde einst für 1000 Familien angelegt. Heute wohnen zwischen der Kinder- und Jugendklinik im Süden und dem Mühlenbach unterhalb des Südrings etwa 2500 Bürger. Die Siedlung ist ein Beispiel dafür, wie in der Gründerzeit die Bergleute mit Häusern und Wohnungen in der Nähe des Arbeitsplatzes an »ihre« Zeche gebunden wurden.

In Datteln gab die Zeche Emscher-Lippe den Anstoß für den Bau dieses Arbeiterviertels, das Architekt Robert Schmohl als eine Art Gartenstadt für die Bergleute anlegte. Zu den Häusern gehörte neben einem Grünstreifen zum Anbau von Gemüse zumeist ein kleiner Stall, um Schweine oder Hühner zu halten. So entstand mit dem Beisenkamp eine schmucke Siedlung mit ruhiger Straßen- und Wohnstruktur und Plätzen zum Verweilen. Zudem entwickelte sich unter den Bewohnern ein Zusammengehörigkeitsgefühl.

Führungen durch den Beisenkamp

Nach der Stilllegung der Zeche Emscher-Lippe anno 1972 änderte sich das Gesicht der Siedlung. Die Zechenhäuser wurden zu Preisen zwischen 30 000 und 40 000 DM verkauft und von den neuen Besitzern renoviert. Dabei wurde aber nicht immer darauf geachtet, den ursprünglichen Charakter beizubehalten.

Inzwischen blickt die Siedlung auf eine über 100-jährige Geschichte zurück. Mit Führungen (Telefon: 0 23 63 – 6 27 14) durch den Beisenkamp bringen Karl-Heinz (Jahrgang 1948) und Antonette Hölscher (Jahrgang 1950) interessierten Gruppen ab zehn Personen die Historie ihres Stadtteils nahe.

Ralf Rudzynski

Kiffers Kotten, das älteste Haus in der Beisenkampsiedlung. (Foto: © Ralf Rudzynski)

Auch heute noch sind grün-weiße Fensterläden ein typisches Merkmal einiger Häuser in der Beisenkampsiedlung. (Foto: © Ralf Rudzynski)

Schöne Fliesen für ein stilvolles Zuhause

Auch individuell gestaltete Wohnräume und Bäder gehören zum Angebot von Bella Ceramica

Ein schönes Zuhause sollte den Stil seiner Bewohner widerspiegeln. Wenn Sie Ihre vier Wände mit schönen Fliesen neu ausstatten oder verschönern möchten, sind Sie bei Bella Ceramica an der richtigen Adresse. »Wir tragen einen Teil zur perfekten Inneneinrichtung bei«, versichert Inhaber Michael Garone.

Sein Geschäft genießt einen exzellenten Ruf. Einerseits durch die stetige Suche nach besonderen, charakteristischen Fliesen, andererseits dank erstklassiger Beratung. Schließlich kommt es darauf an, die richtige Fliese und das richtige Material für Ihren persönlichen Stil zu finden.

So stehen Fragen nach der vorhandenen Einrichtung an erster Stelle: In welchen Farben ist die Wohnung gehalten? Welche Fliesen passen zu welchem Mobiliar oder zu vorhandenen Bodenbelägen? Welche Töne und Materialien lassen ein harmonisches Ganzes entstehen?

Fliesen in allen Preissegmenten

Bella Ceramica arbeitet unter anderem mit einer Innenarchitektin zusammen. Sie entwirft dreidimensionale Raumkonzepte, die diese Aspekte berücksichtigen. Erst dann wird beim Gang durch die Ausstellungsräume die Wahl getroffen. Ausgestellt sind auch individuelle Komplettbäder, die ebenfalls zum Angebot gehören.

Auch Günstiges kann stilvoll sein: Bella Ceramica führt Fliesen in Größen bis zu drei Metern und in allen Preissegmenten. Sie stammen von italienischen und spanischen Herstellern und sind besonders schön und ästhetisch. Damit werden alle Stilrichtungen abgedeckt.

Geöffnet hat Bella Ceramica montags bis donnerstags von 10 bis 13 und 15 bis 18 Uhr, samstags von 10 bis 14 Uhr und sonntags von 14 bis 17 Uhr. Dafür ist freitags Ruhetag.

In den Ausstellungsräumen finden sich auch attraktive Gestaltungsvorschläge für komplette Badezimmer. (Foto: © Andreas Molatta)

Ein stilvolles Ambiente rundet das eigene Zuhause ab. (Foto: © Andreas Molatta)

Beitrag von:
Bella Ceramica
In den Hofwiesen 28 · 45711 Datteln
Tel. (0 23 63) 35 70 00 · Fax (0 23 63) 35 70 01

Im schönsten Niemandsland versteckt sich eine alte Freiheit

Nicht nur durch die Insellage ist Horneburg ungemein reizvoll

An den adretten Fassaden in Horneburg kann man sich gar nicht satt sehen. (Foto: © Ralf Rudzynski)

Die Alte Kirche dient mittlerweile der russisch-orthodoxen Gemeinde als Gotteshaus. (Foto: © Ralf Rudzynski)

Die geografische Lage ist eine der Besonderheiten von Horneburg. Die ehemalige Freiheit liegt genau auf halbem Wege zwischen Oer-Erkenschwick und dem Dattelner Süden und gleichsam wie eine Insel inmitten landwirtschaftlich genutzter Flächen. Man muss schon wissen, dass sich hier ein überaus reizvolles Örtchen versteckt, denn sonst kann es dem Ortsunkundigen durchaus passieren, dass er eher Niemandsland vermutet. Und selbst wenn man die richtige Richtung eingeschlagen hat, sollte man darauf achten, dass man nicht von der am 22. Oktober 2009 in Angriff genommenen neuen Umgehungsstraße nördlich um Horneburg herumgeleitet wird.

Denn Horneburg ist immer einen Abstecher wert. Die kleine Ortschaft gefällt durch sehenswerte Fachwerkhäuser mit herrlichen Giebeln und Torbögen, auf denen oftmals alte Inschriften prangen und Zahlen das Entstehungsjahr verraten. Wer auf der Horneburger Straße mitten durch das Dorf fährt, wähnt sich gleich um mehrere Jahrhunderte zurückversetzt.

Wunderschöne Fachwerkhäuser

Schon in der Großen Vogteirolle des Grafen Friedrich von Isenberg-Altena gibt es einen ziemlich eindeutigen Hinweis auf das zum Oberhof Richrode gehörende »Horneburch«. Erstmals urkundlich erwähnt wird die Gemeinde Horneburg 1332. Mittelpunkt ist das Schloss Horneburg, um das herum sich etwa seit den 1380er Jahren die alte Freiheit entwickelte.

Das Schloss wurde spätestens im Jahre 1384 fertiggestellt. Bis 1410 war es der Stammsitz der Familie Oer, die ihren ganzen Besitz im Vest anno 1431 allerdings an den Erzbischof von Köln verlor. Die Horneburg war von einem Wassergraben und einem Wall umgeben, innerhalb dessen Grenzen sich die eigentliche Freiheit befand. Zwei Tore sicherten diese nach außen gegen unliebsame Eindringlinge ab. Durch den Status einer Freiheit besaßen die Horneburger Freiheitsgenossen einige Privilegien wie zum Beispiel eine gewisse Steuerfreiheit.

Im 16. Jahrhundert diente die Burg als Gefängnis und beherbergte das Vestische Kriminalgericht. Zudem wurden Hexenprozesse abgehalten. 1646 ließ ein französischer Marschall das Schloss niederbrennen, und nur kleine Reste sind noch erhalten. Ihr heutiges Erscheinungsbild bekam die Horneburg erst 1833. Seit 1965 wird sie als Internat genutzt.

Auf dem historischen Pfad

Nicht von ungefähr gibt es in Horneburg einen historischen Pfad, auf dem man an neun Stationen viele interessante und liebevoll zusammengestellte Details über die Geschichte des Dorfes und die wichtigsten Gebäude erfährt. Zusammengetragen wurden diese Informationen vom Heimatausschuss des Bürgerschützenvereins Horneburg. Dessen Vereinslokal, das Haus Berens an der Schloßstraße 6, ist der Ausgangspunkt zu diesem Rundgang.

Einige der weiteren Stationen auf dem historischen Pfad sind neben dem Schloss Horneburg auch Tuens Hüsken, das älteste erhaltene Haus, sowie die Alte Kirche, mit deren Bau anno 1580 begonnen wurde und die mittlerweile der russisch-orthodoxen Gemeinde als Gotteshaus dient. Die Verbindung zwischen Russen und Horneburg ist übrigens sehr alt und geht auf einen Aufenthalt von Zar Peter dem Großen (1672 bis 1725) zurück, der 1698 auf einer Reise von Amsterdam nach Wien wohl die Freiheit Horneburg im Vest passierte.

Seit 1975 ist Horneburg ein Stadtteil von Datteln. Zuvor gehörte es von 1811 an zum Amt Waltrop. Einen guten Ruf genießt das Dorf auch durch seine Baumschulen und Gärtnereien. Dies wird zusätzlich durch den ansässigen Gartenbaulehrbetrieb des Kreises Recklinghausen unterstrichen. Auch darum erscheint Horneburg wie eine »Oase im Grünen«.

Ralf Rudzynski

Fachwerkfronten an der Horneburger Straße: So präsentiert sich die alte Freiheit. (Foto: © Ralf Rudzynski)

Von Castrop-Rauxel bis Waltrop

Wenn Ahsen in einem Meer aus Grün und Weiß versinkt

Der Schützenbaum ist das Wahrzeichen des Lippedorfes

Das Gehöft der Familie Vockmann ist das nördlichste Gebäude von Datteln. Es befindet sich in der wohl kleinsten Bauerschaft der Stadt. In Ostleven, dessen westlicher Teil zu Haltern-Flaesheim gehört, wohnen kaum mehr als 15 Menschen. Der »Kern« dieser Siedlung befindet sich rund um den Gernebach sowie den Fährlevener Weg. Ostleven gehört zum Stadtteil Ahsen, der bis zur Eingemeindung 1975 eine eigenständige Gemeinde gewesen ist.

Ahsen selbst ist ein überschaubares, aber liebenswertes Dorf mit circa 1300 Einwohnern. Wie viele andere Gemeinden an der Lippe auch, hatte der Fluss für die Entwicklung von Ahsen sowohl positive als auch negative Aspekte. Zum einen war es die günstige Lage auf dem Wege zwischen Münster und Recklinghausen, die hier eine Ansiedlung entstehen ließ. Andererseits war Ahsen eben auch genau wegen dieser strategisch günstigen Lage immer wieder umkämpft. Außerdem wurde die Ortschaft mehrfach von Hochwasser heimgesucht.

Seit 1930 ist Ahsen nicht nur von der im Norden fließenden Lippe, sondern auch vom Wesel-Datteln-Kanal umgeben. Er verläuft im Süden weitgehend parallel zum Ortskern beziehungsweise der Landstraße 609, die hier Ahsener Straße heißt. Der Kanal überwindet in Ahsen übrigens einen Höhenunterschied von 7,50 Metern, der durch eine Schleuse mit zwei Kammern reguliert wird. 1930 wurde die große Kammer mit einer Länge von 223 Metern in Betrieb genommen. 1970 kam eine zweite Kammer hinzu, die immerhin gut 110 Meter misst.

Rund um den Dorfplatz

Das Leben in Ahsen spielt sich heute in erster Linie am Dorfplatz ab sowie entlang der Halterner Straße, dem Ende der Recklinghäuser Straße und der Lippestraße. Hier ist auch das ursprüngliche Ahsen mit kleinen Straßen und Wohnhäusern aus Back- und Ziegelstein. Die Bürger sind ebenso stolz auf ihre Freiwillige Feuerwehr wie auf die Gemeinschaftsgrundschule, den Kindergarten, die St. Marienkirche und nicht zuletzt den Schützenbaum auf dem Dorfplatz. Er löste den alten Schützenbaum, der bis 2001 vor der Pension Breuckmann gestanden hatte, ab und ist für alle Einheimischen zum Wahrzeichen von Ahsen geworden.

Das ist das ursprüngliche Ahsen mit kleinen Straßen und Wohnhäusern aus Back- und Ziegelstein. (Foto: © Ralf Rudzynski)

Am 31. Oktober 2002 wurden der neue, 15 Meter hohe Baum und der Dorfplatz eingeweiht. Die Patenschaft hat die ruhmreiche Bürgerschützengilde Ahsen von 1730 übernommen. Seitdem hat das alljährliche Schützenfest, zu dem das ganze Dorf in ein gigantisches grün-weißes Meer aus Fähnchen, Wimpeln und Girlanden getaucht ist, eine noch höhere Bedeutung. Die Bürgerschüt-

Im Overkamp sind in den letzten Jahren einige neue Häuser gebaut worden. (Foto: © Ralf Rudzynski)

Wahrzeichen des Lippedorfes: der Schützenbaum. (Foto: © Ralf Rudzynski)

Von Castrop-Rauxel bis Waltrop

Eine kleine Oase an der Lippe. (Foto: © Ralf Rudzynski)

Die St. Marienkirche liegt etwas versteckt, doch man sollte sie gesehen haben. (Foto: © Ralf Rudzynski)

zengilde führt übrigens über Ahsen bereits seit 1860 eine Ortschronik. Diese wird im Dorfarchiv aufbewahrt, das sich im Gerätehaus der Feuerwehr befindet.

Das Archiv wurde durch viele freiwillige Helfer aus der Taufe gehoben wie auch zahlreiche andere Maßnahmen. Denn in Ahsen fußt die funktionierende Dorfgemeinschaft nicht zuletzt auf engagierten Bürgern, die ihr Umfeld aktiv und oftmals in Eigenregie gestalten.

Das Haus Vogelsang

Zum Umfeld gehört mit Haus Vogelsang eine historischen Burganlage, die sich etwa einen Kilometer östlich des Dorfes befindet und seit dem 14. Jahrhundert mit Ahsen verwoben ist. Haus Vogelsang wird übrigens vom Klosterner Mühlenbach umflossen, der sich südlich des Wesel-Datteln-Kanals bis durch die gleichnamige Bauerschaft schlängelt und in Bockum versiegt.

Jenseits des Kanals

Auch jenseits des Kanals sind die Ahsener gerne – zumindest am Wochenende. An der Straße Am Gerneberg liegt der Sportplatz des SV Borussia Ahsen. Und dessen Anlage platzt vor allem bei den Derbys mit Concordia Flaesheim aus allen Nähten. Dann feuern bis zu 800 Fußballfans ihre Kicker an.

Direkt hinter der Sportanlage beginnt die Haard, in der auch das ebenfalls noch zu Ahsen gehörende Jammertal liegt. Mehrere Pensionsbetriebe und Hotels bieten hier den Besuchern viele Möglichkeiten an, um in aller Abgeschiedenheit abzuschalten und die Natur zu genießen. Auch für Camper gibt es einige Plätze, um die Zelte aufzuschlagen.

Inmitten des Naturparks steht darüber hinaus mit der Schachtanlage An der Haard 1 eines der letzten Relikte aus der Zechenära. Diese Anlage wurde erst 1983 in Betrieb genommen und war Teil des Verbundbergwerks Blumenthal-Haard. Doch bereits nach 18 Jahren wurde der Schacht An der Haard 1, zu dem hin eigens die Redder Straße ausgebaut worden war, auch schon wieder stillgelegt.

Ralf Rudzynski

Am Ortsausgang in Richtung Olfen. (Foto: © Ralf Rudzynski)

Von Castrop-Rauxel bis Waltrop

Traditionsreiche Vielfalt an Facetten und Mentalitäten

Zwischen Ruhrgebiet und Münsterland: Die kleine Hansestadt Dorsten

Unverwechselbare Dorstener Altstadt: Blick auf das Alte Rathaus und die St. Agatha-Kirche. (Foto: © Nils Rimkus)

Eines der schönsten Schlösser in Westfalen: Das romantische Wasserschloss Lembeck. (Foto: © Nils Rimkus)

Dorsten ist eigen: Mit 171 Quadratkilometern ist sie zwar die flächengrößte Stadt des Kreises, aber mit etwa 78 000 Bewohnern nur halb so dicht bevölkert. Dorsten liegt am Nordrand des rheinisch-westfälischen Industriegebiets, gehört aber auch zum Naturpark Hohe Mark. Dank Äckern, Weideland und Wäldern sind drei Viertel des Stadtgebiets für die Naherholung nutzbar. Die fast parallel verlaufende Lippe und der Wesel-Datteln-Kanal durchschneiden das Stadtgebiet in einen Südteil und einen etwa viermal größeren Nordteil. Dabei war die Lippe lange Zeit territoriale Grenze – und eine Scheidelinie der Identitäten.

Historische Bezüge sind lebendig

Dorsten geht zurück auf die Hofanlagen Durstina und Durstinon, die in den ersten nachchristlichen Jahrhunderten eine viel ältere Siedlungsgeschichte fortschrieben. In der günstigen Lage an der Lippe entwickelte sich ein Marktflecken, der 1251 die Stadtrechte erhielt. Im 14. Jahrhundert wurde Dorsten Hansemitglied und erlebte als Verkehrsknotenpunkt bis ins 17. Jahrhundert eine Blütezeit, wurde aber bis 1945 aus demselben Grund häufig Ziel kriegerischer Verwüstung. Dorsten verarmte nach dem Dreißigjährigen Krieg und kam erst im Industriezeitalter wieder auf.

Dieses historische Dorsten um die heutige Altstadt gehörte zum Vest, westlich grenzte das niederrheinische Herzogtum Kleve an und nördlich der Lippe das Fürstbistum Münster. Die Herrlichkeit Lembeck, auf dessen Territorium unter anderem die Kirchspiele Lembeck, Wulfen, Hervest und Holsterhausen lagen, wurde 1816 mit dem Vest zum Kreis Recklinghausen zusammengeführt. Aus diesen jeweiligen alten Zugehörigkeiten entwickelten sich unterschiedliche Identitäten. Sie blieben im Kern bestehen, als der Bergbau mit den Zechen Baldur (1899) und Fürst Leopold (1910) die Lippe überschritt, die vielen Neubürger kamen, diverse Gebietsreformen die Landkarten veränderten und 1975 das heutige Dorsten entstand.

Wohltuende Vielschichtigkeit

Südlich der Lippe – in Altendorf-Ulfkotte, Feldmark, Altstadt und Hardt – fühlt man sich dem Ruhrgebiet zugehörig. Östrich ist niederrheinisch geprägt, nördlich der Lippe der starke Bezug zu Münster unvergessen. Hier verändern die vielen Neubürger vor allem aus dem Ruhrgebiet, die in den letzten Jahrzehnten kamen, zwar die Orientierungen. Doch die Spuren der alten Identitäten sind vorhanden: schwächer in den dicht besiedelten Orten Holsterhausen, Hervest und Wulfen. Stärker und sogar hörbar indes in den ländlichen Stadtteilen Deuten, Rhade und Lembeck, wenn die Alteingesessenen ihr »Platt« sprechen.

Diese wohltuende Vielschichtigkeit macht Dorsten unverwechselbar. Da ist die Altstadt, altes Handelszentrum und neue administrative Mitte. Da sind die vom Bergbau geprägten, kleinstädtischen Holsterhausen und Hervest – darin das dörfliche Alt-Hervest – und das neben Alt-Wulfen futuristisch wirkende Barkenberg. Da sind Orte wie Rhade und Lembeck, sehr selbstbewusst und eigenwillig, umgeben von uralten Bauerschaften wie Beck, Wessendorf oder Lasthausen. In allen Stadtteilen setzen starke Gemeinschaften die Akzente: Schützenverein, Heimatverein, Freiwillige Feuerwehr, Gemeinde. Und jeder liebt sein Hervest, Lembeck, seine Altstadt. Aber in einem Punkt sind sich alle einig: Keiner will das Wohnen und Leben in Dorsten tauschen.

Nils Rimkus

Hinter diesem sommerlichen Kornfeld liegt Altendorf-Ulfkotte. (Foto: © Nils Rimkus)

Wichtige Wasserstraße: Der Wesel-Datteln-Kanal bei Dorsten. (Foto: © Nils Rimkus)

Das Herz der Stadt schlägt an der Lippe

Die betriebsame Altstadt lebt vom historischen Charme

Wasser und Brunnen mitten in der Altstadt, Höhe Südgraben. (Foto: © Nils Rimkus)

Das Herz des Stadtgebiets schlägt in der Dorstener Altstadt: am Marktplatz mit der St. Agatha-Kirche und der 1567 errichteten, von 1797 bis 1902 als Rathaus dienenden Stadtwaage. Sie sind der Mittelpunkt eines Ortes, dessen Grundriss noch immer die mittelalterliche Straßenführung aufweist. Leider haben die Bombenangriffe des Zweiten Weltkriegs kaum etwas von der alten Fachwerkbebauung übriggelassen. Die Stadtwaage, Reste der Stadtmauer mit einem Befestigungsturm und ein Fachwerkhaus an der Ecke Ostwall und Kappusstiege sind beinahe die einzigen Zeugen der alten Zeit. Dennoch hat die Altstadt weder ihren Charme noch ihre Vitalität verloren.

Hier pulsiert das Dorstener Leben

Die Altstadt ist Dorstens kleinster Stadtteil. Er zählt rund 4000 Einwohner, bildet aber mit Holsterhausen und Hervest den Dorstener Siedlungsschwerpunkt »Gemeindedreieck« – den anderen bildet Wulfen. Die Altstadt endet nördlich der Lippe an der Baldurstraße, wo Holsterhausen liegt. Dann bilden Bahntrassen die Grenzen zu Hervest und Feldmark: an der Straße Am Güterbahnhof bis zum Bahnhof Hervest-Dorsten, dann in südlicher Richtung, Lippe und Kanal kreuzend, über den Dorstener Bahnhof hinweg bis zur Straße Auf der Bovenhorst und der Kirchhellener Allee. Von hier aus bilden Clemens-August-Straße und Am Schölsbach – die schon in historischer Zeit die Grenze zwischen Rheinland und Westfalen anzeigten – die Grenze zur Hardt.

Das Ensemble aus Marktplatz, Stadtwaage und St. Agatha ist umgeben von kleinen Gassen, die die Straßen der Fußgängerzone verbinden: Recklinghäuser-, Essener- und Lippestraße. Wie seit Hunderten Jahren pulsiert hier das Dorstener Leben. Die Menschen eilen oder schlendern, suchen Geschäfte auf oder erledigen einen Gang zum Rathaus an der Halterner Straße. Sie wenden sich ostwärts zum Busbahnhof am Europaplatz, vorbei am Jüdischen Museum. Sie streben aufs alte Lippetor-Center zu, das einem neuen Einkaufszentrum weichen soll. Ebenfalls zentral liegen hochgeschätzte Einrichtungen: das St. Ursula Gymnasium und sein Träger, das Kloster des seit 1699 ansässigen Ursulinenordens. An der Lippestraße ist das Franziskanerkloster St. Anna zu finden – seit 1488 in Dorsten an diesem Platz.

Freizeit und Bildung auf »Maria Lindenhof«

Zwischen Wesel-Datteln-Kanal und Lippe befindet sich das »Maria Lindenhof«-Gelände. Es ist benannt nach einer mildtätigen Einrichtung der Barmherzigen Brüder von Montabaur, die früher an dieser Stelle lag. Heute füllen mehrere Neubaukomplexe das Gelände aus. In ihnen sind das Stadtarchiv, die Stadtbücherei und das Gymnasium Petrinum untergebracht, dessen Dorstener Anfänge ins Jahr 1699 zurückreichen. Neben einem Altenzentrum sind hier Sport- und Erlebniseinrichtungen angesiedelt: das Freizeitbad »Atlantis«, der Olymp-Sportpark, eine Eissporthalle und ein Freizeitpark.

Dorsten erhielt 1251 die Stadtrechte, und jedes Jahr im Juni wird dieser »Geburtstag« mit dem Altstadtfest gefeiert. Das Festwochenende beginnt mit dem Altstadtschwoof am Freitag, und bis zum verkaufsoffenen Sonntag gibt es Live-Musik und Tanz, Märkte und Konzerte, Shows, traditionelle Auktionen und vieles mehr. An solchen Tagen lebt die Dorstener Altstadt erst richtig auf und präsentiert eine moderne Version hansestädtischen Trubels.

Nils Rimkus

Eines der wenigen Fachwerkhäuser, das die Zerstörung der Altstadt im Zweiten Weltkrieg überlebt hat. (Foto: © Nils Rimkus)

Die mittelalterliche Straßenführung ist in der Altstadt erkennbar. (Foto: © Nils Rimkus)

Die Hochstadenbrücke führt über den Kanal auf das »Maria-Lindenhof«-Gelände. (Foto: © Nils Rimkus)

Von Castrop-Rauxel bis Waltrop

Schweben über Lippe und Kanal
Segelflieger in Feldmark bereichern Freizeitangebot

Segelfliegen über Dorsten und Lippe – ein luftiger Spaß. (Foto: © Nils Rimkus)

Zum echten Geheimtipp hat sich der Luftsportverein Dorsten entwickelt. 1931 gegründet, liegt das elf Hektar große Fluggelände direkt am Wesel-Datteln-Kanal, zehn Gehminuten vom Dorstener Stadtkern entfernt. Aber in der zum Kanal führenden Straße Im Övelgünne gehen nicht nur Segelflieger, Motorsegler und Ultraleicht-Flugzeuge in die Lüfte, auch am Boden ist Spaß angesagt. Hierfür sorgen eine Grillstelle, ein kleiner Swimming-Pool hinter der Fliegerklause, der gemütliche Campingplatz sowie der Reitplatz des Zucht-, Reit- und Fahrvereins Dorsten. Der Stadtteil Feldmark kann mit weiteren Freizeitangeboten aufwarten, etwa dem Barloer Busch. In diesem Waldstück mit schönem Baumbestand an der Marler Straße (B225), das auch Dorstens Stadtwald genannt wird, lässt es sich schön Spazierengehen oder Joggen.

Wechselvolle Geschichte: die altehrwürdige Restauration Maas-Timpert. (Foto: © Nils Rimkus)

Wohnstadtteil für Familien interessant

Feldmark ist einer der Stadtteile, die aus Wohnsiedlungen erwachsen sind, die sich schon früh um die alte Hansestadt mit Ausrichtung auf den Stadtkern gruppierten. Im Zuge der Industrialisierung wuchs Feldmark mit Hardt zusammen, wobei die Stadtteile an der Kirchhellener Allee (B223) aneinandergrenzen. Heute leben in Feldmark rund 7900 Menschen, für die vielen jungen Familien sind die katholische Kindertagesstätte St. Johannes, die Johannesgrundschule und die Astrid-Lindgren-Förderschule interessant. Mit den Gewerbegebieten Dorsten-Ost, das direkt an der B225 liegt, und dem Gewerbegebiet an der Barbarastraße gibt es zwei wirtschaftliche Nahzentren, die über den Stadtteil hinaus bedeutsam sind.

Nils Rimkus

»Corinna« – Design und Klasse für jeden Anlass
Die exklusive Welt für die modebewusste Frau

»Corinna« ist außergewöhnlich und gleicht einer »Fashion-Oase«. Ein breites Spektrum an exklusiven internationalen Modemarken bestimmt die Kollektion und gibt die richtige Antwort für jede Lebenslage und Tagesstimmung. Das facettenreiche Angebot spricht die Label-bewusste Frau ebenso an wie die eher das Understatement bevorzugende Dame. »Corinna«-Kundinnen legen Wert auf Qualität, Passform und Kleidung, die ihren Lebensstil ausdrückt. Sie verstehen es, sich durch einen hochwertigen und trendigen Look abzuheben.

»Corinna« an der Lippestraße 25 in Dorsten: Der Insidertipp ist zur eigenen Marke geworden und überregional bekannt. (Foto: © Corinna)

Es sind Frauen, die selbstbewusst ihre Weiblichkeit leben, Kraft und Schönheit miteinander verbinden und dadurch Authentizität ausstrahlen.

Leidenschaft für Mode

Die Frau von heute erwartet Design und Klasse für jeden Anlass. Genau das bietet »Corinna«. Die Suche nach Neuigkeiten aus der Modewelt liegt dem Team am Herzen und ist Teil der Philosophie. Aktuelle Trends, junge Labels und Must-haves der Saison finden sich schnell im Sortiment. Dieses besticht durch kleine Stückzahlen und zeugt von Exklusivität und Sinn für die Highlights der jeweiligen Kollektionen. Accessoires komplettieren den Look. Mühelos folgt »Corinna« den wandelnden Trends der Zeit und steht als Familienunternehmen überzeugend für die Werte, die seit jeher als Leitlinien festgelegt sind: Innovation, kompetente Beratung, Exklusivität. Werte, die gerade auch für die junge Generation wieder an Bedeutung gewinnen.

Beitrag von:
»Corinna«
Lippestraße 25 · 46282 Dorsten
Tel. (0 23 62) 4 56 60 · Fax (0 23 62) 4 52 40
www.yourcorinna.de · info@yourcorinna.de

CORINNA

Von Castrop-Rauxel bis Waltrop

Erdige Landwirtschaft und Wohnen am Wasser

Kamen erst 1975 zu Dorsten: Altendorf-Ulfkotte, Hardt und Östrich

Altendorf-Ulfkotte zwischen Landwirtschaft und Industriekulisse – hier Scholven. (Foto: © Nils Rimkus)

tender Reitsportereignisse wie zum Beispiel dem »Friesentag« der deutschen Friesenpferde-Züchter oder dem Reitturnier Gahlen, das zu Beginn jedes Jahres fast 10 000 Zuschauer anlockt.

Nils Rimkus

Anlegen im Stadtteil Hardt: der Yachthafen Hanse-Marina-Dorsten. (Foto: © Nils Rimkus)

Im Süden ragen Halde und Kraftwerk Scholven empor, im Norden erhebt sich die Hürfeld-Halde, Resultat der Bergeentsorgung von Fürst Leopold/Wulfen. Dazwischen liegt Altendorf-Ulfkotte. Dieser von 2100 Menschen bewohnte Stadtteil in Dorstens südöstlichem Winkel geht auf Bauerschaften zurück, die bereits um 900 n.Chr. beurkundet sind. Altendorf-Ulfkotte kam – wie Östrich und Hardt – erst 1975 zu Dorsten und besteht zum größten Teil aus landwirtschaftlichen Flächen mit vereinzelten Gehöften. Im Ortskern um die Gräwingheide fallen die vielen neuen Siedlungen auf, in denen das ruhige Leben in den letzten Jahren nur durch Bergschäden einige Aufregung erfuhr.

Mieke Duvigneau, Niederländerin mit französischen Wurzeln, managt seit Juni 2010 mit ihrer Partnerin das Gasthaus Erwig an der Altendorfer Straße. »Es ist ein schönes, ruhiges Landleben, jeder kennt hier jeden.« Das Gasthaus hat großen Erfolg mit seiner westfälischen Küche. In Altendorf-Ulfkotte fällt das Traditionelle eben auf fruchtbaren Boden.

Ruhiges Wohnen in der Hardt

Wie Feldmark, geht auch der Stadtteil Hardt auf Wohngebiete zurück, die sich unweit des alten Stadtkerns bildeten. Der zuvor landwirtschaftlich geprägte Stadtteil wird erst seit den 1950ern als Wohngebiet erschlossen und zählt heute rund 7900 Einwohner. Die Hardt ist ein Stadtteil mit hoher Wohnqualität in ruhiger Lage. Ideal für das St. Elisabeth Krankenhaus, das in einer schönen Parkanlage liegt. Den täglichen Bedarf der Stadtteilbewohner decken REWE und Backwaren Kleinespel an der Gahlener Straße Ecke Fährstraße sowie eine nahe Aldi-Filiale. Für Stimmung sorgt der SV Dorsten-Hardt mit gutklassigem Fußball. Sehenswert sind die moderne St. Nikolaus-Kirche und eine 4,10 Meter hohe Stele. Das Kunstwerk steht am Wesel-Datteln-Kanal und markiert den Endpunkt des alten Gahlenschen Kohlenwegs. Direkt daneben liegt das Bootshaus des Rudervereins Dorsten. Er hat Ausnahmeruderer hervorgebracht, die Weltmeistertitel und Olympische Medaillen errangen.

Westfalen endet im idyllischen Östrich

Im südwestlichen Zipfel Dorstens liegt das ländliche Östrich mit rund 2000 Einwohnern. Im Norden die Lippe, grenzt es an der A31 an die Hardt, im Süden an Bottrop und im Westen an Schermbeck. Es gibt im Bogen der Gahlener Straße ein kleines Gewerbegebiet, in dem die Fahnen der Firma Nachbarschulte und der Bayerischen Motorenwerke auffallen. Wichtig im Ort ist auch Haus Schult. Zu diesem alten Gasthof gehört eine Bäckerei, in der alles für den kleinen Einkauf vorrätig ist.

Seit über 40 Jahren wohnt Ingrid Hantke (Jahrgang 1940) in Östrich. »Es ist ein ruhiges, gutes Leben hier für Familien, Ältere und Kinder. Tja, für viele Jugendliche ist es nicht so spannend: Die müssen weit fahren, um in die nächste Disco zu kommen.« Östrich ist ideal für alle, die Angeln und Radfahren, Camping und Wassersport mögen. »Und wir haben hier einen tollen Reitverein«, weiß Ingrid Hantke. Der überregional bekannte RV Lippe-Bruch Gahlen unterhält eine große Reitanlage an der Nierleistraße. Sie ist Ort bedeu-

Reitverein Lippe-Bruch Gahlen: Garant für überregional beachteten, hochklassigen Reitsport. (Foto: © Nils Rimkus)

Der alleinstehende Turm der St. Nikolaus-Kirche in Dorsten-Hardt. (Foto: © Nils Rimkus)

Von Castrop-Rauxel bis Waltrop

Ein Stadtteil, in dem zwei Herzen schlagen

Zeche Fürst Leopold prägte die moderne Geschichte Hervests

Eine ähnliche Siedlungsgeschichte wie Holsterhausen weist Hervest auf, ebenfalls 1943 eingemeindet und zurzeit mit rund 13 000 Einwohnern der drittgrößte Stadtteil Dorstens. Anders als in Holsterhausen sind hier jedoch die Siedlungen – das alte Dorf und die Zechensiedlung – noch weniger zusammengewachsen. Und zwar sowohl räumlich als auch im Bewusstsein. Hervest grenzt am Güterbahnhof und den Bahntrassen für den »Borkener« (RE14) und den »Coesfelder« (RB45) an den Stadtteil Altstadt. Jenseits der Lippe liegen Dorsten-Feldmark und Marl, im Norden an Kusenhorster Straße und Lange Heide der Stadtteil Wulfen und Am roten Stein und Heinrichstraße der Stadtteil Deuten.

Lippenah, von Wald gesäumt: Dorf Hervest

Unweit von Lippe und Wesel-Datteln-Kanal, gesäumt von schönen Wäldern, liegt das Dorf Hervest, das bereits 1188 in einem Güterverzeichnis

Wie geschaffen für Feste: die Hervester-Deele im Dorf, nebenan das »Taubenheim«. (Foto: © Nils Rimkus)

erwähnt wird. Sein Mittelpunkt ist die Pfarrkirche St. Paulus. Sie weist mit dem spätromanischen Westturm – einem der ältesten Bauwerke in Dorsten – und dem gotischen Chor beeindruckende Beispiele mittelalterlicher Baukunst auf. Nebenan, auf dem Hof Schulte-Tenderich, hat der Heimatverein die schöne Hervester Deele eingerichtet.

Einst der zentrale Ort in der Zechenkolonie: der Brunnen auf dem Marienplatz. Oben die »Bergmannskuh« – eine Ziege. (Foto: © Nils Rimkus)

Einige der Dorffestivitäten finden hier statt; etwa das Schlachtfest des Heimatvereins, Karnevalsfeiern oder das Biervogelfest des Bürgerschützenvereins Dorf-Hervest – wie in Holsterhausen einer von zwei Schützenvereinen im Stadtteil.
»Zu welchem Schützenverein man gehört, zeigt an, zu welchem ›Hervest‹ man gehört. Das ist hier so, wie es zwischen Rhadern und Lembeckern auch ist«, weiß Manuela Dawoud (Jahrgang 1964). Der Allgemeine Bürgerschützenverein Hervest-Dorsten 1913 ist in der Zechensiedlung beheimatet. Er initiierte Mitte der 1990er ein Stadtteilfest, das sich zu einem der größten Feste in Dorsten gemausert hat: Das Bergfest im Juni an Glück-Auf-Straße und Im Harsewinkel lockt mit verkaufsoffenem Sonntag, Trödelmarkt und Musikprogramm viele Besucher ins Herz der Zechensiedlung.

Blickfang Gartenstadt

Die Zeche Fürst Leopold an der Halterner Straße förderte von 1913 bis 2001. Ihr Vermächtnis ist die schöne Zechensiedlung im Gartenstadt-Stil mit abwechslungsreicher Architektur. Ab 1912 nach

Die Hervester Zechenkolonie ist denkmalgeschützt. (Foto: © Nils Rimkus)

Von Castrop-Rauxel bis Waltrop

Uriger Gasthof im Dorf Hervest. (Foto: © Nils Rimkus)

sich auch, was aus dem einstigen Zechengelände wird. In den 2000ern lief dort sogar ein Kulturevent wie die Extraschicht (2004). Im September 2009 hat der Rückbau der Zeche begonnen, seither ist es gesperrte Zone. Überall ist Schrott und Schutt von den abgerissenen beziehungsweise entkernten, zu erhaltenden Gebäuden. Ist die Arbeit getan, sollen ein großzügiges Kulturquartier und Gewerbeflächen entstehen, auf denen Discounter und Fachmärkte angesiedelt werden.

Nils Rimkus

Plänen des Architekten Eggeling gebaut, wuchs sie ausgehend vom Brunnenplatz, wo heute die Städtische Galerie angesiedelt ist. Manuela Dawoud: »Da ist heute leider nicht mehr viel los. Früher waren dort der Markt und alteingesessene Geschäfte: ein Maler, ein Handarbeitsladen, ein Tabakwarenladen und die Bäckerei Brünninghoff – da habe ich meine Lehre gemacht.«
Das Ende der Zeche hat Hervest zugesetzt, aber der Stadtteil hat viel Potenzial. Bald zeigt

Abriss: Bald sind die meisten markanten Gebäude der Zeche Leopold verschwunden. (Foto: © Nils Rimkus)

Urlaub auf der eigenen Terrasse genießen

Markisen Stein bietet Beratung, Service und Montage aus einer Hand

Urlaubsgefühl auf der eigenen Terrasse: das ermöglichen Markisen, Sonnensegel oder Gartenmöbel aus dem hochwertigen Angebot von Markisen Stein. Der seit 1973 bestehende Fachbetrieb präsentiert in einer über 1000 Quadratmeter großen Ausstellung die unterschiedlichen Lösungen und Designs.
Jalousien, Markisen, Sonnensegel und Schirme sind ein Blickfang und schützen die eigenen vier Wände zudem effektiv vor zu starker Sonneneinstrahlung. Zum Angebot gehören auch moderne Kaminöfen, die im Haus für Behaglichkeit sorgen. Sie sind ebenfalls echte Hingucker, mit denen man überdies kostengünstig heizen kann.

»Serviceoase statt Servicewüste«

Wer glaubt, angesichts der »Geiz-ist-Geil-Mentalität« sei der Einkauf beim Fachmann nicht erschwinglich, sollte die Probe aufs Exempel machen. Denn die dortigen Preise beziehen sich häufig auf Selbstabholung und eigene Montage. Beratung beim Kunden zu Hause wird oft gar nicht angeboten. Bei Markisen Stein sind Dienstleistungen selbstverständlich – und die Beratung vor Ort ist kostenlos. Zudem gibt es je nach Produkt bis zu fünf Jahre Garantie. »Serviceoase

Auf über 1000 Quadratmetern überdachter und 4000 Quadratmetern freier Fläche findet man hochwertige Markisen, Gartenmöbel, Grills und Öfen, um das eigene Zuhause in eine Wohnfühloase zu verwandeln. (Foto: © Ralf Rudzynski)

Das Fachgeschäft im Gewerbegebiet an der Wienbecke. (Foto: © Ralf Rudzynski)

statt Servicewüste«, lautet die Devise von Geschäftsführer Andreas Stein: »Wir sind kein anonymer Markt, bei dem der Kunde nach dem Kauf keinen Ansprechpartner mehr findet. Wir weisen den Kunden genau ein und probieren mit ihm alle Funktionen aus. Bei Notfällen sind wir auch am Wochenende zu erreichen.«

Beitrag von:
Markisen Stein / Stein GmbH & Co. KG
An der Wienbecke 75-77 · 46284 Dorsten
Tel. (0 23 62) 7 66 16 · Fax (0 23 62) 7 58 16
info@markisen-stein.de · www.markisen-stein.de

Von Castrop-Rauxel bis Waltrop

Das grüne Juwel am Nordrand des Ruhrgebiets

Selbstbewusst und liebenswert: die »Herrlichkeit« Lembeck

Die Hohe Mark und Schloss Lembeck sind wunderschön, aber der Dorstener Stadtteil Lembeck hat noch mehr zu bieten. Er grenzt an Rhade im Westen, Deuten und Wulfen im Süden, Haltern im Osten und das zum Kreis Borken zählende Reken im Norden. Er ist mit 53 Quadratkilometern etwa so groß wie die Stadt Recklinghausen, zählt aber nur 5300 Einwohner. Lembeck besteht aus Äckern, Weiden, Wald und von alten Eichen umstandenen westfälischen Gehöften. Und dem Ort Lembeck.

Der Ort wirkt angenehm geordnet, in Arbeit gewachsen. Alles sagt: Hier geht man mit der Zeit, ohne sich darin zu verlieren. Seine Mitte bildet die Pfarrkirche St. Laurentius. Erst 2006 wurde sie umgestaltet, ihre Ursprünge liegen im 12. Jahrhundert. Im Dorfzentrum versammeln sich Geschäfte wie Elektro Bügers an der Wulfener Straße oder Böhmer – Fahrräder und mehr –, die Metzgerei Bellendorf und »netto« in der Schulstraße.

Das Münsterland ist nah

Vor St. Laurentius errichtete der Heimatverein 1984 den »Herrlichkeitsbrunnen«, dessen Grund eine Karte der »Herrlichkeit Lembeck« ziert. 1017 in einer Schenkungsurkunde erstmals erwähnt, gehörte Lembeck als »Herrlichkeit« von 1316 bis 1813 dem Hochstift Münster. Die Macht hatten die Herren von Lembeck inne, ihre Burg wurde später zum Schloss umgebaut. Ihnen unterstanden unter anderem die Kirchspiele Lembeck, Wulfen, Rhade, Holsterhausen und Hervest. 1816 wurde es mit dem Vest zum Landkreis Recklinghausen vereinigt, aber trotz diverser Gebietsreformen endete die Eigenständigkeit Lembecks erst durch die Eingemeindung nach Dorsten 1975.

»Lembeck und Rhade setzen sich schon von Dorsten ab, und mit dem Ruhrgebiet haben wir wenig gemein«, sagt Michael Langenhorst (Jahrgang 1964), Museumswart des Heimatvereins. Franz-Josef Loick (Jahrgang 1950), der Vorsitzende, lacht: »Wenn hier ein Kind unartig ist, dann drohen wir: Du musst gleich über die Lippe! Dann ist schnell Ruhe.« Nicht ganz ernst gemeint, spiegelt es doch eine Haltung. Man tendiert hier offen zum Münsterland. Dem gehörte es ja auch lange an und – zugegeben – dem ähnelt es auch mehr.

Feste versteht man zu feiern

In Lembeck schafft man nach wie vor vieles aus eigener Kraft. Nachvollziehbar der Stolz, wenn Franz-Josef Loick und Michael Langenhorst St. Laurentius zeigen und vom Umbau in den 1930ern erzählen, bei dem das ganze Dorf half. Wenn sie von der engagierten St. Laurentius-Schule sprechen, dem Vereinsleben und der ortsverbundenen Kaufmannschaft. Wenn ihr Heimatverein zur Sprache kommt: Er betreibt

Die Mitte Lembecks: Die Ursprünge der Pfarrkirche St. Laurentius liegen im 12. Jahrhundert. (Foto: © Nils Rimkus)

Liebevoll hergerichtet: Das Heimatmuseum Lembecks liegt im Wasserschloss. (Foto: © Nils Rimkus)

nicht nur das schöne Heimatmuseum im Schloss, sondern Am Sägewerk/Am Krusenhof auch einen Heimathof, den »Museschoppe« und ein Backhaus.

Trotz der festen Gemeinschaft bilden die Lembecker keine »geschlossene Gesellschaft«. Franz-Josef Loick und Michael Langenhorst sind echte »Poahlbürger«; ihre Familien sind seit 400 Jahren in Lembeck ansässig. »Neubürger sollten schon auf die Alteingesessenen zugehen«, sagt Franz-Josef Loick und lächelt. »Aber bei einem Bierchen und einem Schnäpschen findet man sich schon zusammen.« Gelegenheit gibt es reichlich. Etwa beim berühmten Tiermarkt, dem Landjugendfest, dem Radrennen »Nacht der Revanche«, dem Bierfassrennen, dem dreitägigen Schützenfest oder einfach beim gemütlichen Umtrunk. Allein im St. Laurentius-Viertel liegen fünf einladende Lokale.

Bei Wanderungen rund um Lembeck ein wunderschöner Anblick: das Wasserschloss Lembeck. (Foto: © Nils Rimkus)

Nils Rimkus

Angenehmes Dorfleben mitten im Grünen

Rhade ist alt, lebhaft und eingebettet in weite Naturlandschaften

Den nordwestlichen Winkel Dorstens bildet das so schöne wie alte, im Grünen eingebettete Rhade. Im Osten liegt Lembeck, im Westen das zu Raesfeld und Erle gehörende Östrich. Im Norden lädt die Große Heide zu Waldspaziergängen ein und im Süden, entlang des Üfter Wegs, findet man Deuten. Die zentrale Achse mit A31-Anschluss ist die von vielen Geschäften gesäumte Lembecker Straße/Erler Straße. Direkt an der Lembecker Straße liegt auch die Wassermühle von 1597, die erst vor wenigen Jahren vom rührigen Rhader Heimatverein liebevoll instandgesetzt wurde. Wo die Debbingstraße abzweigt, liegt der malerische Dorfkern mit alten Gasthäusern und Haus Soggeberg, in dem sich ein kleines heimatgeschichtliches Museum befindet. Den Dorfkern überragt die St. Urbanus-Kirche. Um 1840 umgebaut, weist sie noch Teile ihrer Architektur von 1560 auf.

»Die Natur ist herrlich«

Rhade, erst 1975 zu Dorsten gekommen, ist mit rund 5800 Einwohnern ein ungemein lebhaftes Dorf. Es gibt eine katholische und eine evangelische Gemeinde, Schützen- und Heimatverein, die Freiwillige Feuerwehr, verschiedene Förder- und überraschend viele Sportvereine, die Rhader Unternehmergemeinschaft (RUG) und weitere für die Gemeinschaft wichtige Institutionen. Seit 2000 wohnt Wolfgang Beltermann (Jahrgang 1937) in Rhade. Er arbeitete früher als Maurer

Ein schönes Rhader Gasthaus lockt zum Verweilen ein. (Foto: © Ralf Rudzynski)

Am Ende der Lembecker Straße liegt das Senioren- und Pflegeheim Haus Lebensquelle. (Foto: © Karl Loer)

und erblickte unweit des VEBA-Kraftwerks in Gelsenkirchen-Scholven das Licht der Welt. Seinen »neuen« Wohnort liebt er: »Es ist angenehm, hier zu leben. Vor allem die Natur ist herrlich. In der Nähe sind Hohe Mark, Üfter Mark und viele schöne Orte und Strecken. Man kann den ganzen Tag Rad fahren, ohne auf eine Straße mit Autoverkehr zu müssen.«

Nils Rimkus

Zwischen »Muna« und Mühle

So dünn besiedelt wie Deuten ist kein anderer Dorstener Stadtteil

Der kleine Ort Deuten gruppiert sich um die Weseler Straße (B58) und ist als Stadtteil eingefasst von Wiesen, Wäldern und Äckern. Im Westen liegt das zum Kreis Wesel gehörende Schermbeck, im Norden liegen Rhade und Lembeck. Östlich, entlang Wulfener Straße, Wienbach und An der Wienbecke, stößt Deuten an Wulfen. Südlich trennen den Stadtteil Am roten Stein und Heinrichstraße Hervest und Söltener Landweg, Tüshausweg und B58 Holsterhausen ab. Deuten kann eine 1100-jährige bäuerliche Geschichte vorweisen, die noch heute greifbar ist. Der Stadtteil weist mit fast 18 Quadratkilometern Fläche und rund 1500 Bewohnern die dünnste Besiedlung Dorstens auf. Im Nordwesten ist ein Gang durch das Naturschutzgebiet Deutener Moor lohnenswert. Hier siedeln seltene Gräser, fleischfressende Pflanzen und geschützte Vogelarten.

Wunderschön: die Tüshaus-Mühle

In Deuten findet man einige Sehenswürdigkeiten. So die 1943 errichtete Herz-Jesu-Kirche, erbaut vom renommierten Kirchenbaumeister Dominikus Böhm. Oder die – nur an Tagen der Offenen Tür für jeden zugängliche »Muna«: Das Munitionsdepot Wulfen ist das größte Munitionsdepot Deutschlands und eines der größten in Westeuropa. Sehr schön ist die Tüshaus-Mühle von 1615,

Die romantische Tüshaus-Mühle. (Foto: © Nils Rimkus)

deren Geschichte bis 1382 zurückreicht. Das Technische Kulturdenkmal NRWs liegt außerhalb des Ortes an der B58 und wurde in den 1980ern restauriert – vom letzten Müller Johannes Böing. Er betreibt sie noch zu besonderen Anlässen, wie etwa dem Mühlenfest, dem Tag des offenen Denkmals oder dem Deutschen Mühlentag. Im benachbarten Backhaus werden dann aus dem gemahlenen Korn köstliche Brote gebacken.

Nils Rimkus

Eigenwillige Schönheit: die Herz-Jesu-Kirche. (Foto: © Nils Rimkus)

Von Castrop-Rauxel bis Waltrop

Die Wirtschaftsförderung WINDOR ist ein Unternehmen für Unternehmen

Erfahrung, Wissen, Objektivität und Fairness – Kompetenz aus Dorsten für Dorsten

Die Stadt Dorsten gehört zu den stärksten und interessantesten Wirtschaftsstandorten im Vestischen Kreis, nicht zuletzt wegen namhafter Firmen wie dem europaweit agierenden Unternehmen Inline oder der Dorstener Drahtwerke, die zum Teil schon seit Generationen in der Lippestadt zuhause sind. Andere Firmen wie Aggreko oder der Reifenrecycler Genan haben sich Dorsten bewusst als Standort ausgewählt. Denn die Stadt mit fast 80 000 Einwohnern birgt viele Potenziale. Diese zu erkennen, zu fördern und weiter zu entwickeln, obliegt der Wirtschaftsförderung in Dorsten, die unter dem Namen WINDOR zu einem eigenen Markenzeichen geworden ist.

Seit 2002 ist die GmbH in Dorsten tätig und erwirtschaftet regelmäßig Gewinne, die als Investitionen zurück in den lokalen Wirtschaftskreislauf gelangen und damit sowohl der ansässigen Wirtschaft als auch den Bürgern in der Hansestadt zugute kommen. Ein aktuelles Beispiel ist das Nahversorgungszentrum am Brauturm in Wulfen. Es ist ein sichtbares Zeichen für den Erhalt der historischen Substanz im Stadtgebiet und gleichzeitig für moderne Stadtentwicklung zum Nutzen der Bürger.

Regenerative Energien als Kompetenzfeld

Selbstverständlich befasst sich WINDOR sehr erfolgreich mit Liegenschaften beziehungsweise der Erschließung von Gewerbegebieten. Als eigenes Unternehmen jedoch hat die GmbH in den letzten Jahren besondere Kompetenz im Bereich Energie bewiesen und ist in Sachen regenerativer Energien ein engagierter und überaus erfolgreicher Vorreiter.

So konnte sich WINDOR schon frühzeitig mit Maßnahmen wie Ökoprofit (ökologisches Projekt für integrierte Umwelttechnik) profilieren. Durch das Mitwirken weiterer kompetenter Partner wurden Dorstener Betriebe in allen energetischen Sparten analysiert. Ziel war es, durch umfassende umwelttechnische Maßnahmen die Betriebskosten zu senken und gleichzeitig eine Entlastung der Umwelt zu gewährleisten. Aus dem Projekt Ökoprofit, das ökonomischen Gewinn mit ökologischem Nutzen verbindet, hat sich ein neuer, äußerst erfolgreicher Kernkompetenzbereich von WINDOR entwickelt.

WINDOR bietet Energie und Wärme aus regenerativen Stoffen selbst und in Kooperation mit anderen Biogasanbietern an. Möglich ist dies durch die hohe Dichte von Biogasanlagen im Dorstener Stadtgebiet. Flächendeckend sind im Stadtgebiet mehrere Heizzentren verteilt. Diese werden auch mit regenerativen Brennstoffen aus Hackschnitzeln, Pellets oder mit Biogas betrieben. WINDOR ist außerdem Anteilseigner und Mitbegründer der Dorstener Energiegenossenschaft.

Vernetzung mit der lokalen Wirtschaft

WINDOR verkörpert Kompetenz und geballtes Wissen und leistet seit ihrer Gründung einen erkennbaren und direkten Erfolg für den Wirtschaftsstandort durch ihre fortschreitende Vernet-

Hackschnitzel für Biogasanlagen ist grüne Energietechnik zum Anfassen. Als Energieanbieter setzt WINDOR konsequent auf Energie aus regenerativen Brennstoffen. (Foto: © Windor)

Innenansicht eines der vielen Energiezentren von WINDOR, die im ganzen Stadtgebiet von Dorsten verteilt sind. Energie aus der heimischen Region ist ein festes Angebot von WINDOR. (Foto: © Windor)

Prokurist Günter Aleff und das Team der Wirtschaftsförderung bieten Firmen kompetente Beratung. Ihr kostenloses Beratungs- und Dienstleistungsangebot ist seit 2002 fester Bestandteil am Standort Dorsten. (Foto: © Windor)

zung mit der lokalen Wirtschaft. Die Mitarbeiter kennen zum größten Teil beide Seiten des Wirtschaftsgeschehens: Unternehmen aus der Privatwirtschaft und kommunale Verwaltung. Der amtierende Bürgermeister, Lambert Lütkenhorst, ist zugleich auch Geschäftsführer der Gesellschaft. Prokurist Günter Aleff ist gebürtiger Dorstener, war in der öffentlichen Verwaltung tätig und bringt als Betriebswirt sein kombiniertes Fachwissen für die erfolgreiche Arbeit der Wirtschaftsförderung ein. Als Mann der ersten Stunde bei WINDOR sind die Zielsetzungen des städtischen Unternehmens klar. »Meine Arbeit bedeutet für mich, Lebensqualität zu schaffen. Für Unternehmen, für Familien und für die Wirtschaft.« Mit Fug und Recht kann er behaupten: »WINDOR ist sehr gut aufgestellt. Für unsere Wirtschaftsförderung und das prosperierende Unternehmen werden wir von anderen Städten beneidet.«

Flächen für Unternehmen in jeder Größenordnung

In nicht weniger als 17 Gewerbegebieten bietet Dorsten genügend Flächen zur Ansiedlung von Betrieben in jeder Größenordnung. Mit seinen vier Mitarbeitern, die sich ausschließlich um die Wirtschaftsförderung in Dorsten kümmern, gehört WINDOR zu den am besten aufgestellten Wirtschaftsförderungen im Vestischen Kreis. Die ausgewiesenen Fachleute kümmern sich intensiv um die Belange der ansässigen Firmen, arbeiten aber auch optimale Profile und Standortvorteile für interessierte Unternehmen aus, die sich in Dorsten niederlassen möchten.

Aufgaben als Wirtschaftsförderer

Eine Besonderheit ist die Zweiteilung; einerseits als Wirtschaftsförderung, die ihre Beratungsleistungen selbstverständlich kostenlos anbietet; andererseits als Unternehmen, das selbst Teil der Dorstener Wirtschaft ist. WINDOR ist wirtschaftlich tätig, um Leistungen im Bereich der Wirtschaftsförderung anzubieten. Dabei schöpft WINDOR aus ihrer Zweiteilung einen unbedingten Vorteil, da sie beide Seiten des Wirtschaftsgeschehens kennt und damit dem Anspruch gerecht werden kann, die Interessen anderer Unternehmen objektiv und tatkräftig zu unterstützen.

Zu den erklärten Zielen von WINDOR gehören:
– Verbesserung und Sicherung der Lebensqualität der Bevölkerung in Dorsten,
– Partner der Unternehmen zur Sicherung und Schaffung von Arbeitsplätzen zu sein,
– Verbesserung der betrieblichen Standortfaktoren,
– Erhalt des Erfolges der Bestandsunternehmen im Stadtgebiet.

Beste Anbindung der Gewerbegebiete an die Straßennetze des Ruhrgebiets und europäische Schifffahrtstraßen über den Wesel-Datteln-Kanal ist einer der Vorzüge, mit der WINDOR Dorsten als attraktiven Standort präsentieren kann. (Foto: © Hans Blossey)

Geschäftsbereiche sind Wirtschaftsförderung zu Gründungszwecken, Immobilien und Liegenschaften, der Bereich Energie mit besonderen Wirtschaftskompetenzen sowie Hafen und Anschlussbahn. In diesem Bereich ist man sogar schon seit 1923 erfolgreich. Denn rein historisch betrachtet trat WINDOR im Jahr 2002 die Nachfolge der 79 Jahre zuvor von der Stadt gegründeten Hafen- und Betriebsgesellschaft an.
Bemerkenswert ist zudem die hervorragende Anbindung an das Ruhrgebiet sowie das nationale und internationale Verkehrsnetz. Zu den Transportwegen gehören neben dem Schienenverkehrsnetz insbesondere auch der Wesel-Datteln-Kanal. Mehrere Autobahnen führen entweder direkt über Dorstener Stadtgebiet oder sind in nur wenigen Minuten erreichbar. Im Umkreis befinden sich mit den Drehkreuzen Düsseldorf, Dortmund, Münster-Osnabrück und Weeze zudem gleich vier Flughäfen. So ist Dorsten auch aus dieser Warte ein äußerst interessanter Wirtschaftsstandort.

Licht zu Energie. Erschließung von Dachflächen ist das erste Projekt der Dorstener Energiegenossenschaft, die von WINDOR mitgetragen wird und weitere Akzente im Bereich regenerative Energien setzt. (Foto: © Berthold Fehmer/Dorstener Zeitung)

Beitrag von:
WINDOR GmbH
Bismarckstraße 24 · 46284 Dorsten
Tel. (0 23 62) 66 34 51 · Fax (0 23 62) 66 57 23
info@win-dor.de · www.win-dor.de

Wulfen – Stadtteil mit zwei Gesichtern
Neben Alt-Wulfen entstand Barkenberg »auf der grünen Wiese«

Ein Fernblick – von Barkenberg aus – erschließt Alt-Wulfens dörflichen Charakter. (Foto: © Nils Rimkus)

Wulfen ist besonders. Weniger, weil es mit rund 14 600 Bewohnern der einwohnerreichste Dorstener Stadtteil ist. Sondern deshalb, weil es aus zwei unterschiedlichen und kaum miteinander verbundenen Siedlungen besteht, die gemeinsam den zweiten Siedlungsschwerpunkt innerhalb Dorstens bilden. Hier das über Jahrhunderte gewachsene Alt-Wulfen, das im Kreuz von B58 und Hervester Straße liegt. Dort, nördlich der B58, die in den 1960ern ins Grüne gebaute, avantgardistische »Neue Stadt Wulfen«, das heutige Barkenberg. Schlendert man durch die beiden Wulfener Ortsteile, verwundert es nicht, dass sich keine gemeinsame Stadtteil-Identität herausgebildet hat.

»Vulfhem« wird zu Alt-Wulfen
Der Stadtteil Wulfen trennt sich in Höhe des Wienbachs von Deuten im Westen. Lembeck beginnt ungefähr dort, wo Barkenberg aufhört, im Norden. Lippramsdorf liegt im Osten, und in Höhe Kusenhorster Straße beginnt im Süden der Stadtteil Hervest. Den ursprünglichen Kern

Unterm Brauturm der ehemaligen Rose-Brauerei ist heute ein schön gestaltetes Einkaufszentrum. (Foto: © Nils Rimkus)

bildet das rund 5400 Köpfe zählende Alt-Wulfen: Es setzt fort, was als Hofname erstmals 1280 als »Vulfhem« in einer Urkunde auftauchte. Die letzten Zeugen dieser Zeit sind betagte Mauerreste rund um die katholische Pfarrkirche St. Matthäus.
Zeugen St. Matthäus und sein Kirchviertel von alter dörflicher Geschichte, ist das junge Alt-Wulfen nicht weit. Das zweite Wahrzeichen Alt-Wulfens ist der Brauturm der 1991 stillgelegten Rose-Brauerei: Dort befindet sich das 2005 eröffnete Einkaufszentrum »Am Brauturm«. Zwei große Lebensmittelmärkte – Rewe Schulten und Lidl – und kleinere Geschäfte laden zum Einkauf über den täglichen Bedarf hinaus ein.

Hoch hinaus: Die Wulfener Korbjäger
Sport ist das Aushängeschild Wulfens. Über Dorsten hinaus bekannt sind die Tanzsportvereine TSZ Royal Wulfen sowie der TTH Dorsten, dessen Lateinformation seit 20 Jahren in der 1. oder 2. Bundesliga tanzt. Liebling der Jugend ist der Basketballverein BSV Wulfen. Dessen Männerteam stieg 2010 in die Zweite Bundesliga auf – was keinem Dorstener Basketballclub zuvor gelungen ist. Die Spieltage locken viele Zuschauer an und gleichen Festtagen. Die werden jedoch noch übertroffen: von den zweijährlichen Schützenfesten des traditionsreichen Allgemeinen Bürgerschützenvereins. Dessen Festivitäten in der Ecke Wittenbrink und Großer Ring sind legendär.
Lutz Engelhardt (Jahrgang 1951), gebürtig aus Franken, kam aus beruflichen Gründen ins Ruhrgebiet und zog 1994 nach Wulfen. Hier gefällt ihm die enge und engagierte Nachbarschaft, aber das gab nicht den Ausschlag für seinen Zuzug: »Mit meiner Frau habe ich mich damals umgeschaut, und wir sind schließlich dorthin gezogen, wo wir viel Rad gefahren sind. Die Lage Alt-Wulfens ist einfach ideal, weil man so schnell in der Natur ist.«

Nils Rimkus

Altes Gasthaus an der Kreuzung Hervester Straße/ B58, im Hintergrund die St. Matthäus-Kirche. (Foto: © Nils Rimkus)

Das Kriegerdenkmal für die Gefallenen der Kriege 1870/1871 und 1914 bis 1918. (Foto: © Nils Rimkus)

Gebaut für eine Zukunft, die sich nie erfüllte

Die einstige Modellstadt Wulfen-Barkenberg erneuert sich

Geplantes »Stadtzentrum« Barkenberger Markt: Man glaubte, Alt-Wulfen und die »Neue Stadt« wachsen hier zusammen. (Foto: © Nils Rimkus)

Der nordwärts wandernde Bergbau erreichte 1958 Wulfen. Die Zeche Wulfen, schätzte man, würde 8000 Arbeitsplätze schaffen, weitere Unternehmen und Menschen würden folgen. Obwohl sich diese Prognosen nie bestätigten – die Zeche brachte nur 450 Arbeitplätze – wurde die »Neue Stadt Wulfen« errichtet. Ausgelegt für fast 60 000 Bewohner, wurde nach seinerzeit modernen Erkenntnissen über gutes und ökologisches Wohnen gebaut. Zwar gab es nie mehr als 12 500 Einwohner (1995) – derzeit sind es etwa 9300 – was aber ab 1965 entstand, ist bemerkenswert.

Experimentelle Bauten zwischen Flop und Top

»Es ist ruhiger um Barkenberg geworden, aber früher war das öffentliche Interesse groß. Es war ein Magnet für Stadtplaner und Architekten, regelmäßig kamen Busladungen voller Fachstudenten«, erinnert sich Dr. Edelgard Moers (Jahrgang 1950), die das Entstehen Barkenbergs miterlebte und später mit ihrem Mann dorthin zog. Sie wohnt heute in einer im maurischen Stil gebauten Bungalowsiedlung jenseits des Wittenberger Damms. Sie hat auch einmal im experimentellen Habiflex-Haus an der Jägerstraße gewohnt: »Man konnte den Wohnungsschnitt selbst bestimmen, weil die Wände versetzbar waren. Ein interessantes Wohnen.«

In späteren Jahren machten Konstruktions- und Baumängel – zum Beispiel undichte Fenster und

Die Hohe Mark ist nicht weit: Blick von der Maiberger Allee. (Foto: © Nils Rimkus)

Ende eines ambitionierten Projekts: das Habiflex-Haus. (Foto: © Nils Rimkus)

Mit Leerständen zu kämpfen: die Ladenpassage. (Foto: © Nils Rimkus)

feuchte Räume – das Habiflex-Haus unbewohnbar. Es steht seit 2008 leer. Auch das Experiment »Metastadt« mit 103 Wohnungen wurde wegen schwerster Baumängel nach nur zwölf Jahren Nutzung 1987 abgebrochen. Es gibt aber auch Erfolgsgeschichten: So die 1975 gebaute »rote« Finnstadt der Architekten Toivo Korhonen und Lauri Sorainen aus Helsinki. Die vier kreuzförmigen, terrassierten fünfgeschossigen Häuser im Surick wurden sehr gut angenommen, woraufhin zwei weitere Häuser dieses Typs gebaut wurden.

»Stadtumbau West« sichert Zukunft

Auch Barkenbergs Gesamtkonzept ist reizvoll. Da ist der zentrale Napoleonsweg, ausgebaut zum Fuß- und Radweg, der das ungemein »grüne« Barkenberg als Diagonale durchzieht. Nicht Straßen, sondern ein Fuß- und Radwegenetz dient dazu, die Wohn- und Versorgungsbereiche zu verbinden. Diese Wege kreuzen die wabenförmig angelegten Straßen über Tunnel oder Brücken, was Gefahrenzonen und Ampeln vermeiden hilft. Im Süden, am Barkenbergsee, liegt der wichtigste Versorgungsbereich. Als neues Zentrum für mehrere Zehntausend Menschen geplant, liegen um den groß dimensionierten Markt die Gesamtschule Wulfen, die Bibliothek, das Gemeinschaftshaus mit Freizeitbad, ein Ärztehaus und eine – mit Leerständen kämpfende – Ladenpassage. Das andere Zentrum der Nahversorgung, mit Edeka, Sparkasse und Apotheke, liegt mitten im Stadtumbaugebiet.

Dieser Umbau soll städtebauliche und soziale Problembereiche – späte Folgen der überdimensionierten Stadtplanung – beseitigen und den Stadtteil aufwerten. Hierzu gehören die Umgestaltung der Fußgängerzone, die Erneuerung der Außenanlagen sowie großangelegte Modernisierungs-, Rückbau- und Abrissmaßnahmen: Insgesamt wurden rund 300 Wohnungen vom Markt genommen. Fazit: Barkenberg weist ein sehr abwechslungsreiches Siedlungsbild und viele Eigenheimquartiere mit hoher Wohnqualität auf. Auch die geplanten Neubaumaßnahmen stehen für eine positive Zukunft. Barkenberg schrumpft sich gesund.

Nils Rimkus

Der Vergleich der Gebäude zeigt die Erfolge des »Stadtumbau West«. (Foto: © Nils Rimkus)

Von Castrop-Rauxel bis Waltrop

Bewegte Geschichte zwischen Rom und Baldur

Holsterhausen gehört seit 1943 zu Dorsten, blieb sich aber treu

Wunderschönes Gasthaus im Dorfkern Holsterhausens. (Foto: © Nils Rimkus)

Offener Innenbereich der St. Antonius-Pfarrkirche im alten Dorfkern. (Foto: © Nils Rimkus)

In der Borkener Straße liegt das einzige Kino Dorstens. (Foto: © Nils Rimkus)

Wer von der Dorstener Altstadt kommt und der Borkener Straße (B224) über die Lippe folgt, befindet sich bald in Holsterhausen. Mit rund 13 800 Einwohnern hinter Wulfen der zweitgrößte Stadtteils Dorstens, besteht es aus älteren Zechen- und neuen Siedlungsgebieten, die auch den alten Dorfkern umschließen. Die Borkener Straße ist die Lebensader, man findet Lebensmittelmärkte, Geschäfte, Ärzte, Apotheken, Eisdiele, Geldinstitute und das Central Kinocenter – das einzige Kino Dorstens. Auf Borkener und Freiheitsstraße wird alljährlich im September das »Familienfest« gefeiert, das frühere »Römerfest«. Gaststätten und Restaurants im ganzen Stadtteil runden das Angebot ab.

Hier Dorf, dort »Kolonie«

Der historische Dorfkern Holsterhausens, das urkundlich schon 1150 erwähnt wird, liegt an der Hauptstraße, angezeigt durch die St. Antonius-Kirche. Ganz in der Nähe steht die alte Antonius-Kirche aus dem 15. Jahrhundert, nun Gemeinde-Treffpunkt. Dieses alte Holsterhausen scheint mit dem neuen verwachsen, bildet es doch eine durchgehende Siedlungsfläche. Aber es gibt noch immer zwei »Holsterhausen«. Der Beweis: Neben dem Allgemeinen Schützenverein Holsterhausen-Dorf gibt es auch den Bürgerschützenverein Dorsten-Holsterhausen. Letzterer wurde 1953 in den Zechensiedlungen gegründet.

Das junge Holsterhausen wuchs ab 1910, zunächst in Form der »Alten Kolonie« – später Ostpreußenkolonie genannt – für die Baldur-Kumpel. Heute sind alte Zechenhäuser östlich der Borkener Straße zu finden, hinter dem Blauen See. Dieser 15 Hektar große Stausee dient als Wasserreservoir und der Naherholung. Dort verläuft am Hambach die Grenze zu Hervest. An Söltener Landweg, Tüshausweg und Weseler Straße (B58) liegt der Stadtteil Deuten. Schermbeck beginnt jenseits der A31, bis an der Lippe Östrich und Hardt angrenzen. Die Grenze zur Altstadt verläuft entlang Hambach und Baldurstraße. Wo früher Zeche war, ist heute Gewerbegebiet.

Römerlager in Holsterhausen

Die Weltwirtschaftskrise zwang Zeche Baldur 1931 in die Knie, und 1943 endete die Eigenständigkeit Holsterhausens mit der Eingemeindung nach Dorsten. Doch in 70 Jahren ist kein Wir-Gefühl gewachsen: »Ich habe mich immer als Holsterhausenerin gefühlt, nie als Dorstenerin«, sagt Ingrid Kroisl (Jahrgang 1948). Sie liebt ihre Heimat: »Es ist gemütlich hier, fast familiär, nicht so anonym wie in der Großstadt.« Besonders schätzt Ingrid Kroisl die Lage: »Man wohnt unglaublich ruhig. Aus der Haustür bin ich schnell auf der Römerroute und mitten im Grünen. Es gibt in und um Holsterhausen viele schöne und geschichtsträchtige Orte.«

Tatsächlich machten Archäologen des Landschaftsverbands Westfalen-Lippe (LWL) bei Grabungen in den 2000ern etwa 6000 Funde, darunter den Münzschatz eines Legionärs. Sie beweisen, dass es in Holsterhausen nicht nur – wie bis dato vermutet – eins, sondern mehr als zehn römische Marschlager gegeben hat, deren erstes 11. bis 7. Jahrhundert v.Chr. errichtet wurde. Die Funde sind im Römermuseum Haltern und im Archäologie-Museum Herne zu sehen. 2010 geht es weiter: Bevor Eigenheime und Tennisplätze an der Straße Zum kleinen Aap entstehen, werden die LWL-Archäologen aktiv. Wer weiß, welche Schätze der Boden Holsterhausens noch birgt? Denn rund um den Kreskenhof waren schon in vorchristlicher Zeit Siedlungen – der Germanen.

Nils Rimkus

Beliebtes Ausflugsziel und größter See Dorstens: der Blaue See. (Foto: © Nils Rimkus)

Von Castrop-Rauxel bis Waltrop

Darf's ein bisschen Flair sein?

Raumdesign und Wohngestaltung vom Fachmann – Die Tapete: Alles, außer gewöhnlich

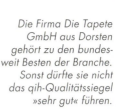

Die Firma Die Tapete GmbH aus Dorsten gehört zu den bundesweit Besten der Branche. Sonst dürfte sie nicht das qih-Qualitätssiegel »sehr gut« führen.

Bernd, Andrea und Marc Mildeweith schreiben Beratung und erstklassige Ausführung groß.
(Foto: © Ralf Rudzynski)

Der Mensch hat viele Ziele erreicht. Er hat das Telefon erfunden, die Erde erforscht und ist sogar zum Mond geflogen. Angesichts einer solchen Entwicklung fragen sich nicht wenige von uns, ob weitere Steigerungen überhaupt noch möglich sind. Doch muss man eigentlich immer noch ein Stück höher hinaus? Denn es sind doch die kleinen Sachen, die das Leben ausmachen: ein gemütlicher Abend mit Freunden, ein gutes Essen oder ein schönes Zuhause. Genau diese Farbtupfer machen unser Leben bunter und liebenswert. Die Farbtupfer sind übrigens auch wörtlich gemeint. So steht viel eher diese Frage im Vordergrund: Darf's ein bisschen Flair sein? Natürlich ist es keine leichte Entscheidung, ob und – wenn ja – wie man seine Wohn- oder Arbeitsräume renovieren lassen möchte.

Die Tapete, das Fachgeschäft für Raumgestaltung in Dorsten-Holsterhausen, macht seinen Kunden solche Entscheidungen bedeutend einfacher. Malermeister und Raumdesigner Bernd Mildeweith und seine Mitarbeiter wissen ganz genau, was es zu berücksichtigen gilt, damit Sie sich in den eigenen vier Wänden schon bald wieder wohl fühlen und durch neue Farbtupfer und andere Akzente wohnliche Lebensfreude einzieht. Manchmal muss man gar nicht die ganze Welt verändern wollen, denn auch ein schönes Heim kann ein erstrebenswertes Ziel sein.

»Für unsere Kunden nur das Beste«

Die Tapete hat seit ihrer Eröffnung am 15. Oktober 1987 unzählige Menschen glücklich gemacht und die unterschiedlichsten Wohnwünsche in puncto Raumgestaltung und Design umgesetzt. Seit dem 5. Juni 2007 zählt das Unternehmen zu den Besten der Branche und darf daher das Qualitätssiegel »sehr gut« tragen.
Das geht auch aus über 100 positiven Bewertungen hervor, die die Firma als Mitglied der Initiative Qualität im Handwerk (qih) von den Kunden erhalten hat. Auch was die Kosten angeht, braucht die Tapete den Vergleich mit großen Unternehmen oder Baumärkten nicht zu scheuen. Nicht selten ist der Familienbetrieb sogar günstiger. Und obendrein sind wichtige Tipps und Serviceleistungen kostenlos.

Das Angebot an Leistungen, die termingerecht ausgeführt werden, umfasst Innenraumgestaltung mit Farben, Tapeten, Bodenbelägen sowie die Installation von Rollos, Plissees oder Sonnenschutz. Dank einer modernen Farbmischanlage sind feinste Farbnuancen möglich, die auf die individuellen Wünsche abgestimmt werden können. »Für unsere Kunden nur das Beste«, so lautet die Maxime des Betriebs, der diesem Anspruch übrigens in allen Preissegmenten gerecht wird.

Hier packt der Chef noch selbst mit an

Schon vom ersten Tag an war die Nachfrage groß. Im Frühjahr 1992 machte Bernd Mildeweith seine Meisterprüfung. Heute gehören drei fest angestellte Gesellen, Sohn Marc als Auszubildender sowie Andrea Mildeweith und drei weitere Beratungsfachkräfte im Geschäft an der Freiheitsstraße 6 zum Team – und natürlich Bernd Mildeweith als Meister und Inhaber. Denn hier packt der Chef noch selbst mit an. Auch bei Wasserschadenbeseitigung und Feuchtigkeitsmessung. Bei alledem steht die Freude an der Arbeit an erster Stelle. Das merkt man den erstklassigen Arbeiten immer wieder an. Hinzu kommen die langjährige Erfahrung und das Know-how des Fachmannes. Das Team ist stets mit den neuesten Techniken vertraut. Auch das ist von Bedeutung, da die Verarbeitung der unterschiedlichen Materialien ihre Tücken hat.
Wie Ihr Zuhause schon bald aussehen könnte, davon kann man sich übrigens in einer eigenen Musterwohnung in Reken ein Bild machen. Dort sieht man unter anderem außergewöhnliche Gestaltungsmöglichkeiten für das Badezimmer und sehenswerte Lackspanndecken. Ein Besuch vor Ort oder auch im Ladenlokal in Dorsten-Holsterhausen lohnt sich.

Beitrag von:
Die Tapete GmbH
Freiheitsstraße 6 · 46284 Dorsten
Tel. (0 23 62) 6 86 66 · Fax (0 23 62) 69 91 10
bernd.mildeweith.de@vr-web.de
www.die-tapete.de

Seit 1987 ist die Tapete der Fachbetrieb auf der Freiheitsstraße 6 in Dorsten-Holsterhausen.
(Foto: © Die Tapete)

Von Castrop-Rauxel bis Waltrop

»Zum blauen See« – die Adresse für Feinschmecker

Thomas Püttmann serviert eine Mischung aus lukullischen Gaumenfreuden und bodenständigen Gerichten

Die Räumlichkeiten des Feinschmecker-Lokals kann man für Feierlichkeiten und geschlossene Gesellschaften auch reservieren lassen. (Foto: © Ralf Rudzynski)

Unter Feinschmeckern gilt Dorsten als eine sehr gute Adresse. In dieser Stadt sind mehrere hochdekorierte und erstklassige Köche zuhause. Dazu gehört auch Thomas Püttmann, der das Gourmet-Restaurant »Zum blauen See« betreibt. Im Jahr 2007 wurde sein Haus erstmals in den Hotel- und Restaurantführer-Guide »Der Feinschmecker« aufgenommen und von diesem auch in den folgenden Jahren weiterhin empfohlen.

Nachdem Püttmann seine Ausbildung im Café Maus in Dorsten absolviert hatte, sammelte er bei mehreren Stationen im In- und Ausland weitere Erfahrungen. Genau am 11. Januar 1996 eröffnete er sein eigenes Restaurant in der Gourmetstadt Dorsten: »Zum blauen See«.

Dort bietet er eine vielfältige Mischung an aus gehobenen Speisen und Getränken, aber auch aus bodenständigen, gutbürgerlichen Gerichten, die freilich auf moderne Art zubereitet werden. So bekommt man ebenso »Damentoast«, »Landgang« oder ein gutes Schnitzel wie ausgefallene Gaumenfreuden.

Hummer aus der Bretagne, Fleisch vom Dakota-Rind

Feste Bestandteile der Speisekarte sind Austern, blauer Hummer aus der Bretagne, Kaviar, Languste, Seezunge, Dorade, Seeteufel, Lachs, Scampi und Trüffel oder aus den USA importiertes Fleisch wie das traumhafte Filet vom Dakota-Rind, einer frei lebenden Nachzüchtung der einstmals in großen Herden auf dem amerikanischen Weidegründen grasenden Rinderart.

Das hohe Niveau spiegelt sich auch in den Beilagen und der Zubereitung wider. So versteht es sich von selbst, dass Salate frisch angerichtet werden und frisches Obst gereicht wird. Statt einfachem Brot gibt es im Steinofen gebackenes Baguette. Und selbstverständlich »isst das Auge auch mit«.

Gluten- und laktosefreie Zutaten

Alle Speisen werden auch gluten- und laktosefrei angeboten. Die Gewürze bezieht Thomas Püttmann von einem österreichischen Hersteller, der sich auf Zutaten dieser Art spezialisiert hat. Ein besonderer Service, der ebenfalls sehr geschätzt wird. Auch Vegetarier genießen die Auswahl am blauen See. Denn auch in diesem Punkt stimmen sowohl Qualität als auch die Größe der Portionen.

Gespeist wird entweder im angenehmen Biergarten oder in den Räumlichkeiten des Feinschmeckerlokals. Geöffnet hat das Restaurant »Zum blauen See«, das auch Ausbildungsbetrieb ist, Dienstag bis Freitag von 12 bis 15 und von 17 bis 23 Uhr sowie Samstag und Sonntag durchgehend von 11 bis 23 Uhr. Für Feierlichkeiten und geschlossene Gesellschaften kann man natürlich auch reservieren lassen. Zudem bietet das Haus einen Catering-Service an.

Speisen auf hohem Niveau: Dazu gehört im Feinschmecker-Restaurant »Zum blauen See« natürlich auch das passende Ambiente. (Foto: © Ralf Rudzynski)

Im schönen Biergarten hat man den direkten Blick auf den blauen See. (Foto: © Ralf Rudzynski)

Beitrag von:
Zum blauen See
Luisenstraße 42 · 46285 Dorsten
Tel. (0 23 62) 6 23 57 · Fax (0 23 62) 6 23 57
info@ zum-blauen-see.de
www.zum-blauen-see.de

Von Castrop-Rauxel bis Waltrop

D.A.S.-Rechtsschutz bietet mehr

Gute Beratung bei Klaus Grochocki und Christel Wessendorf am Berliner Platz sowie Zülküf Akbas am Ostwall

Wenn sich rechtliche Fragen ergeben, sich ein Rechtstreit anbahnt oder es zum Prozess kommt, möchte man nicht nur finanziell abgesichert sein, sondern sich bestmöglich betreut fühlen. Zudem will man, dass seine Interessen durchgesetzt werden und im Falle eines Rechtsstreits natürlich als Gewinner dastehen. Genau das ist auch das Ziel der D.A.S., Europas Nr. 1 im Bereich Rechtsschutz.

Die Rechtsschutzversicherung ist dafür da, damit guter Rat nicht teuer wird. Die Situationen, in denen man Rechtsschutz benötigt, sind vielfältig; im Berufs- und Privatleben, in der Freizeit, im Straßenverkehr, rund um Wohnung, Haus und Immobilie. Die D.A.S. schnürt jedem das richtige Paket: für Studenten, Singles, Paare, Familien, Eltern, Senioren, Autofahrer, Internetuser, Mieter, Eigentümer, Vermieter sowie Selbstständige und Gewerbetreibende.

Die D.A.S. hat sich aber nicht nur durch ein breites Spektrum einen guten Namen gemacht, sondern auch durch seriöse Ansprechpartner vor Ort. In Dorsten sind dies zum Beispiel seit 1995 Klaus Grochocki sowie Christel Wessendorf, die man im D.A.S.-Büro am Berliner Platz 3 in Holsterhausen antrifft oder auch Zülküf Akbas, dessen Agentur sich am Ostwall 32 in der Innenstadt befindet.

Breites Spektrum dank der ERGO-Versicherungsgruppe

Sie beantworten alle Fragen rund um die Angebotspalette der D.A.S., die zur ERGO- Versicherungsgruppe gehört und auch viele andere Formen von Versicherungen abdeckt. Dazu zählen unter anderem die Versicherungsbereiche Haftpflicht, Wohngebäude, Hausrat, Kfz-Versicherung, Reise und auch die Fragen und Angebote zur Gesundheitsvorsorge und Altersvorsorge. Besonders die Ergänzungen zur gesetzlichen Rentenversicherung und gesetzlichen Krankenversicherung runden das komplette und umfangreiche Angebot der D.A.S.-Agenturen für ihre Kunden ab.

Zu den Pluspunkten der Agenturen vor Ort gehört die Kundennähe. »Wir beraten und versichern bedarfsgerecht und bieten dem Kunden nur das an, was er wirklich benötigt oder haben sollte«, unterstreicht Klaus Grochocki und Christel Wessendorf betont:

Christel Wessendorf und Klaus Grochocki sind die Ansprechpartner vor Ort in Dorsten-Holsterhausen. (Foto: © Ralf Rudzynski)

Zülküf Akbas und Sarah Shaheen trifft man am Ostwall 32 nahe der Innenstadt an. (Foto: © Ralf Rudzynski)

Vor dem D.A.S.-Büro am Berliner Platz 3 in Holsterhausen sind übrigens genügend Parkmöglichkeiten vorhanden. (Foto: © Ralf Rudzynski)

»Der gute persönliche Kontakte ist gerade deshalb so wichtig, um genau zu erkennen, welche Formen der Versicherungen sinnvoll sind und passen.«

Geöffnet hat ihr Büro am Berliner Platz 3 montags bis freitags zwischen 9 und 12 Uhr sowie an einigen Tagen von 15 bis 18 Uhr.

Selbstverständlich gehen Christel Wessendorf, Klaus Grochocki sowie Zülküf Akbas gerne auf den Zeitplan ihrer Kunden ein und beraten nach vorheriger Terminvereinbarung auch direkt vor Ort.

Beitrag von:
D.A.S.-Büro
Klaus Grochocki · Christel Wessendorf
Berliner Platz 3 · 46284 Dorsten
Tel. (0 23 62) 91 32 70 · Fax (0 23 62) 91 32 71
klaus.grochocki@das.de
christel.wessendorf@das.de
www.das.de

D.A.S.
Zülküf Akbas
Ostwall 32 · 46282 Dorsten
Tel. (0 23 62) 96 93 03 · Fax (0 23 62) 96 94 12
zuelkuef.akbas@das.de · www.das.de

Von Castrop-Rauxel bis Waltrop

Schon seit Jahrhunderten eine Einheit

Gladbeck entstand aus fünf Bauerschaften um die St. Lamberti-Kirche

Die Hochstraße – Gladbecks Fußgängerzone. (Foto: © Peter Kruck)

Gladbeck nimmt im Kreis Recklinghausen eine Sonderstellung ein: Die Stadt gehört erst seit 1976 dazu, stellt den südlichsten Punkt des Kreises dar und ist die mit Abstand am dichtesten besiedelte Stadt im Kreis. Bei rund 75 500 Einwohnern leben auf jedem Quadratkilometer Stadtfläche 2104 Menschen. Im Norden grenzt sie mit einem kaum 300 Meter langen Grenzstreifen an die Stadt Dorsten, die ebenfalls zum Kreis Recklinghausen gehört. Ansonsten grenzt Gladbeck nur an kreisfreie Städte: im Westen an Bottrop, im Süden an Essen, im Osten an Gelsenkirchen.

Die Siedlung am glänzenden Bach

Die Geschichte Gladbecks ist lang, eine erste gesicherte urkundliche Erwähnung datiert auf 1161.

Das Gladbecker Freibad ist seit den 1920er Jahren ein Publikumsmagnet. (Foto: © Peter Kruck)

Er ist Gladbecks Beitrag zum Projekt Kulturhauptstadt und jüngster Neuzugang der Kunstmeile: der 2010-Füßler. (Foto: © Peter Kruck)

Aber wohl schon im 9. Jahrhundert entstand um eine Pfarrkirche herum eine kleine Siedlung namens »gladbeki«, was »Siedlung am glänzenden Bach« (glad – glänzend, beke – Bach) bedeutet. Diese Siedlung wuchs und im 11. Jahrhundert wurde die neue Kirche St. Lamberti errichtet. Damit erhielten die fünf umliegenden, sehr alten Bauerschaften Butendorf, Rentfort, Zweckel, Ellinghorst und Brauck einen neuen Mittelpunkt.

Diese nun schon viele Jahrhunderte währende Gemeinschaft der fünf großen Stadtteile ist ungewöhnlich. Während viele andere Städte des Vests erst im 20. Jahrhundert per Edikt zu einer künstlichen Einheit verschweißt wurden, weist Gladbeck schon seit Jahrhunderten eine stabile Struktur und recht konstante Stadtgrenzen auf. Bereits der erste Gemeinderat aus dem Jahr 1843 setzte sich aus Vertretern der heutigen Stadtteile zusammen. Diese fünf ehemaligen Bauerschaften haben sich schon viele Jahrhunderte zuvor zur gegenseitigen Hilfeleistung in Unglücksfällen vereinigt.

Mit Graf Moltke kam der Bergbau

Gladbeck unterstand von 1180 bis 1803 der kurkölnischen Oberhoheit und kam dann zu Preußen. 1844 erhielt Gladbeck einen eigenen Ortsvorsteher und einen Gemeinderat, was ihr – zum Amt Buer gehörend – dennoch kommunale Unabhängigkeit zusicherte. Noch in der ersten Hälfte des 19. Jahrhunderts war Gladbeck landwirtschaftlich geprägt und es lebten dort nur gut 2000 Menschen. Aber das sollte sich bald ändern, denn der nordwärts wandernde Ruhrgebietsbergbau erreichte 1873 mit der Zeche Graf Moltke auch Gladbeck.

Nun glich der Werdegang Gladbecks dem der meisten Revierstädte: Der Bergbau brachte wirtschaftlichen Aufschwung, die Bevölkerung wuchs sprunghaft an, der Bau von Siedlungen, Verkehrswegen und städtischer Infrastruktur verwandelte Gladbeck in eine Stadt – 1919 erhielt sie die Stadtrechte. Die starken Zerstörungen im Zweiten Weltkrieg wurden überwunden, aber mit der Kohlekrise ab Ende der 1950er Jahre begann auch für Gladbeck der Strukturwandel.

Gladbeck hat gute Argumente

Ansiedlung von Unternehmen, Schaffung von Arbeitsplätzen, Abwendung des schleichenden Bevölkerungsverlusts – um diese Kernaspekte wird in Gladbeck wie auch in anderen Kommunen im Ruhrgebiet gerungen. Aber Gladbeck hat gute Argumente: 1997 erhielt sie eine Auszeichnung als besonders kinder- und familienfreundliche Stadt und 2002 belegte sie im Wettbewerb »Sportgerechte Stadt« des Landessportbundes NRW den 1. Platz bei den Städten unter 100 000 Einwohner.

Peter Kruck

Die Kirche St. Lamberti in der Gladbecker Innenstadt: Hier schlägt seit gut 1000 Jahren das Herz der Stadt. (Foto: © Peter Kruck)

Hände weg von Gladbeck

Gladbeck sollte Bottrops »Anhängsel« werden

Im Zuge der kommunalen Neuordnung Mitte der 1970er Jahre war Gladbeck Schauplatz einer einzigartigen Auseinandersetzung. Die Landesregierung wollte Gladbeck und Kirchhellen in die Stadt Bottrop eingemeinden. Diese Pläne ließen in Gladbeck die Wellen der Empörung hochschlagen. Ein Stadtteil des nicht sonderlich geliebten und nur unwesentlich größeren Bottrops werden? Undenkbar!

Die Düsseldorfer Landesregierung ignorierte jedoch die Proteste. Ab dem 1. Januar 1975 war Gladbeck per Gesetz nur noch Anhängsel der kreisfreien Stadt Bottrop. So nicht – sagte sich der Rat der Stadt Gladbeck und beschloss einstimmig, getragen von einer überwältigenden Zustimmung der Gladbecker, Klage zu erheben. Zu dieser Zeit kam auch der Schimpfname des neuen Gebildes auf, gebildet aus den Anfangsbuchstaben der drei Städte: »Gla-bot-ki«.

Wer will schon in »Gla-bot-ki« wohnen?

In welchem Maß diese geniale Anti-Wortschöpfung die Entscheidung vom 6. Dezember 1975 beeinflusste, kann nur vermutet werden. Am Ende war wichtig: Das Landesverfassungsgericht in Münster entschied zugunsten der Gladbecker. Diesen Sieg feierten die wackeren Streiter eine ganze Woche. Man hatte sich nicht wie Wattenscheid, Buer oder Wanne-Eickel dem Schicksal gebeugt! Der Preis für den Erfolg war die vom Gesetzgeber verlangte Eingemeindung in den Kreis Recklinghausen ab dem 1. Juli 1976. Aber die Kompetenzen, die man aufgeben musste, waren es allemal wert. Seitdem ist Gladbeck als weiterhin selbstständige Stadt Teil des Vestischen Kreises.

Der Riesener-Brunnen vor dem Rathaus – ein Geschenk zum gewonnenen Glabotki-Streik. (Foto: © Peter Kruck)

Gladbecks Bürger demonstrierten für die Eigenständigkeit ihrer Stadt. (Foto: © Stadt Gladbeck)

Peter Kruck

Express-Zelt hat die große Auswahl

Mobile Bedachungs-, Verkaufs- und Präsentationssysteme

Die Firma Express-Zelt vertreibt mobile Bedachungs-, Verkaufs- und Präsentationssysteme. Vom klassischen Schnellaufbauzelt in Stahl oder Aluminium, passenden Tisch- und Schirmsystemen, Sonderformen wie BarTent, HandloBox oder Sternzelt bis zu den modernen, pneumatischen Werbeträgern sowie Fahnen und Bannern findet der Kunde eine sehr große Auswahl an passenden Produkten. Dank einer großen Farbauswahl und einer möglichen – nach Kundenwunsch erstellten – Bedruckung der Produkte, lassen sich diese Systeme individuell gestalten. Im Showroom auf der Luxemburgerstraße 12 in Gladbeck sind ständig Produkte aufgebaut, so dass sich der Kunde dort inspirieren lassen kann.

Beratung, Verkauf, Onlineshop, Service

Abgerundet durch eine individuelle Beratung und einen Service, der von der Anlieferung mit Aufbau bis zu Pflegearbeiten und Reparaturen reicht, bietet Express-Zelt um Geschäftsführer Jürgen Galuch mit seinem Team die Basis für zufriedene Kunden.

Selbstverständlich gehört auch eine umfangreiche Auswahl an Zubehör zum Angebot. Beispielsweise kann man die Zelte und Schirme um Seitenwände mit oder ohne Fenster, Sturmstangen, Kleiderstangen, Dekohaken, Regenrinnen oder Rollos erweitern. Zudem hat Express-Zelt die passende Beleuchtung, um die Produkte ins rechte Licht zu setzen.

Jürgen Galuch, Geschäftsführer der Express-Zelt GmbH, vor dem Firmensitz. (Foto: © Express-Zelt GmbH)

> Beitrag von:
> Express-Zelt GmbH
> Luxemburgerstraße 12 · 45968 Gladbeck
> Tel. (0 20 43) 2 05 72 60 · Fax (0 20 43) 37 45 35
> info@express-zelt.de · www.express-zelt.de

Von Castrop-Rauxel bis Waltrop

»Wär' doch gelacht, wenn wir das nicht hinkriegen«

Gladbecks Mitte gefällt mit Architektur, Kultur und tollen Festen

Im ehemaligen Karstadt-Gebäude ist nun das Gladbecker Kaufhaus angesiedelt. (Foto: © Peter Kruck)

Bürgermeister Ulrich Roland krönt 2009 die Appeltaten-Majestät Carina Szepan auf dem Rathausplatz. (Foto: © Stadt Gladbeck)

Das im Jahre 1910 eingeweihte Rathaus ist das markanteste Bauwerk im Gladbecker Stadtkern und liegt im Stadtteil Mitte. Dieser liegt, von Essen kommend, auf der linken Seite der Durchgangsstraße B224. Im Süden wird er begrenzt durch den Wittringer Schlosspark und reicht im Osten als »Mitte-Ost« an das Stadtgebiet von Gelsenkirchen-Scholven heran. Das prächtige Rathaus beeindruckt mit seiner imposanten Fassade, in der Stilelemente der Gotik mit denen der Renaissance vereint sind. Beeindruckend ist auch das Neue Rathaus, das unmittelbar neben dem Alten errichtet wurde. Es wurde – als erstes Verwaltungsgebäude in NRW – als »Private Public Partnership«-Projekt (PPP) realisiert und ersetzte zwei mit dem giftigen PCB belastete Bürotürme. Das Neue Rathaus ist seit 2006 in Betrieb, wurde termingerecht und überaus kosteneffizient errichtet und fügt sich in Architektur und Optik mit dem Alten Rathaus in ein stimmiges Gesamtbild.

Kunst im Stadtkern

Zwischen dem nahen, architektonisch bemerkenswerten Jovy-Platz und dem Rathaus sind einige besondere Kunstwerke zu finden. Der »Malocher-Stein« von Anatol Herzfeld und die so genannte Kappensäule, die der Verkehrsverein 1969 zum 50. Stadtjubiläum stiftete. Darauf wurde vom Kirchhellener Bildhauer Gottfried Kappen die gesamte Stadtgeschichte abgebildet – ein herrliches Vexierbild, das von der Stein- in die Jetztzeit führt. In der Neuen Galerie im Rathauspark sorgen viermal jährlich wechselnde Ausstellungen bekannter zeitgenössischer Künstlerinnen und Künstler für landesweite Aufmerksamkeit.

Wenige Schritte weiter, zwischen Neuem und Altem Rathaus, ein durchaus spektakulärer Brunnen. Er wurde vom Verkehrsverein nach dem gewonnenen Glabotki-Streit errichtet und erinnert an den Möbelkünstler Johann Heinrich Riesener. Riesener, einer der berühmtesten Söhne der Stadt, wurde 1734 in Gladbeck getauft und schaffte es bis an den Hof Ludwigs XVI.

Eine besonders originelle Idee zur Gestaltung des Rathausparks steuerte der Verein für Orts-

und Heimatkunde bei: In Gladbeck findet man den wohl auf weiter Flur einzigen Baumlehrpfad in einer Innenstadt. Auf der anderen Seite des Rathauses beginnt die Fußgängerzone. Und nur wenige Schritte südlich liegt das kulturelle Herzstück der Stadt: das Kulturzentrum mit der Mathias-Jakobs-Stadthalle, der Bücherei, der Jugendkunstschule und einem offenen Café für Kinder und Eltern. Direkt nebenan in der repräsentativen ehemaligen Villa des Gladbecker Oberbürgermeisters Dr. Jovy ist die VHS.

Unternehmer nahmen sich ein Herz

Wie auch in anderen Städten des Reviers hat die Attraktivität der Innenstadt unter der Karstadt-Hertie-Pleite gelitten. Aber in Gladbeck haben sich – anders als in Marl oder Herne – ein paar entschlossene Unternehmer ein Herz genommen und in der alten Karstadt-Immobilie das »Gladbecker Kaufhaus« eröffnet. Agnes Zielbeck (Jahrgang 1942), die hier seit der Eröffnung regelmäßig einkauft, bringt es auf den Punkt: »Ganz Gladbeck wünscht den Machern hier alles Gute, wär' doch gelacht, wenn wir das nicht hinkriegen!«

Ein paar Straßen weiter steht Gladbecks älteste Kirche: St. Lamberti. Sie wurde bereits im 11. Jahrhundert gegründet und gilt als Keimzelle der Stadtgeschichte. Von hier aus wuchs die Stadt von einem kleinen westfälischen Bauerndorf zu einer modernen, attraktiven Stadt heran. Verlässt man nun das Gebiet der Innenstadt und wendet sich in Richtung Mitte-Ost, so stößt man nach wenigen Kilometern an der Bülser Straße auf den »Kotten Nie«. Hier hat die Stadt Gladbeck gemeinsam mit dem Förderverein ein Kleinod der Stadtkultur eingerichtet, einen Ort, an dem zahlreiche kulturelle und soziale Veranstaltungen stattfinden.

Immer was los – Gladbeck hat ordentlich was zu bieten

Der Veranstaltungskalender der Stadt Gladbeck ist prall gefüllt mit Events, die auch überregional für Aufsehen sorgen: Im Mai findet das Stadtfest »Gladbeck total« statt. Ein buntes Programm sorgt an drei Tagen für ausgezeichnete Unterhaltung. Dann folgt im Frühsommer das Gourmetfest »Gladbeck macht Appetit«. Auf dem Rathausplatz tischen renommierte Köche der Region ihre Spezialitäten auf. Das Zeug zum Klassiker hat »Umsonst & draußen«. So heißt das Open-Air-Festival der Gladbecker Musikszene, das seit einigen Jahren Ende August auf dem Rathausplatz durchgeführt und sehr gut angenommen wird. Ende November lockt das Zimtsternfest mit verkaufsoffenem Abend, dem Mitternachtsshopping und einladenden Gastronomieständen. Einen Monat darauf ertönt das traditionelle Turmblasen: Am 23. Dezember spielt die Musikschule eine Stunde lang feierliche und weihnachtliche Lieder, und zwar hoch über der Innenstadt auf dem Sparkassenturm.

Das Gladbecker Rathaus beeindruckt mit seiner schmucken Front. (Foto: © Peter Kruck)

Krönung der Appeltaten-Majestät

Gesponsert vom Energieanbieter der Emscher-Lippe-Region findet außerdem einmal jährlich der ELE-Triathlon statt. Hier muss man keine Iron-Man-Qualitäten mitbringen: Der Volkstriathlon richtet sich an die breite Masse und dementsprechend lösbar sind auch die Anforderungen. Aber Schwimmen, Laufen und Radfahren sollte man schon beherrschen. Und im August lockt der alljährliche Sparkassenlauf Hunderte von Läuferinnen und Läufern auf die beleuchtete Marathon-Bahn in den Wittringer Wald.

Aber fragt man die Gladbecker, welchen Termin man auf keinen Fall verpassen darf, dann sind sich alle einig: Das Appeltatenfest Anfang September ist das Event Nummer eins. Mit viel Spiel, Spaß und Musik wird eine Frucht gefeiert, die im Spätsommer in Hülle und Fülle zur Verfügung steht: der Apfel. Glaubt man den Chronisten, dann reicht diese Tradition zurück bis ins 13. Jahrhundert. Und was den Weinfesten an der Mosel recht ist, ist den Gladbeckern billig: Auch hier wird eine Regentin, eben eine Appeltaten-Majestät gekürt.

Peter Kruck

Die Kappensäule – komplett aus schwarzem Polyester gegossen – zeigt die Gladbecker Stadtgeschichte. (Foto: © Peter Kruck)

Die Zeche Graf Moltke wurde 1873 gegründet. (Foto: © Archiv der Stadt Gladbeck)

Einmal Bergbau und zurück

Erste Blütezeit Gladbecks unter Oberbürgermeister Dr. Jovy

Das Steinkohlezeitalter begann in Gladbeck 1873, als die Abteufarbeiten für die Schachtanlage Graf Moltke einsetzten. Nachdem in Butendorf das Steinkohlengebirge in 318 Metern Tiefe erreicht war, begann die Kohleförderung im Jahr 1877. Drei weitere Schächte entstanden bis 1902, einer am alten Standort und zwei weitere südlich in Brauck, unweit der heutigen A2-Trasse.

In 20 Jahren von 5000 auf 67 000 Einwohner

Dank der ertragreichen Steinkohleförderung und den Perspektiven, die sich daraus ergaben, wurde Gladbeck 1885 zu einem eigenen Amt mit Heinrich Korte als Leiter der Verwaltung. Zu diesem Zeitpunkt lebten in Gladbeck knapp 5000 Menschen, nur – muss man sagen. Denn in den folgenden Jahren fand eine Bevölkerungsexplosion statt. Zwanzig Jahre später wurden schon 67 000 Einwohner gezählt – fast so viele wie heute. Im Zuge der Neuordnung des Landes nach dem verlorenen Ersten Weltkrieg wurden Gladbeck am 21. Juli 1919 die Stadtrechte verliehen. Der Jubel kannte keine Grenzen: Gladbeck war nun kreisfreie Stadt und die Einwohner konnten fortan selbst über ihre Belange entscheiden.

Mit der Selbstständigkeit der Stadt Gladbeck begannen unter dem ersten Oberbürgermeister Dr. Michael Jovy (1919 bis 1931) für Gladbeck die Goldenen Zwanziger Jahre. Ehrgeizige Projekte wurden in Angriff genommen, deren Strahlkraft noch heute über die Stadtgrenzen hinaus reicht. Der Bau der »Vestischen Kampfbahn« – die nun Stadion Gladbeck heißt und über 37 612 Plätze verfügt – und des Freibades an der B244 sowie die Erweiterung des heruntergekommenen Festen Hauses Wittringen zum repräsentativen Wasserschloss und einer überregional anerkannten Freizeitstätte sind da nur Beispiele. Auch in der Architektur der Stadt ist in dieser Zeit viel geschehen, man denke nur an den später so benannten Jovy-Platz im Zentrum, die prächtigen Villen der Bergwerksdirektoren oder die Steigersiedlung am Bernskamp mit der prächtigen, ehemaligen königlich-preußischen Berginspektion, heute Heimat der Gladbecker Musikschule.

Auf- und Abschwung im Zeichen der Kohle

Kurz nach dem Zweiten Weltkrieg und einer kurzen Aufschwungphase im Zuge des Wirtschaftswunders zeichnete sich Ende der 1950er der Niedergang der Steinkohleindustrie ab. Wie zu Beginn des Jahrhunderts die Kurve auf Wachstum stand und die Herausforderungen der Stadt überwiegend in der Bereitstellung der Infrastruktur lagen, so wendete sich nun das Blatt. Fortan galt es hauptsächlich, Arbeitsplätze zu sichern und neue zu schaffen.

Einen großen Erfolg konnte Gladbeck zu Beginn der 1960er verbuchen. Mit der Ansiedlung von Siemens gelang der zweitgrößte Coup im Strukturwandel des Ruhrgebiets – nur Opel in Bochum brachte mehr Arbeitsplätze ins Revier. Aber schon 1991 verließ Siemens Gladbeck für immer – und 1000 Arbeitsplätze von in der Spitze 4500 gingen verloren. Heute erinnert nur noch die Werner-von-Siemens-Realschule an diese Zeit. Aus der Siemensstraße in Ellinghorst ist schon lange die Rockwoolstraße geworden.

1971 schloss mit Moltke auch die letzte Gladbecker Zeche. Trotz wichtiger Neuansiedlungen und einer Stärkung der mittelständischen Wirtschaft hat Gladbeck bis heute mit einer hohen Arbeitslosigkeit zu kämpfen – ein Schicksal, das Gladbeck mit vielen Ruhrgebietsstädten teilt.

Peter Kruck

Links geht es zum Wasserschloss Wittringen und rechts zum Schwimmbad: Entlang der B244 sind Gladbecks Juwelen angesiedelt. (Foto: © Peter Kruck)

Wasserschloss Wittringen – das schmucke Zentrum einer überaus beliebten Freizeitanlage. (Foto: © Stadt Gladbeck)

Von Castrop-Rauxel bis Waltrop

WERNTGESSTUDIOS macht das perfekte Foto

Werbeaufnahmen, Portraits, Hochzeitsreportagen, Setcards

Für Innenaufnahmen hat der Fotograf in Gladbeck ein Studio, wie man es nicht häufig in Deutschland vorfindet. (Foto: © WERNTGESSTUDIOS)

Auf 1000 Quadratmetern sind der kreativen Umsetzung von Andreas Werntges kaum Grenzen gesetzt. (Foto: © WERNTGESSTUDIOS)

Man muss nicht immer im Vordergrund stehen, um sein Können unter Beweis zu stellen. Manchmal ist es viel angenehmer, wenn man seine Arbeiten für sich sprechen lässt. Genauso verhält es sich bei Andreas Werntges. Seit 1998 ist er als Fotograf tätig und betreibt in Gladbeck ein eigenes Studio. Aufhebens um seine Person hat er nie gemacht, sondern sich statt dessen viel mehr auf seine Arbeit konzentriert. Und damit hat er sich einen Namen gemacht, denn seine aussagekräftigen Fotos sagen oft mehr als viele Worte.

Große und arrivierte Unternehmen wie die Deutsche Bank, BP, Hertie, Evonik, Degussa, die Kölnische Rück, der Sparkassenverband, MVV Energie, LG, Bette oder Artemide greifen bei Außen- wie Innenaufnahmen, Katalogproduktionen oder Corporate Design auf sein exzellentes Auge für das richtige Motiv und die passende Inszenierung zurück. Auch Kommunen wie Gelsenkirchen, Dortmund und Gladbeck lassen sich ihre Städte von Andreas Werntges ins rechte Licht rücken.

24-Meter-Rundhorizont

Für Innenaufnahmen steht ihm in Gladbeck ein Fotostudio zur Verfügung, wie man es nicht häufig in Deutschland vorfindet. Auf 1000 Quadratmetern sind seiner kreativen Umsetzung kaum Grenzen gesetzt. Die Halle in der Brüsseler Straße ist zehn Meter hoch und verfügt über einen gigantischen 24-Meter-Rundhorizont.
Durch diese Bauweise ist es kein Problem, auch größere Objekte wie Maschinen oder Autos abzulichten. Diese kommen dank einer sechs Meter breiten und ebenerdigen Einfahrt völlig mühelos ins Studio, welches im Sommer klimatisiert und im Winter selbstverständlich gut temperiert ist.
Spezialisiert hat sich Werntges aber nicht nur auf Werbefotografie, sondern darüber hinaus auf weitere Bereiche wie Modell-Setcards, Portraits und Hochzeiten. Dabei bietet er Studioaufnahmen ebenso an wie exklusive Fotoreportagen, bei denen er Braut und Bräutigam von morgens bis abends begleitet, um so den schönsten Tag des Lebens für die Ewigkeit festzuhalten.

Standortvorteil

Egal ob Geschäfts- oder Privatkunden, für seine Auftraggeber hat Andreas Werntges stets auch deren Budget im Auge. Dabei ist der Standort in Gladbeck ein klarer Vorteil, denn gegenüber den Fotostudios in größeren Metropolen kann er bei gleicher Qualität und demselben hohen Anspruch seine Arbeiten auch noch preiswerter anbieten.

Die Halle ist zehn Meter hoch und bietet genügend Platz, um auch größere Objekte wie Maschinen oder Autos abzulichten. (Foto: © WERNTGESSTUDIOS)

Beitrag von:
WERNTGESSTUDIOS
Brüsseler Straße 55 · 45968 Gladbeck
Tel. (0 20 43) 20 46 00 · Fax (0 20 43) 20 46 01
service@aw-studios.de · www.aw-studios.de

Die alte Zeche Zweckel liefert der Route Industriekultur ein Prunkstück: Die zur Veranstaltungshalle umgebaute Maschinenhalle ist seit 2002 Spielort der Ruhrtriennale. (Foto: © Peter Kruck)

Zweckel und Schultendorf

Im Norden weites Land, im Osten prächtige Industriekulisse

Der Name von Gladbecks nördlichstem Stadtteil hat eindeutig rustikale Wurzeln. Er leitet sich vom Wörtchen Sveclo ab, was Schweinewald bedeutet. Schweine prägen heute nicht mehr das Stadtbild, aber ländlich ist's schon noch – wenigstens im Norden rund um die Breiker Höfe. Hier befindet sich auch die einzige Grenze zum Kreis Recklinghausen und die ist denkbar kurz: Sie liegt am nördlichsten Punkt der Stadt und ist insgesamt nur gut 300 Meter lang.

Mit beiden Beinen im Ruhrgebiet

Die Hauptverkehrsverbindungen zum Kreis führen ausschließlich über Bottroper oder Gelsenkirchener Stadtgebiet – einzig ein kleiner, namenloser Waldweg geht direkt in den Dorstener Stadtteil Altendorf-Ulfkotte. Im Süden grenzt Zweckel an den kleineren Stadtteil Schultendorf, der im Osten durch den Nordpark vom Stadtteil Mitte abgegrenzt ist, im Westen liegt Rentfort-Nord.
Schaut man hier nach Norden, so ist unzweifelhaft das Ruhrgebiet zu Ende. Kein Wunder, denn von hier aus kann man ohne große Umwege bis zur Nordsee wandern, ohne auch nur eine einzige größere Stadt zu betreten. Richtet man allerdings den Blick nach Osten, so ist man wieder geerdet und weiß genau, wo man sich befindet: Hier erhebt sich die imposante Kulisse des Kraftwerks Scholven und lässt keine Zweifel offen, dass man noch immer mit beiden Beinen im Ruhrgebiet steht.

Maschinenhalle Zweckel: Stolz der ganzen Stadt

Je weiter man nach Süden kommt, um so urbaner und auch industrieller wird die Gegend. An der Frentroper Straße, der Grenze zu Rentfort-Nord, ist das ehemalige Gelände der Zeche Zweckel zu finden, das mit einem echten Schmuckstück aufwartet. Mit der Renovierung der Maschinenhalle Zweckel haben die Gladbecker in Sachen Industriekultur ein echtes Highlight vorzuweisen. Hier präsentiert sich ein Schmuckstück, das es mit Publikumsmagneten wie der Jahrhunderthalle in Bochum, der Zeche Zollverein in Essen oder dem Gasometer in Oberhausen locker aufnehmen kann. 1988 wurde dieses »Industrieschloss«, in dem sich früher die Generatoren der Zeche befunden haben, bereits unter Denkmalschutz gestellt, aber für die Renovierung fehlte das liebe Geld. Das änderte sich 1997, als die Stiftung Industriedenkmalpflege und Geschichtskultur Besitzerin der Halle wurde. Dann ging's schnell: Es wurde behutsam renoviert und seit 2002 ist die Maschinenhalle nicht nur Spielort der Ruhrtriennale, sondern auch der Stolz der ganzen Stadt.

Peter Kruck

Zweckels Norden ist ländlich geprägt, aber die Kulisse des Kraftwerks Scholven lässt keinen Zweifel zu, dass auch hier die Industrie regiert. (Foto: © Peter Kruck)

Von Castrop-Rauxel bis Waltrop

Tradition seit 1919

Viele Kunden sind der Elmar Surau Gebäudereinigung GmbH seit Jahrzehnten treu

Den Firmengründer Arthur Surau, 1888 in Ostpreußen geboren, zog es um 1910 in das damalige rheinisch westfälische Industrierevier. Wie auch sein ältester Bruder Karl, der sich schon früher ebenfalls auf den Weg in den tiefen Westen des damaligen deutschen Kaiserreichs machte und schon im Jahre 1904 in Bochum eine Firma für Glas- und Gebäudereinigung gründete. Hier in Bochum lernte Arthur bei seinen Brüdern Karl und auch Ludwig die Glas- und Gebäudereinigerarbeiten von Anfang an kennen. Am 1. Juli 1919 ergriff Arthur Surau die Chance, in Gladbeck seine eigene Firma zu gründen: Das »Gladbecker Gebäude- und Glasreinigungsinstitut« Arthur Surau, Gladbeck in Westfalen. Gladbecker Geschäftshäuser, die Stadtverwaltung, Schulen, der Bergbau mit den Bergbauinspektionen, waren seine Kunden. Seine beiden Söhne Arthur und Herbert lernten das Gebäudereiniger-Handwerk in Gelsenkirchen, bei dortigen Gebäudereinigungsinstituten und legten dort ihre Gesellenprüfung ab.

Das Unternehmen wird Meisterbetrieb

Zum Vollhandwerk wurde das Glas- und Gebäudereinigerhandwerk 1936 erklärt, so dass es erforderlich wurde, die Meisterprüfung abzulegen. Dies geschah 1938. Der Glas- und Gebäudereinigungsbetrieb wurde Meisterbetrieb. Nach dem Zweiten Weltkrieg, der auch Gladbeck teilweise in Schutt und Asche legte, übernahm Arthur Surau junior den Betrieb, Sohn Herbert war in Russland gefallen. Arthur baute den Betrieb langsam wieder auf. 1961 legte Arthur Surau junior die Meisterprüfung ab.
Die dritte Generation folgte mit Elmar Surau. Die dreijährige Ausbildungszeit erfolgte bei einem Gebäudereinigungsbetrieb in Bottrop von 1959 bis 1962. Am 1. April 1962 trat der Geselle in den Betrieb des Vaters ein, legte 1966 die Meisterprüfung vor der Handwerkskammer Dortmund ab. Da Vater Arthur 1969 schwer erkrankte, übernahm Elmar die Verantwortung für den Betrieb und leitete ihn vierzig Jahre lang.
Auch in den regionalen Gebäudereinigungsverbänden ist Elmar Surau ehrenamtlich tätig: Als Fachlehrer für Gebäudereinigung, öffentlich bestellter und vereidigter Sachverständiger für die Handwerkskammer Münster seit über dreißig Jahren und seit 2003 als Obermeister der

Die dritte und die vierte Generation: Elmar (links) und Tobias Surau. (Foto: © Ralf Rudzynski)

Gebäudereinigerinnung für den Regierungsbezirk Münster.

In der vierten Generation

In der vierten Generation trat 2004 Gebäudereinigermeister Tobias Surau als geschäftsführender Gesellschafter und Geschäftsführer das Erbe der Väter an. Die lange Tradition spricht eine deutliche Sprache. Viele Kunden sind der Elmar Surau Gebäudereinigungs GmbH in der Charlottenstraße 20 in Gladbeck schon seit Jahrzehnten treu. Zum Kundenkreis gehören viele Gewerbebetriebe – kommunal –, aber auch zahlreiche Privatpersonen.
Zum Dienstleistungsangebot gehört die Reinigung von Verwaltungs- und Betriebsgebäuden, Industrieanlagen, Banken, Schulen, Kauf- und Warenhäusern, Krankenanstalten, Seniorenwohnstätten und Schwimmbädern. Außerdem Unterhaltsreinigung, Bau und Bauendreinigung, Glasreinigung, Fassadenreinigung und Hydrophobierung, Nanobeschichtungen, Metallfassadenreinigung und -pflege sowie das Schleifen und Versiegeln von Parkettböden, Renovierung alter Dielenböden und noch vieles mehr.

Beitrag von:
Elmar Surau Gebäudereinigung GmbH
Charlottenstraße 20
45964 Gladbeck
Tel. (0 20 43) 2 38 66
Fax (0 20 43) 2 43 36
info@surau-gmbh.de

Von Castrop-Rauxel bis Waltrop

Zukunftstechnologien wurden gezielt angesiedelt

Rentfort gestaltet den Strukturwandel

Hier im Geschäftszentrum Rentfort-Nord begann 1988 das Gladbecker Geiseldrama. In der ehemaligen Deutsche-Bank-Filiale ist heute ein Drogeriemarkt ansässig. (Foto: © Peter Kruck)

Wenn man von Westen, also aus Bottrop, nach Gladbeck kommt, muss man den Mühlenbach überqueren, der die Stadtgrenze darstellt. Aus dieser Richtung kommt man über die beiden Hauptverkehrsadern Hegestraße und Kirchhellener Straße in den Stadtteil Rentfort. Er grenzt im Nordosten an Zweckel, im Süden an Ellinghorst und im Osten an die Innenstadt. Seit in den 1960ern ein neues Wohngebiet im Norden Rentforts aus dem Boden gestampft wurde, teilt man den Stadtteil auf in Alt-Rentfort und Rentfort-Nord.

Im Osten regiert Industrie

Im Geschäftszentrum Rentfort-Nord ereignete sich im Jahre 1988 ein Vorfall, der große öffentliche Aufmerksamkeit erfuhr: Hier fand das so genannte »Gladbecker Geiseldrama« seinen Anfang. Aber schon lange ist diese unglückliche Geschichte in der Stadt kein Thema mehr. Während der Nordwesten Rentforts noch überwiegend ländlich strukturiert ist, regiert im Osten eher die Industrie. Hier ist eine wichtige Säule der Gladbecker Wirtschaft angesiedelt: die Firma Pilkington, früher bekannt unter dem Namen Flachglas. Kommt man also von Kirchhellen auf der Hegestraße nach Bottrop und lässt das Pilkington-Werk auf der linken Seite hinter sich, so findet man ebenfalls zur linken Hand ein weiteres Highlight der Gladbecker Wirtschaft: das Innovationszentrum Wiesenbusch.

Säule der Stadt: Innovationszentrum Wiesenbusch

Mitte der 1990er erkannten die Stadtplaner und Wirtschaftsförderer einen Mangel in der innerstädtischen Wirtschaftsstruktur: Es gab zu wenig

Im Innovationszentrum Wiesenbusch sind moderne Dienstleistungen und zukunftsträchtige Technologien angesiedelt. (Foto: © Peter Kruck)

Ein mächtiger Sonnenkollektor am Innovationszentrum Wiesenbusch. Hier werden neue Technologien rund um moderne Energiesysteme erforscht. (Foto: © Peter Kruck)

qualifizierte und produktionsorientierte Dienstleistungen in der Stadt. So wurde im Jahr 1995 – gefördert mit öffentlichen Mitteln – das Innovationszentrum Wiesenbusch gegründet. Hier konnten sich geeignete Firmen ansiedeln und für eine entsprechende Förderung von Existenzgründungen wurde gesorgt. Der Optimismus der Planer ging soweit, in unmittelbarer Nähe zum Zentrum einen Gewerbepark einzurichten, in den expandierende Neugründungen bei zunehmendem Platzbedarf ausweichen sollten.

Der Plan ging auf. Zentrum und angrenzender Gewerbepark haben sich schon lange als gut frequentiertes Erfolgsmodell etabliert. In den letzten Jahren hat sich dort mit dem Kompetenzzentrum für Solarthermie und Wärmepumpentechnik ein vielversprechender Ausgangspunkt für diese brandheiße Zukunftstechnologie gegründet.

Peter Kruck

Von Castrop-Rauxel bis Waltrop

*An der Beisenstraße residiert die Industrie. Prominentes Beispiel sind die weithin sichtbaren Schlote der Firma Rockwool.
(Foto: © Peter Kruck)*

Nachbar Großindustrie

In der Luftschachtsiedlung ist für den interessierten Beobachter ein Beleg dafür zu finden, mit welcher Verehrung den Bergbeamten in der Boomzeit von Gladbeck begegnet wurde. Normalerweise werden Straßen erst dann nach Menschen benannt, wenn diese verstorben sind. Nicht so in Gladbeck. Hier wurde dem damaligen Oberbergrat Franz von Meer noch zu Lebzeiten ein Denkmal gesetzt, indem die Meerstraße nach ihm benannt wurde. Aber damit nicht genug der Wertschätzung: Nicht nur dem wilhelminischen Amtsträger wurde so gehuldigt, sondern seinen Kindern gleich mit. Und so gehen von der Meerstraße die Oskar-, Emilien-, Rütger- und Maria-Theresien-Straße ab.

Ellinghorsts Erscheinungsbild wird dominiert von dem großen Industriepark, der sich links und rechts entlang der Nord-Süd-Achse Beisenstraße – Rockwoolstraße – Möllerstraße erstreckt. Eine gute Adresse für Unternehmen, verfügt man doch sogar über eine eigene Autobahnzufahrt. Dominiert wird das Stadtbild von den gewaltigen Schloten der Firma Rockwool. Heinz Kasperczak (Jahrgang 1936), seit vielen Jahrzehnten Anwohner im Pestalozzi-Dorf, beschreibt die unmittelbare Nachbarschaft zur Großindustrie so: »Am Anfang kam da schon ordentlich Dreck runter, manchmal hatten wir hier fingerdick grünen Staub auf der Straße. Das war natürlich nicht schön. Aber heute ist das kein Problem mehr, alles bestens. Die Filteranlagen funktionieren.«

Über 200 Urnengräber

In Ellinghorst liegt auch ein weit über die Stadtgrenzen bekanntes Gräberfeld aus der Jungsteinzeit, in dem über 200 Urnengräber gefunden wurden. Neben der internationalen Bedeutung für die Archäologie ein Indiz dafür, dass die Gegend rund um den heutigen Haarbach auch schon vor vielen Jahrtausenden ein attraktiver Ort war.

Peter Kruck

Ein guter Ort für Unternehmer

In Ellinghorst sitzt die Großindustrie – Urnengräber bezeugen frühe Besiedlung

Kommt man von Kirchhellen über die Hegestraße nach Gladbeck und folgt dem Straßenverlauf nicht nach links Richtung Rentfort, so kommt man zur Hornstraße und stößt dort auf ein Gewerbegebiet, das zahlreiche interessante Einzelhandelsmöglichkeiten auf der sprichwörtlichen grünen Wiese bietet. Kurz danach mündet die Hornstraße in die Bottroper Straße, der Hauptverkehrsachse zwischen dem Bottroper Stadtteil Eigen und Gladbeck-Ellinghorst. Der Name Ellinghorst leitet sich von Elling (=Erlen) und -horst (=gehölz) ab. Ellinghorst besteht aus der Siedlung Pestalozzidorf, der Luftschachtsiedlung und der Siedlung am Haarbach.

*Man arrangiert sich: Industrie und Wohngebiete sind in Ellinghorst nicht zu trennen.
(Foto: © Peter Kruck)*

Von Castrop-Rauxel bis Waltrop

Ein Stadtteil putzt sich raus

In Brauck prägen Zechenhäuser das Bild

Erstmal kommen die Ampeln weg: Hier wird sich in den nächsten Jahren einiges tun, wenn die B244 zur A52 ausgebaut wird. (Foto: © Peter Kruck)

Ein Symbol für den Strukturwandel im Revier: Der eine Teil hat's schon geschafft, der andere den Wandel noch vor sich – wie dieses Doppelhaus hier im Stadtteil Brauck. (Foto: © Peter Kruck)

Brauck leitet sich ab vom altsächsischen brook und bedeutet »mooriger Bruch«. Brauck ist stark von kleinen, alten Zechenhäusern und einigen Neubaugebieten geprägt.

Zwischen Urzustand und Schmuckstück

Wie überall im Vestischen Kreis gibt es auch im Stadtteil Brauck viele Beispiele dafür, dass ein liebevoll restauriertes Zechenhaus ein wahres Schmuckstück sein kann. Hier ist man auf einem guten Weg: Man findet fertig renovierte und schmuck herausgeputzte Häuser, dann wieder solche, die gerade in Arbeit sind und solche, die sich noch im Urzustand befinden. Insofern sind die Zechensiedlungen in Brauck ein architektonischer Beleg für den Prozess des Strukturwandels insgesamt. Mit dem Projekt Soziale Stadt Brauck wird seit einigen Jahren der südlichste Gladbecker Stadtteil deutlich aufgewertet. Eine deutliche Verbesserung der Lebensqualität in Brauck ist auch mit der Renaturierung des Hahnenbaches verbunden.

»Wenn wir keine Berge haben, dann machen wir uns welche!« Was der Slogan einer Imagekampagne sagt, ist in Brauck geschehen, denn eine große Hypothek haben die Braucker Stadtplaner von den Zechen übernommen. Gut die Hälfte des Stadtteils ist durch Abraumhalden bedeckt und kann weder von Gewerbe und Industrie noch für Wohnsiedlungen genutzt werden. Aber die Gladbecker nehmen es mit dem für sie typischen Selbstbewusstsein und erklären das Gebiet südlich der A2 und östlich der B224 kurzerhand zu einem Naherholungsgebiet mit dem bedeutsamen Namen »Braucker Alpen«. Hier laden nun die Gladbecker Sportvereine zu »Bergwanderungen« und Haldenläufen ein, hier trifft man Mountainbiker, Spaziergänger und gerade im Herbst lassen Kinder dort ihre Drachen fliegen. Aber auch für Naturfreunde sind die Braucker Alpen ein lohnendes Ziel mit vielen seltenen Pflanzen, die sich in dieser kargen Landschaft sehr wohl fühlen.

Ausbau der B224 zur Autobahn

Auf Brauck und seinen Gewerbepark direkt an der Anschlussstelle B244/A2 kommt in den nächsten Jahren eine große Herausforderung zu. Denn die B224 soll zur Autobahn ausgebaut werden. Nur wie – das ist die große Frage. Die Stadt Gladbeck fordert einen langen Tunnel zum Schutz der Anwohner und eine direkte Anbindung des Gewerbeparks Brauck an die neue Autobahn. Außerdem soll das neue Autobahnkreuz tiefer gelegt werden, um die Beeinträchtigung des Naherholungsgebietes in Wittringen so gering wie möglich zu halten.

Im Süden grenzt Brauck an Essen-Karnap und Gelsenkirchen-Horst. Und dass auch Gladbeck ein Teil der Metropole Ruhr ist und die Grenzen zwischen den Städten immer mehr an Bedeutung verlieren, zeigt der Fußballplatz am Busfortshof. Hier liegt das eine Tor auf Gladbecker und das andere auf Essener Stadtgebiet. Sascha Regener (Jahrgang 1965) beschreibt diese lokale Besonderheit mit einem Augenzwinkern: »Wenn unsere Jungs von Schwarz-Blau antreten, entscheidet also allein die Seitenwahl, ob es sich um ein Heim- oder Auswärtsspiel handelt!«

Wahrzeichen Wegekreuz

Im Osten grenzt Brauck an den Stadtteil Rosenhügel. Dort kann man an der Ecke Hügel- und Wiesmannstraße ein vier Meter großes Wegekreuz betrachten, das vom Paderborner Künstler Rikus erstellt wurde. Dieses Kunstwerk war vor seiner derzeitigen Verwendung eine Altarplatte in einer Gladbecker Kirche.

Peter Kruck

Wir sind das Ruhrgebiet – und Stadtgrenzen spielen keine Rolle. Wie hier auf der Sportanlage am Buschfortshof: Das vordere Tor steht auf Gladbecker Boden, das hintere liegt schon in Essen. (Foto: © Peter Kruck)

Von Castrop-Rauxel bis Waltrop

Alter Ortskern und pfiffige Sanierungsideen

In Butendorf hat die Stadterneuerung einen beispielhaften Weg eingeschlagen

Ein typisch dörflicher Stadtkern – mitten in Gladbeck: Kirche und Kneipe, das gehört einfach zusammen, wie hier an der Horster Straße in Butendorf. (Foto: © Peter Kruck)

Butendorf bedeutet ursprünglich, »außerhalb des Dorfes«. Aber im dicht besiedelten Ruhrgebiet ist es nicht ganz einfach zu entscheiden, wo genau denn nun buten ist. Im Osten grenzt Butendorf an Gelsenkirchen, westlich und nördlich wird es von der B244 eingefasst, im Süden endet dieser Stadtteil an der A224. Die wohl prägendste Nord-Süd-Achse ist die Horster Straße, die mitten durch den Stadtteil verläuft. Sie beginnt in der Innenstadt und reicht weit nach Brauck hinein. Entlang der Horster Straße ist eine Vielzahl von Einzelhandelsgeschäften und Dienstleistern wie Versicherungen oder Geldinstituten angesiedelt.

Kirche, Kneipe und Moschee

An der südlichen Grenze nach Brauck findet man die klassische Kombination eines kleinen Ortskerns: Hier sind Kirche und Kneipe in unmittelbarer Nähe zu finden. Um nach dem Besuch der Heilig-Kreuz-Kirche im Butendorfer Hof ein kleines Erfrischungsgetränk einzunehmen, muss man nur die Ulmenstraße überqueren. Ein paar hundert Meter nord-östlich haben die Gladbecker Muslime ihrerseits ihr religiöses Zentrum errichtet, die hiesige Moschee ist am Bramsfeld zu finden.
Eine besondere deutsch-türkische Koproduktion ist bei der Umgestaltung der Phönixstraße zu beobachten, die gerade dabei ist, sich wie der Sagenvogel aus der eigenen Asche neu zu erschaffen – poetisch formuliert. Fakt ist: Die Phönixstraße gehörte bis vor einigen Jahren nicht unbedingt zu den bevorzugten Wohnlagen in Gladbeck. Die zum Teil über 100 Jahre alten Zechenhäuser waren dann tatsächlich auch so marode, dass vor einigen Jahren auch die letzten Mieter die Straße verließen. Was tun? Türkische Geschäftsleute aus Duisburg hatten die rettende Idee.

»In ein paar Jahren erstklassige Wohngegend«

Sie kauften die Bestände für kleines Geld auf und legten außen eine Grundrenovierung vor. Dann suchten sie sich handwerklich begabte Käufer und gaben die Immobilien zu einem konkurrenzlos günstigen Preis ab. Katrin Timm (Jahrgang 1982) kann ihr Glück kaum fassen: »Stellen Sie sich vor: 165 Quadratmeter plus ausbaufähigem Dachboden und 350 Quadratmeter Grundstück für 84 000 Euro: Wo kriegt man das sonst?« Recht hat sie und da nimmt man gern auch die zwei Jahre Umbau in Eigenregie in Kauf. Noch stehen einige Häuser leer, aber Frau Timm ist sich sicher: »Das wird hier in ein paar Jahren eine erstklassige Wohngegend sein!« So einfach kann Stadterneuerung sein, wenn man die Menschen nur machen lässt.

Peter Kruck

Hier geht noch was: Die alten Zechenhäuser an der Phönixstraße erstrahlen seit kurzem in neuem Glanz. (Foto: © Peter Kruck)

Die Muslime der Stadt haben am Bramsfeld ihr Gotteshaus errichtet. (Foto: © Peter Kruck)

Von Castrop-Rauxel bis Waltrop

Die faszinierende Ausstrahlung macht Haltern am See so attraktiv

Sympathische Einkaufsstadt mit hohem Freizeit- und Erholungswert

Nicht nur die Innenstadt hat ihre Reize, wie dieses Haus in Hullern beweist. (Foto: © Ralf Rudzynski)

In der Haard kann man nach Herzenslust wandern, joggen, Fahrrad fahren oder auf andere Weise die Natur genießen. (Foto: © Ralf Rudzynski)

Täglich brausen Tausende von Autofahrern über die A43. Für viele von ihnen ist sie die direkte und beste Verbindung zwischen dem Ruhrgebiet und der Stadt Münster. Ein Großteil kennt die Strecke in- und auswendig und weiß aufgrund der Ausfahrten, welche Städte und Gemeinden sich wo befinden. Doch nur die wenigsten nehmen sich die Zeit, um einen Abstecher nach links oder rechts zu unternehmen. Sie wissen nicht, was sie verpassen. Doch sie verpassen eine ganze Menge.
Gerade Haltern am See ist ungemein vielfältig. Hier pflegt und liebt man Traditionen und Feierlichkeiten wie das Anzünden des Holzkohlemeilers am Dachsberg, die Halterner Seetage, die Römertage, das Heimatfest oder den Nikolausumzug. Das Kreuzerhöhungsfest und die St. Anna-Kapelle am früheren Königsberg tragen zum Status als Wallfahrtsort bei. Das »Tor zum Münsterland« zeigt aber auch sein großes Repertoire an Freizeitmöglichkeiten zu Wasser, zu Lande und sogar in der Luft.

Das »Tor zum Münsterland«

Der große Halterner Stausee und der kleinere Hullerner Stausee sind ebenso ein Eldorado für Wassersportler und Badefreunde wie die kleinen Silberseen im Norden von Sythen. Dort, im Städtedreieck mit Dülmen und Lüdinghausen, befindet sich überdies der Flugplatz Borkenberge. Wer lieber auf dem Boden bleiben möchte, der kann in der Haard oder der Hohen Mark tagelang nach Herzenslust wandern, joggen, Fahrrad fahren oder auf andere Weise die Natur genießen. Freizeit- und Erholungswert sind ebenso hoch wie das Image als sympathische Einkaufsstadt. Die historische Altstadt an sich – mit der St. Sixtus-Kirche als Keimzelle von Haltern – ist immer einen Besuch wert. An jedem ersten Sonntag im Monat kann man die Stippvisite sogar mit einem netten Einkaufsbummel verbinden. Denn dann haben die Läden und Geschäfte ebenfalls geöffnet.

»Schön Sie zu Seen«

Begrüßt wird man mit dem Slogan »Schön Sie zu Seen«. Nicht wenige, die Haltern kennen, sehen in ihr sogar die attraktivste Stadt im gesamten Vestischen Kreis. Nicht von ungefähr hat sich der Ort auch als Wohnsitz für zahlreiche Pendler etabliert, die im hektischen Ruhrgebiet oder in der Großstadt Münster arbeiten, ihren Wohnsitz aber bewusst in einem der ruhigeren Vororte wie Sythen, Hullern, Lavesum, Flaesheim oder Lippramsdorf gewählt haben.
Zudem hat Haltern am See auch kulturell und historisch viel zu bieten. Schon die Römer erkannten vor 2000 Jahren die strategisch gute Lage direkt an der damals noch rund 900 Meter nördlicher gelegenen Lippe. Davon zeugen zahlreiche Funde und Ausgrabungen, die vor allem im LWL-Römermuseum zu bestaunen sind. Damals wie heute ist Wasser der eigentliche Reichtum der Stadt, die nicht von ungefähr seit 2001 den Zusatz »am See« im Namen führt. Mit dem Wasser aus den Stauseen werden unzählige Städte in Westfalen und im Ruhrpott versorgt.

Wasser ist das belebende Element

Wasser gab auch den Ausschlag dafür, dass Haltern am 3. Februar 1289 durch den Bischof von Münster die minderen Stadtrechte erhielt. Nun durfte eine Mauer um das frühere Dorf gezogen werden, das damals noch direkt von der Lippe umspült wurde. So bildete Haltern eine natürliche Grenze zwischen dem Fürstbistum Münster und dem Kurfürstentum Köln, die sich nicht gerade herzlichst verbunden waren.
Anno 1815 wurde die Stadt ein Teil der Provinz Westfalen, bis 1929 gehörte Haltern dem Kreis Coesfeld an. Seitdem gehört sie zum Kreis Recklinghausen. Die kommunale Neuordnung zum 1. Januar 1975 ließ schließlich das heutige Haltern mit seinen fast 40 000 Einwohnern entstehen – und mit seinen vielen Facetten, die diese Stadt so attraktiv machen.

Ralf Rudzynski

Wasser ist in Haltern am See das wichtigste und belebende Element. (Foto: © Stadt Haltern am See)

Wir liefern Energie für den Kreis Recklinghausen

Stadtwerke Haltern am See: günstig, zuverlässig und seriös

Die Stadtwerke Haltern am See zeigen Ihnen auf, wie Sie Energie sparen können. (Foto: © Stadtwerke Haltern am See)

Die Kraft der Nähe: Das Team der Stadtwerke Haltern am See steht Ihnen schnell und hilfreich zur Seite. (Foto: © Stadtwerke Haltern am See)

Mittels Thermografie lassen sich energetische Schwachstellen am Haus aufspüren und somit einfacher beheben. (Foto: © Stadtwerke Haltern am See)

Seit Generationen versorgen wir die in Haltern am See sowie die im Kreis Recklinghausen lebenden Menschen mit Energie. Neben unseren günstigen HalternStrom-Produkten, dem vielseitigen HalternGas und der gemütlichen HalternWärme, bieten wir mit unseren Aquarell Bäder- und Saunalandschaften abwechslungsreiche Freizeitaktivitäten für Jung und Alt. Sogar eine eigene hochmoderne Erdgastankstelle betreiben wir in Kooperation mit der AVIA Tankstelle in Haltern-Lavesum.

Spitzenprodukte zu marktgerechten Preisen

Trotz massiven Wettbewerbs auf dem Energiemarkt kommen wir unserer kommunalen Verantwortung nach und bieten absolute Spitzenprodukte zu marktgerechten Preisen. Als kreisansässiger Energielieferant stehen wir in Haltern am See und im Kreis Recklinghausen als Garant für die persönliche Beratung unserer Kunden.

Bei uns landen Sie nicht in einem unpersönlichen Callcenter oder ärgern sich minutenlang in einer Warteschleife, bei uns finden Sie immer schnell ein offenes Ohr für Ihre Anliegen. Dabei beraten Sie unsere Mitarbeiter nicht nur, wenn es um bestehende Verträge oder Neuabschlüsse geht, sondern helfen Ihnen dabei, effektiv und nachhaltig Energie zu sparen.

Für Beratungen stehen wir Ihnen im Verwaltungsgebäude der Stadtwerke in der Recklinghäuser Straße 49a und im Vertriebsbüro in der Halterner Innenstadt, Rekumer Straße 44, gerne zur Verfügung.

Stadtwerke Haltern am See – die Kraft der Nähe!

Beitrag von:
Stadtwerke Haltern am See
Recklinghäuser Str. 49a · 45721 Haltern am See
Tel. (0 23 64) 9 24 00 · Fax (0 23 64) 9 24 01 43
www.stadtwerke-haltern.de
info@stadtwerke-haltern.de

Zum Angebot gehören die günstigen HalternStrom-Produkte, das vielseitige HalternGas und die gemütliche HalternWärme. (Beide Fotos: © Stadtwerke Haltern am See)

(Foto: © Stadtwerke Haltern am See)

Von Castrop-Rauxel bis Waltrop

An Rom vorbei in die historische Altstadt

Das Römermuseum ist ebenso sehenswert wie das Zentrum Halterns am See

Das Standbild des gescheiterten Varus, der von den Germanen um Herrmann dem Cherusker besiegt wurde. (Foto: © Ralf Rudzynski)

An der Weseler Straße wehen die Fahnen des Römermuseums. (Foto: © Ralf Rudzynski)

Alle Wege führen nach Rom. So zumindest heißt es in einem berühmten Sprichwort aus der Antike. Durch Haltern führte definitiv ein solcher Weg, denn hier haben die Römer eindeutige Spuren hinterlassen. Bei dem Bestreben, Germanien zu unterwerfen, zogen römische Truppen kurz nach Beginn unserer Zeitrechnung auch die Lippe entlang. Dort errichteten sie befestigte Lager, mit denen sie sich unter anderem auf die Varusschlacht im Jahr 9 n.Chr. vorbereiteten.

Auch heute noch sind die Spuren in Haltern zu besichtigen. Man findet sie im Römermuseum des Landschaftsverbands Westfalen Lippe (LWL), das ganz einfach zu erreichen ist. Die meisten Besucher kommen heutzutage über die A43 nach Haltern am See; über die zur B58 gehörende Weseler Straße geht es in Richtung Innenstadt. Auf halbem Wege schließlich ist auf der linken Seite das Römermuseum nicht zu übersehen.

Hier kann man die wichtigsten archäologischen Funde bestaunen, die in den Lagern entlang der Lippe gefunden worden sind. Der LWL hat das Römermuseum 1993 errichtet und bietet die Möglichkeit, sich in das Leben vor rund 2000 Jahren hineinzuversetzen. Zahlreiche Ausstellungsstücke geben interessante Einblicke in das damalige Leben eines römischen Soldaten. Einen breiten Raum nimmt die Varusschlacht ein, bei der drei römische Legionen unter der Führung von Publius Quinctilius Varus geschlagen wurden. Anführer der siegreichen Germanen war Hermann der Cherusker, auch Arminius genannt.

Der Siebenteufelsturm

An diese für die Römer bittere Niederlage erinnert auch die freilich aus dem Jahr 2003 stammende Skulptur »Der gescheiterte Varus«. Wenn man auf der Weseler Straße vom Römermuseum

Der aus dem Jahr 1502 stammende Siebenteufelsturm ist als einziger Turm der ehemaligen Wehranlage erhalten geblieben. (Foto: © Ralf Rudzynski)

Die alles überragende St. Sixtus-Kirche. (Foto: © Ralf Rudzynski)

aus weiter in Richtung Innenstadt fährt, sieht man das Denkmal auf der rechten Seite im Kreuzungsbereich von Schmeddingstraße und Rochfordstraße. Die so genannte Varusskulptur soll eine Verbindung herstellen zwischen der römischen Zeit und der Historie der Stadt Haltern, die im Jahr 1289 durch den Bischof von Münster die Stadtrechte verliehen bekam. Darum steht »Der gescheiterte Varus« bewusst gegenüber des aus dem Jahr 1502 stammenden Siebenteufelsturm, der als einziger Turm der ehemaligen Wehranlage der Stadt erhalten geblieben ist.

Siebenteufelsturm und Varusskulptur sind übrigens nur zwei von insgesamt 21 Punkten auf einem drei Kilometer langen Altstadtrundgang. Ein begleitendes Informationsblatt hierzu erhält man in der Stadtagentur im Alten Rathaus – im Herzen des historischen Stadtkerns. Im Zweiten Weltkrieg wurde das in den Jahren 1575 bis 1577 erbaute Alte Rathaus fast völlig zerstört.

Das Alte Rathaus ist heute Sitz der Stadtagentur und der Tourismusinformation. (Foto: © Ralf Rudzynski)

Die Pilgerstätte am Annaberg. (Foto: © Ralf Rudzynski)

Rund um den Marktbrunnen

Nur Fachleute erkennen, dass das heutige Erscheinungsbild nicht mit dem ursprünglichen übereinstimmen kann. Ungeachtet dessen strahlt das Gebäude in schönem Glanz und bildet zusammen mit dem Marktbrunnen und der St. Sixtus-Kirche das lebendige Zentrum der Altstadt, die hier weitgehend für den Autoverkehr gesperrt ist. Ein wunderschönes Flair verbreitet der Platz vor allem dienstags und freitags, wenn die Stände des Wochenmarktes aufgebaut sind und zum Schauen und Kaufen einladen.

Einst hatte Haltern eine Stadtmauer mit vier Stadttoren. Heute erinnern immerhin noch kleine Tafeln an das Rekumer-, das Lippe-, das Mersch- und das Mühlentor. Überlebt hat die kreisförmige Struktur der Altstadt, die längst von Rochfordstraße, Friedrich-Ebert-Wall, Schüttenwall, Nordwall und Lavesumer Straße »umringt« wird. In ihr befinden sich mit dem Gänsemarkt, dem Heimathaus oder dem Alten Pastorat zahlreiche weitere Anlaufstationen des Altstadtrundgangs.

Pilgerstätte Annaberg

Haltern ist überdies seit Jahrhunderten bekannt als Anlaufstation für Pilger aus allen Himmelsrichtungen. Hoch verehrt wird das »Halterner Kreuz« aus dem 14. Jahrhundert in der Sixtus-Kirche. Alljährlich im September wird es zur »Kreuzerhöhung« in einer Prozession durch die Straßen getragen. Eine Wallfahrtsstätte ist auch der Annaberg im Südwesten der Innenstadt. Von der Autobahnabfahrt Haltern am See kommend, befindet sich bereits unmittelbar nach Einbiegen in die Weseler Straße auf der rechten Seite eine Ausschilderung. Nach gut einem Kilometer erreicht man die Pilgerkirche und Wallfahrtskapelle St. Anna mit der Statute der Anna selbdritt.

Seit dem Jahr 1556 wird dieser Annaberg als Wallfahrtsstätte genutzt, weil sich dort eine Quelle befindet, der heilende Kräfte zugeschrieben werden. Die dort in ihrer heutigen Form zu sehende Kapelle wurde aber erst von 1653 bis 1654 erbaut. Im Mai 2004 wurde das 350-jährige Jubiläum gefeiert.

In Haltern am See gibt es übrigens noch einen zweiten Annaberg, der, geschichtlich gesehen,

Die Halterner City ist weithin bekannt für ihr besonderes Einkaufsflair. (Foto: © Ralf Rudzynski)

der eigentliche ist. Dieser befindet sich am Tannenberg im Norden von Lippramsdorf und wird als alter St. Annenberg bezeichnet. Dort war ursprünglich auch die Statue der Heiligen Anna selbdritt. Die Kapelle am alten Annaberg allerdings verfiel während des Dreißigjährigen Krieges (1618 bis 1648). Die Statue wurde dem Halterner Pfarrer Nottebaum geschenkt, der sie in die Kapelle am neuen Annaberg brachte.

Ralf Rudzynski

Männer sehen gerne gut aus!

Herrenhaus Staab hat das passende Outfit für alle Anlässe

*Ich habe einen einfachen Geschmack
– nur das Beste –*
Oscar Wilde

Es gibt viele Gründe, sich gut zu kleiden. Einer der wichtigsten ist gleichzeitig auch der naheliegendste: **Mann sieht gerne gut aus!** Niveauvolle Kleidung für den anspruchsvollen Herrn – diese findet der modebewusste Mann im Herrenhaus Staab in Haltern am See. Egal ob klassisch, zeitlos oder sportlich: Das Herrenhaus Staab hat das richtige Outfit für jeden Anlass. Dazu gehören Mäntel, Anzüge, Sakkos, Hosen, Hemden und diverse Accessoires. Mit Jacken, Pullovern, Sweatshirts, Jeans und Unterwäsche stattet das Team um Inhaberin Margarete Staab auch seine Kunden mit sportivem Anspruch bestens aus.

Vom klassischen Spektrum bis Sportswear

Im klassischen wie auch im sportiven Bereich treffen hochwertige Marken aufeinander: Joop, Daniel Hechter, Signum, Maselli, Burlington und viele mehr halten den hohen Qualitätsanspruch aufrecht. Für den »Freund des klassischen Harris Tweed« hält man im Herrenhaus auch die leichtere, zeitlose Variante des Sakkos für den jungen Mann bereit.

Entsprechend großen Wert legt die Inhaberin auf Service und eine erstklassige Beratung. Die bietet das Herrenhaus Staab nicht nur im eigenen Geschäft, sondern auch beim Kunden zu Hause an. Änderungen durch die erfahrene Schneidermeisterin an Anzügen, Hosen und anderen Kleidungsstücken gehören ebenso zu den Dienstleistungen, bei denen sich gleichfalls alles darum dreht, dass Männer gut aussehen.

Beitrag von:
HERRENHAUS STAAB
Herrenhaus Staab
Rochfordstraße 38 · 45721 Haltern am See
Tel. (0 23 64) 23 83 · info@herrenhaus-staab.de

(Foto: © Andreas Molatta)

Von Castrop-Rauxel bis Waltrop

Haltern und der Stausee sind seit 2001 endgültig untrennbar

Auch der Hullerner See und die Westruper Heide sind überaus sehenswert

Die im neugotischen Stil errichtete Pfarrkirche St. Andreas markiert das Zentrum von Hullern. (Foto: © Ralf Rudzynski)

Haltern gehört zweifellos zu den reizvollsten Orten innerhalb des Vestischen Kreises. Doch trotz der schönen City, trotz unzähliger Ausflugsziele in der grünen Natur und trotz Sehenswürdigkeiten von kulturhistorischer Bedeutung symbolisiert über die Stadtgrenzen hinaus nichts so sehr diese Stadt wie der Halterner Stausee. Welchen Stellenwert er besitzt, lässt schon alleine die Tatsache erahnen, dass selbst die Kommune ihn als Zusatz im Namen trägt und sich seit 2001 als Haltern am See bezeichnet.

Das Kerngebiet von Haltern befindet sich denn auch in der Tat unmittelbar am See. Von der Innenstadt ist er in östlicher Richtung nur einen Katzensprung entfernt. Über den Friedrich-Ebert-Wall, den Recklinghäuser- und den Hullerner Damm zum Beispiel hat man den Halterner Stausee bereits nach rund 1500 Metern erreicht. Am nur etwas höher gelegenen Westufer, das hinauf reicht bis zum Bootshafen, gibt es gewiss nicht zufällig die Straße »Zum Seeblick«.

Der See wurde in der Zeit von 1927 bis 1930 angelegt. Er entstand durch die Stauung des aus dem Norden kommenden Mühlenbachs sowie der aus dem Osten einfließenden Stever. Im offiziellen Sprachgebrauch wird er auch als Stevertalsperre Haltern bezeichnet. Der Halterner Stausee erstreckt sich auf einer Breite von zwei und einer Länge von drei Kilometern. Auf einer Gesamtfläche von 300 Hektar fasst er mehr als 20 Millionen Kubikmeter Wasser. Diese gigantische Menge nutzt die Gelsenwasser AG, um damit über eine Million Menschen an der Schwelle zwischen Ruhrgebiet und Münsterland mit Trinkwasser zu versorgen.

Mit der »Möwe« über den See

Der Halterner Stausee ist Anziehungspunkt für Naturfreunde und Wassersportler gleichermaßen. Zum einen kann man auf einem zehn Kilometer langen Rundweg ausgedehnte Spaziergänge zwischen Wasser und Wäldern genießen. Zum anderen bietet er unzählige Möglichkeiten, sich an den »blauen Fluten« zu erfreuen.
Am Sandstrand lockt ein ausgedehntes Sonnenbad, mit dem Fahrgastschiff »Möwe« kann man sich von den Oster- bis zu den Herbstferien eine nette Fahrt über den See gönnen. Wer selbst aktiv werden möchte, kann sich ein Paddel-, Ruder- oder Tretboot mieten. Auch für Surfer und Segler hat der große Stausee eine ganze Menge zu bieten. Ein besonderes Erlebnis sind die »Halterner Seetage« mit zahlreichen Wettkämpfen im und am Wasser.

Ein besonderes Erlebnis sind die »Halterner Seetage« mit zahlreichen Wettkämpfen im und am Wasser. (Foto: © Stadt Haltern am See/Löbbing)

Entlang der Stever nach Hullern

Zu den außerhalb Halterns weniger bekannten Gewässern gehört der Hullerner Stausee, der sich etwas weiter östlich befindet. Auf rund zwei Kilometern schlängelt sich die Stever vom Halterner Stausee an den Siedlungen Overrath und Heimingshof vorbei, ehe sie den 1985 fertiggestellten und rund vier Kilometer langen Hullerner Stausee mit seiner Kapazität von immerhin rund elf Millionen Kubikmeter erreicht. Aufgrund der zum Teil unberührt scheinenden Natur gilt der Hullerner Stausee als Geheimtipp unter Ornithologen.
Parallel zu Stever und Hullerner Stausee verläuft etwas südlich die Hullerner Straße. Sie bildet die Verlängerung des Hullerner Damms und ist ebenfalls ein Teilstück der Landstraße B58, über die man schließlich auch das Dorf Hullern erreicht, das seit 1929 zum Landkreis Recklinghausen zählt. Erste Besiedlungen gehen zurück bis in die Bronzezeit (2200 bis 1200 v.Chr.). Das lag schon damals an der günstigen Lage zwischen der Stever im Norden und der Lippe im Süden. Hullern ist ein kleiner Fleck inmitten einer aus dem Forst Haltern, den Borkenbergen und der Westruper Heide bestehenden idyllischen Landschaft. Etwa 2500 Einwohner leben in dieser Oase, in dessen Zentrum sich die Pfarrkirche St. Andreas befindet. Sie wurde in den Jahren 1895 bis 1897 im neugotischen Stil errichtet. Der Kirchturm ragt

Der Halterner Stausee erstreckt sich auf einer Breite von zwei und einer Länge von drei Kilometern. (Foto: © Stadt Haltern am See)

65 Meter hoch in den Himmel. Die Pfarrei an sich gibt es seit der zweiten Hälfte des 13. Jahrhunderts, als am Ort der heutigen Kirche eine Kapelle stand.

Von Hullern in die Westruper Heide

Verlässt man Hullern am südlichen Ortsausgang, passiert man nach etwa 700 Metern den Waldfriedhof. Kurz danach folgt die Bauerschaft Antrup. Sie liegt an der Westruper Straße, über die man in westlicher Richtung den Rückweg in Richtung Innenstadt einschlägt. Die Westruper Straße endet am Flaesheimer Damm, der die Verlängerung der A52 bildet und der damit zu den am stärksten frequentierten Durchgangsstraßen Halterns zählt.

So fällt eigentlich jedem Autofahrer das plötzlich klar veränderte Landschaftsbild auf, das die Westruper Heide an einem Teilstück des Flaesheimer Damms bietet. Sie ist die größte Zwergstrauchheide in Westfalen und steht seit 1937 unter Naturschutz. In der Westruper Heide wachsen Wacholder, Heidekraut, Moose und Ginster. Auch für Bienen, Heuschrecken, Eidechsen und sogar Nattern ist die Landschaft ein einzigartiges Refugium. Früher nutzten Schäfer die Heide als Weideland für ihre Herden. Auch heute kann man hin und wieder Heidschnucken grasen sehen.

Ralf Rudzynski

Die Westruper Heide ist die größte Zwergstrauchheide in Westfalen und steht seit 1937 unter Naturschutz. (Foto: © I. Buscher-Ciupke)

In der Westruper Heide kann man die Natur hautnah erleben. (Foto: © I. Buscher-Ciupke)

Auch in Holtwick blüht die Heide
In Lavesum tummeln sich sogar Kängurus und Mufflons

Neben der Westruper Heide gibt es in Haltern noch eine andere, freilich deutlich kleinere Landschaft dieser Art. Gemeint ist die sechs Hektar große Holtwicker Heide im gleichnamigen Stadtteil. Die so genannte Wacholderheide grenzt an die zu Lippramsdorf gehörende Bauerschaft Tannenberg. Dagegen gehören östlicher gelegene Bauerschaften wie Lünzum und Hennewig zur Gemeinde Holtwick, in der nur etwa 900 Bürger leben und die damit als der Ortsteil mit den wenigsten Einwohnern gilt.

Geografisch gesehen liegt Holtwick zwischen der A43 im Osten und der Granatstraße, die im Westen durch die wunderschöne Landschaft der Hohen Mark führt. Kurz vor der Halterner Stadtausfahrt nach Klein Reken befindet sich mit dem Naturwildpark Granat einer der Anziehungspunkte der Gemeinde Lavesum. Auf einer Fläche von 600 000 Quadratmetern tummeln sich etwa 500 Tiere auf freier Fläche.

Naturwildpark Granat

Der Naturwildpark Granat ist ein echtes Erlebnis für Groß und Klein. In den Freigehegen kann man Strauße, Kängurus, Pfauen, Wildschweine, Enten und viele andere Tierarten hautnah erle-

Reisen statt rasen lautet das Motto bei einer Fahrt auf der traumhaften Granatstraße. (Foto: © Ralf Rudzynski)

In der farbenfroh gestalteten Grundschule in Lavesum kann man gut lernen. (Foto: © Ralf Rudzynski)

ben. Luchse, Mufflons und Rotwild trifft man auf dem Areal ebenso an wie Frösche oder Wasserschildkröten. Natürlich ist auch ein Kinderspielplatz vorhanden.

Ein weiterer Erlebnispark in Lavesum ist der Ketteler Hof. Er liegt direkt an der Rekener Straße, über die man im weiteren Verlauf ins Zentrum von Lavesum mit der St. Antonius-Kirche gelangt. Lavesum zählt rund 1650 Einwohner und befindet sich geografisch etwa auf einer Höhe mit Sythen. Beide Stadtteile Halterns sind freilich nicht zuletzt durch die A43 eindeutig voneinander getrennt.

Ralf Rudzynski

Von Castrop-Rauxel bis Waltrop

Der besondere Charme von Sythen »mit i«

Das Dorf im Norden Halterns ist mehr als 1250 Jahre jung

Mit fast 6000 Einwohnern ist Sythen nach der Halterner City der zweitgrößte Ortsteil der Stadt am See. Hier legt man großen Wert auf die korrekte Aussprache des »y«. Denn im Ortsnamen Sythen wird es nicht wie ein »ü«, sondern wie ein »i« gebraucht. Wie wichtig das den Bürgern ist, bekam zum Beispiel die Bahn zu spüren. Der Haltepunkt Bahnhof Sythen wurde bis ins Jahr 2006 mit der falschen Aussprache angekündigt, ehe die Ansage auf Wunsch der Einwohner geändert wurde. Der Stolz der Bürger auf ihr Sythen ist gewiss nachvollziehbar. Denn bereits im Jahr 758 wurde ihre am berühmten Hellweg gelegene Gemeinde erstmals als »Sitina« erwähnt und blickt somit auf eine Historie von mehr als 1250 Jahren zurück.

In Sythen geht es überaus ruhig zu. Geschwindigkeit und Hektik scheinen Fremdwörter zu sein. Dafür wird ein gutes Gemeinschaftsgefühl besonders groß geschrieben. Da die Infrastruktur ebenfalls kaum Wünsche übrig lässt, hat sich die einstige Bauernschaft zu einem Geheimtipp für gestresste Städter entwickelt. In fünf Minuten erreicht man über die Sythener Straße die Bundesautobahn A43, über die man dann wiederum in Windeseile zum Arbeitsplatz nach Münster, Recklinghausen oder ins Ballungszentrum Ruhrgebiet kommt. Und natürlich ist auch die Anbindung an die Bahn ein weiteres Plus.

Entlang der Lehmbrakener Straße

Sythen an sich besteht aus der überschaubaren Siedlung Lehmbraken, den Bauerschaften Uphusen, Dröger Pütt, Stockwiese und Grote Kamp sowie dem eigentlichen Sythen selbst. Lehmbraken gilt aufgrund der geografischen Lage als eine der nördlichsten Ansiedlungen im Vestischen Kreis. Über die Lehmbrakener Straße erreicht man – vorbei am Prickingshof – nach etwa zwei Kilometern das etwas südlicher gelegene Zentrum von Sythen. Bei einem Spaziergang durch das Herz des Vorortes erliegt man rasch dem angenehmen und beschaulichen dörflichen Charme.

Die Vorderseite der Mühle in frühlingshafter Sonne. (Foto: © Ralf Rudzynski)

Der Haltepunkt Bahnhof Sythen wird mittlerweile zumeist in der richtigen Aussprache angekündigt. (Foto: © Ralf Rudzynski)

Auch hinsichtlich der Einkaufsmöglichkeiten gibt es in Sythen alles, was man für den täglichen Bedarf benötigt. (Foto: © Ralf Rudzynski)

Hier können die Kinder noch gefahrlos auf den Straßen spielen. Hier rundet der nette Plausch den Einkauf erst richtig ab. Hier trifft man immer einen guten Freund. Hier ist jeder für seinen Nachbarn da. Das ist typisch für Sythen und gibt ein Gefühl von Geborgenheit, das niemand missen möchte. Zudem stimmt die Struktur zwischen älteren und jüngeren Sythenern. Von »Nachwuchssorgen« kann keine Rede sein. Kindergärten, Kindertagesstätte und Grundschule gehören ebenso zum Dorfbild wie Arztpraxen, Apotheke, Haushaltswarengeschäft, Gaststätten, Restaurants, Handwerksbetriebe oder die eigene Feuerwehr.

Hinzu kommt ein abwechslungsreiches Freizeitangebot. Das reicht von Veranstaltungen der dem Heimatverein Sythen von 1930 angeschlossenen Theatergruppe, dem traditionellen Nikolausumzug, den Sportclubs TuS Sythen und HSC Haltern-Sythen mit seinen erfolgreichen Handballern bis hin zum beheizten Freibad am Mosskamp, für dessen Erhalt eigens der Verein »Freibad Sythen« gegründet wurde, der dann in Eigenregie auch die Leitung übernommen und mittlerweile über 3000 Mitglieder hat.

»Hier gibt es wirklich alles, was man für den täglichen Bedarf benötigt«, sagt Marlies Salewski (Jahrgang 1947), die seit 1977 mit ihrer Familie in Sythen lebt. Sie ist zudem angetan von den schier unendlichen Rad- und Spazierwegen inmitten wunderschöner Natur. Am Mühlenbach, in den Wäldern rund um den Sandbach, bei Uphusen, der Sythener Mark oder im Linnert sagen sich buchstäblich noch Fuchs und Hase »gute Nacht«. Immer wieder ein Erlebnis ist auch der Heidetag, den die Naturschutzgruppe des Heimatvereins in

Von Castrop-Rauxel bis Waltrop

Direkt gegenüber der Mühle kann sich auch das Schloss Sythen sehen lassen. (Foto: © Ralf Rudzynski)

etwas los. Dann sind Spaß und Feiern angesagt, wie während der seit 2008 regelmäßig stattfindenden »Sea of Sand«, bei der zahlreiche DJ's für Party-Feeling sorgen. An den Ufern gibt es diverse Verkaufsstände, die Getränke und Snacks anbieten. Zudem haben sich Erlebnisgastronomien wie das »Treibsand« angesiedelt. Der Funfaktor ist aufgrund des vielfältigen Angebotes für Wasserratten immens hoch und trägt seinen Teil dazu bei, dass das Dorf im Norden von Haltern auch nach mehr als 1250 Jahren immer noch jung ist.

Ralf Rudzynski

Die Silberseen sind die Perlen des Vorortes. (Foto: © Stadt Haltern am See)

Party-Feeling an den Silberseen

Überregional bekannte Ziele sind das östlich des Dorfes gelegene Schloss und die Sythener Mühle am Stockwieser Damm sowie die Silberseen ganz im Norden. Kurz vor der Grenze nach Hausdülmen und damit zum Kreis Coesfeld findet man die Perlen des Vorortes: Die Silberseen, die sich mit ihren weißen Sandstränden großer Beliebtheit erfreuen und an heißen Tagen die Besucher aus allen Himmelsrichtungen anlocken.
Gerade in den Sommermonaten ist an den Silberseen, aus denen die ansässigen Quarzwerke seit Jahrzehnten feinsten Quarzsand gewinnen, immer jedem zweiten Jahr zusammen mit dem Kreis in der unter Naturschutz stehenden Westruper Heide veranstaltet.

Schloss und Mühle sind ein Blickfang
Renovierung durch den Förderverein und die Stadt

Ein echter Blickfang sind in Sythen am Stockwieser Damm die Mühle und das Schloss. Beide stehen seit Jahrhunderten an ihren Plätzen, präsentieren sich aber erst seit wenigen Jahren wieder von ihrer schönsten Seite. Verantwortlich dafür ist nicht zuletzt der Förderverein Schloss Sythen, der mit großem Engagement zahlreicher ansässiger Bürger sowie mit Unterstützung der Stadt Haltern die beiden Zeitzeugen vor dem Verfall bewahrte.
Bereits bei der ersten Erwähnung von Sythen anno 758 wurde auch die Wallburg genannt. Sie geht damit zurück auf Pippin den Jüngeren, ab dem Jahr 751 König der Franken. Noch bekannter ist sein Sohn, Karl der Große. Dieser übergab die Burg Sythen zu Anfang des 9. Jahrhunderts an den Bischof von Münster, ehe die Anlage während der folgenden Jahrhunderte mehrfach den Eigner wechselte.

Soziokulturelle Begegnungsstätte

Von 1821 bis 1965 war das Schloss im Besitz der Grafen von Westerholt. 1946 allerdings wurde es durch den Caritasverband Recklinghausen gepachtet, der das Schloss 1970 gänzlich erwarb. In diese Zeit fällt der Abriss des Herrenhauses, das durchaus hätte erhalten bleiben können. Ein wichtiger Schritt zum Erhalt des restlichen Traktes war der Kauf durch die Stadt Haltern im Jahr 1989.

An jedem Donnerstag organisiert der Heimatverein in der Sythener Mühle von 14.30 bis 18 Uhr ein gemütliches Beisammensein mit Kaffee und Kuchen. (Foto: © Ralf Rudzynski)

Die wunderschöne Sythener Mühle zieht die Besucher von allen Seiten in ihren Bann. (Foto: © Ralf Rudzynski)

Auf Initiative mehrerer Sythener Bürger geht die Renovierung des Schlosses zurück, von dem ein Torbogen die wechselvolle Geschichte überdauert hat. Ebenfalls restauriert wurden die Kapelle, deren Neubau freilich aus dem Jahr 1910 stammt, sowie die gegenüberliegende, erstmals 1331 erwähnte Wassermühle. Diese war bis 1954 in Betrieb. »Ich habe noch erlebt, wie meine Eltern ihr Korn mit dem Bollerwagen zum Mahlen dorthin gebracht haben«, erinnert sich die Sythener Poahlbürgerin Ulla Alfermann (Jahrgang 1946). Mittlerweile sind Schloss und Mühle als soziokulturelle Begegnungsstätte ins Gemeindeleben integriert.

Ralf Rudzynski

Von Castrop-Rauxel bis Waltrop

*In vielen Details entdeckt man die liebevolle Handschrift von Heike Husmann.
(Drei Fotos: © Stiel und Blüte)*

Schönes für Haus und Garten und eine Auszeit für die Seele

Bei Stiel und Blüte taucht man ein in eine Welt ohne Stress und Hektik

In einer Gesellschaft, die zunehmend von Stress und Hektik bestimmt ist, wird das Bedürfnis nach Ruhe und Entspannung bei vielen Menschen immer größer. Oft steckt man jedoch in einer Zwickmühle aus Pflichtbewusstsein und Terminen. Im Bemühen, der Familie, dem Arbeitgeber und den Freunden gleichermaßen gerecht zu werden, bleibt vieles auf der Strecke. Vor allem vergisst man viel zu häufig, sich selbst etwas zu gönnen und sich eine Auszeit zu nehmen. So büßt man vor allem Lebensqualität ein.

Dafür allerdings gewinnt man eine Erkenntnis, die immer offensichtlicher wird: Zeit zu haben, ist eines der erstrebenswerten Güter überhaupt. Um abzuschalten, um wieder zu sich zu finden und den Akku aufzuladen, muss man auf die Bremse treten und Pausen einbauen. Nicht immer kann man spontan in den Urlaub fahren, um die Seele baumeln zu lassen. Aber man sollte sich zumindest die eine oder andere kürzere Auszeit gönnen – und auch nehmen.

Hier ist die Lebenslust zuhause

Es gibt solche Orte, an denen man eintauchen kann in eine andere Welt. Dort wo nicht Meetings, Verantwortung oder Freizeitstress den Tagesablauf bestimmen, sondern wo man eine Rückzugsmöglichkeit von alledem findet. Wie bei Stiel und Blüte in Haltern am See. Mitten im Grünen hat Heike Husmann am Hellweg 216 eine Oase geschaffen, in der die Lebenslust zuhause ist.
Hier wird man empfangen von betörenden Düften, seichter Musik und wunderschönen Blumen. Und im geschmackvoll eingebundenen Café gibt es aromatischen Kaffee, selbst gemachten Kuchen oder köstliche Waffeln. Auf Vorbestellung bekommt man auch ein besonderes Frühstück. In dieser Idylle inszeniert Stiel und Blüte eine ganz besondere Lebenskultur mit Blumen und Pflanzen in ländlicher Atmosphäre.
Mit Bedacht hat Meisterfloristin Heike Husmann diese Umgebung gewählt. Nicht nur, weil es dort wunderschön ist, sondern weil es eben jener bezaubernde Ort ist, an dem man die Zeit vergessen kann. »Wir geben der Seele genügend Raum zum Atmen«, sagt die Inhaberin, deren liebevolle Handschrift man auch bei den Blumenarrangements und vielen Dekorationsideen erkennt.

Farbenpracht der Sinne

Stiel und Blüte öffnet dem Besucher die Tür zu einer außergewöhnlichen Erlebniswelt. Zu jeder Jahreszeit findet man die passenden Blumen und Pflanzen für drinnen und draußen. All das wird präsentiert in Verbindung mit stilvollen Möbeln und attraktiven Wohnaccessoires. Zu einer wahren Farbenpracht der Sinne wird der Gang durch die Räumlichkeiten in der alten Gärtnerei.
Entdecken Sie Edles, Schlichtes, Zeitloses und Modernes. Sehen, staunen, entdecken, genießen – das alles ist dort möglich, wo Natur und Phantasie, Kunst und Können zusammenfließen. Genauso wie man sich von den Wohnbeispielen aus Blumen, Möbeln und Accessoires inspirieren lassen kann, bringt Heike Husmann diese Welt auch zu Ihnen nach Hause. Empfangs- und Geschäftsräume lässt sie ebenfalls aufblühen: »Wir besichtigen die Räume und entwickeln gemeinsam mit unseren Kunden die Umsetzung: abgestimmt auf das Interieur.« Auch für besondere Anlässe wie Hochzeiten oder andere Feierlichkeiten.
Geöffnet hat die Idylle aus Natur, Ruhe und Genuss montags bis freitags von 9 bis 18.30 Uhr, samstags von 9 bis 17 Uhr sowie sonntags von 10.30 bis 12.30 Uhr. Schon ein kurzer Besuch lohnt sich, um Stress und Hektik zu vergessen, seine Sinne betören zu lassen und Kraft zu tanken.

*Im geschmackvoll eingebundenen Café kann man jederzeit die Seele baumeln lassen.
(Foto: © Andreas Molatta)*

Beitrag von:
Stiel und Blüte
Hellweg 216 · 45721 Haltern am See
Tel. (0 23 64) 50 48 77 · www.stiel-bluete.com

Ihr starker Partner für starke Werbung

E.dition & C.onsult GbR verbindet Erfahrung, Kreativität und Know-how

Es gibt viele Möglichkeiten, um seine Idee oder sein Produkt bekannt zu machen. Um mit Werbung sofort und gezielt den Verbraucher anzusprechen, sollte man aber von Beginn an auf erfahrene Fachleute setzen. Denn wer am Markt Erfolge haben will, der braucht zuverlässige Partner.

E.dition & C.onsult GbR verbindet große Erfahrung auf verschiedenen Geschäftsfeldern mit bemerkenswerter Kreativität und bestem Knowhow. Überdies verfügt das Marketing-Unternehmen über wichtige Kontakte zu Wirtschaft, Presse und Politik.

Erwin Kirschenbaum ist Ihr kompetenter Ansprechpartner bei der Erstellung und Vermarktung von Flyern und Hausprospekten, barrierefreien Stadtplänen, Firmenlogos, Visitenkarten, Plakaten, Festschriften, Büchern, Broschüren, Postkarten, individuell gestalteten Kalendern, Zeitschriften oder Programmheften zum Beispiel für Bildungswerke.

Dieser Güterwagen ist eines von vielen Exponaten, die im Virginia Holocaust Museum an die Nazi-Greueltaten des Zweiten Weltkriegs erinnern. Erwin Kirschenbaum organisierte unter anderem die Verschiffung von Bremerhaven in die USA. (Foto: © E.dition & C.onsult)

Von Castrop-Rauxel bis Waltrop

Internationale Beziehungen

Auch bei größeren Werbekampagnen weiß er genau, worauf es ankommt; vom Foto bis zur Druckvorlage, von der Anzeige bis zur erstklassigen Präsentation, vom individuellen Unternehmensmerkmal bis zum perfekten Firmenauftritt: »Wir beraten Sie und gestalten ganz nach Ihren Wünschen den Auftritt Ihres Unternehmens oder Ihres Vereins und setzen Ihre Vorstellungen um.« Die Kontakte sind sogar international. So organisierte Erwin Kirschenbaum sowohl für das Virginia Holocaust Museum in Richmond/USA als auch für das Illinois Holocaust Museum & Education Center die Verschiffung von Güterwagen aus dem Zweiten Weltkrieg. Für Besuchergruppen aus Halterns Partnerstadt Roost-Warendin fertigte E.dition & C.onsult GbR einen Reiseführer in französischer Sprache an.

E.dition & C.onsult GbR ist Ihr starker Werbepartner in Haltern am See. Sachkompetenz, Verlässlichkeit, pünktliche Fertigstellung und höchste Kundenzufriedenheit sind selbstverständlich und die Basis für erfolgreiche Werbung.

Beitrag von:
E.dition & C.onsult GbR
Kirschenbaum Marketing + Design
Kardinal-von-Galen-Straße 10b
45721 Haltern am See
Tel. (0 23 64) 10 21 58 · Fax (0 23 64) 10 21 62
kirschenbaum@online.de · www.kirschenbaum.de

Pfeiffer's Sythener Flora

Hotel – Restaurant – Café

»Sythener Flora«: Der Name kommt von einer Park-Anlage, die bereits vor circa 120 Jahren angelegt wurde. Leider fiel diese Gartenanlage der »schlechten« Zeit der 20er Jahre des vorigen Jahrhunderts zum Opfer und wurde wieder zu Ackerland. Schon damals kamen die ersten so genannten »Sommerfrischler« aus dem Ruhrgebiet und machten Urlaub in Sythen. Die 1895 eingerichtete Bahnlinie machte es möglich.

Die Zeiten haben sich aber schon lange geändert. Das »grüne« Haltern hat sich zur Naherholungsregion gewandelt. Durch optimale Verkehrsanbindungen ist man in kurzer Zeit im gesamten Ruhrgebiet.

Diesem stetigen Wandel passt sich auch die Sythener Flora an. Im Hotel übernachten mittlerweile viele Geschäftsreisende und am Wochenende auch Kurzurlauber, um unter anderem Rad zu fahren oder zu wandern.

Kurzurlaub im Grünen

Im Restaurant begrüßt man außer den so genannten »Einheimischen« und vielen Stammgästen auch

Pfeiffer's Sythener Flora hat zu folgenden Zeiten geöffnet: Täglich ab 11 Uhr – Café von 13 bis 18 Uhr, warme Küche von 12 bis 14 und von 17 bis 21 Uhr. Donnerstag ist für Restaurant und Café Ruhetag. Das Hotel hat durchgehend geöffnet (Foto: © Pfeiffer)

Gäste aus der nahen und weiteren Umgebung. Die regionalen Speisenangebote werden ergänzt durch Gerichte, die auch gehobenen Ansprüchen gerecht werden. Angebotene Torten und Kuchen werden ausschließlich selbst hergestellt.

Themenabende mit Literatur, Musik oder Kabarett sowie Aktionswochen (Fisch, Heidschnucke) in Verbindung mit saisonalen Angeboten (Spargel, Erdbeeren, Pilze, Gans) runden das Angebot ab. Die Räumlichkeiten sind so konzipiert, dass man von der Familienfeier über die Betriebsfeier bis zum offiziellen Empfang oder zur Präsentation fast alle Möglichkeiten findet. Dazu freut sich Familie Pfeiffer, die bereits seit 1851 in fünfter Generation die Sythener Flora betreibt, Ihnen durch eine persönliche Beratung »Ihren« Anlass zu gestalten.

Sollten Sie einmal zu Hause oder auch in anderen Räumlichkeiten feiern wollen, so kommt das Team der Sythener Flora auch gerne zu Ihnen und bewirtet Sie »vor Ort«.

Beitrag von:
Pfeiffer's Sythener Flora
Hotel-Café-Restaurant
Am Wehr 71
45721 Haltern am See-Sythen
Tel. (0 23 64) 9 62 20
Fax (0 23 64) 96 22 96
mail@hotel-pfeiffer.de
www.hotel-pfeiffer.de

Von Castrop-Rauxel bis Waltrop

Wenn am Dachsberg der Meiler glüht

Bis 1975 bildete Flaesheim eine Verwaltungseinheit mit Datteln

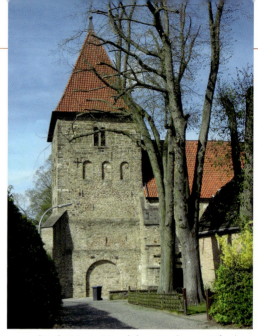

Die St. Maria Magdalena-Kirche am Stiftsplatz. (Foto: © Ralf Rudzynski)

Alljährlich am 1. Mai entzündet der Köhler in einer feierlichen Zeremonie am Dachsberg den Meiler. (Foto: © Ralf Rudzynski)

Auf eine wechselvolle Geschichte blickt die Gemeinde Flaesheim zurück. Die Historie geht zurück bis ins neunte Jahr unserer Zeitrechnung, als die Germanen an der Lippe siedelten. Zu Beginn des achten Jahrhunderts verschlug es die Sachsen in diese Gegend. Davon zeugen Überreste heidnischer Gräber, die unweit der Stiftskirche St. Maria Magdalena gefunden wurden.

Ein Ortsteil von Haltern wurde das Dorf, zu dem ferner die etwa zwei Kilometer weiter östlich gelegene Bauerschaft Westleven gehört, erst im Zuge der kommunalen Neugliederung zu Beginn des Jahres 1975. »Bis dahin war Flaesheim innerhalb einer Verwaltungseinheit mit Datteln eine selbstständige Gemeinde«, erläutert Bernhard Althoff (Jahrgang 1944). Seine Frau Marianne (Jahrgang 1951) stammt aus Velen im Kreis Borken. Sie ist längst heimisch geworden in Flaesheim und würde von dort »auf gar keinen Fall wegziehen«.

1. August 1166

In den Registern des Klosters Werden wurde die erste schriftliche Erwähnung von Flaesheim entdeckt. Sie stammt etwa aus dem Jahr 800 und trägt den Namen »Flaveresheim«. In späteren Jahrhunderten wurde die Siedlung unter anderem auch »Flarsheim«, »Wlarsheim« oder »Vlozemh« genannt.

Das wohl wichtigste Datum für die Geschichtsschreibung von Flaesheim ist der 1. August 1166, der als Gründungstag gilt. Damals entstand ein aus der St. Maria Magdalena-Kirche und einem Gutshof bestehendes Frauenkloster, um das sich allmählich der Ortskern bildete. Im Laufe der Jahrhunderte waren bauliche Veränderungen an der Stiftskirche aus verschiedenen Gründen unumgänglich. Ein Besuch der Kirche am Stiftsplatz 6 lohnt sich aber unbedingt. Überaus sehenswert sind die Statue der Maria Magdalena sowie der barocke Hochaltar.

Von Flaesheim nach Westleven

Ebenso wie der Turm der Stiftskirche ist auch ein anderes, freilich bedeutend moderneres Bauwerk in Flaesheim weithin sichtbar: Die Schleuse, die den Schiffsverkehr auf dem Wesel-Datteln-Kanal deutlich erleichtert. Sie befindet sich etwa 500 Meter östlich des eigentlichen Ortes und ist über den Schleusenweg erreichbar.

Erneut nur ein kurzes Stückchen weiter entfernt, überquert die Flaesheimer Straße den Kanal und führt nach Westleven. Auf dem Weg dorthin passiert man das Baustoff- und Kalksandsteinwerk Cirkel, das insgesamt auf eine über 100-jährige Tradition zurückblicken kann und seit 1939 die Produktionsstätte in Westleven betreibt. Dem Werk gegenüber ist die Einfahrt zur Marina Flaesheim, einem modernen Yachthafen mit direkter Anbindung an den Wesel-Datteln-Kanal. Zum Areal entlang des dortigen Baggersees gehören auch ein Freizeitpark, ein Campingplatz und ein Strandbad.

Das Anzünden des Meilers

Freizeit und Sport verbindet in Flaesheim der Sportverein Concordia. Er organisiert seit Jahrzehnten diverse Laufveranstaltungen, die weit über Haltern hinaus bekannt sind. Dazu gehören der Internationale Flaesheimer Silvesterlauf und der Halterner Halbmarathon. Ehre für den Ortsteil legten einst zudem die Fußballerinnen des FFC Flaesheim-Hillen ein. Von 1999 bis 2001 spielte das Team in der 1. Bundesliga und erreichte 2001 obendrein das Pokalfinale. In Berlin unterlag Flaesheim dem hohen Favoriten aus Frankfurt nach toller Leistung nur knapp mit 1:2.

Zu einer festen, kulturellen Institution hat sich mittlerweile auch das Anzünden eines Holzmeilers entwickelt. Von Ende April bis Ende Mai wird über mehrere Wochen an die alte Tradition der Holzkohlegewinnung erinnert. Der wichtigste Tag der Festivitäten ist der 1. Mai, wenn der Köhler in einer feierlichen Zeremonie am Dachsberg den Meiler anzündet.

Ralf Rudzynski

Die Flaesheimer Schleuse. (Foto: © Ralf Rudzynski)

Von Castrop-Rauxel bis Waltrop

Der kleine Stadtteil mit dem großen Schatz

In Hamm-Bossendorf steht der älteste Steinbau des Vestischen Kreises

Obwohl Hamm-Bossendorf von der Fläche her gesehen Halterns kleinster Stadtteil ist, besitzt er einen Schatz, der für den gesamten Vestischen Kreis von großer kulturhistorischer Bedeutung ist. Die Rede ist von der in Bossendorf stehenden Katharinen-Kapelle. Sie ist der älteste Steinbau im Kreis Recklinghausen und weit über 1000 Jahre alt. »Das macht uns stolz«, bekennt Josef Tiemann (Jahrgang 1935) stellvertretend für viele Bürger aus dem Vorort. Wann genau die Katharinen-Kapelle gebaut worden ist, kann man nicht exakt bestimmen. Man geht aber davon aus, dass ihr Bau vom ersten Münsteraner Bischof, dem Heiligen Ludgerus, in Auftrag gegeben worden ist. Er lebte von 742 bis 809 und ihm zu Ehren wird das kleine Gotteshaus im Volksmund auch Ludgerus-Kapelle genannt.

Die Katharinen-Kapelle

Da die Katharinen-Kapelle am Übergang der Lippe liegt, war sie nicht zuletzt Zeitzeuge zahlreicher kriegerischer Auseinandersetzungen, die auch sie nicht immer schadlos überstanden hat. Mehrfach wurde sie niedergebrannt oder auf andere Weise beschädigt. Auch als Kuhstall wurde sie zweckentfremdet. In ihrem eigentlichen Urzustand ist sie dementsprechend nicht mehr komplett erhalten, aber für jeden Vorbeifahrenden auf jeden Fall einen Stopp wert.
Wenn es die Zeit erlaubt, sollte man diesen nach Möglichkeit mit einem Spaziergang durch die wunderschöne Lippeaue verbinden. Hier befindet sich übrigens die mit nicht einmal 34 Metern über Normalnull niedrigste Stelle der Stadt Haltern am See. Auch bietet sich ein kleiner Abstecher bis Flaesheim an, das von Bossendorf entlang des Wesel-Datteln-Kanals bei gemütlichem Tempo etwa eine Stunde entfernt ist.

Drei Kirchen am Kanal

Dort kann man die aus dem 12. Jahrhundert stammende Stiftskirche St. Maria Magdalena besuchen. In diesem Zusammenhang darf natürlich die Heilig-Kreuz-Kirche in Hamm nicht unerwähnt bleiben, die aus derselben Zeit stammt. So kann man auf einer kurzen Strecke gleich drei bedeutende Sakralbauten bestaunen.
Durchaus ins Staunen gerät man überdies, wenn man erfährt, dass Hamm-Bossendorf als Teil der Gemeinde Hamm bis zur Gebietsreform am 1. Januar 1975 zum Amt Marl gehörte. Dann wurde Hamm auseinandergerissen. Einen Großteil erhielt die Stadt Marl, der andere ging an Haltern. Paul Overhoff (Jahrgang 1936) begrüßt diese Veränderung. »Wenn man bürokratische Angelegenheiten erledigen muss, hat man in Haltern viel kürzere Wege. Zum Rathaus kann man auch mit dem Fahrrad fahren. Darüber hinaus trifft man hier auch den Bürgermeister mitten in der Gemeinde an.« Wie zum Beispiel beim 150-jährigen Jubiläum des Bürger- und Schützenvereins Alt Hamm-Bossendorf.
In erster Linie ist Hamm-Bossendorf mit seinen rund 2000 Bürgern ein Wohngebiet. So passt es ins Bild, dass auf der Durchgangsstraße, der dortigen Marler Straße, in der Bauerschaft Hämmken nur eine Geschwindigkeit von 30 Stundenkilometern erlaubt ist. Mittelständische Unternehmen gibt es nur entlang der Recklinghäuser Straße. Sie stellt auch die Grenze dar zwischen Hamm im Westen und Bossendorf im Osten. Die Bebauung von Hamm-Bossendorf endet schließlich etwa einen Kilometer südlich des Kanals. Während sich die Recklinghäuser Straße nun weiter durch die Haard und Marl-Sinsen bis nach Recklinghausen zieht, wird sie gekreuzt von der auslaufenden A52.

Hier sind die Kicker des SV Bossendorf zu Hause. (Foto: © Ralf Rudzynski)

Das Ehrenmal in Hamm. (Foto: © Ralf Rudzynski)

Von West nach Ost erstreckt sich die Gemeinde als relativ dünn besiedelter schmaler Streifen auf einer Länge von rund sechs Kilometern. Nicht uninteressant ist, dass auf dem Stück von Bossendorf nach Flaesheim die lediglich aus vier Häusern bestehende Siedlung Kilometer 34,9 sogar über eine eigene Bushaltestelle verfügt.

Ralf Rudzynski

Die Katharinen-Kapelle in Bossendorf ist der älteste Steinbau im Vestischen Kreis. (Foto: © Ralf Rudzynski)

Überaus sehenswert ist auch die Heilig-Kreuz-Kirche in Hamm. (Foto: © Ralf Rudzynski)

Von Castrop-Rauxel bis Waltrop

Per Hammelsprung nach Haltern

In Lippramsdorf hat die Kornmühle keine Flügel

Die Mühle ohne Flügel. (Foto: © Ralf Rudzynski)

Als offizielles Datum für die Gebietsreform, die unter anderem die Stadtgrenzen von Haltern veränderte, gilt der 1. Januar 1975. In Lippramsdorf allerdings hat es sogar noch elf Jahre später kleinere Veränderungen gegeben. Am 1. Januar 1986 wurde der Verlauf der westlichen Grenze korrigiert. In der dünn besiedelten Bauerschaft Kusenhorst gingen insgesamt 43 Hektar von Dorsten an Haltern zurück. Das hatte in erster Linie logistische Gründe und Vorteile. Postzustellung und Müllabfuhr wurden elf Jahre lang von der Stadt Dorsten aus organisiert. Da jedoch der Weg für die Kollegen aus Haltern deutlich kürzer ist, wird Kusenhorst seitdem aus dem Halterner Rathaus verwaltet.

Dass die Gemeinde Lippramsdorf an sich Haltern und nicht wie ebenfalls angedacht der Stadt Marl zugeordnet wurde, ist einem einzigen Landtagsabgeordneten zu verdanken. »Um die Zuordnung von Lippramsdorf gab es den ersten so genannten Hammelsprung im NRW-Landtag«, erinnert sich Karl-Heinz Paul (Jahrgang 1954), der sich seit Jahrzehnten mit der Geschichte seiner Gemeinde befasst: »Am Ende entfiel auf Haltern die Mehrheit von nur einer einzigen Stimme.«

Schon rund 25 Jahre vorher war Lippramsdorf in den Blickpunkt der Republik gerückt. Denn die Gemeinde war die erste in der jungen BRD, der mit Ita Völker-Albert eine Bürgermeisterin vorstand. Bis weit über die Grenzen ihres Dorfes hinaus hatte sie sich einen Namen gemacht und genoss allseits großen Respekt.

Größter Stadtteil Halterns am See

Von seiner Fläche her ist Lippramsdorf der größte Stadtteil Halterns am See. Die rund 3700 Bürger sind aber in viele Winde verstreut. Zum eigentlichen Lippramsdorf gehören neben Kusenhorst noch weitere Bauerschaften wie Eppendorf, Tannenberg, Freiheit oder Mersch, in dessen Rücken sich der Marler Chemiepark befindet, der »nach wie vor Arbeitgeber auch für die Lippramsdorfer ist«, wie Karlheinz Overwien (Jahrgang 1945) zu berichten weiß.

Das Herz von Lippramsdorf, das 1989 sein 1100-jähriges Bestehen feierte, schlägt im eigentlichen Zentrum entlang der Dorstener- und der Lembecker Straße. Auf dem Dorfplatz finden Veranstaltungen statt wie die adventliche Einstimmung oder das vom Heimatverein Lippramsdorf organisierte Maibaumsetzen. Auch zahlreiche Aktivitäten der bereits 1976 gegründeten Interessengemeinschaft Lippramsdorf tragen ihren Teil zur Identifikation der Bürger mit ihrer Gemeinde bei.

Heimathaus und Tannenbergkapelle

Wichtige Sehenswürdigkeiten im Dorf sind die Alte Mühle, die übrigens niemals Flügel besessen hat, an der Lembecker Straße und das Lippramsdorfer Heimathaus am Antoniusweg, das Mitte der 1990er Jahre von Lippramsdorfer Bürgern renoviert wurde und seit dem 1. Juli 1995 vom Heimatverein betrieben wird. Etwa dreieinhalb Kilometer nördlicher steht in der Bauerschaft Tannenberg die gleichnamige Kapelle. Sie geht auf einen der Heiligen Anna geweihten Bau zurück, der Anfang des 17. Jahrhunderts erstmals urkundlich erwähnt worden war. Lange befand sich in der Kapelle die Statue der St. Anna selbdritt, die seit etwa 1670 die neue Annakapelle auf dem Annaberg nahe der Halterner Innenstadt schmückt.

Die Burg Ostendorf

Prunkstück der Bauerschaft Freiheit ist die Burganlage Haus Ostendorf, die zwischen 1140 und 1160 als Wasserburg an der Lippe angelegt worden ist. Auftraggeber war der Bischof von Münster, für den der Standort an der damals noch in ihrem ursprünglichen Flussbett fließenden Lippe von wichtiger strategischer Bedeutung gewesen ist. Seit 1982 befindet sich die Burg Ostendorf in Privatbesitz.

Ralf Rudzynski

Immer wieder schön: Solch prächtige Bauernhäuser wie hier an der Dorstener Straße. (Foto: © Ralf Rudzynski)

Im Zentrum von Lippramsdorf. (Foto: © Ralf Rudzynski)

Die Burg Ostendorf in winterlicher Pracht. (Foto: © Firma Mertmann)

Von Castrop-Rauxel bis Waltrop

Bauunternehmen Mertmann: Leistungsfähig und vielseitig seit 1949

Wohnhäuser, Gewerbeobjekte, Altbausanierung – von der Planung bis zur Schlüsselübergabe

Ein herrliches Beispiel für schlüsselfertiges Bauen. (Foto: © Firma Mertmann)

Am 1. Dezember 1949 gründeten Theodor Mertmann und Josef Dreckmann eine kleine Baufirma mit drei Mitarbeitern. Damals haben sie sich kaum träumen lassen, dass daraus einmal ein großes Unternehmen mit über 80 Angestellten werden würde.

Zumindest aber war in den Anfängen bereits zu erkennen, dass es sich um einen Betrieb mit Perspektive handelte. Schon damals waren die Kunden, für die hauptsächlich Ein- und Zweifamilienhäuser sowie Stallungen und Wirtschaftsgebäude gebaut wurden, überaus zufrieden. Schnell wuchs so auch die Zahl der Mitarbeiter deutlich auf 20 an.

1960 wurde die 20-köpfige Belegschaft der Firma Guddorf aus Sythen übernommen, wo beim Bau der dortigen Grundschule noch mit Hand und Schaufel ausgeschachtet wurde. 1962 »revolutionierten« eine Rechenmaschine die Büroarbeit und ein Turmdrehkran die Bauarbeiten.

Tradition als Verpflichtung

Neben erstklassiger und schneller Bauausführung haben seit jeher ein ehrlicher und partnerschaftlicher Umgang mit den Kunden sowie die soziale Verantwortung gegenüber den Mitarbeitern oberste Priorität. Auch das ist im Laufe der Jahre an die nachwachsenden Generationen weitergegeben worden. 1979 schied Josef Dreckmann aus dem Unternehmen aus, dem Werner Mertmann in der zweiten Generation bereits seit 1971 angehört.

Seit dem 1. Januar 1997 firmiert das Unternehmen als Mertmann GmbH & Co. KG. Der verantwortungsvollen Aufgabe, einen Familienbetrieb mit Tradition und hohem Anspruch zu führen, hat sich seit 1998 auch Werner Mertmanns Sohn Ralf – ebenfalls Bauingenieur – verpflichtet.

Schlüsselfertiges Bauen

Durch kompetente Beratung in allen Phasen eines Bauprojektes gewährleistet das Bauunternehmen Mertmann sowohl Termin- als auch Kostenplanungstreue. Gerade bei schlüsselfertigem Bauen ist der ständige Austausch mit den Bauherren wichtig, um alle Wünsche zu verwirklichen. Das beginnt mit der Planung durch die eigenen Ingenieure und Architekten, die dank technischer Hilfsmittel das neue Zuhause bereits am Computer in dreidimensionaler Ansicht entstehen lassen.

Neben einem hohen Maß an Flexibilität und Kreativität kommen den Kunden die langjährige Erfahrung und die große Sorgfalt zugute. Auf diese Weise hat die Firma Mertmann viele Einfamilien-, Reihen- und Mehrfamilienhäuser unterschiedlicher Typen errichtet, in denen es sich die mehr als zufriedenen Bauherren nach der Schlüsselübergabe gemütlich gemacht haben.

Neuer Komfort in alten Mauern

Alleine in Haltern am See gibt es zahlreiche Referenzobjekte wie das Hotel am Turm, das Modegeschäft Heckmann, die Hauptgeschäftsstelle der Volksbank Haltern am Kreisverkehr oder diverse Gewerbe- und Industriegebäude. Auch in puncto Altbausanierung überzeugt das Unternehmen mit wunderschön renovierten Objekten. Davon zeugen die Mühlenpforte in Westerholt, die Dresdner Bank in Recklinghausen, zahlreiche Hofanlagen und nicht zuletzt der Firmensitz des Bauunternehmens Mertmann, die Burganlage Haus Ostendorf in Haltern-Lippramsdorf.

Auf dem dortigen Areal ist auch der umfangreiche und vielseitige Fuhrpark untergebracht. Er umfasst Bagger, Raupen, Frontlader, Autokrane der Marke Liebherr, Containerfahrzeuge und zahlreiche Lkw. Damit sind auch Abbrucharbeiten möglich, und in einer eigenen Recyclinganlage werden Schutt und Holz zur Wiederverwertung aufbereitet.

Das größte und wichtigste Gut des Unternehmens, das auch als Ausbildungsbetrieb tätig ist, aber sind die Mitarbeiter. Sie werden in alle Abläufe verantwortungsbewusst einbezogen. Eigenständiges Arbeiten und Entscheiden fördern die Identifikation mit den Bauvorhaben und die Verantwortung gegenüber den Kunden. Und das ist auch heute noch ganz gewiss im Sinne der Firmengründer.

Zu den Referenzobjekten des Bauunternehmens Mertmann gehört das Gebäude der Volksbank in Haltern am See. (Foto: © Firma Mertmann)

Auch Erschließung und Bauausführung ganzer Siedlungsbereiche gehören zu den Aufgaben des Unternehmens. (Foto: © Firma Mertmann)

Dank bester Ausrüstung mit Baggern, Raupen oder Containerfahrzeugen sind auch Abbrucharbeiten möglich. (Foto: © Firma Mertmann)

Beitrag von:
Mertmann GmbH & Co. KG
Burgstraße 100 · 45721 Haltern am See
Tel. (0 23 60) 9 99 10 · Fax (0 23 60) 99 91 11
info@mertmann-bau.de · www.mertmann-bau.de

Die Halde Hoheward mit den zwei Bögen des Horizontobservatoriums ist das Wahrzeichen Hertens. (Foto: © Svenja Küchmeister)

Die Zukunft wird erschlossen

Im Strukturwandel entwickelte Herten neue Perspektiven

Wer an den Vestischen Kreis denkt, dem kommt zunächst wahrscheinlich – wegen der Größe – Recklinghausen in den Sinn. Dann Haltern – wegen des Stausees und des Römermuseums – und dann einige andere Städte. Ein wenig versteckt ist dagegen Herten, dabei hat die Stadt mit der Halde Hoheward und den größten Wassertürmen Deutschlands einiges zu bieten. Neben der Halde sogar noch einen zweiten »Berg«, der zudem noch ein Stadtteil ist.

Sitz der kurkölnischen Statthalter

Das Hertener Stadtgebiet erstreckt sich über eine Fläche von 37,31 Quadratkilometern, hier leben 62 639 Einwohner (Stand 31.Dezember 2009). Die Stadt besteht aus neun Stadtteilen: Scherlebeck, Langenbochum, Disteln, Paschenberg, Herten-Mitte, Herten-Südwest, Herten-Südost, Bertlich und Westerholt. Letzterer Stadtteil ist nicht nur der größte, sondern war bis zu Beginn des Jahres 1975 sogar noch eigenständig. Aber dazu später mehr.
Herten wurde um 1050 als »Herthene« erstmals erwähnt. Das Haus Herten – der Vorläufer des heutigen Schlosses – fand erstmals am 2. Februar 1376 Erwähnung. Herten gehörte schon im Mittelalter zum historischen Vest und war damit Teil des Kurfürstentums Köln. Zu diesem Zeitpunkt war Herten nur ein kleines Dorf mit wenigen Hundert Einwohnern. Die Bevölkerungszahl wuchs nur langsam und ging durch zahlreiche Kriege, Seuchen und Hungersnöte immer wieder zurück.

Für etwa 300 Jahre war das Schloss Herten Sitz der kurkölnischen Statthalter. Zwischen 1844 und 1856 gehörte die Landgemeinde zum Amt Recklinghausen, trat 1857 aus dem Amtsverband aus und erhielt eine eigene Verwaltung. Herten blieb bis zum Beginn des Steinkohlebergbaus 1872 dörflich geprägt.

Neue Technologie um Wasserstoff

Der Bedarf des Bergbaus ließ die Bevölkerung wachsen. Da es vor Ort nicht genügend Arbeitskräfte gab, wurden zahlreiche Polen, Tschechen und Slowenen angeworben. Am 1. April 1926 wurden die Bauerschaften Ebbelich, Disteln, Langenbochum und Scherlebeck aus dem Amtsverband Recklinghausen herausgelöst und in Herten eingemeindet. Die Einwohnerzahl nahm von 19 000 auf 35 500 zu. Am 20. April 1936 erhielt Herten das Recht, die Bezeichnung »Stadt« zu führen, und am 8. Juni sogar ein eigenes Stadtwappen.
Durch den Zustrom von Flüchtlingen und Vertriebenen nach dem Zweiten Weltkrieg und durch die Attraktivität des Bergbaustandortes wuchsen die Einwohnerzahlen. Als es 1975 im Zuge der Gebietsreform zur Eingemeindung der Stadt Westerholt und dem Ortsteil Bertlich kam, war der historische Höchststand von 70 795 Einwohnern erreicht.
Herten nannte sich noch in den 1980ern »größte Bergbaustadt Europas«, und das Ende der 130-jährigen Bergbaugeschichte vor Ort im Jahr 2000 traf Herten schwer. Doch gegenwärtig nimmt der Strukturwandel an Fahrt auf: Deutliches Signal ist die Einrichtung des Wasserstoff-Kompetenz-Zentrums »H2Herten« am Zukunftsstandort Ewald – dem früheren Zechengelände. Hiermit profiliert sich Herten auch international als bedeutender Technologiestandort.
Insgesamt bietet Herten beachtlich viel Lebensqualität. Genannt seien da nur die zwei großen Feste in der Innenstadt, das kulturelle Zentrum Glashaus, zwei wunderschöne Schlösser, die Denkmale der Industriekultur und die eindrucksvolle Halde Hoheward – weithin sichtbares Zeichen für das neue, spannende Herten.

Daniel Maiß

Das Spargeldorf Scherlebeck ist überregional bekannt. (Foto: © Daniel Maiß)

Kultur spielt in Herten eine wichtige Rolle – dafür steht das Hertener Glashaus. (Foto: © Daniel Maiß)

Romantisches Plätzchen am Rande der Innenstadt: das wunderschöne Wasserschloss. (Foto: © Daniel Maiß)

Von Castrop-Rauxel bis Waltrop

Perfektion aus Stahl und Edelstahl

Privatkunden und Großindustrie setzen auf Produkte von W+Z Metallbau aus Herten

Im Ruhrgebiet haben Eisen und Stahl seit jeher eine ganz besondere Bedeutung. W+Z Metallbau hat sich allerdings nicht der untergehenden Tradition der Montanindustrie verschrieben, sondern viel mehr der Verarbeitung von Stahl und Edelstahl. Das in Herten ansässige Unternehmen legt großen Wert darauf, das traditionelle Schlosserhandwerk mit modernen Mitteln und Möglichkeiten neu zu definieren. Neben der Qualität der ausgeführten Arbeiten steht die gestalterische Umsetzung an erster Stelle.

Am 3. April 2000 wurde der Grundstein für die Erfolgsgeschichte der W+Z Metallbau GbR gelegt. Vom ersten Tag der Firmengründung an haben die Inhaber besonderen Wert auf die Qualität ihrer Arbeit gelegt. Dass die damals noch in Marl ansässigen Jungunternehmer mit ihrem Vorhaben, »maximale Qualität zu fairen Preisen« anbieten zu wollen, tatsächlich eine Marktlücke gefunden haben, war vor über zehn Jahren keinesfalls absehbar.
Heute machen Frank Wendzinski und Olaf Zaborowski kein Geheimnis aus ihrem Erfolgsrezept. Das Unternehmen von einst ist schnell aus den Kinderschuhen gewachsen und hat inzwischen eine stattliche Größe. Das stetige Wachstum hatte schließlich auch den Umzug nach Herten zur Folge, wo neue und großzügigere Räumlichkeiten völlig neue Perspektiven zuließen.

Privatkunden und Industrie

Mittlerweile gehören verschiedene Architekturbüros und Wohnungsbau-Gesellschaften genauso zum festen Kundenstamm wie national und international agierende Industriebetriebe. Ganz besonders freut man sich jedoch immer wieder über Privatleute, denen W+Z Metallbau individuelle Wünsche realisiert.
Nicht selten handelt es sich dabei um lieb gewonnene Stammkunden, deren Aufträge mit derselben Sorgfalt und Präzision ausgeführt werden wie die Großaufträge aus der Industrie. Schließlich hat man einst mit der Anfertigung und Montage von individuell gestalteten Balkonen, Geländern oder auch Treppen und ganzen Möbelstücken angefangen.

Schweißfachbetrieb

Für den Auftraggeber aus der Industrie mag jedoch viel entscheidender sein, dass in Herten qualifizierte Experten für MAG- und WIG-Schweißarbeiten zu finden sind, die als Schweißfachbetrieb in der Klasse B, nach DIN 18800-7:2008-11 zugelassen sind. In der Praxis bedeutet das, dass man dazu befähigt ist, Stützen und Masten mit einer Spannweite bis 20 Meter, Behälter und Silos aus Blech (= 8 mm Dicke), Treppen, Laufstege, Bühnen mit Verkehrslasten (= 5 kN/m) anzufertigen.
Darüber hinaus darf das Unternehmen Rohrleitungen aus Stahl und Edelstahl sowie Geländer für den öffentlichen Bereich herstellen und montieren.

Qualität und Design zu fairen Preisen

Nach über zehn Jahren als selbständige Unternehmer kann man zwar längst nicht mehr von Jungunternehmern sprechen, jedoch hat man sich die Tugenden von einst bewahrt. Den Erfolg,

Frank Wendzinski (links) und Olaf Zaborowski haben W+Z Metallbau am Markt etabliert. (Alle Fotos: © W+Z Metallbau GbR)

auch in wirtschaftlich schwierigen Zeiten bestehen zu können, hat sich W+Z Metallbau hart erarbeitet und nicht zuletzt dem eingangs erwähnten Grundsatz zu verdanken.
Hinzu kommt die stetige Fortbildung jedes einzelnen Mitarbeiters, um immer auf dem neuesten Stand der Technik bleiben zu können. So sind inzwischen neben den klassischen Schlossern auch technische Zeichner beschäftigt, die mit entsprechender Software jedes Projekt im Vorfeld als 3D-Zeichnung konstruieren. Mit dem Grundsatz, Qualität und Design zu einem fairen Preis anzubieten, dürften also auch die nächsten zehn Jahre kein großes Problem darstellen.

Beitrag von:
W+Z Metallbau GbR
Zum Bauhof 3 · 45701 Herten
Tel. (0 23 66) 93 06 26 · Fax (0 23 66) 93 06 27
info@wz-metallbau.de · www.wz-metallbau.de

Von Castrop-Rauxel bis Waltrop

Lebhaft und lebensnah – die City

Hertens Zentrum lockt mit Festen, Märkten und dem Wasserschloss

Die Innenstadt ist die »Gute Stube« Hertens. Sie bietet nicht nur beste Einkaufs- und Bummelmöglichkeiten, sondern auch viele weitere Anziehungspunkte. Dienstags und freitags findet auf dem Marktplatz der beliebte Hertener Wochenmarkt statt. Im Glashaus Herten kann man nach Herzenslust in der ausgezeichneten Stadtbibliothek stöbern oder eine der zahlreichen kulturellen Veranstaltungen besuchen.

Blumen und Wein

Mit dem Hertener Blumenmarkt und dem Hertener Weinfest bietet die Innenstadt im Frühjahr und im Herbst zwei große Veranstaltungen, jeweils mit verkaufsoffenen Sonntagen. Dabei ist vor allem der zweitägige Blumen- und Gartenmarkt ein Magnet, der Besucher nicht nur aus dem Vestischen Kreis, sondern aus der gesamten Region anzieht. Er ist nämlich der größte seiner Art im gesamten Ruhrgebiet. Im Jahr 1998 feierte der Markt seine Premiere und ist seitdem eine feste Größe im Terminkalender der Stadt. Jedes Jahr bringen mehr als 100 Aussteller die Innenstadt zum Erblühen. Neben der bekannten Palette an Balkon-, Beet- und Saisonpflanzen gibt es Kakteen, Sukkulenten, fleischfressende Pflanzen, Bonsais, Floristik und vieles mehr. Betriebe aus dem Garten- und Landschaftsbau geben Anregungen rund um die Gartengestaltung. Ein Pflanzendoktor berät bei kranken Pflanzen, ein Bodenexperte analysiert Gartenerde und gibt Tipps zur richtigen Düngung. Daneben sorgen Kunsthandwerker für die dekorative und thematische Ergänzung. Holländische Aussteller sind mit Matjes, Kibbeling, Lakritz und Poffertjes weder zu übersehen noch zu überhören. An den beiden Veranstaltungstagen gibt es zudem jedes Jahr ein buntes Rahmenprogramm.

Wer einen edlen Tropfen nicht verschmäht, der ist beim alljährlichen Weinfest in der Hertener Innenstadt goldrichtig. Winzer, Weinhändler und Gastronomen verwöhnen sowohl mit deutschen als auch internationalen Weinen und abwechs-

Am Rande der Hertener Innenstadt liegt der prächtige Schlosspark mit dem Wasserschloss als Mittelpunkt. (Foto: © Daniel Maiß)

Altehrwürdig und unübersehbar: die St. Antoniuskirche in der Innenstadt. (Foto: © Daniel Maiß)

Berühmt für den Blumenmarkt, aber in Hertens City gibt es auch schöne Wochenmärkte. (Foto: © Daniel Maiß)

Von Castrop-Rauxel bis Waltrop

Eine beliebte Anlaufstelle ist das Hertener Multiplex-Kino »Filmzeche Hollywood«. (Foto: © Daniel Maiß)

die kleinen Besucher kommen jedes Jahr dank des Rahmenprogramms nicht zu kurz.

Wasserschloss und Filmzeche

Ein anderer Blickfang ist das Wasserschloss Herten, das am Rande der Innenstadt im »Schlosspark« liegt; einem englischen Landschaftspark. Erstmals 1376 in einer Urkunde erwähnt, wurde das Schloss in den 1980er Jahren renoviert und zählt seitdem zu den schönsten Baudenkmälern in NRW. Rund um das Schloss finden jährlich viele kulturelle Ereignisse statt wie zum Beispiel der Kunstmarkt oder das Hertener Folkfestival.

Aber auch der geneigte Cineast kommt in Herten auf seine Kosten. Wie in vielen anderen Städten der Region gibt es auch in der Innenstadt Hertens ein Multiplex-Kino. Es hieß zunächst CinemaxX Herten, aber als die Namensrechte an der Marke »CinemaxX« zum Ende des Jahres 2009 ausliefen, wurde der Komplex kurzerhand umbenannt und heißt seit dem 1. Januar 2010 »Filmzeche Hollywood«. Dies sind nur einige Highlights der Hertener Innenstadt, die noch vieles mehr zu bieten hat.

Daniel Maiß

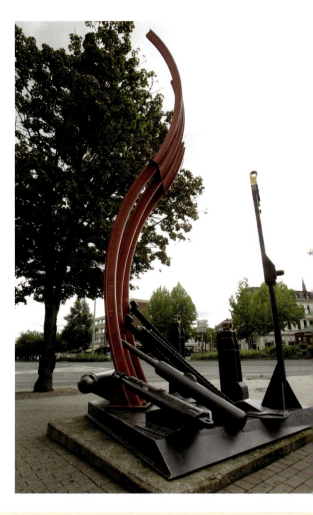

Kunst im öffentlichen Raum: Hier der aus Bergbau-Teilen gestaltete »Aufbruch« von Leonard Wübbena, aufgestellt 2000. (Foto: © Daniel Maiß)

lungsreicher Gastronomie. Während die Aussteller mit ihren Weinen und leckerer Gastronomie zum leiblichen Wohl beitragen, verwöhnt die Dekoration mit Kürbissen, Strohballen, Kerzenschein und Lichterketten das Auge. Ein Kunsthandwerker-Markt, ein kleiner Wochenmarkt sowie der Bildermarkt à la Montmartre im Innenhof des Glashauses komplettieren das Angebot. Auch

Glashaus belebt die Innenstadt
Kultureller Mittelpunkt in futuristischer Architektur

Dreh- und Angelpunkt in der Innenstadt und ein beliebter Ort, um sich mit Freunden oder Bekannten zu treffen, ist das Glashaus. Es hat sich als Kongresszentrum und Kulturtreff bewährt und beherbergt darüber hinaus die Stadtbibliothek. Der Blickfang des Hauses ist eine 13 Meter hohe Rotunde. Die Idee zur Einrichtung eines kulturellen Treffpunktes in der Innenstadt, bei dem Kommunikation und Bildung im Vordergrund stehen, stammt vom Hertener Ehrenbürger und Fleischfabrikanten Karl Ludwig Schweisfurth. Um die Realisierung des Baus voranzutreiben, stellte Schweisfurth der Stadt eine Million DM zu Planungszwecken zur Verfügung. Das Glashaus ist geprägt durch seine futuristische Architektur, die sich dennoch harmonisch in das Umfeld einfügt. Die Galerien der Glasrotunde dienen bei Veranstaltungen als Logen für die Zuschauer.

Der erste Spatenstich erfolgte im November 1991, und die zentrale Stadtbücherei – wodurch die Stadtteilbibliotheken überflüssig und aufgegeben wurden – öffnete im Mai 1994 ihre Tore. Das Gesamthaus eröffnete vier Monate später, die Baukosten betrugen insgesamt rund 13 Millionen Euro.

Seit der Eröffnung 1994 hat sich das Glashaus einen Namen als Tagungsort gemacht. Die mul-

Kultur für alle: der Skulpturenpfad »Kunst am Weg« in Herten. Hier »Miteinander« von Heinrich Brockmeier, aufgestellt 1999 unweit des Glashauses. (Foto: © Daniel Maiß)

Kulturtreff, Kongresszentrum, Bibliotheksort und Blickfang: das Hertener Glashaus. (Foto: © Daniel Maiß)

tifunktionalen, mit moderner Technik ausgestatteten Räumlichkeiten eignen sich für Seminare und Tagungen ebenso wie für Messen, Kongresse und Festlichkeiten. Je nach Bestuhlung finden hier 120 bis 350 Personen Platz.

Daniel Maiß

Von Castrop-Rauxel bis Waltrop

Schmuckkästchen »Altes Dorf«

Im schönen Westerholt sang schon Nino de Angelo

Sie wacht über Westerholt: die St. Martinus-Kirche. (Foto: © Nils Rimkus)

Westerholt ist mit seinen rund 11 000 Einwohnern nicht nur der mit Abstand größte Stadtteil Hertens, er ist auch heute noch der unabhängigste der Stadt. Obwohl Westerholt bereits seit 1975 zu Herten gehört, gibt es noch viele Westerholter, die ihren Ort als eigene Stadt sehen. Das liegt auch an der Geschichte des Ortsteils, die geprägt ist von vielen Höhen und Tiefen und dem »Alten Dorf«.

Bauernhof war Ausgangspunkt

Das heutige Westerholt ist in seinem historischen Ortskern geprägt durch das Schloss Westerholt mit der anliegenden früheren »Freiheit Westerholt«, bestehend aus rund 60 gut erhaltenen Fachwerkhäusern – das »Alte Dorf«. Zudem wird das Ortsbild bestimmt durch die – bei Einzug des Bergbaus 1907 – außerhalb entstandene Zeche Westerholt: mit ihren Zechenbauwerken, durch die Bahnanlagen und Verwaltungsgebäude, die umliegenden Bergmannssiedlungen (»Kolonie«) sowie die Geschäfts- und Wohnhäuser, die sich heimische Kaufleute und Handwerker mit Zuzug der großen Zahl von Bergarbeitern gebaut haben (»Heide«). In den 60er und 70er Jahren des 20. Jahrhunderts sind schließlich auf den vormals landwirtschaftlichen Flächen – »Ebbelich«, »Sickelmannskamp«, »Hof Ellinghaus« – rund um den Kernbereich Westerholts Neubausiedlungen mit Eigenheimen und Mehrfamilienhäusern entstanden.

Westerholt – das »Holt«, also Holz im Westen der Vest-Stadt Recklinghausen – wird 799 als Bauernhof »Holta« der Abtei Werden erstmals genannt. 1047 wird das Geschlecht der Grafen von Westerholt zum ersten Mal urkundlich erwähnt. Um die Wasserburg Westerholt siedelten sich die Schlossbediensteten, Handwerker und Landleute an, die den Schutz der Burg suchten. Diese Burgsiedlung wuchs um die Pfarrkirche St. Martini, die 1310 Erwähnung findet. Die Siedlung war mit Wall und Graben befestigt und besaß drei Zugangspforten.

Wann Westerholt zur »Freiheit« erhoben wurde, ist heute schwer zu sagen, allerdings wurde die »Freiheit Westerholt« 1421 erstmals als solche erwähnt. 1454 lebten dort etwa 300 Einwohner in knapp 45 Häusern. Die damalige »Freiheit Westerholt« zeichnete sich aus durch die persönliche Freiheit der einzelnen Bewohner, die Vererblichkeit des Besitzes, durch regelmäßige Markttage, die Befestigung des Ortes sowie eine eigene Verwaltung.

Krieg, Besatzung, Pest

Ab dem 16. Jahrhundert stoppten Krieg, Besatzungen und die Pest die wirtschaftliche Entwicklung. In den Jahren 1582, 1591 und 1618 zerstörten Brände die Häuser in der Freiheit. Doch die Westerholter gaben nicht auf und bauten ihre Fachwerkhäuser – meist unter Verwendung der alten Holzbalken und Steine – immer wieder auf. Sie restaurierten die Freiheitspforte und errichteten ein Armenhaus sowie eine Schule.

Viele Familien in Westerholt lebten früher von der Herstellung und dem Vertrieb von Woll- und Tuchartikeln. Verbreitete Berufe waren daher Tuchmacher, Weber und Flachsbauern. Viele Männer waren als »Kiepenkerle« im Münsterland und in Holland unterwegs, um dort die Westerholter Tuche zu verkaufen.

Dem Ort setzten einige Brandkatastrophen zu: Nach dem großen Feuer vom 27. August 1808 wurden anstelle der im Alten Dorf abgebrannten Fachwerkhäuser an der »Brandstraße« große Steinhäuser errichtet. Und 1830 wurde das Schloss Westerholt in seiner heutigen Form erbaut – die dort stehende Vorgängerburg war abgebrannt.

1870 hatte Westerholt rund 750 Einwohner mit knapp 105 Wohnhäusern und 32 Scheunen. In der Regel gehörte zu jedem Haus der »Alten Freiheit« ein großes Gartengrundstück auf der »Heide«. Am 2. September 1907 begannen die Abteufarbeiten für die Schachtanlage Westerholt. Ein gutes Jahr später wurde die erste Kohle zutage gefördert. Die Aufnahme der Förderung sollte aber erst 1910 beginnen. Die Schachtanlage brachte es auf eine Jahresförderung von 28 227 Tonnen, die Belegschaft umfasste 620 Menschen. Die Entstehung der Zeche Westerholt lässt sich bis in die 70er Jahre des 19. Jahrhun-

Eine fast märchenhafte Idylle strahlt das Alte Dorf an schönen Tagen aus. (Foto: © Nils Rimkus)

Von Castrop-Rauxel bis Waltrop

Im Sommer lassen die vielen Blumen das Alte Dorf in buntem Glanz erstrahlen. (Foto: © Sylvia Steinheuser)

Seit 1991 steht das Dorf unter Denkmalschutz, die ältesten Jahreszahlen verweisen auf die Zeit vor dem Dreißigjährigen Krieg. (Foto: © Nils Rimkus)

Überregional bekannt machten Westerholt das Sommerfest der Westerholter Werbegemeinschaft und der Weihnachtsmarkt. Anfang September wird jedes Jahr das Westerholter Sommerfest durchgeführt. Bei diesem Massenspektakel mit kulinarischen Köstlichkeiten, Fahrgeschäften, Unterhaltungs- und Verkaufs-Ständen ist der Mittelpunkt die Bühne an der Grünstraße. Hier traten Künstler wie zum Beispiel Nino de Angelo, Harpo und andere auf. Meist organisiert auch die Künstlergruppe Westerholter Zirkel eine Kunstmeile. Dann werden Gemälde, Kunstgewerbe und Kleinkunst präsentiert.

Westerholt ist gerade durch das Schloss und das »Alte Dorf« ein Kleinod im Nordwesten der Stadt – ein Besuch lohnt sich zu jeder Jahreszeit.

Daniel Maiß

derts zurückverfolgen und geht auf Bohrungen der »Bohrgesellschaft Bergmannsglück« zurück.

Großes Sommerfest

Seit 1975 gehört Westerholt zu Herten. Rund 400 Menschen leben heute im »Alten Dorf«, dem etwa 6,5 Hektar großen historischen Ortskern. 1991 wurde das Alte Dorf Westerholt als Denkmalbereich unter Schutz gestellt. Insgesamt 56 Fachwerkhäuser wurden in die Denkmalliste eingetragen.

Der Besucher kann heute den eigenen Charakter Westerholts auf sich wirken lassen und einen Rundgang durch den historischen Ortskern in einer Schankwirtschaft oder in einem malerisch gelegenen Biergarten abschließen.

Das restaurierte Schloss von 1830 beherbergt heute einen Hotel- und Gastronomiebetrieb und ist der Ausgangspunkt für den benachbarten öffentlichen Golfplatz.

Gut besuchte und überaus einladende alte Gaststätte im Dorfkern. (Foto: © Nils Rimkus)

Von Castrop-Rauxel bis Waltrop

Herta, Schlägel & Eisen und die SG

In Langenbochum trifft sich der Fußballnachwuchs

Herta, Schlägel & Eisen sowie die SG, das alles ist Langenbochum. Er ist mit 8117 Einwohnern einer der größten Stadtteile Hertens, der mit Bertlich und Scherlebeck den Norden der Stadt bildet.

Der Name Langenbochum leitet sich aus dem Altdeutschen ab. Danach hieß der Ort so, weil es hier wohl »lange Buchen« gab. Die Bauerschaft gehörte früher zur Landgemeinde Recklinghausen. Ihre Eingemeindung erfolgte am 1. April 1926. Viele Jahrzehnte wurde Langenbochum von der Zeche Schlägel & Eisen dominiert, die hier der größte Arbeitgeber und Wohnungsvermieter war. Die Schachtanlage wurde Ende der 1990er mit der Zeche Ewald im Hertener Süden zu einem Verbundbergwerk zusammengelegt – 1998 folgte dann das endgültige Aus.

Große Fleisch- und Wurstfabrik

Bereits seit den 1950er Jahren hat der Stadtteil eine Besonderheit. Es entstand die Siebenbürgersiedlung, die bis heute intakt ist. Deutschstämmige Übersiedler aus Siebenbürgen, die als Folge des Zweiten Weltkrieges Rumänien verlassen mussten, prägen durch ihre Kultur und Folkloreveranstaltungen das Bild.

Größter Arbeitgeber in Langenbochum ist derzeit die Fleisch- und Wurstfabrik Herta KG – seit mehr als zehn Jahren eine Tochter der international agierenden Nestle AG. Die vom Hertener Karl Ludwig Schweisfurth gegründete Fleischfabrik hatte ihren ursprünglichen Standort in der Innenstadt neben dem Städtischen Gymnasium. Im Zuge einer Innenstadtneugestaltung in den 1970er Jahren fand eine Betriebsverlegung statt. Herta fand am Rande von Langenbochum ein weiträumiges Gelände für ihre Verwaltungs- und Betriebsneubauten und ließ sich dort nieder.

Bekannt für engagierte Nachwuchsarbeit: der Fußballverein SG 1928 Herten-Langenbochum. (Foto: © Daniel Maiß)

Heute der größte Arbeitgeber vor Ort: die Fleisch- und Wurstfabrik Herta KG. (Foto: © Daniel Maiß)

Einst der größte Arbeitgeber im Ortsteil: die Zeche Schlägel & Eisen. (Foto: © Daniel Maiß)

Juniorencup ist angesagt

Im Sport wurde der Stadtteil bekannt durch seinen Fußballverein SG 1928 Herten-Langenbochum. Besonders die Nachwuchsarbeit brachte mehrere Jugendnationalspieler und Bundesligaspieler hervor wie zum Beispiel Benedikt Höwedes, Christian Timm und Michael Ratajczak. Der Verein gilt als Talentschmiede. Jedes Jahr veranstaltet die SG Langenbochum eines der in Deutschland namhaftesten Jugendfußballturniere, den Euro-Cup für U 11-Junioren. Mannschaften aus ganz Europa folgen jährlich der Einladung, der FC Bayern München war genauso schon vor Ort wie der Hamburger SV, Werder Bremen oder Inter Mailand.

Zum Erntedankfest pilgern jedes Jahr Besucherinnen und Besucher aus ganz Nordrhein-Westfalen zur katholischen Pfarrkirche St. Marien. Dabei besichtigen sie den dort von Frauen der Gemeinde jeweils unterschiedlich gestalteten überdimensionalen »Früchte- und Ernteteppich« – denn auch das ist Langenbochum.

Daniel Maiß

So richtig glücklich macht er nicht: der neue, schöne Sportplatz der Vestia Disteln. (Foto: © Daniel Maiß)

SV Vestia musste umziehen

Fußball wird in Disteln groß geschrieben – Paschenberg ist 90 Meter hoch

Im traditionsreichen Disteln sind die Fußballvereine eine Institution, in Paschenberg erhebt sich der dritthöchste »Berg« Hertens.

Treffpunkt Gaststätte Rosengarten

Disteln hat knapp 7100 Einwohner und ist seit jeher geprägt durch den Fußball. Der SV Vestia ist der Klub des Ortsteils, die Distelner trafen sich jahrelang jeden Sonntag auf dem Sportplatz am Spanenkamp und nach den Partien in der Gaststätte Rosengarten. Vor gut einem Jahrzehnt reifte dann in den politischen Gremien der Stadt Herten die Idee, genau an der Stelle des Sportplatzes eine neue Wohnsiedlung entstehen zu lassen. Diese Idee wurde schließlich auch in die Tat umgesetzt, für die Vestia und den ebenfalls am Spanenkamp beheimateten Klub FC Herten stand ein Umzug an. Die Vestia fand ein neues Heim an der Sportanlage »Über den Knöchel« an der Hertener Gesamtschule, der FC fusionierte mit einem anderen Verein zum heutigen SC Herten, der seitdem auf dem Sportplatz Paschenberg kickt. So richtig glücklich sind die Vestianer mit ihrer neuen Anlage allerdings nicht. Zwar ist diese wunderschön gelegen und in einem Topzustand, sie liegt allerdings nicht mehr auf Distelner Gebiet – und so ist ein Stück Tradition des Ortsteils verloren gegangen.

Die Gaststätte Rosengarten gibt es zwar immer noch, im Sommer 2010 hieß es aber für die langjährige Pächterin Hannelore Preuß Schichtende am Zapfahn. Nach 23 Jahren musste die zu diesem Zeitpunkt 72-Jährige aus Gesundheitsgründen das Lokal aufgeben. »Hanne« – wie sie von allen genannt wird – hat auch die Vestia jahrelang begleitet. Ein weiteres Detail, das zeigt, dass der Stadtteil sich wandelt.

Neuer Ortskern an der Josefstraße

So entstand durch die Eröffnung zweier großer Lebensmittel-Discounter ein neuer Distelner Ortskern an der Josefstraße. Hier spielt sich mittlerweile das Leben der Einwohner des Ortsteils ab. Ein weiterer Anlaufpunkt in Disteln ist die Evangelische Friedenskirche. Die »Evangelische Kirchengemeinde Herten-Disteln« gibt es seit 1990. Als selbstständige Gemeinde ist sie ein Kind der alten Kirchengemeinden Herten und Scherlebeck, die bei der Neuordnung der Gemeinden in Herten zu Jahresbeginn 1990 je einen Pfarrbezirk abgegeben hatten. Die Friedenskirche selbst ist älter – sie steht schon seit 1971. Das dazu gehörige Gemeindehaus, eine ehemalige Bergwerksdirektorenvilla, stammt noch aus dem 19. Jahrhundert – und ist durchaus einen Besuch wert.

Sitz einer Moschee seit 2009

Auch wenn der Name mehr verspricht, ist der Paschenberg, nach dem einer der kleinsten Ortsteile Hertens benannt wurde, nur die drittgrößte Erhebung der Stadt. Davor rangieren die Halde Hoheward (152,2 Meter) und eine Erhebung in Scherlebeck (110 Meter). Der Paschenberg selbst kommt auf 90 Meter. Der gleichnamige Ortsteil ist mit seinen knapp 6000 Einwohnern eher beschaulich und machte nur einmal Schlagzeilen, als dort 2009 eine Moschee eröffnet wurde. Das Gebetshaus des Verbandes der Islamischen Kulturzentren (VIKZ) wurde unter großer Anteilnahme der muslimischen Mitbürger offiziell eingeweiht.

Daniel Maiß

Wurde 2009 eröffnet: die Moschee in Paschenberg. (Foto: © Daniel Maiß)

Beliebter Treffpunkt in Disteln: Die alteingesessene Gaststätte Rosengarten. (Foto: © Daniel Maiß)

Wo jetzt diese Neubausiedlung liegt, lag einst der Fußballplatz der SV Vestia. (Foto: © Daniel Maiß)

Von Castrop-Rauxel bis Waltrop

Wo der Spargel zählt

»Die Ried« in Scherlebeck ist auch für die Freizeit eine gute Adresse

Sinnvolle Umnutzung: Das Gelände der früheren Zeche Schlägel & Eisen. (Foto: © Daniel Maiß)

Scherlebeck liegt im hohen Norden Hertens und mit knapp 7000 Menschen, die dort leben, im Mittelfeld des Hertener Einwohner-Rankings. In Scherlebeck erkennt man an sehr vielen Ecken das Erbe des Kohleabbaus. Alte Zechensiedlungen erinnern an die Tage, als hier noch das Schwarze Gold ans Tageslicht gefördert wurde. Bis es dazu kam, war der Ort lange Zeit dörflich geprägt. Am 1. August 1898 wurde dann aber mit den Arbeiten am Schacht 5 der Zeche Schlägel & Eisen begonnen, ein Jahr später stieß man in einer Tiefe von 412 Metern auf Kohle. Der Bergbau hielt Einzug in Scherlebeck, der Zechenbetrieb wurde 1901 aufgenommen. Ein komplettes Jahrhundert schaffte die Zeche nicht: Im Jahr 1996 wurde der Schacht aufgegeben und 1999 verfüllt.

Attraktive Ausflugsziele

Das ehemalige Zechengelände wird heute anderweitig genutzt. So wurden Supermärkte, Altenwohnheime, Kindergärten und Begegnungsstätten auf dem weitläufigen Areal errichtet.
Da ein Großteil der Siedlungen in Scherlebeck Zechensiedlungen sind, ist das Naherholungsgebiet

In aller Munde: Erzeugnisse aus dem »Spargeldorf Scherlebeck« (Foto: © Daniel Maiß)

Seit 1900 eine der wichtigen Anlaufstellen in Scherlebeck: die Gaststätte »Haus Berger«. (Foto: © Daniel Maiß)

»Die Ried«, das am nördlichen Rand Scherlebecks beginnt, besonders beliebt. »Die Ried« gilt als Brücke zwischen Ruhrgebiet und Münsterland. Sie ist geprägt von Feldern, Wiesen und kleinen Wäldern und bietet so Wanderern und Radfahrern attraktive Ausflugsziele. Seit 1999 ist das »Spargeldorf Scherlebeck« ein besonderer Anziehungspunkt in der Ried. Ausgehend von der Initiative dreier Spargelbauern entwickelte sich eine Idee, die schon jetzt zu einem festen Begriff nicht nur in Herten, sondern weit darüber hinaus geworden ist.

In Scherlebeck beeindrucken außerdem die beiden größten Wassertürme Deutschlands, jeder 110 Meter hoch. Die Hertener Stahlzylinder dienen der Wasserversorgung und fassen rund neun Millionen Liter Trinkwasser – genug, um 70 000 Menschen einen Tag lang zu versorgen.

Boxkämpfe im Haus Berger

Früher gehörte Scherlebeck zur Landgemeinde Recklinghausen. Erst am 1. April 1926 wurde die Landgemeinde aufgelöst und Scherlebeck nach Herten eingemeindet. Zu diesem Zeitpunkt gab es an der Scherlebecker Straße 349 schon eine der zentralen Anlaufstellen und Treffpunkte Scherlebecks: das Haus Berger. Der Landwirt Heinrich Berger gründete die Gaststätte im Jahre 1900. Es war just die Zeit, in der der Bergbau in Scherlebeck Einzug hielt, auch die erste Schule und die erste Apotheke wurden eröffnet, die erste Wasserleitung verlegt. 1935 übernahm Sohn Hermann den Betrieb. Ab da bot das Haus Berger unter anderem auch Filmvorführungen, Boxkämpfe und Tanzveranstaltungen.
Heute kaum noch vorstellbar: Ein frisch gezapftes Pils kostete 1948 gerade einmal 35 Pfennige. Zwischen 1953 und 1958 beherbergte der Saal im Haus Berger gut 40 Flüchtlinge aus der Sowjetzone. Thea und Hermann Berger setzten sich 1968 zur Ruhe. Weil zu dem Zeitpunkt Sohn Heinz Hermann noch zu jung war, führte die Familie Gerber zwischen 1969 und 1980 vorübergehend das Gasthaus. Am 2. Mai 1980 trat Heinz Hermann Berger seinen Dienst am Zapfhahn an und kümmert sich seitdem gemeinsam mit Ehefrau Martina um die Gaststätte.
Vereine und politische Organisationen treffen sich regelmäßig im Haus Berger. Es ist bis in die heutige Zeit hinein Anlaufstelle der Scherlebecker, um das Neueste aus ihrem Stadtteil und Herten zu erfahren. »Wir sind erst zufrieden, wenn unsere Gäste zufrieden sind«, betonen die Wirtsleute Berger immer wieder. Und den Gästen würde ohne das Haus Berger ein großes Stück Scherlebecker Tradition fehlen.

Daniel Maiß

Brücke zwischen Ruhrgebiet und Münsterland: das schöne Naherholungsgebiet »Die Ried«. (Foto: © Daniel Maiß)

Halden als Zeichen des Wandels

Im Süden wird viel bewirkt – im Nordosten blickt Bertlich auf eine lange Tradition

Der »Skulpturen-Garten Windkraft« auf der Halde Hoppenbruch, die gemeinsam mit Halde Hoheward die größte Haldenlandschaft des Ruhrgebiets bildet. (Foto: © Angela Bischof)

Der Süden wandelt sich – dank des 2005 von der Stadt begonnenen Stadtumbauprojekts namens »Integriertes Handlungskonzept Herten-Süd«. Im Rahmen dieses von Bund und Land geförderten Projekts wurde der Süden für seine Bewohner neu belebt und zukunftsfähig gemacht. So wurden die Herner Straße und die Ewaldstraße rundumerneuert: zwei der wichtigsten Straßen des Hertener Südens. Ein Jugendtreff und ein Senioren-Servicezentrum kümmern sich um zwei soziale Gruppierungen, die bis dahin weniger im Fokus standen.

Seit 2005 findet sich in Süd außerdem ein absoluter Blickfang: Auf der Halde Hoheward als Landschaftsbauwerk wurde eine Sonnenuhr mit einem Durchmesser von 62 Metern und einem 8,65 Meter hohen Edelstahl-Obelisken als Zeiger montiert. Seit 2008 steht auf dem Gipfelplateau der Halde das eindrucksvolle Horizontobservatorium, dessen 50 Meter hoher Meridianbogen weithin sichtbar ist. Nicht erst seitdem ist die Halde ein Anziehungspunkt für Groß und Klein aus der näheren und weiteren Umgebung.

Bertlich gehörte lange zu Polsum

Bertlich gehörte bis 1975 nicht zu Herten, sondern zu Polsum. Bertlich liegt im nordwestlichen Herten und kann auf eine interessante Geschichte zurückblicken: So war der Ortsteil im frühen Mittelalter der einzige Gütererwerb des Kölner Erzbischofs Philipp von Heinsberg (regierte von 1167 bis 1191) im Vest Recklinghausen. Zum Ende der kurkölnischen Herrschaft im Vest bestand die Bauerschaft Bertlich aus sechs Bauernhöfen und einem »Heürlingshaus« und gehörte damals noch zum Kirchspiel Polsum. Danach wuchs der Ortsteil nur langsam und blieb lange eigenständig.

Daniel Maiß

Rundum erneuert wurde die Ewaldstraße, eine Hauptverkehrsader in Herten-Süd. (Foto: © Daniel Maiß)

Auch hier ist der König Fußball zu Hause. Der heimische SuS Bertlich lockt in der Saison jeden Sonntag die Zuschauer auf den Platz. (Foto: © Daniel Maiß)

»Maine Coon-Katzen sind etwas Besonderes!«

Die »sanftmütigen Riesen« aus Amerika haben das Leben von Familie Vollgrebe verändert

Ein gutes Team: Martin Vollgrebe und sein Balou. (Foto: © Ralf Rudzynski)

Anfang 2009 änderte sich einiges im Leben der Familie Vollgrebe. Damals entdeckten sie ihre Liebe zu ganz besonderen Katzen: den Maine Coons, einer in allen Belangen außergewöhnlichen Rasse. Auffällig ist zuallererst ihre Größe. Ausgewachsene Kater können von der Nase bis zur Schwanzspitze 1,20 Meter groß werden. Dabei wiegen sie durchaus bis zu zwölf Kilo. Das durchschnittliche Gewicht liegt bei fünf bis acht Kilogramm. Neben der Norwegischen Waldkatze zählt die Maine Coon zu den größten und schwersten Katzen der Welt.

Tipps für andere Maine Coon-Freunde

Im Gegensatz zu anderen Rassen zeichnet sich die Maine Coon-Katze zudem durch ein sanftmütiges, ruhiges Wesen aus. »Sie haben ein traumhaftes, pflegeleichtes Fell und mögen es sogar, gestreichelt zu werden«, verrät Martin Vollgrebe: »Sie gehen ganz anders auf die Menschen zu, sind äußerst intelligent, lernbegierig und anhänglich. Eine unserer Katzen folgt uns auf Schritt und Tritt.«

Häufig sind Maine Coon-Katzen sehr sozial eingestellt. Andere Haustiere werden von ihnen geduldet, der Kontakt zur Gesellschaft wird geliebt. Bei Familie Vollgrebe leben sie harmonisch zusammen. »Unsere Katzengruppe versteht sich

Bei Familie Vollgrebe leben die Maine Coon-Katzen harmonisch zusammen. (Foto: © Ralf Rudzynski)

prima«, versichern die Maine Coon-Freunde. Die beiden Kater leben getrennt von der Damengruppe, haben aber ebenfalls Familienanschluss und fühlen sich rundum wohl.

»Wir möchten diese sympathischen, tollen Tiere auch anderen Menschen bekannt machen und zeigen, wie viel Freude sie bereiten. Gerne geben wir auch Tipps zu Haltung oder Ernährung«, erklärt Martin Vollgrebe: »Die Maine Coons haben unser Leben bereichert.«

> Beitrag von:
> Familie Vollgrebe · Tel. (01 71) 4 49 07 45
> www.of-magic-diamonds.de

Von Castrop-Rauxel bis Waltrop

Kompetente Pflege mit Herz und Verstand

Beim ambulanten Pflegedienst SuSaMed und im Haus Katharina steht der Mensch an erster Stelle

Bereits 1998 gründete Susanne Scholz den privaten Pflegedienst SuSaMed. Alleine die Tatsache, dass SuSaMed seit über zehn Jahren ein verantwortungsbewusster Partner für hilfebedürftige Menschen ist, spricht für sich. Es zeigt, wie einfühlsam das Pflegeteam auf die Bedürfnisse eingeht und die unterschiedlichen Gewohnheiten berücksichtigt.

Zu den Leistungen gehören unter anderem aktivierende Grundpflege durch geschultes Personal, Behandlungspflege nach Absprache mit dem Arzt, medizinische Betreuung nach Krankenhausaufenthalten, Hilfe im Haushalt, 24-Stunden-Rufbereitschaft, Rund-um-die-Uhr-Versorgung, Hausbesuche durch Fachpersonal, Vermittlungen von Essen auf Rädern, Pflegeberatung nach dem Pflegeversicherungsgesetz.

Seit dem Jahr 2002 gehört das Haus Katharina zum Pflegedienst. Auch dort stehen optimale Betreuung und Herzlichkeit an erster Stelle. Das private Pflegeheim bietet Senioren erstklassige medizinische Versorgung und ruhiges Ambiente. Appartements und Zimmer – weitgehend Einzelbelegung – sind von den Bewohnern nach eigenem Geschmack eingerichtet.

»Menschliche Wärme statt Anonymität«

»Menschliche Wärme statt Anonymität«, lautet die Philosophie von Susanne Scholz, die den Pflegedienst und das Haus Katharina gemeinsam mit Tochter Alexandra und Schwiegersohn Martin Vollgrebe leitet: »Wir sind ein Familienbetrieb, und wir freuen uns, dass sich die familiäre Atmosphäre auf unsere Kunden und Patienten überträgt.«

Regelmäßig finden Schulungsmaßnahmen für alle Mitarbeiterinnen und Mitarbeiter statt. Susanne Scholz selbst ist examinierte Stationsleiterin in der Altenpflege, ausgebildete Heimleiterin und Praxisanleiterin für die Ausbildung und MDK-Prüfbegleitung. Erstklassig sind auch die Qualifikationen ihrer Tochter, die das Staatsexamen mit der Note »sehr gut« abgeschlossen hat.

Beste Qualifikationen

Auch bei der Aus- und Weiterbildung ist ein hoher Standard gewährleistet: »Qualität ist unser Anspruch.« Dieser Anspruch ist durch Zertifikate und Urkunden ausgewiesen. So hat Karl-Josef Laumann, ehemaliger Minister für Arbeit, Gesundheit und Soziales in NRW, das soziale Engagement beim Qualifizierungsprojekt »Jugend in Arbeit plus« ebenso gewürdigt wie die IHK im mittleren Ruhrgebiet. SuSaMed arbeitet bei der Ausbildung ferner mit dem DRK und dem Landschaftsverband Westfalen Lippe zusammen.

Das gesamte Personal zeichnet sich durch Hingabe und Engagement aus, identifiziert sich mit dem Familienbetrieb und den Patienten. »Einige Mitarbeiterinnen sind fast seit der ersten Stunde bei uns«, sagt Martin Vollgrebe mit berechtigtem Stolz. Der Mensch steht im Vordergrund und entsprechend beschäftigt sich das Team mit den Bewohnern, spielt, malt oder liest mit den Patienten, verschafft Abwechslung und Lebensfreude. Auch Tiere wie Hund, Katze oder Papagei werden zu therapeutischen Zwecken mit einbezogen.

Da sich die Pflege an den individuellen Bedürfnissen orientiert, haben einige Bewohner immense Fortschritte gemacht, die ihre Lebensqualität um ein Vielfaches erhöhen. »Für uns bedeutet Pflege, jeden Menschen ganzheitlich zu betrachten, individuell auf Bedürfnisse und Wünsche einzugehen, Ressourcen zu fördern, Krankheiten zu lindern und in der Not 24 Stunden für einen Menschen da zu sein«, betont Susanne Scholz, für die es keine Kompromisse gibt: »Wer in diesem Beruf nur 99 Prozent gibt, ist fehl am Platz. Man muss immer mit dem Herzen dabei sein. Wir geben jeden Tag 100 Prozent, denn wir lieben unseren Beruf.«

Die Zimmer im Haus Katharina werden von ihren Bewohnern individuell nach eigenem Geschmack eingerichtet. (Foto: © Ralf Rudzynski)

Im Haus Katharina erlebt man menschliche Wärme statt Anonymität. (Foto: © Ralf Rudzynski)

Für das Team von Pflegedienst SuSaMed und Haus Katharina steht der Mensch immer an erster Stelle. (Foto: © Ralf Rudzynski)

Beitrag von:
SuSaMed / Haus Katharina
Eickeler Bruch 37 · 44651 Herne
Tel. (0 23 25) 5 83 20 · Fax (0 23 25) 58 32 21
24-Stunden-Rufbereitschaft :
(0 23 25) 37 52 60 · (01 70) 7 05 81 22

Die Hertener Stadtwerke – Zukunftsbetrieb aus Tradition

Seit über 100 Jahren sind die Stadtwerke der verlässliche Partner in Sachen Energieversorgung in Herten. Das Unternehmen hat in dieser Zeit stets neue Entwicklungen aufgegriffen und umgesetzt: 1900 als »Gasanstalt Herten« gegründet, hat der Betrieb schnell neue Geschäftsfelder für sich erobert. Erst folgte die Stromversorgung, später Fernwärme. Mit dem Copa Ca Backum ist im Jahr 1989 ein besonderer Aufgabenschwerpunkt hinzu gekommen. Das Freizeitbad am Rande des Backumer Tals war von Anfang an ein Treffpunkt für Generationen.

Inzwischen betreiben die Stadtwerke auch zwei Hertener Parkhäuser und übernehmen viele weitere Aufgaben in der Stadt. Das Thema Ausbildung spielt eine zentrale Rolle im Betrieb der Hertener Stadtwerke. Ob in der Verwaltung, in der Technik, im Bad oder in der Gastronomie: Das Unternehmen bildet in verschiedenen Berufen junge Menschen zu qualifizierten Fachleuten aus. Und die Stadtwerke denken weiter in Richtung Zukunft, damit Herten auch für spätere Generationen ein Ort bleibt, in dem es sich zu leben lohnt.

Gemeinsam mit der Stadt Herten sorgen die Hertener Stadtwerke dafür, dass Familien einen schönen Platz in Herten finden, um sich ein Heim aufzubauen. Die Siedlung Freiwiese bietet zum Beispiel großzügige Spielflächen für Kinder – und zwar in direkter Nachbarschaft zu der Generation ihrer Großeltern. In anderen Stadtteilen entstehen weitere Siedlungsflächen für Hertener und Zugezogene. Für die Energieversorgung zukünftiger Siedlungsprojekte entwickeln die Hertener Stadtwerke Ideen, die dazu beitragen können, dass Kinder auch weiterhin in einer natürlich schönen Umwelt spielen können.

Doch nicht nur die klimafreundliche Versorgung neuer Siedlungen liegt den Hertener Stadtwerken am Herzen. Bereits 1997 hat das Unternehmen gemeinsam mit dem RVR die Ruhrwind GmbH gegründet und ein Windrad auf der Halde Hoppenbruch errichtet. Es versorgt rund 800 Haushalte mit Strom und erspart der Umwelt somit über drei Millionen Kilogramm Kohlendioxid im Jahr. Längst sind das Windrad und die Umgebung des Landschaftsparks Emscherbruch zu einem beliebten Ausflugsziel geworden. Mit »hertenstrom natürlich« haben die Hertener Stadtwerke darüber hinaus ein Produkt im Angebot, das Energie aus umweltfreundlicher Wasserkraft in die Haushalte bringt – als »hertenstrom für die region« versorgt diese Wasserkraft aus Norwegen auch Kunden im Kreis Recklinghausen.

Das Ursprungsgeschäft der Hertener Stadtwerke, die Gasversorgung, ist nach wie vor zentraler Bestandteil des Unternehmens. Durch ein rund 250 Kilometer langes Rohrnetz versorgen die Hertener Stadtwerke Hertens Haushalte mit Erdgas. Auch Kunden im Kreis Recklinghausen können »hertengas« seit 2009 beziehen: Der natürliche Rohstoff bietet eine umweltfreundliche Alternative zum Heizen mit Öl. Seit 1962 versorgen die Stadtwerke Hertener Kunden auch mit Fernwärme: Die Weiterleitung der Wärme aus modernen Kraftwerken mit Kraft-Wärme-Kopplung in die Haushalte der Stadt stellt eine bestmögliche Ausnutzung der Ressourcen sicher.

In Sachen Klimaschutz sind die Stadtwerke zudem sehr aktiv. Gemeinsam mit der Stadt Herten wurde das Hertener Klimakonzept 2020 entwickelt, das bis zum Jahr 2020 den CO_2-Ausstoß in Herten um 70 000 Tonnen reduzieren soll.

Klimaschutz wird bei den Stadtwerken großgeschrieben: Gemeinsam mit der Stadt Herten entwickelten sie das Klimakonzept 2020. (Foto: © HSW)

Seit über 100 Jahren im Hertener Süden: Die Hauptverwaltung an der Herner Straße. (Foto: © HSW)

Die Grundstücksvermarktung zählt auch zu den Geschäftsfeldern der Hertener Stadtwerke. (Foto: © HSW)

Beitrag von:
Hertener Stadtwerke GmbH
Herner Straße 21 · 45699 Herten
Tel. (0 23 66) 30 70
stadtwerke@herten.de
www.hertener-stadtwerke.de

Von Castrop-Rauxel bis Waltrop

Vielseitig, freundlich, spannend: Marl, die Industriestadt im Grünen

Jung und gleichzeitig alt – Marl hat unterschiedliche Gesichter

Marl setzt auf Kunst im öffentlichen Raum, hier der »Regenbrunnen« von Heiner Kuhlmann in Alt-Marl. (Foto: © Nils Rimkus)

Unverwechselbare, markante Wahrzeichen Marls: die zwei Rathaustürme. (Foto: © Nils Rimkus)

Marl ist jung – weil es durch die Industrie des 20. Jahrhunderts zur Stadt wuchs. Marl ist alt – weil es historische Wurzeln hat. Es entstand, erstmals 890 als »Meronhlare« erwähnt, was soviel wie Lichtung beziehungsweise Rodung in den Sümpfen bedeutet, auf alter Heidelandschaft. Die einstigen Kirchspiele Marl, Polsum und Hamm sowie verstreute Bauerschaften wie Drewer und Sickingmühle wuchsen ab 1910 zusammen; durch Schienen und Landstraßen und vor allem die großen Arbeitersiedlungen. Von den Bergwerken Auguste Victoria und Brassert und später den Chemischen Werken Hüls initiiert, füllten sie den Raum zwischen den Dörfern: 1905 zählte man 4545 Einwohner, rund 30 Jahre später, als die Stadtrechte verliehen wurden (1936), schon 35 000 und am Stichtag der Gebietsreform (31. Dezember 1975) sogar 91 925 Bürger. Heute zählt Marl noch rund 88 000 Einwohner.

Fahrradfreundliches Marl: 140 Kilometer Radwege durchziehen das Stadtgebiet. (Foto: © Nils Rimkus)

»Industriestadt im Grünen«

60 Prozent des Marler Stadtgebiets sind »grün«; es gibt ungezählte siedlungsnahe Freizeitmöglichkeiten, etwa in der waldreichen Haard oder den zahlreichen Park- und Grünanlagen. Marl als »Industriestadt im Grünen« ist das Ergebnis einer Stadtplanung, die ab 1950 umgesetzt wurde. Man erkennt das Leitmotiv der »gegliederten und aufgelockerten Stadt« noch heute; dafür reicht eine Rundfahrt über die A52 – die schleswig-holsteinisch anmutet, obwohl sie mitten durch die Stadt führt – und die Achse Rappaportstraße/Herzlia-Allee bis zur »Land«-Straße B225: Der Industriezone im Norden schließt sich südlich die Wohnzone an, die ihrerseits durch eine Landwirtschaftszone vom Kern-Ruhrgebiet abgegrenzt ist. Dabei sind die bebauten Zonen insgesamt von Grün umgeben.

Wie in allen Revierstädten, bedingte die montanindustrielle Ära das sprunghafte Wachsen Marls. Und wie überall im Ruhrgebiet, setzt ihr Ende in Form eines krisenhaften Strukturwandel auch Marl zu. Gleichwohl erklärt diese Geschichte auch, was Marl so sympathisch macht.

Spannungsreiche Kontraste

Da ist das unverwechselbare Profil, das von spannungsreichen Kontrasten lebt: hier eindrucksvolle Industriekulissen, dort Naturlandschaften. Hier traditionsreiches dörfliches Leben, dort bemerkenswerte Architektur und visionärer Städtebau des 20. Jahrhunderts. Entsprechend individuell sind die Stadtteile im rund 90 Quadratkilometer großen Marl: Polsum ist bäuerlich geprägt, Sinsen, Hamm und Drewer-Süd laden zum Wohnen im Grünen ein, Alt-Marl steht für das Historische, während es in Brassert, Drewer-Nord und Hüls betriebsam zugeht. Bei all dem fasziniert die Marler City mit kühner Architektur und einmaligen Kulturangeboten. Das schönste Ergebnis des jungen Wachstums sind wohl die Marler selbst. Heute sind über 85 Prozent der Einwohner oder deren Eltern Zugezogene – und sie haben im Zusammenleben mit den Alteingesessenen der Stadt an der Lippe einen überaus freundlichen, umgänglichen und offenen Menschenschlag beschert.

Nils Rimkus

Der traditionsreichste Optiker in Marl

Seit 1910 ist die Firma Nehm bekannt für erstklassige Arbeit aus Meisterhand

Firmengründer Emil Nehm (Foto: © Nehm)

Gemeinsam mit ihrem Ehemann Frank führt Maike Jörden das Geschäft mittlerweile in der vierten Generation. (Foto: © Ralf Rudzynski)

Im Vestischen Kreis gibt es weit über 100 Augenoptikergeschäfte. Aus dieser breiten Masse herauszustechen, ist alles andere als einfach. Und doch gibt es diesen einen ganz besonderen Optiker, der unbestritten der älteste in Marl und wahrscheinlich sogar der älteste in allen zehn Städten des Kreises ist. Die Rede ist von Optik Nehm in der Hülsstraße 24 in Marl-Hüls.
Bereits 1910 gründete Emil Nehm das Unternehmen in Marl-Hüls, einem durch den Bergbau aufstrebenden Stadtteil. 1945 setzten Erich Nehm und Ehefrau Maria die Aufbauarbeit fort. Ihre Tochter Marie-Luise verkörperte gemeinsam mit Ehemann Erhard Pannwitz ab 1966 die dritte Generation.

Seit 1995 wiederum führt ihre Tochter Maike in der nun vierten Generation zusammen mit Ehemann Frank Jörden das Geschäft. »Optik Nehm ist immer schon in Hüls, und es befindet sich seit der Gründung ununterbrochen in Familienbesitz«, betont die Urgroßenkelin des Firmengründers und merkt an: »Wir sind eine klassische Augenoptikerfamilie.«

»Wir kennen jeden Kunden persönlich«

Natürlich haben sich im Laufe eines Jahrhunderts viele Dinge verändert. Trotzdem gelten nach wie vor Grundsätze und Werte, für die Optik Nehm auch früher schon gestanden hat. Ehrlichkeit und Verlässlichkeit, Vertrauen und Service, soziale Verantwortung, hochwertige Arbeit aus der eigenen Werkstatt und nicht zuletzt eine enge Kundenbindung. »Wir kennen nahezu alle unsere Kunden persönlich und sprechen sie mit ihrem Namen an«, so die Inhaberin.
Technisch ist das Geschäft selbstverständlich auf dem neuesten Stand, doch die besten Maschinen helfen nur dann, wenn man auch das entsprechende Rüstzeug besitzt. Das haben gleich drei Augenoptikermeister, die ihr Handwerk verstehen und nicht nur schöne Brillen anfertigen, sondern auch kleinere Reparaturen problemlos und schnell erledigen.

Traditionelles Handwerk und Moderne

Auch in diesem Punkt zeichnet sich Optik Nehm aus: jedem Kunden schnell und unkompliziert zu helfen. »Wir legen wirklich sehr großen Wert auf Service und kompetente Beratung. Bei uns arbeiten nur ausgebildete Augenoptiker«, versichert Maike Jörden. Zudem gibt es im Haus gleich zwei abgetrennte Untersuchungsräume sowie einen Kontaktlinsenraum.
Für die Spezialisten von Optik Nehm sind es oft nur wenige Handgriffe. Doch damit lösen sie ein für den Kunden großes Problem und sorgen für Erleichterung. Man weiß einfach, dass einem an der Hülsstraße 24 in allen Fragen rund um gutes Sehen geholfen wird. Viele solcher Serviceleistungen kosten übrigens nicht einmal einen Cent. Auch das ist ein Grund, warum seitens der Kunden ebenfalls bereits die vierte Generation zu Optik Nehm kommt oder sich Brillen und Kontaktlinsen an ihre inzwischen neuen Wohnorte zuschicken lassen.

Seit 2003 befindet sich Optik Nehm in der Hülsstraße 24. (Foto: © Ralf Rudzynski)

So sah das Stammhaus in der Viktoriastraße um 1910 aus. (Foto: © Nehm)

Von klassisch bis topaktuell

Die Bandbreite der Brillen reicht von klassischen Modellen bis hin zu topaktuellen Kollektionen aller führenden Designer. Aber auch ausgesuchte Brillen von aufstrebenden deutschen Designern, die hierzulande produzieren, sprechen viele Kunden an. Hinzu kommen Anfertigungen, bei denen der Handwerksbetrieb auch individuelle Kundenwünsche umsetzt.
Mit immer neuen Aktionen sorgt der Familienbetrieb zudem für Abwechslung. Mal laden Maike und Frank Jörden zu einer Weinprobe ein, dann wiederum findet im Geschäft eine Vernissage statt. Optik Nehm ist eben längst auch im gesellschaftlichen Leben zu einem festen Bestandteil von Marl-Hüls geworden.

Beitrag von:
Optik Nehm · Hülsstraße 24 · 45772 Marl
Tel. (0 23 65) 4 26 60 · Fax (0 23 65) 20 12 19

Von Castrop-Rauxel bis Waltrop

Brassert und Hüls: »Schöner Wohnen« für die Kumpel

Bergwerkssiedlungen bildeten den Kern der heute bunten und vitalen Stadtteile

Die Stadtteile Brassert und Hüls gehen zurück auf die Wohnungsbauten der Zechen Brassert (gegründet 1905) und Auguste Victoria (gegründet 1899) zu Beginn des 20. Jahrhunderts. Der Stadtteil Brassert bildet heute in Form eines Dreiecks das nordwestliche Marl ab. Der größte Teil ist unbesiedelt und umschließt im Norden die Lippeaue und den Arenbergischen Forst. Zu Alt-Marl und dem Stadtkern bildet die Hervester Straße die Grenze, die dann nahezu rechtwinklig der Sickingmühler Straße in Richtung Chemiepark folgt. »Hauptader« des Stadtteils ist die Brassertstraße. Zum Stadtzentrum hin liegen hier Geschäfte für den täglichen Einkauf, und am Marktplatz finden Trödel- und Wochenmärkte statt.

Brassert: Einsatz für eine »bunte« Siedlung

Die Zeche Brassert stellte 1972 den Betrieb ein und ist bis auf Reste verschwunden. So finden sich in der ehemaligen Markenkontrolle ein Atelier und das Fahrradbüro der Stadt – Marl ist eine »fahrradfreundliche Stadt NRWs«. Auf dem ehemaligen Zechenterrain befinden sich ein Freizeitpark und ein Gewerbegebiet. Heiner Johne (Jahrgang 1945) wohnt in der ältesten Brasserter Zechensiedlung: der Rheinstahlsiedlung am Margaretenplatz. »Hier wohnten früher fast nur Kumpel. Es war und ist ein schönes Wohnen.« Die im Gartenstadtstil errichtete Siedlung galt vor 30 Jahren, im ursprünglichen Zustand, zwar architektonisch als eine der schönsten Zechenkolonien im Ruhrgebiet, schränkte die Hausbesitzer in ihren Wohnwünschen durch ein striktes Reglement jedoch stark ein.

Das hat sich geändert, die Siedlung ist »bunt« geworden – auch dank Johnes Einsatz in der Siedlungsgemeinschaft Brassert e.V. »Wir haben durchgesetzt, dass die strikte Gestaltungssatzung gelockert wurde.« Dabei besitzt die Zechensiedlung auch heute noch einen fast dörflichen Charakter mit viel Flair. Kein Wunder, dass es Heiner Johne, obwohl er als Montagearbeiter 30 Jahre lang in der ganzen Welt unterwegs war, immer wieder zurückzog. Allerdings begrüßt er nicht alle Entwicklungen: »In Brassert hatten wir früher

Der Margaretenplatz bildet den Kern der alten Brasserter Zechensiedlungen. (Foto: © Nils Rimkus)

alle möglichen Geschäfte und Gaststätten. Davon sind leider sehr viele eingegangen.«

Hüls: Hinein ins pralle Leben

Die Landgemeinde Hüls war um 1907 herum zu eng geworden, und die Gewerkschaft Auguste

Die Herz-Jesu-Kirche im Zentrum von Hüls. (Foto: © Nils Rimkus)

Die uralte und urgemütliche Loemühle in Hüls. (Foto: © Nils Rimkus)

Victoria begann 1908 mit dem Siedlungsbau. Hieraus entwickelte sich das heutige Marl-Hüls, das im Osten an die A43 bis hinunter an die Stadtgrenze zu Recklinghausen und Herten reicht. Im Westen grenzt Hüls dem Loekampbach entlang an Drewer, umschließt die Paracelsusklinik und führt am Lipper Weg entlang zur nördlichen Grenze, gebildet von der Eisenbahntrasse Essen – Marl-Mitte – Haltern und der ehemaligen Verwaltung und Schachtanlage der Zeche Auguste Victoria I/II. Hüls setzt sich aus den Stadtteilen Hüls-Nord und Hüls-Süd zusammen – Stadtteile mit hoher Bevölkerungsdichte und -zahl: Hüls-Süd ist mit über 12 000 Einwohnern der bevölkerungsreichste Marler Stadtteil.

Zwischen den Stadtteilen gibt es erhebliche Unterschiede. So ballen sich im Bereich der Nord-Süd-Grenze – also der Victoriastraße, die zur Bergstraße wird – Bezirke, in denen einige Viertel die Sorgenfalten auf den Stirnen der Marler Sozialpolitiker vertiefen, wie zum Beispiel im Bereich der Siedlung am Ovelheider Weg. Andererseits haben sich laut Demografiebericht der Stadt Marl von 2008 »Strukturen einer sozial gefestigten Mittelschicht« herausgebildet, die vor allem im Bezirk Auf Höwings Feld lebt.

Der »alte« Kern erwacht

In jedem Fall ist Hüls ein junger und lebendiger Stadtteil, der auch attraktive Einkaufs- und Freizeitmöglichkeiten bietet. Abgehend von der betriebsamen Bergstraße und der Victoriastraße bieten die Fußgängerzonen in Hülsstraße und Trogemannstraße alles, was der Kunde möchte: Lebensmittel, Drogerie- und Schreibwaren, Bücher und Textilien. Dazwischen finden sich Banken und Versicherungen, Cafés und andere Zerstreuung. Gleich nebenan findet der Wochenmarkt auf dem Marktplatz Friedrichstraße/Rathenaustraße statt. Die Fußgängerzone galt früher als der Kern Marls, bis ihr vom Marler Stern der Rang abgelaufen wurde. Aber mittlerweile scheint es so, als würde die Hülsstraße alte Ansprüche wieder geltend machen.

Ein Überbleibsel der Zeche Brassert: die Markenkontrolle. (Foto: © Nils Rimkus)

Zu den interessanten Orten im Stadtteil gehört das in den 1920ern errichtete Jahnstadion, in dem heute das Baseballteam der Marl Sly Dogs antritt. Hier fanden legendäre Fußballspiele statt – wie 1960 das des TSV Marl-Hüls gegen den Wuppertaler SV vor 18 000 Fans – und legendäre Konzerte – wie das Popfestival Marl 1984 mit dem Topact »The Cure«. Vor allem die historische Wassermühle »Loemühle« am Loemühlenweg lohnt einen Besuch. Heute ist dort ein Hotel-Restaurant angesiedelt und die ehemalige Kornkammer ist ein besonderer Ort für Heiratsfreudige. Wer noch höher hinaus will, dem sei der Verkehrsflugplatz Loemühle empfohlen. Hier kann man nicht nur Rundflüge buchen oder Fallschirmspringen: Freitagabends darf man mit Inlineskatern über das 830 Meter lange Rollfeld rasen.

Nils Rimkus

Der Marktplatz an der geschäftigen Brassertstraße. (Foto: © Nils Rimkus)

Der Service macht den Unterschied

Komplette Hilfsmittelversorgung im Gesundheitshaus Frosche

Seit 1996 befindet sich das Gesundheitshaus Frosche in Marl und bietet an der Bergstraße 215 die komplette Hilfsmittelversorgung an. Das Angebot reicht von orthopädischen Einlagen, Bandagen, Kompressionsstrümpfen, Korsetts und Miedern über Nachthemden, Bademoden bis hin zu Beinprothesen, Stützapparaten und orthopädischen Schuhen.
Das umfangreiche Sortiment deckt den gesamten Bereich an Hilfsmitteln ab. In der eigenen Werkstatt werden zudem individuelle Spezialanfertigungen hergestellt.

Orthopädiemechanikermeister

Als Orthopädiemechanikermeister und Bandagist weiß Inhaber Andreas Fromme ganz genau, wie wichtig gerade im medizinischen Bereich ein Vertrauensverhältnis zu jedem Patienten ist. Entsprechend großen Wert legt man im Gesundheitshaus Frosche auf Kundennähe und Einfühlungsvermögen. In diesem Punkt merkt man eindeutig, dass der Service den Unterschied macht. Und zu diesem Service gehört es auch, dass das Team des Gesundheitshauses Frosche seine Kunden inzwischen bereits an drei Standorten mit den benötigten Hilfsmitteln versorgt. Weitere Häuser befinden sich in der Hochstraße 52 in Gladbeck (Tel. 0 20 43 – 9 35 06 30) sowie in der Königsstraße 34 in Bocholt (Tel. 0 28 71 – 29 40 50).

> Beitrag von:
> Gesundheitshaus Frosche GmbH · Bergstraße 215 · 45770 Marl
> Tel. (0 23 65) 9 12 80 · Fax (0 23 65) 9 12 81
> www.gesundheitshaus-frosche.de

(Foto: © Ralf Rudzynski)

Ohne die »großen Drei« kein modernes Marl

Großbetriebe beeinflussen Stadtwerdung enorm

Ab 1900 nahmen die Zechen Brassert und Auguste Victoria und ab 1938 die Chemischen Werke Hüls (CWH) – 1953 umbenannt in Hüls AG, heute Chemiepark Marl – entscheidenden Einfluss auf die Entwicklung von Bevölkerung, Wirtschafts- und Siedlungsgefüge Marls. So stellten die drei Großbetriebe 1960 rund 28 000 Arbeitsplätze und noch 1974 rund 22 000. Die 1899 gegründete Zeche Auguste Victoria erreichte den Spitzenwert 1957 mit 11 030 Beschäftigten, 5000 waren es im selben Jahr bei der 1905 gegründeten, 1972 geschlossenen Zeche Brassert. Doch die Großchemie blieb bis heute der größte Arbeitgeber. Sie beschäftigte zu besten Zeiten über 15 500 Menschen (1985), heute sind es etwa 10 000.

Impulse für Siedlungsbau, Kultur, Bildung

Die Bedeutung von Kohle und Chemie lässt sich am besten am Siedlungsbau ablesen. Mitte der 70er Jahre war mit über 7000 Wohnungen fast jede fünfte Wohnung in Marl vom Chemieriesen errichtet worden. Auguste Victoria verzeichnete 1961 sogar einen Bestand von 2000 werkseigenen und 6000 werksgebundenen Wohnungen. Die CWH und ihre Nachfolger, deren Betriebsgelände heute so groß ist wie ein Viertel des besiedelten Stadtgebietes, lieferten auch Impulse für das soziale Leben Marls. Zu nennen sind hier kulturelle Highlights wie zum Beispiel das Theater und die Volkshochschule »die insel«. Auch die Freizeitstätten, wie zum Beispiel das Jahnstadion, das Hallen- und Freibad am Badeweiher und das Feierabendhaus, dürfen nicht vergessen werden, ebenso wenig wie die vielen Vereine, etwa der VfB Hüls oder der als karnevalistische Größe bekannte Heimatverein Colonia Marl.

Nils Rimkus

Gebaut für die Chemischen Werke Hüls: die Bereitschaftssiedlung mit eingestreuten Splitterbunkern. (Foto: © Nils Rimkus)

Gebaut für die Zeche Brassert: Siedlung an der Rudolf-Virchow-Straße. (Foto: © Nils Rimkus)

Renovierungsbedürftig: Im Jahnstadion aus den 1920ern wird heute Baseball gespielt. (Foto: © Nils Rimkus)

Der VfB Hüls: Eine Institution in Marl

Ein großer Sportverein der Stadt

Mit genau 1813 Mitgliedern (Stand: 20. August 2010) ist der VfB Hüls 48/64 e.V. einer der größten Sportvereine in Marl. Zudem ist er im gesamten Vestischen Kreis einer der mitgliederstärksten Clubs. Die meisten Mitglieder, exakt 1308, innerhalb des Vereins stellt die Fußball-Abteilung. Seit Jahrzehnten spielt die 1. Mannschaft eine gute Rolle im höherklassigen Amateurbereich und wurde im Jahr 2000 sogar Meister der damaligen Oberliga Westfalen. Der VfB Hüls ist in Marl eine Institution. Außer Fußball werden noch weitere Sportarten betrieben: Hockey, Rudern, Boxen, Gewichtheben, Gymnastik. Die Sportanlagen am Badeweiher sind Heimat fast aller Abteilungen. Hier trainieren und spielen die Fußballer und Hockeyteams, hier kämpfen die Boxer, die Gewichtheber stemmen ihre Kilos, die Gymnastikabteilung hält sich hier fit. Auch einige Abteilungen des VfL Hüls, der sogar noch mehr Mitglieder hat, trainieren auf der Anlage und halten ihre Wettkämpfe ab.

Auch das beliebte Freibad Badeweiher gehört zu den Sportanlagen des VfB Hüls. (Foto: © Ralf Rudzynski)

Die Entstehung des VfB

Der Name VfB Hüls geht zurück auf eine 1976 erfolgte Fusion. Die Zahl 48 im Vereinsnamen steht für das Jahr, in dem mit Eintracht Lippe (ab 1951: VfR Marl-Hüls) einer der Vorgängervereine als Fußballclub gegründet wurde. Die 64 erinnert an den SuS 1964 Drewer-Süd.
1976 fusionierten der VfR 1948 e.V. Marl-Hüls und der SuS 1964 Drewer-Süd e.V. zum VfB Hüls. Der neue Großverein wurde am 16. August 1976 in das Vereinsregister beim Amtsgericht Marl eingetragen. Weitere Informationen bietet die Homepage www.vfb-huels.de.

Das Fußballstadion des VfB Hüls mit seiner sehenswerten Tribüne ist ein echtes Schmuckkästchen. (Foto: © Ralf Rudzynski)

Von Castrop-Rauxel bis Waltrop

Infracor – Integraler Standortbetreiber und Komplettdienstleister

Das Infracor-Logistikzentrum: Mehr als vier Millionen Tonnen Produkte starten jedes Jahr von Marl aus ihren Weg in die ganze Welt. (Foto: © Infracor)

Beeindruckend: der Chemiepark Marl bei Nacht. (Foto: © Infracor)

Die Infracor GmbH – ein Unternehmen der Evonik Industries AG – betreibt seit zwölf Jahren den Chemiepark Marl und ist als Komplettdienstleister für die dort ansässigen Gesellschaften sowie für Unternehmen außerhalb des Standortes tätig. Mit rund 2700 Mitarbeiterinnen und Mitarbeitern erwirtschaftet Infracor einen jährlichen Umsatz von etwa 800 Millionen Euro.

Der Kernmarkt Chemiepark Marl zählt zu den größten Chemiestandorten in Europa. Mit den rund 10 000 Beschäftigten der 30 Unternehmen am Standort werden jährlich mehr als 4000 Produkte auf dem 6,5 Quadratkilometer großen Areal hergestellt. Über vier Millionen Tonnen Produkte starten jedes Jahr von Marl aus ihren Weg in die ganze Welt.

Geschäftsportfolio erfüllt alle Anforderungen eines Chemieproduzenten

Als integraler Standortbetreiber und Komplettdienstleister ist es für Infracor oberstes Prinzip, sich eng in die Wertschöpfungskette ihrer Kunden einzubinden und partnerschaftlich orientiert zu handeln. Entsprechend dieser Zielsetzung hat Infracor ein Geschäftsportfolio entwickelt, das sämtliche Grundanforderungen eines Chemieproduzenten erfüllt. Infracor übernimmt im Chemiepark Marl die Versorgung mit Energien und Utilities, die Rohstoff- und Produktlogistik sowie die Entsorgung und Anlagenbetreuung. Zudem bietet das Unternehmen Basisleistungen für den Standortbetrieb und Arbeitsplatzbetreuung.

Der Vorteil für die Kunden: Sie können sich auf ihr Kerngeschäft konzentrieren, während Infracor die erforderlichen Infrastruktur- und Serviceleistungen passgenau erbringt.

Weit über 600 junge Menschen absolvieren eine Ausbildung im Chemiepark Marl. (Foto: © Infracor)

Zukunft braucht qualifizierten Nachwuchs

Mit ihrem Ausbildungsengagement sorgt Infracor – unter anderem auch im Auftrag ihrer Kunden – kontinuierlich für qualifizierten Nachwuchs und wird so ihrer sozialen und personalpolitischen Verantwortung gerecht. Das Ausbildungsspektrum reicht von klassischen kaufmännischen Ausbildungsberufen über Chemie- und Elektroberufe bis hin zu modernen Berufsbildern wie dem des Fachinformatikers.

Weit über die gesetzlich festgelegte Ausbildungsordnung hinaus gehen die Zusatzangebote. Cambridge Zertifikate in Englisch in den kaufmännischen Berufsbildern gehören genauso dazu wie die Verbindung zwischen dualer Ausbildung und Studium in den kooperativen Studiengängen.

Auch an anderen Standorten erfolgreich tätig

Auch außerhalb Marls hat Infracor viel erreicht. Eine Vielzahl von Unternehmen in der Region sind bereits Kunden und profitieren von den Erfahrungen und dem breiten Dienstleistungsangebot.

Wer innovativ handelt, schafft die Basis für eine erfolgreiche Zukunft. Für Infracor als Standortbetreiber und Komplettdienstleister ist es entscheidend, ein attraktiver Partner zu sein, der seinen Kunden ein jeweils optimales Lösungspaket bietet. Für eine erfolgreiche Zukunft ist auch die Ansiedlung neuer Unternehmen am Standort ein wichtiger Faktor. Dafür gibt es die ChemSite-Initiative, die weltweit die Chemiestandorte im Ruhrgebiet vermarktet und sich umfassend um die Betreuung der Investoren kümmert.

Beitrag von:
Infracor GmbH · Site & Business Information
Paul-Baumann-Straße 1 · 45772 Marl
Tel. (0 23 65) 49 94 49 · Fax (0 23 65) 49 22 25
infocenter@infracor.de · www.infracor.de

Von Castrop-Rauxel bis Waltrop

Neue City: Nicht durchweg geliebt – aber durchweg spannend

Kunst und Architektur brachten Glanz, aber nicht alle Konzepte gingen auf

Max Ernsts Habakuk (etwa 1934) bewacht das Skulpturenmuseum Glaskasten. (Foto: © Nils Rimkus)

Am neuen Stadtzentrum scheiden sich die Geister. Die einen bemängeln, dass es nicht gewachsen ist, sondern auf die grüne Wiese gesetzt wurde und viele Problemzonen aufweist. Die anderen sagen, dass es für die Aufgeschlossenheit, die Bildungs- und Kulturfreundlichkeit der Stadt steht. Tatsächlich deuten die markanten Rathaustürme an, dass hier einst der Glaube an die Moderne und beste soziale Absichten den großen Wurf wagten.

Kulturelle Glanzlichter

Rudolf-Ernst Heiland, von 1946 bis zu seinem Tode 1965 Bürgermeister des seinerzeit rapide wachsenden Marls, glaubte, dass der »aufgeklärte Arbeiter« nach einem guten Leben und vor allem nach Bildung strebe. Architektur und Kultur waren ihm wesentliche Mittel, dieses Streben zu unterstützen. In diesem Geist entstand das neue Zentrum der Stadt: die »Grüne City« mit den von den Stararchitekten van den Broek und Bakema entworfenen, 1960 bis 1967 gebauten Rathaustürmen vor dem künstlichen See. Auch der erste Theaterneubau der Nachkriegszeit in NRW 1953 bezeugt Heilands Idealismus sowie die große Rolle der Marler Volkshochschule. Der Bildungsgedanke lebt heute in Marl fort: Das beweisen die Ansiedlung der Fachhochschule für Ökonomie & Management (FOM) und das Studienzentrum Marl der Fernuniversität Hagen.

Unter dem berühmten Luftkissendach im Marler Stern. (Foto: © Nils Rimkus)

Kunst im öffentlichen Raum auch zu Füßen der Marler Rathaustürme. (Foto: © Nils Rimkus)

Die Marler City ist Heimat zahlreicher kultureller Glanzlichter. Abgesehen vom Grimme-Institut und dem Marler Theater ist die Kunstsammlung Aufsehen erregend: Im Skulpturenmuseum »Glaskasten« und seinem Skulpturenpark locken neben wechselnden Ausstellungen über 70 Objekte großer Künstler wie Auguste Rodin, Max Ernst oder Alberto Giacometti. Dabei können in Marls öffentlichem Raum Werke besichtigt werden, die in Paris oder New Yorks teuren Museen Sensationen sind.

Der Sturz des »Goliath«

Doch die City, Marls dichtestbesiedelter Stadtteil, weist auch Schattenseiten auf. »Man wollte ab den 1970ern Kultur und Kaufen verbinden, aber dieses Konzept ist nicht aufgegangen«, sagt Werner Eisbrenner (Jahrgang 1945). Die »Grüne City« wurde nämlich zunächst nicht von der Bevölkerung angenommen. Neue Wohnbauten und ein Einkaufszentrum sollten den Stadtkern attraktiver machen: So entstand Anfang der 1970er der Marler Stern. Dieses einst gut besuchte Einkaufszentrum stand mit dem größten Luftkissendach der Welt im Guinness-Buch der Rekorde. Heute verzeichnet es nach dem Auszug von Karstadt große Leerstände und wartet auf eine zukunftsgerechte Umgestaltung. Die ab den 1970ern rathausnah gebauten Hochhauskomplexe »Wohnen-West« und »Wohnen-Ost« sowie die in den 90ern errichtete Halbrundbebauung östlich des S-Bahnhofs und die Planetensiedlung hielten nicht, was sich die Verantwortlichen versprachen. Anders als gewollt, entwickelten sich hier soziale Problemzonen. Der Abriss des Hochhauskomplexes »Goliath« – mit seinen 17 Geschossen einst Marls umstrittenes Wahrzeichen – im Jahr 2006 demonstriert allerdings den Willen der Stadtväter, den negativen Entwicklungen entgegenzuwirken. Bauliche Sanierungen und auch soziale Projekte – wie zum Beispiel der von der Diakonie betriebene Bürgertreff in der Planetensiedlung – zeitigen hier bereits erste Erfolge.

Nils Rimkus

Von »Bereitschaft« bis »Känguru« – Siedlungen erzählen Drewers Geschichte

Der moderne Doppelstadtteil wäre ohne Chemiewerk nicht entstanden

Die Scharounschule des berühmten Architekten Hans Scharoun. (Foto: © Stadt Marl)

Gesamt-Drewer, nach Hüls mit über 17 000 Einwohnern zweitgrößter Stadtteil Marls, blickt auf eine alte Geschichte zurück. In den alten Bauerschaften Drewer und Löntrop saß das über Marl hinaus bedeutende Adelsgeschlecht der Herren von Loe, die 1111 die Wasserburg »Haus Loe« errichten ließen. Das geschichtsträchtige Gemäuer, das im Bereich der Schulen und Sportplätze an der Hagenstraße stand, wurde 1863 leider abgerissen, dafür ist der Grafen-Name sehr lebendig; beispielsweise in Loestraße, Loekamp oder Loemühle.

Marl sollte zusammenwachsen

Das moderne Drewer bildete sich ab den späten 1930ern, was den Chemischen Werken Hüls (CWH) zu danken ist. »Wenn die Ortsteile Alt-Marl, Brassert und Hüls durch den Ortsteil Drewer, in dem die CWH-Siedlungen liegen, immer mehr zur Stadt Marl zusammenwachsen, dann ist dies auf die Siedlungspolitik von CWH und Gewoge zurückzuführen«, schrieb Norbert Schüpp 1963, als er den Weg Marls »Von Dörfern zur Stadt« nachzeichnete. Das 1941 gegründete Gemeinnützige Wohnungsunternehmen der CWH (Gewoge) war ein Motor des Siedlungsbaus südlich des Werks.
Heute hat sich Drewer zu zwei Stadtteilen ausgewachsen. Drewer-Nord beginnt an der A52. An Sickingmühler Straße und Hauptfriedhof findet sich die Blumensiedlung, östlich der Rappaportstraße die Bereitschaftssiedlung beiderseits der Kampstraße. Südlich um die Rappaportstraße, Höhe Robert-Bunse-Straße und Bebelstraße, schließt sich die Alte Bunasiedlung an, bevor östlich der Bahntrasse die Nibelungensiedlung bis zur Bergstraße/Lipper Weg den Stadtteil abschließt. Südlich der Bergstraße, zwischen Herzlia-Allee und Loekampbach, um die Achse Langehegge bis hinunter zur Freerbruchstraße, erstreckt sich Drewer-Süd.

»Kleiner Beutel, große Sprünge«

Hier erstand Werner Eisbrenner vor rund 30 Jahren ein Bergmannshaus der Zeche Auguste-Victoria. Er muss schmunzeln: »In Drewer-Süd gibt es viele Bungalowsiedlungen, wir nennen sie Kängurusiedlungen: »Kleiner Beutel, große Sprünge«. Früher konnte man hier dank der günstigen Ansiedlungs-Politik mit sehr wenig Geld recht groß bauen. Es ist schön hier; in zwei Minuten ist man im Grünen.« Der studierte Pädagoge arbeitet in der Evangelischen Stadtkirchengemeinde Marl und ist sozial sehr engagiert. So beispielsweise im interkulturellen Treffpunkt »Marler Weltzentrum« im Marler Stern oder im »Freundeskreis der Jugendbücherei im Türmchen«, der entscheidend mithalf, diese wichtige interkulturelle Schnittstelle an seinem Ort neben dem Rathaus zu bewahren. Sehenswert ist das Wahrzeichen von Drewer-Süd, der Förderturm des einzigen Erzschachts im Ruhrgebiet. Spannend ist auch die Bereitschaftssiedlung mit ihren eingestreuten Splitterschutzbunkern oder das international wichtigste Bauwerk Marls: die Scharoun-Schule in der Westfalenstraße. Unweit davon steht die evangelische Auferstehungskirche. Im Bereich Lasallestraße und Lipper Weg findet sich auf der Bergstraße das geschäftige Zentrum Drewers mit Cafés, Restaurants, Fachgeschäften und Lebensmittelmärkten. Werner Eisbrenner: »Sie ist nicht gerade eine Flaniermeile, aber sie zeigt das eigentliche Zentrum Marls an: Ecke Lipper Weg und Bergstraße in Hüls, wo die Alte Schmiede steht, da – und nicht im Marler Stern – tummeln sich zum Beispiel bei WM-Spielen viele Tausend Menschen.«

Nils Rimkus

Der denkmalgeschützte Förderturm des Erzschachts, dem ein Museum angeschlossen ist. (Foto: © Stadt Marl)

Im Volksmund »Zeltkirche« genannt: die evangelische Auferstehungskirche in Drewer-Süd. (Foto: © Nils Rimkus)

Schönes Wohnen in Drewer-Süd an der Straße In den Kämpen. (Foto: © Nils Rimkus)

Von Castrop-Rauxel bis Waltrop

Grüter Immobilien ist der Spezialist für Ihre Wohnwünsche

Die Immobilie als wertbeständige Anlage ist wieder gefragt

Die von Grüter Immobilien angebotenen Objekte sind genau auf die Bedürfnisse ihrer Bewohner abgestimmt.

Schon in seiner Kindheit faszinierten Häuser und Immobilien Sebastian Grüter. Seine Ausbildung als Immobilienkaufmann begann er mit der festen Absicht, sich möglichst schnell als Immobilienmakler selbstständig zu machen. Ihn begeisterte das Zusammenspiel der Häuser und Wohnungen mit den Menschen, zu denen sie passen.
Das erfordert neben der nötigen Fachkenntnis ein gutes Einfühlungsvermögen.

Immobilienfachmann Sebastian Grüter ist für seine Kunden nach vorheriger Terminvereinbarung auch außerhalb der geregelten Öffnungszeiten und an Wochenenden da.

Neueröffnung 2010

Der 27-Jährige hat jetzt im Jahr 2010 in Marl-Hüls sein eigenes Immobilienbüro eröffnet, nachdem er bereits einige Jahre als selbstständiger Immobilienmakler Wohnungen und Häuser für seine Klienten vermittelt hatte. Um seine Fähigkeiten rund um die Immobilie zu ergänzen und bauinteressierten Kunden eine Rundum-Sorglos-Beratung anbieten zu können, beschäftigt Grüter Immobilien außerdem einen hauseigenen, unabhängigen Planer.
Seine Kunden sind einerseits Menschen jeden Alters, die eine Wohnung oder ein Haus zur Miete oder zum Kauf suchen. Auf der anderen Seite sind seine Klienten Verkäufer und Vermieter von Immobilien.

Wertbeständige Anlage

»Nach der Finanz- und Immobilienkrise der letzten Zeit«, so Sebastian Grüter, ist »die Immobilie als wertbeständige Anlage wieder gefragt. Im Moment profitieren gerade Käufer von Immobilien von angemessenen Preisen der Objekte und den günstigen Zinsen auf dem Kapitalmarkt.« Nach Einschätzung von Sebastian Grüter wird sich der Immobilienmarkt ähnlich wie in anderen Europäischen Ländern entwickeln.

Hereinspaziert ins neue Traumhaus.

Wandel auf dem Immobilienmarkt

In Deutschland wird sich die traditionelle Einstellung, ein Haus fürs Leben zu kaufen, verändern. Schon jetzt sind seine Kunden die flexiblen Menschen, die auch die Kaufimmobilie den aktuellen Lebensbedürfnissen anpassen. Er rät jungen Menschen in seinem Alter, gerade jetzt eine günstige Immobilie zu kaufen, um diese selbst zu bewohnen. Diese bildet später wiederum den Grundstock für ein hochwertigeres Objekt.
Obwohl Sebastian Grüter für sich selbst der Meinung ist, »Platz kann man nie genug haben«, rät er, sich nicht zum Sklaven seines Wohneigentums zu machen. Ein Haus, in dem sich eine Familie wohlgefühlt hat und Kinder gut aufwachsen konnten, ist für Eltern nach dem Auszug der Kinder in vielen Fällen einfach zu groß. Eine Eigentumswohnung in angemessener Ausstattung lässt mehr Freiheit zu, und vielleicht ergibt sich eine Ersparnis, die in Urlaub oder vielleicht sogar in ein Feriendomizil gut investiert ist.

Individuelles Wohncoaching

Die Bedürfnisse der Kunden sind sehr individuell. Um noch besser auf seine Kunden einzugehen, arbeitet er eng mit Gabi Grüter (Dipl. Sozialpädagogin und Coach) zusammen, die ganz nebenbei seine Mutter ist. Diese bietet für seine Kunden ein individuelles Wohncoaching an. Sie unterstützt seine Kunden ebenfalls dabei, vor dem Verkauf die Häuser so herzurichten, dass die Vorteile der Immobilie sichtbar und erlebbar werden.
Sebastian Grüter weiß: »Zu einer Immobilie baut man eine gewisse Beziehung auf.« Dabei ist es egal, ob es sich um eine Mietwohnung, ein Eigenheim oder ein Investitionsobjekt handelt. Wichtig ist, es muss passen.

Beitrag von:
Grüter Immobilien
Trogemannstraße 2 · 45772 Marl
Tel. (0 23 65) 2 04 54 42
Fax (0 23 65) 2 04 54 43
s.grueter@grueter-immobilien.de
www.grueter-immobilien.de

Von Castrop-Rauxel bis Waltrop

Entdecken Sie Ihre wahren Fähigkeiten

Wie aus Visionen realistische Ziele werden – gestreift gedacht zeigt neue Wege auf

Überaus effizient sind auch Workshops und Teamtrainings. (Foto: © gestreift gedacht)

Kennen Sie dieses Gefühl? Sie setzen sich mit einem Problem auseinander, kommen aber zu keiner Lösung. Sie haben vielleicht eine vage Vorstellung, wie Sie sich persönlich verändern oder was sie beruflich machen möchten. Doch obwohl Sie einiges versucht haben, fällt es Ihnen schwer, ans Ziel zu kommen.

»Veränderungen sind aufregend«, sagt Gabi Grüter. Die diplomierte Sozialpädagogin und NLP-Trainerin unterstützt Sie dabei, wichtige Entscheidungen zu treffen, Ziele zu entwickeln und neue Wege einzuschlagen. Wer seine Begabungen, Interessen und Fähigkeiten genau kennt und weiter entwickelt, ist gut gerüstet für Anforderungen in neuen Lebenslagen.

Entwicklungspotenziale

Gabi Grüter hilft, die eigenen und vielleicht bislang sogar völlig unerkannten Stärken und Entwicklungspotenziale zu erkennen. »Was könnte aus Dir werden, wenn Du wüsstest, was in Dir steckt?« Das ist eine der Kernfragen, die es zu beantworten gilt. »Denn«, so Gabi Grüter: »Was Sie gerne tun, das machen Sie auch gut!« Mit der Klarheit über eigene Stärken nehmen Sie Ihre Zukunft eigenverantwortlich in die Hand.

Jeder Mensch ist in seinen eigenen Denkmustern behaftet. Der US-amerikanische Philosoph Ralph Waldo Emerson hat schon vor über 100 Jahren erkannt: »Wessen wir am meisten im Leben bedürfen, ist jemand, der uns dazu bringt, das zu tun, wozu wir fähig sind.« Gabi Grüter ist diejenige, die neue Impulse gibt, um eingefahrene Denk- und Verhaltensmuster aufzubrechen und die bestärkt, quer zu denken. Gestreift gedacht eben statt stromlinienförmig.

Einzelberatung und Teamcoaching

In individuellen Persönlichkeits- und Teamcoachings sowie Workshops arbeitet sie mit Hilfe des Persönlichkeitsschlüssels key4you die Stärken jedes Einzelnen heraus. Mit viel Einfühlungsvermögen und einem großen »Werkzeugkoffer«, gefüllt mit vielen Erkenntnissen der Psychologie und Hirnforschung wie zum Beispiel. NLP, Anti-Stress-Methoden (EMDR/EMI) und vieles mehr ermöglicht sie den Klienten immer wieder persönliche »Aha-Erlebnisse«. Meist sind es diese Schlüsselerlebnisse, die Veränderungen ermöglichen. Um von der neuen Vision in die Umsetzung zu gelangen, erarbeitet Gabi Grüter mit ihren Klienten machbare Ziele. So erkennen Schüler, aber auch Erwachsene, die eine berufliche Veränderung anstreben, beispielsweise welcher Beruf zu ihnen passt.

In ihrer Arbeit mit Teams kommt sie den Effizienzräubern und Konfliktherden des Teams auf die Spur. Als Instrument arbeitet sie hierbei mit dem Teamschlüssel von key4you. Damit ist es möglich, die Stärken der einzelnen Teammitglieder zu verdeutlichen. »Mit dieser Methode wird sehr schnell mehr Toleranz und Verständnis unter den Teammitgliedern erreicht«, so Gabi Grüter. Unternehmen profitieren von einer deutlich höheren Arbeitseffektivität und der gezielte Einsatz der Stärken der einzelnen Mitarbeiter ermöglicht ein positives Arbeitsergebnis.

Inselakademie Zebrastreifen

Coachings führt Gabi Grüter übrigens auch auf der Sonneninsel Teneriffa durch. In einer inspirierenden Landschaft – fernab von jedem Alltagsstress – macht es noch mehr Spaß, individuelle Ziele herauszufiltern. Der reale Perspektiv-Wechsel ermöglicht schnelle Ergebnisse im Coachingprozess.

In Zusammenarbeit mit der IHK München geben Gabi Grüter und drei weitere Trainer ihre Erfahrung übrigens auch in der Ausbildung jüngerer Coaches im Alter zwischen 22 und 30 Jahren weiter. Diese JuniorCoaches kennen die Lebenswirklichkeit junger Menschen und sprechen eine ähnliche Sprache. So unterstützen sie diese dabei, Ankerpunkte im Leben zu finden.

Gabi Grüter hilft Ihnen, andere Sichtweisen zu erkennen. (Foto: © Gabi Grüter)

Durch individuelle Beratung filtert Gabi Grüter unentdeckte Potenziale und Fähigkeiten heraus. Zudem gibt sie Impulse, um eingefahrene Denk- und Verhaltensmuster aufzubrechen. (Foto: © Ralf Rudzynski)

Beitrag von:
gestreift gedacht
Persönlichkeits- und Teamcoaching, Workshops
Trogemannstraße 2 · 45772 Marl
Tel. (0 23 65) 50 41 14
info@gestreift-gedacht.de
www.gestreift-gedacht.de

Von Castrop-Rauxel bis Waltrop

»Alt-Marl ist im Prinzip ein Dorf geblieben«

Der Volkspark glänzt mit Guido-Heiland-Bad und einem Schmuckkästchen hinter Fachwerk

1856 bis 1859 wurde die romanische, aufs 11. Jahrhundert zurückgehende Kirche St. Georg rundum erneuert. (Foto: © Nils Rimkus)

1905 brach nur anderthalb Kilometer nördlich von Alt-Marl mit dem Betrieb der Zeche Brassert die Industriezeit an. In wenigen Jahrzehnten wuchsen Industrieanlagen und Siedlungen, wurden Eisenbahntrassen und Landstraßen gezogen. Aber Alt-Marl blieb seinem bäuerlichen Umfeld verhaftet – obwohl das Kirchdorf über das Jahr der Stadtwerdung 1936 hinaus der Verwaltungssitz Marls war.

Stadtteil mit ländlichem Charakter

Alt-Marl stößt entlang der Hervester Straße an Brassert und trifft in Höhe Finanzamt auf den Stadtkern. In südöstlicher Richtung nimmt es den Raum zwischen Budapester Straße und Bahntrasse ein und folgt der Hoch- beziehungsweise Recklinghäuser Straße bis zur Herzlia-Allee. Nun wird Alt-Marl komplett ländlich und erstreckt sich rund um die Recklinghäuser Straße, von Drewer-Süd in Höhe Freerbruchstraße getrennt, auf Steinernkreuz und Linde. Im Süden schließen sich Herten und Polsum an, von dem Alt-Marl durch Frentrop entlang dem Rennbach geschieden ist. Zu Dorsten hin umschließt es jenseits der B52-Ausfahrt Marl-Frentrop auch den gleichnamigen modernen Industrie- und Technologiepark.
Ein echter Alt-Marler ist Hubert Leineweber (Jahrgang 1935). Man trifft ihn fast jeden Tag im Stadt- und Heimatmuseum der Stadt Marl im Volkspark. Dieses Schmuckkästchen hinter uraltem Fachwerk neben der liebevoll restaurierten Mühle, die auf 1415 datiert, lässt die bäuerliche Vergangenheit lebendig werden und beherbergt im Keller sogar einen kleinen Grubenausbau. Hier leitet Hubert Leineweber als kundiger Museumswart die Besichtigungen: »Ich bin 300 Meter von hier geboren und immer Marler geblieben, obwohl ich aus beruflichen Gründen viel im Ruhrgebiet unterwegs war.«

Einige alte Häuser blieben

»Im Prinzip ist das ein Dorf geblieben. Das Neueste liest man nicht in der Zeitung, sondern erfährt man in den Kneipen und am Stammtisch.« Hubert Leineweber bedauert, dass heute das Alt-Marler Geschäftsviertel an Loestraße und Hochstraße nicht mehr so floriert wie früher. Er kann sich zudem noch daran erinnern, als der Bauboom der Nachkriegszeit das alte Dorf erfasste. »Rund um die Kirche St. Georg und am Altmarkt wurden viele alte Häuser abgerissen und dafür diese Wohnklötze hochgezogen. Die verschandeln schon das Ortsbild.«
Alt-Marl verfügt aber noch über alte, repräsentative Gebäude: So die alte Windmühle an der Hochstraße und schöne Fachwerkhäuser wie das von 1780 an der Loestraße 35, das von 1830 an der Hochstraße 1 – darin ist heute ein Irish Pub – oder die Gaststätte »Lindenhof« an der Breiten Straße. Attraktiv sind auch das »Menuhin Haus«, ein Zentrum des festlich-kulturellen Lebens in Marl, und das alte Amtshaus nebenan.

Heimatverein eine Institution

Oft ging der Erhalt solcher Wahrzeichen auf bürgerschaftliches Engagement zurück, wie zum Beispiel das Guido-Heiland-Bad im Volkspark, das die Stadt 1990 aus Kostengründen abreißen lassen wollte, seither aber von einem Verein ehrenamtlich betrieben wird. Eine Institution in Alt-Marl ist der Heimatverein. Mit über 800 Mitgliedern noch etwas größer als der Bürger-Schützenverein Marl-Frentrop, organisiert er das Volksparkfest am 3. Oktober und den Deutschen Mühlentag am Pfingstmontag – wichtige Ergänzungen zu den schwungvollen Festen der Frentroper Schützen.

Nils Rimkus

Erfrischender Badespaß im Guido-Heiland-Bad im Volkpark. (Foto: © Nils Rimkus)

Das Fachwerkhaus »Anno 1830«, benannt nach dem Jahr der Schankerlaubnis. (Foto: © Nils Rimkus)

Die Wassermühle am Stadt- und Heimatmuseum Marl geht auf das Jahr 1415 zurück. (Foto: © Nils Rimkus)

Von Castrop-Rauxel bis Waltrop

Das Städtchen in der Stadt
Polsum ist an den Entwicklungen gewachsen, ohne den Charakter zu verlieren

Auf dem Weg in die Polsumer Dorfmitte. (Foto: © Nils Rimkus)

Polsum gehört nominell zu Marl – aber eigentlich gehört es sich selbst. Denn mit seinen rund 5000 Einwohnern ist Polsum auffällig eigen. Urkundlich um 1200 erstmals erwähnt, liegt es abgesondert vom Rest der Stadt in der südwestlichen Ecke Marls und geht auf alte Bauerschaften zurück: Dorf und Rennebaum, umringt von Hülsdau, Heiken, Hoefen, Kotten und Beckhöfen. Bertlich wurde bei der Gemeindereform 1975 Herten zugeschlagen.

Der Weg vom Marler Stadtkern über die Polsumer Straße führt durch Felder und Baumreihen. Im alten Dorfkern fällt das Ensemble um die moderne St. Bartholomäus-Kirche auf: Sie wurde 1968 erbaut, aber nebenan steht der uralte Kirchturm mit den Glocken von 1579. Hier im Viertel um den Kirchhof: an Dorfstraße, Kirchstraße, Kolpingstraße und Brüggenpoth, findet man Fachgeschäfte und alles für den täglichen Bedarf. Hier finden auch die Wochenmärkte und der größte eintägige Weihnachtsmarkt NRWs statt, der über 50 000 Besucher anzieht. Zum Verweilen laden Dorfkrug Münch, Fuchsbau, Lenz, Zur alten Post, ein Eiscafe und das Café Bartholomäus ein.

Geschichte und Geschäftigkeit
Einige alte Bauwerke stehen noch, die den verheerenden Dorfbrand von 1901 überstanden haben, wie die schönen Fachwerkhäuser im Brüggenpoth. Ortskernnah liegt auch die Wasserburg Lüttinghof, die früher zu Polsum gehörte, jetzt aber auf Gelsenkirchener Gebiet liegt. Beim Dorfrundgang begegnet man einer Polsum eigenen Mixtur von Geschichte und Geschäftigkeit, die auch das soziale Gefüge des Orts widerspiegelt: Hier herrscht nahezu Vollbeschäftigung, die Einkommenslage ist gut bis sehr gut, hier leben überdurchschnittlich viele intakte Familien. Offensichtlich ist das alte Polsum an den Entwicklungen des letzten Jahrhunderts gewachsen – ohne seinen Charakter zu verlieren.

Nils Rimkus

Vorn die neue Kirche von 1968, im Hintergrund der uralte Kirchturm. (Foto: © Nils Rimkus)

»Wir haben hier ein starkes soziales Netz«
Hufschmied Bernhard Mengede lebt in einer alten, aber vitalen Dorfgemeinschaft

Der berühmte »Möppel«: Statue vor der Bartholomäus-Grundschule. (Foto: © Nils Rimkus)

»Das ist der Polsumer, Möppel'.« Die mopsgroße Hundefigur hat es Bernhard Mengede (Jahrgang 1953) angetan. Die Dorfsage berichtet, dieser kaum kniehohe Hund habe im Dreißigjährigen Krieg die Schweden verbellt und so das Dorf gerettet. Deshalb ist er in Polsum sprichwörtlich. In Alt-Marl übrigens auch, nur bezeichnet man dort frotzelnd den Polsumer an sich, der als Revanche die Alt-Marler kurz als »Marl'sche Fleigen« (Marler Fliegen) abtut. Bernhard Mengedes »Möppel« jedenfalls ist eine von 170 Figuren, gestiftet von der Werbegemeinschaft Polsumer Kaufleute, die an die Bartholomäus-Grundschüler geht: »Die Kinder sollen sie gestalten, der beste Möppel wird prämiert.«

Eine lebhafte Dorfgemeinschaft
Der Hufschmied ist ein Alteingesessener: Seine Linie geht auf Joan-Dierich Mengede zurück; in Polsum geboren am 7. März 1700. Über 300 Jahre später bezeugt Nachfahre Bernhard die noch immer lebhafte Dorfgemeinschaft, wenn er vom Schützenverein 1718, dem SuS Polsum, dem Männergesangverein, dem Gartenbauverein oder der Freiwilligen Feuerwehr berichtet, die 2009 ihr »100-Jähriges« groß feierte. Wichtig sind auch die Werbegemeinschaft, die Kolpingfamilie, die Interessengemeinschaft Polsumer Vereine, die den Weihnachtsmarkt organisiert, und die Familie Feldmann, die den Frischesupermarkt an der Kolpingstraße betreibt. Bernhard Mengede macht sich als Vorsitzender des Heimatvereins gerade stark für eine Verschönerung des Platzes vor dem Wohn- und Pflegeheim Bartholomäus. »Die wird 40 000 Euro kosten, aber das kriegen wir zusammen. Denn wir haben hier ein starkes soziales Netz.«

Nils Rimkus

Wohn- und Pflegezentrum Bartholomäus mit Café, davor der Marktplatz. (Foto: © Nils Rimkus)

Von Castrop-Rauxel bis Waltrop

Zwischen Moschee und Sickingmühle, Ballonstartplatz und Haard

Marler Osten hat in Hamm und Sickingmühle, Sinsen und Lenkerbeck seine Reize

Die katholische St. Barbara-Kirche am Bachackerweg in Hamm. (Foto: © Nils Rimkus)

Die waldreiche Freizeitoase Haard drängt sich in den Marler Osten. Davon profitieren die Stadtteile Sinsen-Lenkerbeck jenseits der A43 und Marl-Hamm, das, unterhalb des Wesel-Datteln-Kanals liegend, östlich an den Chemiepark anschließt. Fährt man von der A52 ab in diesen Stadtteil, fällt zunächst die prachtvolle Fatih-Moschee ins Auge, die im Winkel der stark befahrenen Carl-Duisberg-Straße und Bachackerweg steht. Sie wurde 1992 als einer der ersten Moscheeneubauten der Bundesrepublik errichtet und deutet den relativ hohen türkischstämmigen Bevölkerungsanteil Hamms an.

Die Moschee markiert ungefähr den Ort, wo Zollvereinsiedlung, Alte und Neue Waldsiedlung zusammenstoßen; allesamt Zechensiedlungen. Die bedeutendste ist die Waldsiedlung, die der Essener Architekt Fritz Ferber 1938 entwarf und die mit Preisen bedacht wurde, weil sie in idealer Weise eine Verbindung von Wohnung, Garten und Wald herstellt.

Halde wird Naherholungsgebiet

Folgt man dem Bachackerweg nach Hamm hinein, liegt linker Hand die katholische St. Barbara-Kirche. Rechts abgebogen in die Finkenstraße ist an der Kreuzung Schwalbenstraße die evangelische Lutherkirche nicht weit. Sie beschirmt auch den Marktplatz, der das örtliche Zentrum der Nahversorgung markiert und auf dem ein Wochenmarkt das Warenangebot bereichert. Elke Dietrich (Jahrgang 1961) ist im Ortsteil geboren: »An Hamm liebe ich vor allem, dass man ruck, zuck im Grünen ist. Schnell ist man oben am Kanal oder am Römerweg mitten in der Haard. Und auch die schon begrünte Halde an der A43 wird einmal ein richtig schönes Naherholungsgebiet.« Jenseits der Marler Straße, die diesen dicht besiedelten Teil Marl-Hamms umläuft, direkt am Kanal liegt Sickingmühle. Dieses beschaulich an Kanal und Lippe gelegene Dorf unterscheidet sich vom Rest Hamms. Die Karnevalsumzüge und das Pfarrfest stehen für die gelebte Tradition in Sickingmühle, der Fußballplatz und acht Tennisplätze für die Sportbegeisterung. Beachtlich: Das Landschaftskunstwerk »Wasserstände« des Künstlers Herman Prigann zwischen Lippeaue und Wesel-Datteln-Kanal.

Viel los im Bahnhofsviertel

Sinsen-Lenkerbeck ist der einzige Marler Stadtteil, der östlich der großen Verkehrsader A43 liegt. Die Bauerschaft Lenkerbeck – bereits im Mittelalter urkundlich erwähnt, wird mit der Bauerschaft Sinsen 1926 in das Amt Marl eingegliedert – der Stadtteil mit seinen 8000 Einwohnern ist in seiner Fläche bis heute vorwiegend landwirtschaftlich geprägt. Er weist seine dichteste Besiedelung südlich der Schulstraße auf und – jenseits des Bahnhofs – rund um die Weiterführung der Schulstraße, die Bahnhofstraße. Hier ist mit Geschäften und Dienstleistern auch ein Zentrum der Nahversorgung zu finden. Ein zweites liegt am alten Marktplatz an Goldregen- und Wacholderstraße im Kern Sinsens, ein drittes westlich der Bahnlinie Münster-Essen in Lenkerbeck, wo auch Lebensmitteldiscounter zu finden sind.

Rollerbahn und alte Chaussee

Fans des Gleitens auf Rädern sei »Roller Skating Rink« an der Gräwenkolkstraße empfohlen. Diese über 1000 Quadratmeter große Bahn lädt Rollschuhfahrer und Inliner bei jedem Wetter ein, bei Disco-Musik und Lichtorgel über die Piste zu sausen. Zu erwähnen ist außerdem der Ballonstartplatz Marl an der Korthauser Heide 9, Westdeutschlands größter Ballonstartplatz für Gas- und Heißluftballone. Außerdem zieht in Sinsen-Lenkerbeck die alte Bundesstraße 51 (L551) ihre Bahnen. Diese legendäre um 1840 gebaute Chaussee führt von Bochum nach Münster und war die erste bedeutende Nord-Süd-Verbindung des Kreises Recklinghausen.

Nils Rimkus

Original Hamm: Zechensiedlung an der Carl-Duisberg-Straße. (Foto: © Nils Rimkus)

Landschaftskunstwerk »Wasserstände« um das baufällige, nach Bergsenkungen in einem See versinkende Wasserwerk bei Sickingmühle. (Foto: © Nils Rimkus)

Von Castrop-Rauxel bis Waltrop

Radwelt jepkens: Der Fahrrad-Experte in Marl

In den Sattel schwingen und sofort losfahren

Der Vestische Kreis ist durch seine unzähligen Radwege geradezu prädestiniert, die Region oder seine Städte mit Sattel und Pedale zu erobern. Das passende Bike gibt es in der Radwelt jepkens, dem großen Fahrrad-Experten in Marl. Qualitäts- und Markenprodukte, erstklassiger Werkstattservice und kompetente Beratung prägen die Geschäftsphilosophie. Diese lässt sich durch die Zugehörigkeit zum Dachverbund, der ZEG Zweirad-Einkaufs-Genossenschaft eG (Europas größter Einkaufs-Gemeinschaft), konsequent umsetzen. Dadurch hat Radwelt jepkens die besten Partner an seiner Seite.

Zudem profitiert man als Kunde von der langjährigen Erfahrung. Bereits 1956 wurde der Betrieb unter anderem als Geschäft für Fahrräder, motorisierte Zweiräder, Nähmaschinen, Kinderwaren und Spielzeug gegründet. Am 1. Oktober 1976 wurde es durch den Zweiradmechanikermeister Peter Jepkens und seine Frau Kläre übernommen.

Schwarzkaue der Zeche Auguste Victoria 1/2

Zum 1. Januar 1997 stieg Clemens Jepkens nach abgeschlossenem Studium zum Diplom-Ökonom in den elterlichen Betrieb ein. Gleichzeitig wurde die 2-rad jepkens GmbH gegründet, die am 10. Februar 2000 in die ehemalige Schwarzkaue der Zeche Auguste Victoria 1/2 umzog, wo die Radwelt jepkens mit ihrem modernen Präsentationsraum eröffnet wurde. Dort sorgt übrigens eine Ausstellung historischer Zweiräder nach wie vor für einen Brückenschlag zwischen Gestern und Heute.

An der Victoriastraße 65 findet man auf rund 1000 Quadratmetern so gut wie alles, was man braucht, um mit seinem Fahrrad den Ausflug zu planen oder es schlichtweg für den täglichen

In modernem Gewand präsentiert sich die Radwelt jepkens an historischer Stätte. (Foto: © jepkens)

Gebrauch zu nutzen. Fahrräder gibt es in der Radwelt jepkens nahezu von allen bekannten und hochwertigen Herstellern wie Arcona, Bulls, Gazelle, Hercules, Kalkhoff, Kettler, KTM, Pegasus oder Rixe.

Große Auswahl an Fahrrädern und Zubehör

Neben City- und Trekkingrädern führt das Unternehmen auch Mountainbikes und Crossräder, Elektro-Fahrräder der Marken Gazelle, Kalkhoff, Kettler, Pegasus und Sachs sowie Heimtrainer von Kettler. Gerade E-Bikes gelten schon jetzt als Mobilität der Zukunft. Und auch für die Jüngsten bekommt man, was man sucht: Laufräder, Dreiräder, Roller und Go-Carts von Puky.

»Wir beraten umfassend. Alle unsere Räder werden fachmännisch montiert und geprüft und sind sofort startklar«, versichert Geschäftsführer Clemens Jepkens, der als Vorsitzender des Prüfungsausschusses für Kaufleute im Einzelhandel das über 30-jährige Engagement seines Vaters fortsetzt. Zudem ist er Mitglied des Meisterprüfungsausschusses der Handwerkskammer Münster und bildet auch im eigenen Betrieb aus.

Lange Freude am neuen Fahrrad

Gute Kundenbetreuung geht nach dem Fahrradkauf erst richtig los. Ob Inspektion, Wartung oder

E-Bikes gelten schon jetzt als Mobilität der Zukunft. (Foto: © jepkens)

Service, alle Arbeiten werden in der hauseigenen Werkstatt professionell und preisgünstig ausgeführt. Zudem gibt es ein Riesen-Sortiment an Ersatzteilen und Zubehör wie Croozer Kinderanhänger, Packtaschen von Haberland und Vaude, Regenbekleidung von Jeantex, Körbe von Klick-Fix und Basil oder ergonomische Griffe und Sättel von Ergon und noch unendlich vieles mehr.

Beitrag von:
Radwelt jepkens GmbH
Victoriastraße 65 · 45772 Marl
Tel. (0 23 65) 4 26 11 · Fax (0 23 65) 4 72 07
info@jepkens.de · www.jepkens.zeg.de

Radwelt jepkens: Der Fahrrad-Experte an der Victoriastraße 65 in Marl. (Foto: © jepkens)

Die Stadt hat mit der Umgestaltung des Kerns um den Berliner Platz ein klares Zeichen gesetzt. (Foto: © Stadt Oer-Erkenschwick/Stadtarchiv)

Ein Synonym für Oer-Erkenschwick: das Stimbergstadion. (Foto: © Ralf Rudzynski)

Oer-Erkenschwick hat den Wandel geschafft

Die jüngste Stadt im Vestischen Kreis ist erwachsen geworden

Mit ihrer endgültigen Eigenständigkeit, die erst am 2. März 1953 vollzogen wurde, ist Oer-Erkenschwick die jüngste Stadt im Vestischen Kreis. Seitdem war die Kommune allerdings schon mehreren harten Belastungsproben ausgesetzt. So wie der Eingemeindungswelle, die in den 1970er Jahren die Gefahr heraufbeschwor, die erst zwei Jahrzehnte zuvor erlangte Unabhängigkeit schon wieder zu verlieren. Vor allem zwei ehemalige Bürgermeister hatten großen Anteil daran, dass Oer-Erkenschwick nicht eingemeindet wurde. Wilhelm Winter und Heinz Netta schafften es mit diplomatischem Geschick, dass dieser Kelch am Stimberg vorüberzog.

Oer-Erkenschwick hat diesen Schwebezustand ebenso überstanden und vor allem bewältigt wie das Ende der Zeche Ewald-Fortsetzung. Im gesamten 20. Jahrhundert bestimmte sie das Leben und war prägend für die Entwicklung. Durch den Bergbau schoss die Bevölkerungszahl regelrecht in die Höhe. Aus zwei kleinen Dörfern mit zusammen kaum mehr als 2000 Einwohnern entwickelte sich zunächst die ab 1926 zum Amt Datteln gehörende Großgemeinde, der auch die Bauerschaft Rapen angehörte. Damit lebten Mitte der 1920er Jahre bereits fast 15 000 Bürger in Oer-Erkenschwick.

Den Widrigkeiten getrotzt

Bis zum Jahr 2000 verdoppelte sich diese Zahl noch einmal. Umso härter war für die nun selbstständige Stadt die Schließung der Zeche, zu der damals überdies Schacht 8 des in der Honermann-Siedlung befindlichen Bergwerkes General Blumenthal gehörte.

»Der Pütt« bestimmte nicht nur das berufliche Leben, sondern auch die Freizeit der meisten Bergleute. Es entstanden Vereine wie der Männergesangverein Sängerbund, der Arbeiter-Radfahrerbund Solidarität, der Bergmannsverein Glückauf und nicht zuletzt die ruhmreiche SpVgg Erkenschwick, deren Fußballer über Jahrzehnte in der höchsten und zweithöchsten deutschen Spielklasse dafür sorgten, dass der Name der Stimbergstadt über das Vest und den Ruhrpott hinaus bekannt wurde.

Der Blick geht nach vorne

Traditionen werden in Oer-Erkenschwick nach wie gepflegt, doch es entspricht nicht der Mentalität der Bürger, in der Vergangenheit zu verharren. Der Blick ist bei den mittlerweile mehr als 31 000 Einwohnern eindeutig nach vorne gerichtet. Die Stadt hat die Herausforderung angenommen und mit der Umgestaltung des Kerns um den Berliner Platz sowie der Stärkung der Gewerbegebiete in Rapen und Essel klare Zeichen gesetzt. Dabei ist die gute überregionale Verkehrsanbindung ein zusätzlicher Pluspunkt für die sich hier ansiedelnden Unternehmen.

Den eigenen Charakter hat Oer-Erkenschwick nicht verloren – ganz im Gegenteil. Die Industrieflächen liegen in den Randbezirken, die City mit ihren Einkaufsmöglichkeiten ist verkehrsberuhigt, das eigentliche Stadtbild wird nach wie vor in erster Linie durch kleinere Wohnhäuser geprägt.

Menschen, die anpacken können

Und dann gibt es da ja auch noch das wohl Schönste, was diese Stadt zu bieten hat: die Natur, die den größten Teil der rund 39 Quadratkilometer des Stadtgebietes ausmacht. Allen voran sind natürlich die Haard und mithin der Stimbergpark zu nennen, doch auch Alt-Oer und Rapen haben viel Grün zu bieten. Der Stadtpark ist ebenfalls nicht zu verachten.

So stellt sich Oer-Erkenschwick mittlerweile als eine Stadt dar, die den Wandel geschafft hat, die gestärkt aus der Zechenära hervorgegangen ist, die positiv in die Zukunft schauen kann und in der die Lebensqualität zweifellos höher ist als vor 50 Jahren. Und in der Menschen wohnen, die zu leben wissen – aber andererseits auch verdammt gut anpacken können.

Ralf Rudzynski

Mit der Ansiedlung neuer Gewerbegebiete – hier Tüschenheide – wurden die Weichen für die Zukunft gestellt. (Foto: © Stadt Oer-Erkenschwick/Stadtarchiv)

Von Castrop-Rauxel bis Waltrop

Mit der Zeche Ewald-Fortsetzung begann 1899 ein neues Zeitalter

Der Bergbau war prägend für die Entwicklung von Oer-Erkenschwick

Das 20. Jahrhundert war prägend für das heutige Erscheinungsbild von Oer-Erkenschwick. Wie in den meisten umliegenden Orten und Gemeinden war es auch zwischen Sinsen und Horneburg das »Schwarze Gold«, das der Stimbergstadt ein neues Gesicht gab und ziemlich genau 100 Jahre lang die Entwicklung bestimmte. Die Industrialisierung hielt Einzug, wo zuvor nur reines Ackerland den Alltag und das Leben bestimmt hatte.
Alles begann am 2. Juni 1899 mit der Abteufung von Schacht 1 der Zeche Ewald-Fortsetzung auf dem ehemaligen Gelände der so genannten Wittloher Berge. Einige Gebäude des einstmals riesigen Traktes sind noch heute im Bereich zwischen Klein-Erkenschwicker-Straße und Ewaldstraße sowie zwischen Von-Waldhausen-Straße und Werderstraße zu bestaunen. Das Areal des einstigen Bergwerkes erstreckte sich seinerzeit aber noch weiter hinaus: über die Holtgarde und die Karlstraße bis zum östlichen Ende von Rapen, wo sich inzwischen das Gewerbegebiet Dillenburg befindet. Im Süden entstand später der Anschluss zur Zeche König Ludwig in Suderwich (Recklinghausen).
Im Jahr 1969 wurde die Zeche Ewald-Fortsetzung ein Teil der Ruhrkohle AG und erlebte alsbald ihren zweiten Frühling. In Oer-Erkenschwick war die Kohleproduktion in dieser Zeit auf ihrem Höhepunkt und lag bei knapp 1,5 Millionen Tonnen im Jahr 1974 durch die Zeche Ewald-Fortsetzung. Die Zahl der Bergleute war allerdings rückläufig. Für das Rekordergebnis sorgten circa 2500 Arbeiter, während zwei Jahrzehnte zuvor noch 4500 Kumpel die Kohle zutage gefördert hatten.

General Blumenthal

1975 folgte eine Verbindung mit Schacht 8 der Zeche General Blumenthal im westlichsten Oer-Erkenschwicker Stadtteil, der Honermann-Siedlung. Ewald-Fortsetzung und General Blumenthal – beide im Besitz der Ruhrkohle AG – wurden am 1. Oktober 1992 zum Bergwerk Blumenthal/Haard zusammengeschlossen.
Genau 100 Jahre nach dem Teufbeginn des ersten Schachtes der Zeche Ewald-Fortsetzung wurden 1999 deren letzte Schächte verfüllt. Anno 2002 wurde auch Schacht 8 der ehemaligen Zeche General Blumenthal geschlossen. Damit endete das ruhmreiche Kapitel des Bergbaus in Oer-Erkenschwick, durch den aus den kleinen Bauerschaften zunächst größere Gemeinden und am 2. März 1953 sogar eine eigene Stadt geworden ist.

Die Bevölkerungsentwicklung

Um 1900 waren Oer und Erkenschwick noch rein landwirtschaftlich geprägte Gebiete, in denen zusammen etwa 2000 Menschen lebten. Mit dem Aufkommen des Bergbaus nahm auch die Zahl der Einwohner sprunghaft zu. Um 1910 verdienten fast ebenso viele Bürger ihren Lebensunterhalt »auf'm Pütt«. Und wiederum nur etwa zehn Jahre danach lebten hier schon 13 500 Menschen. Diese Entwicklung setzte sich weiter fort, und so entstand 1926 die Großgemeinde Oer-Erkenschwick.
Zu dieser Zeit war der Ort freilich nahezu komplett auf die Zeche Ewald-Fortsetzung ausgerichtet. Als diese zwischen 1931 und 1938 aufgrund weltweiter Absatzprobleme geschlossen werden musste, waren zum Teil mehr als 80 Prozent aller Einwohner arbeitslos. Das führte zudem dazu, dass Oer-Erkenschwick zwischenzeitig die ärmste Gemeinde in Preußen war.

Was vom Bergbau übrig blieb: Der Förderturm der Zeche Ewald-Fortsetzung. (Foto: © Ralf Rudzynski)

Von einer solchen Abhängigkeit ist der Ort inzwischen nicht mehr betroffen. Mit dem Ende der Zechenära hat Oer-Erkenschwick die Herausforderung angenommen, die Stadt auf andere Füße gestellt und mit der Ansiedlung neuer Gewerbegebiete die Weichen für die Zukunft der mittlerweile rund 31 000 Einwohner gestellt. Die spannende und interessante Geschichte der hiesigen Zechen hält übrigens das Bergbau- und Geschichts-Museum, Am Ziegeleitor 11, lebendig.

Ralf Rudzynski

Die Zeche Ewald-Fortsetzung 1/3 an der Ewaldstraße prägte die Entwicklung von Oer-Erkenschwick. (Foto: © Stadt Oer-Erkenschwick/Stadtarchiv)

Von Castrop-Rauxel bis Waltrop

Vom »Eichenhof« zum eigenen Stadtteil

Weit außerhalb von Oer-Erkenschwick liegt die Honermann-Siedlung

Rund zweieinhalb Kilometer außerhalb von Oer befindet sich mit der Honermann-Siedlung der kleinste Stadtteil von Oer-Erkenschwick. Und dieser Ortsteil trägt den Beinamen »Siedlung« zurecht, denn hier leben nicht einmal 1000 Menschen. Dabei ist die Anzahl der Landwirte und Pferdestallbesitzer, die in den umliegenden Gehöften und Kotten wohnen, schon mit einbezogen.

Die Honermann-Siedlung liegt am südwestlichsten Zipfel der Stadt. Das südliche Ende des Vorortes bilden die Bahngleise am Ende der Johannesstraße. Von dort kommt man direkt nach Recklinghausen-Speckhorn, wo viele Kinder aus der Honermann-Siedlung in die Schule gehen. Auch das im Westen gelegene Marl-Sinsen ist von hier aus nur wenige 100 Meter weit entfernt.

Mitte des 20. Jahrhunderts

Etwa ab Mitte des 20. Jahrhunderts entstand die Honermann-Siedlung, wie sich Hugo Stengel (Jahrgang 1936) erinnert: »Bis circa 1950 war das Gebiet eine reine Bauernschaft. Mein Großvater gehörte hier zu den ersten Siedlern. Ich selbst komme ursprünglich aus Suderwich, habe aber dann das Eigentum meines Großvaters übernommen und wohne seit 1962 in der Honermann-Siedlung.«

Das kleine Dorf mit seinen verkehrsberuhigten Zonen ist überaus beschaulich und abgeschieden. Zu den besonderen Ereignissen in diesem reinen Wohngebiet gehören die Heimspiele der Fußballer von Rot-Weiß Erkenschwick. »Früher«,

Ein gemütliches Plätzchen, um mal ein wenig innezuhalten. (Foto: © Ralf Rudzynski)

so weiß Hugo Stengel, »gab es hier drei kleine Lebensmittelhändler. Heute müssen wir zum Einkaufen nach Sinsen oder Oer-Erkenschwick fahren. Die Infrastruktur ist zwar für die älteren Leute, die in der Honermann-Siedlung wohnen, nicht optimal, aber es würde sich für einen Betreiber andererseits wohl kaum lohnen, hier ein Geschäft zu eröffnen.«

Johannesstraße und Mühlenweg

Zu den Hauptstraßen gehören neben der Johannesstraße noch der Mühlenweg und Im Siepen. Von besonderer Bedeutung ist aber vor allem die Straße Am Eichenhof. Hier stand einst die gleichnamige Gaststätte. Diese wurde betrieben von der Familie Honermann, nach der schließlich die gesamte Siedlung benannt wurde. »Zunächst war es nur eine kleine Wirtschaft, doch später wurde daraus ein großes Gasthaus mit eigenem Saal für Feste und Feierlichkeiten«, verrät Hugo Stengel.

Im Stadtteil befindet sich übrigens auch der Schacht 8 der einstigen Zeche General Blumenthal beziehungsweise des Bergwerks Blumenthal/Haard. Der ehemalige Seilfahrt- und Materialschacht ist inzwischen freilich längst stillgelegt. Vor allem in den Sommermonaten muss man schon lange suchen, um zwischen unzähligen Bäumen und Feldern den nicht gerade kleinen Zechenhügel ausfindig zu machen.

Wunderschöne Alleen

Zu jeder Jahreszeit ein schönes Erlebnis sind die Fahrten auf den weitverzweigten Straßen rund um die Honermann-Siedlung. Vorbei geht es an Feldern und Weiden, versteckt liegenden Teichen oder über wunderschöne Baumalleen. Kein Wunder, dass sich hier auch mehrere Campingfreunde eine Parzelle angemietet haben. Vor allem aber ist das Gebiet ein Paradies für Pferdenarren. Mehrere Reiterhöfe sorgen dafür, dass sich die edlen Rösser und ihre Besitzer inmitten der herrlichen Natur pudelwohl fühlen. Aber auch bedeutende Trabrenntrainer wie Derby-Gewinner Willi Rode haben in dieser traumhaften Landschaft ihre Cracks auf die großen Prüfungen vorbereitet.

Ralf Rudzynski

In der Honermann-Siedlung sind die Kicker von Rot-Weiß Erkenschwick zu Hause. (Foto: © Ralf Rudzynski)

Als Oer noch Münsterland und Erkenschwick schon Ruhrpott war

In Alt-Oer kann man auch heute noch auf Zeitreise gehen

Im Hauptstaatsarchiv in Düsseldorf wird die wohl wichtigste Urkunde von Oer und somit natürlich auch von Oer-Erkenschwick aufbewahrt. Dort befindet sich das Urbar der Abtei Werden, ein Güterverzeichnis des im Mittelalter immens bedeutungsvollen Essener Klosters. In diesem Urbar wird Oer anno 1144 erstmals schriftlich erwähnt. Und darauf ging auch die 850-Jahr-Feier zurück, die 1994 festlich begangen wurde.

Aufgrund dieser Urkunde gilt Oer als der ältere Teil von Oer-Erkenschwick. Aller Wahrscheinlichkeit nach besteht die Siedlung Oer sogar noch einige Jahrhunderte länger. Karl der Große (747/748 bis 814) ließ während seiner Regentschaft mehrere so genannte Reichshöfe errichten. Einer dieser soll der Oberhof Oer gewesen sein, um den herum weitere kleinere Gehöfte angelegt wurden.

Der Oberhof Oer

Wo genau sich der hiesige Reichshof befunden hatte, ist nicht ganz geklärt, da keine Spuren zu finden sind. Einige Historiker vermuten den Oberhof am Kaninchenberg, der sich etwa einen Kilometer westlich des heutigen Ortskerns von Oer befindet. Andere gehen davon aus, dass der Reichshof in der Nähe der Kirche St. Peter und Paul am Pastor-Schmitz-Weg gestanden haben muss. Das bereits im Jahr 1278 als Pfarrkirche bezeichnete Gotteshaus hat heute kaum noch etwas mit seinem einstigen Erscheinungsbild gemein.

Steuert man die Kirche jedoch aus dem Westen über die Sinsener Straße oder noch viel mehr

Ein markanter Punkt in Oer ist die Esso-Tankstelle. (Foto: © Ralf Rudzynski)

aus dem Süden durch die Bauerschaft Alt-Oer an, kann man durchaus auf Zeitreise gehen und nachvollziehen, wie es fast überall in Oer bis ins späte 20. Jahrhundert ausgesehen hat. Kleinere Verbindungsstraßen wie Börsterweg, Westfeldweg, Grenzweg, Markenweg, Uferweg oder Im Haferfeld führen tatsächlich noch durch Felder und Wiesen und von einem Hof zum nächsten. Nicht von ungefähr werden rund zwei Drittel der kommunalen Fläche noch landwirtschaftlich genutzt (Stand: 2010).

Eine stärkere Wohnbebauung begann in Oer erst ab etwa 1980. Sie erstreckt sich mittlerweile nördlich der Groß-Erkenschwicker-Straße bis hin zum Stimbergpark. »Als wir hierhin zogen, standen nur vereinzelt Häuser. Unsere Nachbarschaft war noch ländlich geprägt.« Darauf verweist Hubert Gährken (Jahrgang 1945), der mit seiner Frau Karin (Jahrgang 1947) seit 1974 westlich der Friedhofstraße in Oer beheimatet ist.

Die Kirche St. Peter und Paul am Pastor-Schmitz-Weg. (Foto: © Ralf Rudzynski)

Die Grenzen verschwimmen

Inzwischen gehen Oer und Erkenschwick auch von der Bebauung her ineinander über und verschmelzen etwa ab der Höhe der vertikal verlaufenden Buschstraße zu einer Einheit. Durch das Heranwachsen neuer Generationen sind Schritt für Schritt auch beide Gemeinden zusammengewachsen. Fühlten sich in Oer viele Alteingesessene noch lange als Münsterländer und bespöttelten die Erkenschwicker wegen der Zeche Ewald-Fortsetzung als »Ruhrpottler«, kristallisiert sich zusehends ein Gemeinschaftsgefühl heraus. Dass die Pfarrei St. Peter und Paul in Oer mittlerweile vom selben Pfarrer betreut wird wie die Klein-Erkenschwicker Gemeinde Christus König, ist dem eher zuträglich. Der Verein für Orts- und Heimatkunde Oer-Erkenschwick verzeichnet starke Mitgliederzuwächse, seitdem auch für jüngere Mitbürger, Familien und Kinder zahlreiche unterschiedliche Freizeitaktivitäten angeboten werden. Rivalitäten bestehen zwar nach wie vor, sind aber jetzt eher als freundschaftliche Neckereien einzuordnen. Dass freilich nach wie vor alte Traditionen gepflegt und aufrecht erhalten werden, ist dabei kein Widerspruch. Dafür steht zum Beispiel die Bürgerschützengilde Oer.

Ralf Rudzynski

Von der Recklinghäuser Straße schweift der Blick auf die Felder von Alt-Oer. (Foto: © Ralf Rudzynski)

»Zur Linde« an der Ecke Esseler Straße. (Foto: © Ralf Rudzynski)

Von Castrop-Rauxel bis Waltrop

»Wir sind stolz auf unsere Arbeit«

Vom Keller bis zum Dachfirst – ob Reparaturen, Neubauten, Sanierungen oder Sturmschadenbeseitigungen

Seit 13 Jahren steht der Name Dach + Wand Mamajek für Qualität und Zuverlässigkeit. Getreu dem Motto: Unmögliches wird sofort erledigt – Wunder dauern etwas länger!

Unmögliches wird sofort erledigt – Wunder dauern etwas länger!

Die breite Angebotspalette der Firma reicht von Reparaturen über Klempnerarbeiten bis zu Ziegel- und Schieferdeckungen, Dachbegrünungen und Fassadenverkleidungen. Hinzu kommen Kellerisolierungen, Fenstereinbau und Balkonsanierungen. Zum Einsatz kommen nur hochwertige Materialien. Beratung, Planung und individuelle Problemlösung sind die Stärken des Unternehmens. Ein weiterer besonderer Kunden-Service ist der 24-Stunden-Notruf. Bei Sturm- und Brandschäden ist das Team von Dach + Wand Mamajek rund um die Uhr erreichbar.

Ausbildungsbetrieb im Handwerk

Auf 26 Jahre Erfahrung im Dachdeckerhandwerk kann Richard Mamajek inzwischen zurückblicken. Eine Liebe zum Beruf, die der 44-Jährige auch an junge Leute weitergeben möchte: »Wir empfinden es als gesellschaftliche Verpflichtung, auszubilden und den Jugendlichen eine berufliche Chance zu geben.«
Ziel ist die Vermittlung von fachlichen Fertigkeiten und Kenntnissen des Handwerks und somit die Qualifizierung von Nachwuchskräften. Richard Mamajek unterstreicht: »Wenn möglichst viele junge Menschen eine Arbeit finden, so sichert das letztlich auch den Wohlstand aller.«

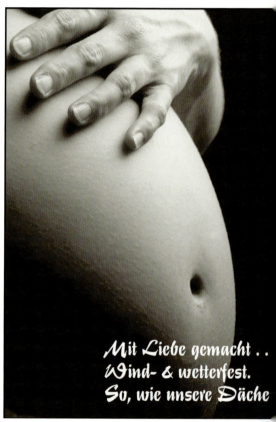

Beitrag von:
DACH + WAND R. MAMAJEK GmbH
Karlstraße 36 · 45739 Oer-Erkenschwick
Tel. (0 23 68) 69 30 42 · Mobil (01 71) 2 68 95 30

*Das starke Team der Dach + Wand Richard Mamajek GmbH macht Ihr Dach wind- und wetterfest.
(Foto: © Andreas Molatta)*

Alles dreht sich um den Stimberg

Die Erhebung gilt als Synonym für Oer-Erkenschwick

*Die Haard in der Nähe des Stimberg.
(Foto: © Stadt Oer-Erkenschwick/Stadtarchiv)*

Die Kicker der SpVgg Erkenschwick machten das Stimbergstadion weit über die Stadtgrenzen hinaus bekannt. (Foto: © Stadt Oer-Erkenschwick/Stadtarchiv)

Wer von der Stimbergstadt spricht, der meint unweigerlich Oer-Erkenschwick. Denn der Stimberg ist ein stehender Begriff und als solcher fest mit der Stadt verbunden, in deren Norden er sich befindet. Mitten in der Haard auf Oer-Erkenschwicker Gebiet ragt der Stimberg aus dem scheinbar endlosen Wald heraus. Einen knappen Kilometer hinter dem Eingang zum Waldfriedhof biegt man von der Ahsener Straße links ab und steuert auf die mit 153 Metern höchste Erhebung des riesigen Grüngürtels zu.

Auf dem Stimberg befand sich eine Radarstation, die früher von der Bundeswehr genutzt worden ist. Zudem steht dort ein Sendemast, der von der Bundesnetzagentur betrieben wird. Der Stimberg ist nicht nur Anziehungspunkt, sondern gleichzeitig auch Ausgangspunkt für viele mögliche Wanderungen oder sonstige Freizeitaktivitäten in der Haard.

Stimbergpark, Stimbergschule, Stimbergelf

Der Stimberg ist der ganze Stolz von Oer-Erkenschwick. Schon lange bevor beide Gemeinden zu einer Stadt vereint worden sind, wurden in Oer und Erkenschwick zahlreiche Institutionen, Einrichtungen und Örtlichkeiten nach dem Stimberg benannt. So gibt es die Stimbergschule, den Stimberpark mit seinem Freibad oder auch das Fußballstadion zwischen Engelbertstraße und Stimbergstraße.

Unter Fußballern gilt die SpVgg Erkenschwick seit jeher als Stimbergelf, die natürlich am »Stimberg« spielt; obwohl damit keineswegs der Berg in der Haard gemeint ist, sondern das rund zwei Kilometer südlicher gelegene Stadion in Erkenschwick. Auch die hiesige Tageszeitung, die seit dem 1. September 1965 erscheinende Stimberg Zeitung, sowie mehrere Geschäfte tragen den Namen der Landmarke. Und selbst einige Familien heißen hier Stimberg. Oer-Erkenschwick ist eben eindeutig die Stimbergstadt.

Ralf Rudzynski

Die Minikicker und der VfL Bochum

Bobbi Bolzer zu Gast beim Erkenschwicker Kindergarten-Cup

*Riesenjubel bei den »Talenten« des Kindergartens St. Peter und Paul während der Siegerehrung zum Kindergarten-Cup 2010.
(Foto: © VfL Bochum)*

Diesen Tag werden die Erkenschwicker Fußballtalente sicher nicht so schnell vergessen. Bei der Siegerehrung zum Kindergarten-Cup 2010 wehte ein Stück Profifußball über die Anlage. Denn Glückwünsche und Pokale überreichte mit Bobbi Bolzer das Maskottchen des Fußball-Zweitligisten VfL Bochum. Und vor Bobbi standen unzählige Minikicker, die sehnsüchtig die Ehrung erwarteten.

Kleine Pokale gab es für jeden Nachwuchs-Fußballer, den ganz großen – einen Wanderpokal – allerdings nur für den Sieger, den Kindergarten St. Peter und Paul. Der hatte das spannende Finale knapp mit 2:1 gegen die »Weidenkicker« gewonnen. Ein harter Gegner, denn die Youngster des Kindergartens an der Weidenstraße waren Titelverteidiger.

2:1 für den Kindergarten St. Peter und Paul

Sie hatten allerdings nicht mit der Mannschaft von Erzieherin Katrin Lorenz gerechnet. Die hatte mit ihren Jungs im Vorfeld des Turniers jede Woche trainiert. Und am Rande gab es auch noch Unterstützung von »oben«: Pfarrer Clemens-August Holtermann drückte dem Team die Daumen, war aber spätestens im Halbfinale hin- und hergerissen. Denn auch mit dem Kindergarten Christ König verbindet ihn ein enges Band.

*Mit Bobbi Bolzer überreichte das Maskottchen von Fußball-Zweitligist VfL Bochum die Pokale.
(Foto: © VfL Bochum)*

Katrin Lorenz war nach dem tollen Erfolg überglücklich: »Ich habe so gute Spieler.« Und die wiederum haben eine erfahrene Trainerin, denn Lorenz ist in ihrer Freizeit Mädchen-Fußballtrainerin bei Grün-Weiß Erkenschwick. Am Ende strahlten aber alle: Lorenz, weil ihr Team gewann, Pfarrer Holtermann, weil Christus König das kleine Finale für sich entschied – und Bobbi Bolzer. Er vertrat seinen Verein, den VfL Bochum hervorragend und sammelte viele Sympathiepunkte.

Ralf Rudzynski, Daniel Maiß

Von Castrop-Rauxel bis Waltrop

Ein unverwechselbares Profil durch die Neue Mitte

Am Berliner Platz spürt man den Herzschlag

Wie sich die Zeiten ändern, kann man in Oer-Erkenschwick am besten anhand der Entwicklung der beiden prägenden Gemeinden aufzeigen. Während Oer bis 1900 noch größer gewesen ist als Erkenschwick, hat sich dieses Bild anschließend grundlegend gewandelt. Mit der ersten Grubenfahrt auf der Zeche Ewald-Fortsetzung siedelten sich um das Bergwerk immer mehr Arbeiter und Angestellte mit ihren Familien an. Inzwischen ist Erkenschwick etwa dreimal so groß wie Oer.

Klein-Erkenschwick und Groß-Erkenschwick

Dabei besteht das eigentliche Erkenschwick aus zwei Ortsteilen, die weitgehend durch die Schillerstraße und die Ludwigstraße getrennt sind. Oberhalb dieser Linie befindet sich Klein-Erkenschwick, das sich über Klein-Erkenschwicker- und Weidenstraße bis zum Stimbergpark erstreckt. Unterhalb der markanten Stadtdurchfahrt liegt Groß-Erkenschwick, das sich bis zur Horneburger Straße beziehungsweise zum Esseler Bruch erstreckt.

Oer-Erkenschwick gehört zu den jüngsten Städten des Landes. Durch den Bergbau entwickelte sich vor allem Erkenschwick innerhalb des 20. Jahrhunderts immens schnell. Wo es nötig war, entstanden Siedlungen, doch ein historisch

Am Hünenplatz in Klein-Erkenschwick. (Foto: © Ralf Rudzynski)

Ein weiterer der markanten Kreisverkehre befindet sich auf der Ludwigstraße. (Foto: © Ralf Rudzynski)

Das Hauptportal des Waldfriedhofs. (Foto: © Ralf Rudzynski)

gewachsenes Zentrum gab es lange Zeit eher nicht. Allmählich verändert sich dieser Eindruck. Das liegt nicht zuletzt daran, dass die Stadtväter ab Mitte der 1990er Jahre damit begonnen haben, der eigentlichen City nun auch einen eigenen Charakter zu geben.

Die Kreisverkehre

Durch die Neugestaltung des Berliner Platzes und der unmittelbaren Umgebung hat Erkenschwick ein eigenes Profil bekommen. Die Neue Mitte als Herzstück in direkter Verbindung mit den ansässigen Geschäften unterscheidet sich eindeutig von den anderen Kommunen im Vest und im ganzen Ruhrgebiet. Da ist zum einen die neue Stadthalle. Sie ersetzt den an gleicher Stelle im Juni 1963

Der neugestaltete Berliner Platz mit der Stadthalle im Hintergrund. (Foto: © Ralf Rudzynski)

eröffneten Vorgängerbau, der 1995 abgerissen wurde und glänzt heute als moderne Kultur- und Begegnungsstätte.

Und da sind zum anderen drei Kreisverkehre, die für ein gut abgestimmtes Zusammenspiel zwischen Fußgängern und Autos sorgen. Das wichtigste Rondell befindet sich direkt am Berliner Platz. Keine 100 Meter weiter nördlich an der Verbindung von Ewaldstraße und Stimbergstraße sorgt ein zweiter Kreisverkehr für harmonischen Verkehrsfluss. Der dritte ersetzt nunmehr 300 Meter östlich des Berliner Platzes auf der Ludwigstraße die Kreuzung in Höhe der Querstraße An der Aue.

Willy Brandt in der Stimbergstadt

Nach wie vor für den Charme der 1950er und 1960er Jahre steht das Rathaus. Noch gut erinnern sich die älteren Einwohner an die große Feier, die vom 16. bis 19. Mai 1953 im Zuge der Stadtwerdung vor allem hier sowie im Festzelt auf der Beckerschen Wiese stattgefunden hat. Unter den Gratulanten befanden sich selbstverständlich auch unzählige Politiker. Ein Höhepunkt in der damals noch blutjungen Geschichte der Stadt Oer-Erkenschwick war der Besuch von Willy Brandt. Der spätere Bundeskanzler und Friedensnobelpreisträger machte während einer Reise durch das Vest am 27. Mai 1961 auch Station in der Stimbergstadt.

Obwohl Oer-Erkenschwick nicht zuletzt aufgrund der auslaufenden Landesstraße 511 ein relativ hohes Aufkommen an Durchgangsverkehr zu

Von Castrop-Rauxel bis Waltrop

Das Rathaus steht nach wie vor für den Charme der 1950er und 1960er Jahre. (Foto: © Ralf Rudzynski)

Im Stadtpark kann man der Hektik des Alltags entfliehen. (Foto: © Ralf Rudzynski)

Die Christoph-Stöver-Realschule erkennt man an ihrer farbenfrohen Fassadengestaltung. (Foto: © Ralf Rudzynski)

Über die Devensstraße fließt der Hauptverkehr südlich um Groß-Erkenschwick herum. So sieht es nur fünf Meter neben der Durchgangsstraße aus. (Foto: © Ralf Rudzynski)

verkraftet hat, ist dies der Stadt hervorragend gelungen. Zum einen fließt der Hauptverkehr über die Devensstraße, die Horneburger Straße sowie die Verbandsstraße südlich und östlich an Groß-Erkenschwick vorbei. Zum anderen haben sich die Verantwortlichen diese gute Infrastruktur zunutze gemacht und die hervorragend erreichbaren Gewerbegebiete Tüschenheide und Hübelkamp angelegt. So bleibt der Fernverkehr weitgehend aus dem Stadtzentrum heraus und gleichzeitig der Charakter einer in erster Linie durch Ein- und Zweifamilienhäuser bestimmten Wohnstadt erhalten.

Zwei markante Sportstätten

Dieses Gesamtbild von Erkenschwick wird nicht einmal durch ein großes Fußballstadion nebst zwei weiteren Trainingsplätzen gestört. Denn wer nicht ganz genau weiß, wo das Stimbergstadion steht, der kann durchaus einige Zeit damit verbringen, um es »irgendwo« zwischen Stimbergstraße, Knappenstraße, Engelbertstraße und Halluinstraße zu finden. Die 1930 errichtete Arena, die neben den recht erfolgreichen Kickern auch den Leichtathleten zur Verfügung steht, hat einige unvergessene Spiele gesehen. Von 1943 bis 1953 gingen die Fußballer, die weitgehend allesamt Bergleute waren, in der höchsten deutschen Spielklasse auf Punktejagd.

1966 feierte der Verein den Titel des Westdeutschen Amateurmeisters. Ein Jahr später kämpfte sich das Team im DFB-Pokal bis ins Achtelfinale vor und empfing den seit 1965 in der Bundesliga kickenden FC Bayern München. Sepp Meier und Co. mussten sich damals mächtig ins Zeug legen, um sich mit 3:1 am Stimberg zu behaupten. Von 1974 bis 1976 sowie in der Saison 1980/1981 gehörte die SpVgg Erkenschwick sogar der damaligen 2. Bundesliga-Nord an.

Eine andere ruhmreiche Sportstätte in Erkenschwick ist das im Jahr 1929 erbaute Hallenbad an der Stimberstraße 165, das inzwischen außer Betrieb ist. Bei seiner Eröffnung war das städtische Bad das erste im gesamten Landkreis Recklinghausen. Damals hochmodern, sprach man selbst in den Nachbarländern vom Hallenbad in Erkenschwick, in dem nicht nur mehrere Deutsche Meisterschaften, sondern auch internationale Wettbewerbe ausgetragen wurden. Aushängeschild war damals der SV Neptun Erkenschwick, dessen Schwimmer, Turm- und Kunstspringer zahlreiche Erfolge feierten und ihre Gemeinde zu einer Hochburg im Wassersport machten.

Ralf Rudzynski

Architektonisch gelungen: das evangelische Gemeindezentrum in Groß-Erkenschwick. (Foto: © Ralf Rudzynski)

Von Castrop-Rauxel bis Waltrop

Teichert Kanaltechnik steht für Qualität und Bestpreisgarantie

Der Profi im Kreis Recklinghausen rund ums Haus – »Wir legen jeden Keller trocken«

»Die gelbe Flotte seit 1997«

Seit 1997 ist die Teichert Kanaltechnik GmbH erster Ansprechpartner, wenn es um die Behebung von Abwasserproblemen wie Rohrverstopfungen und um Arbeiten rund ums Haus geht. In diesen sowie in anderen Bereichen – wie als erster Ausbildungsbetrieb für den Bereich Rohr- und Kanaltechnik – setzt das Unternehmen immer wieder Maßstäbe. Die Firma, die nur bestens geschulte Mitarbeiter einsetzt und mit modernstem Gerät arbeitet, hat sich als verlässlicher und kompetenter Partner bis weit über das Vest hinaus einen Namen gemacht und kann mit Fug und Recht behaupten: »Uns entgeht nichts.«

Von der Rohrreinigung bis zur Kanaluntersuchung mit speziellen Kamera- und Robotertechniken oder Thermografie werden sämtliche Mängel an Entwässerungs-Systemen innerhalb und außerhalb des Hauses festgestellt und die Ursachen für nasse und feuchte Keller aufgespürt. Dadurch sparen die Kunden erstens erhebliche Kosten bei der Suche nach undichten Stellen und dank der ausgefeilten Systeme der Rohr- und Kanaltechnik Teichert GmbH auch noch bei den notwendigen Reparaturen. So können zum Beispiel durch das patentierte Inliner-Verfahren aufwändige Schachtungsarbeiten unter dem Haus vermieden werden.

Kamera- und Robotertechnik

»Es brauchen nicht immer die Wände aufgestemmt werden oder die Abwasserkanäle von Grund auf saniert werden«, sagt Geschäftsführer

Mit speziellen Kamera- und Robotertechniken oder Thermografie werden sämtliche Mängel an Entwässerungs-Systemen innerhalb und außerhalb des Hauses festgestellt. (Foto: © Teichert)

Auch Prominente wie Joey Kelly (links) genießen den guten Service von Karsten Teichert, hier mit Sohn Max auf dem Arm. (Foto: © Teichert)

Karsten Teichert: »Wir können auch im Hause die meisten Reparaturen mit unseren Systemen preiswert und zügig vornehmen. Bei uns bekommen Sie immer den Keller trocken. Gebäude-Undichtigkeiten werden immer gefunden.« Die Vorortberatung ist natürlich kostenlos.

Als Spezialist für den Rückstauschutz hat das Unternehmen aus Oer-Erkenschwick bereits seit 2002 die verschiedenen Rückstau-Systeme führender Anbieter im Angebot. Denn die passende Lösung kann für jedes Haus anders aussehen. Weil der Betrieb allerdings nicht an Hersteller gebunden ist, kann immer die preiswerteste Alternative angeboten werden. So muss Teichert nicht auf teilweise extrem überteuerte Varianten zurückgreifen. Das sichert den Kunden ebenfalls einen Preisvorteil bei garantiert erstklassiger Arbeit. »Man bekommt sogar einen Mehrwert, denn wiederkehrende Wartungskosten entfallen bei unseren Anlagen«, garantiert Karsten Teichert und unterstreicht: »In den ersten fünf Jah-

Auch Auslandseinsätze wie hier bei der Fähreinschiffung in Barcelona sind keine Seltenheit. (Foto: © Teichert)

Ein Anruf genügt, und die Fachleute um Karsten Teichert helfen Ihnen weiter. (Foto: © Teichert)

Bei Feuchtigkeitsschäden aller Art hat die Rohr- und Kanaltechnik Teichert GmbH dank langjähriger Erfahrung und bester Ortungssysteme immer die richtige Lösung parat. (Foto: © Teichert)

ren überprüfen wir unsere eingebauten Anlagen kostenlos.«

Spezialist für den Rückstauschutz

Als erster Ansprechpartner im Kreis Recklinghausen ist das Unternehmen freilich nicht nur in punkto Rückstauschutz, sondern auch für die Kanalprüfung tätig. Rohr- und Kanaltechnik Teichert ist Vorreiter auf dem Gebiet der Kanalsanierung nebst Dichtheitsprüfung und als Fachbetrieb bei Städten und Gemeinden der Region gelistet. Gebäudeabdichtung, Ausschachtung, Kanalreparatur bis zur Sanierung werden mit eigenen Mitarbeitern und eigenen Gerätschaften komplett aus einer Hand angeboten.

Nach der Gesetzgebung müssen alle Hausbesitzer spätestens bis zum Jahre 2015 den Nachweis erbringen, dass die Abwasserkanäle dicht sind. Diesen Nachweis darf ein Ingenieurbüro oder aber ein Fachmonteur mit Zertifikation ausstellen: »Wir führen Mitarbeiter, die solch eine Zertifikation besitzen und diese Prüfungen durchführen können. Somit können wir auf ausgebildetes Fachpersonal zurückgreifen und die beste und preiswerteste Lösung anbieten.«

In diesem Zusammenhang warnt Karsten Teichert: »Es sind heimische Firmen auf dem Markt, die sich als zertifizierte Fachbetriebe ausgeben und auch so in der Werbung auftreten. Von solchen Machenschaften distanzieren wir uns ausdrücklich, da die Zertifizierung nur personenbezogen und nicht auf Firmen übertragbar ist.«

Faire Beratung, transparente Ausführung

»Es ist mir und meinen Mitarbeitern ganz wichtig, eine faire und fachliche Beratung sowie Arbeitsausführung durch optimale Schulungen zu gewährleisten. Dazu gehören auch Fortbildungsmaßnahmen bei der Deula, einer renommierten Spezialausbildungsstelle in Duisburg. Nur so kann man langfristig vor Ort eine gute Arbeit leisten und die Kundschaft mit allen Fragen rund ums Haus beraten.«

Als freier Sachverständiger für Entwässerungssysteme ist das Unternehmen seit Beginn des Jahrtausends bereits Mitglied im Verband Deutscher Rohr- und Kanaltechnik Unternehmen sowie im Bundesverband Deutscher Sachverständiger und Fachgutachter. Zudem wird der Spezialist für Rohr- und Kanaltechnik regelmäßig bei Streitfällen mit Gerichtsgutachten beauftragt, um festzustellen, was Fremdfirmen angeboten und letztendlich eingebaut haben.

»In der Regel stellt sich heraus, dass der Auftraggeber unter anderem nicht das bekommen hat, was angeboten worden war. Leider sind in unserer Branche immer noch solche Firmen unterwegs«, hat Karsten Teichert kein Verständnis für schwarze Schafe, denn in seinem Unternehmen stehen Transparenz und Fairness an erster Stelle.

Beitrag von:
Rohr- und Kanaltechnik Teichert GmbH
Winkelfeld 8a · 45739 Oer-Erkenschwick
Tel. (0 23 68) 9 62 80
Fax (0 23 68) 96 28 29
info@rr-t.de
www.teichert24.de

Ob bundesweit oder international: Teichert lässt seine Kunden nie im Regen stehen. (Foto: © Teichert)

Vorteile für jeden Kunden

1) Rohr- und Kanalreinigung zu Festpreisen: keine versteckten Kosten und Fälligkeit nur bei Erfolg!
2) Kanaluntersuchung mittels Spezial-TV durch einen der führenden Kanal-Inspekteure im Vest und zu Sonderkonditionen. Zahlen Sie nur, was bestellt und geleistet wurde!
3) Dichtheitsprüfung von Abwasserkanälen nach allen Vorschriften des Landes NRW durch zugelassene, zertifizierte Mitarbeiter und zu festen Konditionen. Mit Prüfzertifikat zur Vorlage bei Kommunen, Städten und Gemeinden!
4) Kanalsanierung – von Teichert 1998 aus der Schweiz eingeführt – durch Inlinersysteme und Kanal-Renovationstechnik nach dem aktuellsten Stand. Preiswerter geht eine gleichwertige Kanalsanierung nicht!
5) Professioneller Rückstauschutz und Montage von Hebeanlagen mit Unterstützung verschiedener Hersteller wie Acco Passavant-Kessel und Jung-Pumpen. Als Garantie werden eingebaute Anlagen fünf Jahre lang kostenlos überprüft und gewartet!
6) Gebäudeabdichtung und Kellertrockenlegung mit Garantie. Mittels Gebäudethermografie werden sogar schlecht isolierte Dachflächen gefunden!
7) Bestens ausgebildete Mitarbeiter, eigener Fuhrpark!
8) Keine teuren Reparaturen oder Notdiensteinsätze in der Rohrreinigung. Keine Notdienstpauschalen!
9) Kanalschonende Reinigungsarbeiten durch beste Hochdrucktechnik!

Im Westen beginnt die Bauerschaft Rapen an der Pniewystraße. (Foto: © Ralf Rudzynski)

Der Stadtteil mit den drei Gesichtern

Rapen hat sich zu einem wichtigen Wirtschaftsstandort gemausert

Wie ein senkrechter Streifen zieht sich Rapen als östlichster Stadtteil vom Norden bis in den Süden rund um den Hubbertweg durch Oer-Erkenschwick. Als eigentliches Rapen aus heutiger Sicht versteht sich allerdings eher der Bereich, der sich von der Ecke Im Buschkamp/Ludwigstraße aus bis über die Verbandsstraße nach Osten hin erstreckt und oberhalb dieser rund eineinhalb Kilometer bis hinauf in die Haard reicht.

Rapen hat drei Gesichter. Da sind zum einen die Wohngebiete zwischen Ludwigstraße und Steinrapener Weg sowie die Siedlung rund um die Bergstraße mit ihren ehemaligen Zechenhäusern, die auch von der Holtgarde aus zu bestaunen sind. Da sind ferner die Industrieflächen im Gewerbegebiet Dillenburg entlang der Karlstraße, des Engelskamp und Im Winkelfeld. Und da sind überdies die schier endlosen Wälder und Wiesen mit ihren landwirtschaftlichen Nutzflächen und Betrieben, durch die sich Rapen vor allem oberhalb der Dillenburg noch seine Ursprünglichkeit bewahren konnte.

Gewerbegebiet Dillenburg

Von der ehemaligen Dillenburg, die im beginnenden 19. Jahrhundert auf einem Hügel oberhalb des gleichnamigen Industriegebietes erbaut wurde, ist heute nichts mehr zu sehen. Einst hatte der damalige Regierungsrat Franz-Anton Bracht die Dillenburg anlegen lassen, und schon bald war sie das weithin bekannte Wahrzeichen von Rapen. Das Gut thronte selbst zu Zeiten, in denen hier schon die Zeche Ewald-Fortsetzung das Leben bestimmte, noch lange über ihrem Stadtteil, der bis 1926 zu Datteln gehörte. Im Dezember 1977 allerdings wurde die Dillenburg abgerissen. Heute erinnert nur noch der Name des Gewerbegebietes an dieses Kapitel aus der Rapener Historie.

Andererseits ist das Areal längst zu einem von zwei großen Industriebereichen geworden, mit denen die Stadt Oer-Erkenschwick für die Zukunft gute Perspektiven zu haben scheint. Nach dem Ende der Zechenära war es unumgänglich, die industriellen Strukturen auf eine andere Basis zu stellen. Gerade durch die Ansiedlung zahlreicher mittelständischer Unternehmen aus den unterschiedlichen Branchen hat sich Rapen zu einem

Zechenhäuser stehen unter anderem an der Holtgarde. (Foto: © Ralf Rudzynski)

An der Kreuzung Ewaldstraße/Steinrapener Weg. (Foto: © Ralf Rudzynski)

Die Clemens-Höppe-Grundschule an der Ewaldstraße. (Foto: © Ralf Rudzynski)

Standort gemausert, der für die Wirtschaftskraft der Stimbergstadt von großer Bedeutung ist.

»Es hat sich vieles verändert«

Die Veränderungen stoßen freilich nicht überall auf einhellige Zustimmung. Vor allem vielen älteren und langjährigen Rapener Bürgern fällt es nicht immer leicht, die neuen Entwicklungen zu akzeptieren. »Es hat sich vieles verändert«, sagt Antonia Gößling (Jahrgang 1932), die ein altes Fachwerkhaus aus dem Jahr 1820 an der Ecke Werderstraße/Steinrapener Weg bewohnt. Obwohl sich die gebürtige Dattelnerin nach wie vor zu ihrer Geburtsstadt hingezogen fühlt, hat sie aber auch in Rapen längst wichtige Anziehungspunkte gefunden wie die regelmäßigen Seniorentreffen in der Kirchengemeinde St. Marien oder im neu errichteten Altenheim Auf dem Kolven.

Über die Holtgarde geht es von Rapen aus in nördlicher Richtung bis in die Haard. (Foto: © Ralf Rudzynski)

»Gut für die Zukunft aufgestellt«

Aufgrund der zum Teil überaus innovativen neuen Industriezweige ist Rapen aber durchaus auch ein junger, frischer Stadtteil. Inzwischen sind im Gewerbegebiet rund 60 Firmen ansässig, die natürlich zudem für neue Arbeitsplätze gesorgt haben. Auch die weitere Infrastruktur ist auf die Zukunft ausgerichtet. Es spricht für sich, dass es in Rapen seit 1997 zwei Kindergärten gibt. Hinzu kommt die Clemens-Höppe-Grundschule an der Ewaldstraße 111.

»Meiner Ansicht nach ist Rapen ein Stadtteil, der sehr gut für die Zukunft aufgestellt ist«, unterstreicht Christopher Homberg (Jahrgang 1984) und fügt hinzu: »Ich lebe schon alleine deswegen sehr gerne hier, weil sich die Menschen in Rapen untereinander prima verstehen und man noch von einer echten Nachbarschaft im positiven Sinne sprechen kann.«

Seit 1804 ist zudem die Schützengilde Rapen aus dem täglichen Leben nicht mehr wegzudenken. »Sie hat eine extrem hohe Bedeutung. Viele Rapener sind gleichzeitig auch Mitglied der Schützengilde«, versichert Christopher Homberg, dessen Vater Klaus übrigens als 1. Vorsitzender dem Verein vorsteht. Das Schützenfest in Rapen hat bereits Tradition und gleicht immer wieder einem kleinen Volksfest.

Moscheen in Rapen

Da Rapen durch den Bergbau gewachsen ist, haben sich im letzten Jahrhundert auch zahlreiche türkischstämmige Mitbürger angesiedelt. Sie sind nicht zuletzt bei den beiden Fußballclubs in Rapen, dem FC Erkenschwick und Grün-Weiß Erkenschwick, bestens integriert. Im Vorort gibt es an der Werderstraße sowie im Randgebiet zwischen Rapen und Klein-Erkenschwick darüber hinaus sogar gleich zwei Moscheen.

Ralf Rudzynski

Eine von gleich zwei Moscheen in Rapen. (Foto: © Ralf Rudzynski)

Kurz hinter der Bergstraße beginnen die landwirtschaftlichen Nutzflächen. (Foto: © Ralf Rudzynski)

Von Castrop-Rauxel bis Waltrop

Wohnkomfort aus Holz

Mehr Lebensqualität durch exklusive Einrichtungen aus der Tischlerei Kartein

Inhaber Ansgar Schäfer ist ein wahrer Meister seines Fachs. (Foto: © Studio B, Datteln)

Eine außergewöhnliche Innenraumgestaltung sorgt für echte Lebensqualität. (Foto: Studio B, Datteln)

Exklusive Einrichtungen sind weit mehr als Möbel oder Gebrauchsgegenstände: Ein schöner Tisch, ausgefallene Stühle, ein beeindruckender Schrank oder eine sehenswerte Tür sind Zeichen für Wohn- und Lebensqualität.

Um aus gängigem Mobiliar ausdrucksstarke Stücke zu fertigen, braucht es kreative Köpfe, die sich nicht nur das Normale, sondern auch das Außergewöhnliche vorstellen können. Es braucht Enthusiasten, die mit Herz und Leidenschaft an die Realisierung herangehen. Denn erst dann besticht Holz in all seinen Facetten.

Wie vielfältig Holz ist, sieht man an den aufwändig verarbeiteten Stücken der Tischlerei Kartein. Seit über 50 Jahren spiegeln ihre Arbeiten die Individualität eines jeden einzelnen Kunden wider.

Auch das gehört zum Leistungsspektrum der Tischlerei Kartein: exklusive Einbaumöbel in Verbindung mit hohem Wohnkomfort. (Foto: Studio B, Datteln)

In Apotheken, Juweliergeschäften, Praxen oder Büros erkennt man anhand des Interieurs die besondere Handschrift der Tischlerei Kartein. (Foto: Studio B, Datteln)

Von Castrop-Rauxel bis Waltrop

Sehenswert und dekorativ: aufwändig verarbeitetes Holz in Verbindung mit anderen Materialien. (Foto: Studio B, Datteln)

Bei Planung und Realisierung von Arbeitswelten verfügt die Tischlerei aus Oer-Erkenschwick ebenfalls über hohe Fachkompetenz. (Foto: Studio B, Datteln)

Auch deshalb, weil »wir unsere Kunden in die Arbeit einbeziehen; nach Möglichkeit sogar in Form von 3D-Visualisierungen der Einrichtung«, verrät Ansgar Schäfer, der von Firmengründer Manfred Kartein ausgebildet worden ist und das Unternehmen im Jahr 2000 übernommen hat.

Wohnwelten

Seit jeher verlassen Einzelanfertigungen die Tischlerei Kartein, die sich nicht dem Trend unterwerfen, sondern auf Langlebigkeit und Nachhaltigkeit setzen. Egal ob Schlafzimmer- oder Badeinrichtungen, komplette Küchen oder Möbel für den weiteren Wohnbereich – man bekommt ausschließlich Unikate von bester Qualität; gefertigt auf modernen Maschinen. So hat der Kunde über Jahre hinweg Freude an einer hochwertigen, natürlichen und einzigartigen Einrichtung.

»Holz ist das Material, das uns zu immer neuen Ideen inspiriert und mit dem wir mehr als unseren Beruf verbinden«, versichert Ansgar Schäfer:

»Mal glänzt es in modernem Stil, mal eher klassisch. Zudem harmoniert es in Kombination mit anderen Materialien wie Stahl, Glas oder Leder. Holz ist zeitlos, langlebig und schafft immer eine Behaglichkeit, in der man sich wohlfühlt.«

Objekteinrichtungen

Sowohl Privatkunden als auch namhafte Unternehmen schätzen die hochwertigen Anfertigungen der Tischlerei Kartein. Schließlich ist eine positive Atmosphäre während der Arbeit nicht minder wichtig. Planen und Realisieren von ansprechenden und komfortablen Arbeitswelten gehört ebenfalls zum Leistungsspektrum des Meisterbetriebes. Alleine im Vest gibt es zahlreiche Apotheken, Juweliergeschäfte, Praxen, Optiker und Büros, in denen man die besondere Handschrift erkennt. Bundesweit gibt es noch viele weitere Objekte des Traditionsbetriebes aus Oer-Erkenschwick.

Ihre eigene Philosophie gibt die Tischlerei Kartein auch an den Nachwuchs im Handwerk weiter. 1991 bekam Ansgar Schäfer seinen Meisterbrief ausgestellt. Mittlerweile ist er selbst Mitglied des Meisterprüfungs-Ausschusses in Münster. Sämtliche Mitarbeiter haben ihre Ausbildung im

Attraktive Geschäftseinrichtungen unterstreichen die Qualität der Stücke. (Foto: Studio B, Datteln)

eigenen Betrieb absolviert und sind somit echte »Eigengewächse«.

Baudenkmalpflege

Neben besten Referenzen im gehobenen Innenausbau verfügt die Tischlerei Kartein auch über die nötige Kompetenz, um Restaurierungen von Fachwerkhäusern durchzuführen. Bei Sanierungen und Instandsetzungen dieser Art arbeitet Ansgar Schäfer als Tischlermeister und Holztechniker (Fachrichtung Baudenkmalpflege) mit den zuständigen Ämtern und Behörden zusammen. Dadurch erstrahlen denkmalgeschützte Häuser in neuem Glanz, ohne dass die ursprünglichen Strukturen verloren gehen. Innenausbau und Einrichtung übernimmt die Tischlerei Kartein auf Wunsch selbstverständlich gleich mit. So entsteht aus alter Bausubstanz und modernem Wohnkomfort ein wahres Traumhaus.

Egal ob Schlafzimmer- oder Badeinrichtungen, komplette Küchen oder Möbel für den weiteren Wohnbereich – man bekommt ausschließlich Unikate von bester Qualität. (Foto: Studio B, Datteln)

Beitrag von:
Tischlerei Kartein
Ludwigstraße 89 · 45739 Oer-Erkenschwick
Tel. (0 23 68) 14 95 · Fax (0 23 68) 5 37 68
info@tischlerei-kartein.de · www.tischlerei-kartein.de

Von Castrop-Rauxel bis Waltrop

Ihre Gelassenheit zeichnet die »Hauptstädter« aus

Die Großstadt Recklinghausen besticht durch Freundlichkeit statt Überheblichkeit

»Recklinghausen leuchtet« ist wahrlich ein echtes Highlight. Dann werden einige Gebäude in der Innenstadt wie hier das Gymnasium Petrinum außergewöhnlich in Szene gesetzt.
(Foto: © Stadt Recklinghausen)

Mit rund 120 000 Bürgerinnen und Bürgern ist Recklinghausen die einwohnerstärkste Stadt im Vestischen Kreis Dank der bereits anno 1236 verliehenen Stadtrechte ist Recklinghausen ferner die älteste Kommune des Kreises, dessen Verwaltung zudem hier ihren Sitz hat. So darf man Recklinghausen mit Fug und Recht als Hauptstadt des Vestischen Kreis ansehen.

Wer angesichts dieser Vorrangstellung eine überdrehte, abgehobene oder durch vermeintlich innovative Baukunst identitätslos gewordene Stadt erwartet, der irrt sich gewaltig. Recklinghausen ist natürlich etwas größer als seine Nachbarn, aber es ist weder künstlich aufgebauscht noch prunkvoll oder protzig. Und das würde dem Charakter der angenehmen Einwohner auch nicht entsprechen. Denn so viele nette Seiten es zwischen Hochlarmark, Speckhorn, Hochlar und Suderwich auch gibt, machen vor allem die Menschen ihre Stadt so sympathisch.

Hauptstadt hin oder her, die Recklinghäuser sind nicht weniger bodenständig als die Bürger in anderen Städten des Kreises. Im Mai 1949 wurden erstmals 100 000 Menschen gezählt. Damit übersprang Recklinghausen die Schwelle zur Großstadt. Großspurig ist man deswegen gewiss nicht – ganz im Gegenteil: Im Vergleich zu anderen Großstädten geht es trotz aller Produktivität recht entspannt und gemütlich zu. In Recklinghausen vereinigen sich die Vorteile des Ballungszentrums Ruhrgebiet mit denen des von einem anderen Rhythmus geprägten Münsterlandes. Nicht wenige Pendler bestätigen, dass das Leben nördlich der Emscher und des Rhein-Herne-Kanals keineswegs ausschließlich von Stress und Hektik geprägt ist.

Strukturwandel gemeistert

Genau diese Gelassenheit ist eine der Stärken der Recklinghäuser. Man ist stolz darauf, dass Größen wie Ralf Möller, Hape Kerkeling, Walter Giller, Frank Busemann oder auch Renate Künast von hier kommen. Aber man sieht darin keinen Grund zu Überheblichkeit. Man ist stolz darauf, wenn im Rahmen der Ruhrfestspiele internationale Stars wie Leonardo DiCaprio, Kevin Spacey oder Cate Blanchett auch ihre privaten Runden über den beschaulichen Markt und durch die Gassen der Altstadt drehen. Aber man verliert deshalb nicht die Nerven.

In Recklinghausen weiß man außer zu arbeiten auch zu leben. Dafür stehen unter anderem der Rosenmontagsumzug auf dem Wallring, Gourmetfeste wie »Zu Gast in Recklinghausen« oder Highlights wie »Recklinghausen leuchtet« und die Besteigung des Hügels im Stadtgarten zur Eröffnung der Ruhrfestspiele am 1. Mai jedes Jahres. Natürlich ist man auch stolz darauf, dass diese renommierte Kulturveranstaltung auf die Maloche zurück geht, die mehr als 100 Jahre lang unter Tage geleistet wurde. Als Hamburger Bühnen auf der Zeche König Ludwig um Brennmaterial baten, halfen ihnen die Kumpel umgehend. Aufhebens wurde nicht darum gemacht. Auch diese zurückhaltende Bescheidenheit ist typisch.

Und so hat Recklinghausen eher heimlich, still und leise nach dem Ende des Bergbaus, durch den die Einwohnerzahlen zwischen 1875 und 1975 maßgeblich von etwa 5000 auf rund 120 000 hochschnellten, auch den Strukturwandel gemeistert. Im Laufe der Jahrzehnte sind mehrere Gewerbegebiete entstanden, in denen sich nicht nur Handwerksbetriebe und Unternehmen des Einzelhandels angesiedelt haben, sondern in denen ein wahrer Branchenmix entstanden ist. Zudem besitzt Recklinghausen einen sehr hohen

Überall findet man solch schöne Gebäude wie dieses, in dem sich heute das Kreiswehrersatzamt befindet.
(Foto: © Ralf Rudzynski)

Das erhaltene Stück der Stadtmauer am Herzogswall ist ebenso ein Zeugnis Recklinghäuser Geschichte wie die 1701 erbaute Engelsburg.
(Foto: © Ralf Rudzynski)

Stellenwert als Standort für Dienstleister aller Art – insbesondere im Gesundheitswesen.

Die »Hauptstädter« hätten genügend Gründe für Überheblichkeit. Doch die hat hier einfach keinen Platz. Auch das macht Recklinghausen aus.

Ralf Rudzynski

Alljährlich ist das Ruhrfestspielhaus die perfekte Bühne für die international renommierten Ruhrfestspiele.
(Foto: © Ralf Rudzynski)

Von Castrop-Rauxel bis Waltrop

Die Engelsburg – ein Juwel in der Altstadt

Seit über 300 Jahren ein Wahrzeichen von Recklinghausen

Die seit 1982 unter Denkmalschutz stehende Engelsburg ist gleich in mehrfacher Hinsicht ein echtes Juwel. Nicht allein aufgrund der Tatsache, dass sie seit über 300 Jahren fest und unverbrüchlich am westlichen Eingang zur Altstadt steht, auch ihr sehenswertes Erscheinungsbild mit besonderen Merkmalen wie dem schönen Innenhof und dem Portalbogen machen sie zu einem Wahrzeichen von Recklinghausen. Und nicht zuletzt wegen der teilweise ebenfalls denkmalgeschützten Inneneinrichtung; wie zum Beispiel die liebevoll restaurierte Stuckdecke und der Steinkamin im Kaminzimmer, das 2005 gesegnet und nach Papst Benedikt XVI. benannt wurde.
Im Jahre 1701 wurde die Engelsburg für den Richter und kurkölschen Statthalter Clamor Constantin Münch gebaut. Der im Residenzstil errichtete Barockbau diente ihm als herrschaftlicher Wohnsitz, in den er 14 Jahre später durch den Anbau eines Westflügels die Stadtmauer nebst Stephansturm integrierte. Ab Mitte des 18. Jahrhunderts führte die so genannte Dukatenprozession mitten durch das Hauptgebäude.

Die Engelsburg mit dem Stephansturm an der Recklinghäuser Stadtmauer. (Foto: © Andreas Molatta)

Unter Denkmalschutz

Im Laufe der Zeit wechselte die Engelsburg mehrfach ihren Besitzer. Zu ihnen gehörte ab 1802 Herzog Ludwig Engelbert von Arenberg, der aus ihr seinen Verwaltungssitz machte. 1904 erwarb die von ortsansässigen Bürgern gegründete Gesellschaft Engelsburg den Trakt und nutzte ihn für Kultur- und Sportveranstaltungen. Nach dem Zweiten Weltkrieg fanden hier Lesungen und Konzerte statt.

Seit 1993 befindet sich die Prachtimmobilie im Besitz von Theo Feldmann und wurde nach Kernsanierung und Erweiterung 1995 als Best Western Parkhotel Engelsburg neu eröffnet. Dieses genießt einen exzellenten Ruf. Unter anderem gehen nationale und internationale Politiker, Schauspieler und Berühmtheiten ein und aus. Das Haus steht aber selbstverständlich allen Gästen und Interessierten offen. Und so verwundert es auch nicht, dass es meist den krönenden Abschluss jeder Stadtführung bildet.

Ralf Rudzynski

Best Western Parkhotel Engelsburg

Lebendige Tradition – natürliche Herzlichkeit – einfach etwas Besonderes

An die Geschichte der Engelsburg knüpft sich natürlich auch eine gewisse Verpflichtung: So versteht es sich fast von selbst, dass es sich hier um keinen farblosen Kettenbetrieb, sondern um ein familiäres, persönlich geführtes und stilvoll eingerichtetes Hotel handelt. Jedes der 65 Zimmer ist ebenso einzigartig und mit liebevoller Handschrift gestaltet, was insbesondere für die Appartements und Suiten gilt. Ein Prunkstück ist die dreistöckige Turmsuite. Sie wird immer wieder von Hochzeitspärchen gebucht, bildet aber auch für andere Anlässe einen würdigen Rahmen.
Wer mit dem Auto oder auch zu Fuß durch den steinernen Torbogen in den Innenhof der Engelsburg kommt, ist meist erst einmal erstaunt. Die barocke Fassade in direkter Anbindung an die historische Stadtmauer übt einen besonderen Reiz aus und lädt regelrecht dazu ein, auch einen Blick ins Innere dieses Quartiers zu werfen.
Und auch hier wird man sofort von dem eleganten und aufgeschlossenen Ambiente eingefangen. Denn Hemmschwellen sind im Best Western Parkhotel Engelsburg unangebracht; hier ist »Jedermann« und auch »Jedefrau« herzlich willkommen.
Es ist längst kein Geheimnis mehr, dass die Engelsburg in der Region die bevorzugte Anlaufstätte vieler Prominenter ist. Stellvertretend für die große Zahl der hochkarätigen Gäste sollen hier nur Angela Merkel, Cate Blanchett, Leonardo Di Caprio, Ethan Hawke, John Malkovich, Harald Schmidt, Iris Berben oder Maximilian Schell genannt werden.
Doch Glanz und Glamour ergänzen sich in diesem Vier-Sterne-Hotel ideal mit Bodenständigkeit und großer Offenheit, denn auch die Mitarbeiter der Engelsburg vermitteln allen Gästen schnell ein Gefühl von Behaglichkeit und leben das Motto des Hauses: »Von Herzen anders«.

Beitrag von:
Best Western Parkhotel Engelsburg
Augustinessenstraße 10 · 45657 Recklinghausen
Tel. (0 23 61) 20 10 · Fax (0 23 61) 20 11 20
info@engelsburg.bestwestern.de
www.engelsburg.bestwestern.de

Die Engelsburg ist prädestiniert als Domizil für außergewöhnliche Anlässe. (Foto: © Andreas Molatta)

Von Herzen anders: das Team der Engelsburg im idyllischen Garten. (Foto: © Andreas Molatta)

Von Castrop-Rauxel bis Waltrop

Recklinghausens Bürger tragen ihre Stadt auf Händen

Die Altstadt mit netten Gassen, schönen Fassaden und sympathischen Menschen

Wie in mehreren der hiesigen Städte geht auch die Gründung Recklinghausens mutmaßlich auf einen der so genannten Königshöfe aus der Zeit Karls des Großen (747/748 bis 814) zurück. Um sie herum entwickelten sich stetig wachsende Ansiedlungen, die späterhin in größeren Dörfern gipfelten, von denen nicht wenige das Markt- und schließlich aufgrund ihrer Bedeutung das Stadtrecht erhielten. In Recklinghausen war dies genau im Jahre 1236 der Fall.

Der Königshof war zudem Mittelpunkt, um den herum Verteidigungsanlagen angelegt wurden. Innerhalb dieser Anlagen befanden sich Wohnhäuser, Betriebsstätten, Viehställe und Scheunen. Und nachdem Karl der Große in den Feldzügen gegen die Sachsen die Oberhand behalten hatte, wurde im Zuge der fortschreitenden Christianisierung in »Ricoldinchuson«, »Riklenkhusen« beziehungsweise Rekelinchusen – wie Recklinghausen früher genannt wurde – auch eine Pfarrkirche gebaut. Diese Kirche gilt als der Vorläuferbau der heutigen Petruskirche, die als Mutterkirche des Vestes angesehen wird. Von hier aus wurde die Region missioniert.

Zentraler Punkt der Altstadt ist der Marktplatz mit vielen sehenswerten alten Fassaden. (Foto: © Ralf Rudzynski)

Die Petruskirche und ein Edikt

Der Komplex des Königshofes befand sich am Kirchplatz, an dem sich heute die anno 1166 erstmals erwähnte St. Petruskirche befindet. Die älteste Kirche der Stadt veränderte allerdings im Laufe der Jahrhunderte mehrfach ihr Aussehen. Hierfür waren in erster Linie Stadtbrände und Kriegswirren verantwortlich. Immerhin datiert ihr jetziger Turm aus dem Jahr 1670. Seit 1931 hat die im Norden der heutigen Altstadt stehende Petruskirche den Status einer Propsteikirche.

Obwohl katholisch, fanden in der St. Petruskirche im 16. Jahrhundert auch protestantische Gottesdienste statt. Damals schien die Reformation für kurze Zeit im Vest Fuß zu fassen. 1614 allerdings wurden diese per Edikt durch Erzbischof Ferdinand von Bayern wieder verboten. Er ordnete an, dass sich kein Nichtkatholik im Vest aufhalten dürfe. So dauerte es bis 1847, ehe mit der Gustav-Adolf-Kirche die erste evangelische Kirche im Vest geweiht wurde.

Stadtmauer und fünf Stadttore

Die ursprüngliche Befestigungsanlage bestand rund um Königshof und Kirchplatz lediglich aus

Das Marktplatzspringen während der Woche des Sports zählt zu den Traditionsveranstaltungen in der Innenstadt. (Foto: © Ralf Rudzynski)

einer Holzpalisade, die durch einen Erdwall und einen Wassergraben verstärkt wurde. Ab Mitte des 14. Jahrhunderts wurde eine steinerne Wehranlage errichtet. Von ihr ist nur noch ein kleines Stück erhalten geblieben. Dieses zieht sich von der Stadtbücherei im ehemaligen Kreishaus durch die Herzogswallkurve bis zum Hotel Engelsburg mit dem Stephansturm.

Die Stadtmauer hatte insgesamt 17 Wehrtürme und fünf Stadttore. Noch heute erinnern ihre Namen an die früheren Standorte. Zwischen Steintor und Lohtor verlief eine von Köln nach Münster führende Handelsstraße. Weitere Stadttore waren das Viehtor am Anfang der Breite Straße, das Martinitor und das Kunibertitor am Grafenwall.

Eine von vielen schönen Ansichten in der Altstadt bietet die Alte Apotheke. (Foto: © Ralf Rudzynski)

Die Altstadt ist bekannt für ihre guten Einkaufsmöglichkeiten wie hier in der Steinstraße. (Foto: © Andreas Molatta)

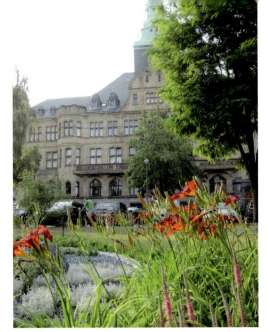

Ein Blick aus dem Erlbruchpark auf das im Renaissancestil erbaute Rathaus. (Foto: © Ralf Rudzynski)

Die Skulptur des Bildhauers Heinrich Brockmeier hat den überaus passenden Namen: »Bürger tragen ihre Stadt«. (Foto: © Ralf Rudzynski)

Eine Attraktionen ist das Wallringfest mit dem Straßenradrennen. (Foto: © Ralf Rudzynski)

Der Erlbruchpark wurde einst im Stile englischer Gärten angelegt. (Foto: © Ralf Rudzynski)

Fachwerk- und Gründerzeitfassaden

Nach wie vor spielt sich in der Altstadt das alltägliche Leben vieler Recklinghäuser Bürger ab. Die vielen Geschäfte laden ebenso zu einem Einkauf ein wie Gaststätten und Restaurants, in denen man es sich gemütlich macht. Echte Geheimtipps sind das »Tante Emma-Café« in der Münsterstraße und das »Café Boulevard« am Lörhofcenter. Seit Jahrzehnten ist das »Drübbelken« eine feste Institution.

Zentraler Punkt der Altstadt ist der Marktplatz mit vielen sehenswerten alten Fassaden. Hier trifft sich Recklinghausen. Entweder läuft man sich beim Schlendern über den Weg oder besucht eine der attraktiven Veranstaltungen. Im Sommer findet zum Beispiel das Markplatzspringen statt, im Winter lockt der beschauliche Weihnachtsmarkt. Hubert Korhammer (Jahrgang 1957) und Sylvia Köhler-Korhammer (Jahrgang 1955) sind immer gerne dort: »Das Ambiente gefällt uns«, streichen sie heraus und merken an: »Man kann in aller Ruhe einen Kaffee trinken, einen Salat essen oder eine Pfeife genießen und schaut dabei auf schöne Häuser und begegnet sympathischen Menschen.«

An den Gründerzeitfassaden und schönen Fachwerkhäusern kann man sich kaum sattsehen. Selbst dort, wo neuere Gebäude gebaut wurden, ist zumeist der Charakter kleiner Gassen erhalten geblieben: ganz gleich, ob man über den Paulsörter, die Steinstraße oder die Münsterstraße im Krimviertel spaziert, durch den Dorotheenstieg wandelt, auf uriges Kopfsteinpflaster tritt, in der Heilige-Geist-Straße die Gastkirche besucht oder in der Große Geldstraße vom Marktplatz auf das Gymnasium Petrinum zugeht.

Die älteste Schule Recklinghausens geht auf eine Lateinschule zurück, die bereits 1429 gegründet wurde. Diesem Ursprung entsprechend bietet die Lehranstalt nach wie vor Latein als exponierte Fremdsprache an. In schönem Glanz präsentieren sich auch die Alte Apotheke in der Breite Straße und die geschichtsträchtige Engelsburg in der Augustinessenstrasse am westlichen Ausgang der Altstadt. Weltbekannt ist das 1956 eröffnete Ikonenmuseum an der Petruskirche, in dem sich die wohl bedeutendste Sammlung ostkirchlicher Kunst fernab der orthodoxen Länder befindet.

Die Stadt der vier Rathäuser

Obwohl sich das Rathaus nicht mehr innerhalb des ab 1901 ringförmig angelegten Wallrings befindet, muss es in einem Atemzug mit der Altstadt erwähnt werden. Das liegt nicht zuletzt an der wundervollen Renaissancebauweise, die dem wuchtigen Gebäude einen schlossähnlichen Charakter verleiht. Die Recklinghäuser sind seit jeher stolz auf dieses imposante Gebäude, das noch schöner wirkt, wenn es bei »Recklinghausen leuchtet« angestrahlt wird.

Das 1908 eingeweihte Rathaus ist übrigens bereits das vierte, von dem aus die Stadt im Laufe der Jahrhunderte verwaltet wird. Die Vorgängerbauten aus den Jahren 1256, 1505 und 1847 befanden sich allesamt am Altstadtmarkt.

Auch der Rathausplatz wird häufig in das kulturelle Leben eingebunden. Tradition haben die Gourmet-Tage »Zu Gast in Recklinghausen«. Auch als Ort für Public Viewing während Fußballeuropa- und Weltmeisterschaften ist der Platz bestens angenommen worden. Beim Wallringfest mit dem Straßenradrennen als Krönung sind die Zelte und Bühnen hier ebenfalls gut besucht.

Eine besondere Bewandtnis hat die Skulptur, die seit 1986 auf dem Rathausplatz steht. Sie wurde anlässlich der 750-Jahr-Feier in Auftrag gegeben und durch den Bildhauer Heinrich Brockmeier erschaffen. Die Figurengruppe drückt das Gemeinschaftsgefühl der Recklinghäuser und den Stolz der Menschen auf ihre Stadt aus. Brockmeier gab ihr einen überaus passenden Namen: »Bürger tragen ihre Stadt«.

Ralf Rudzynski

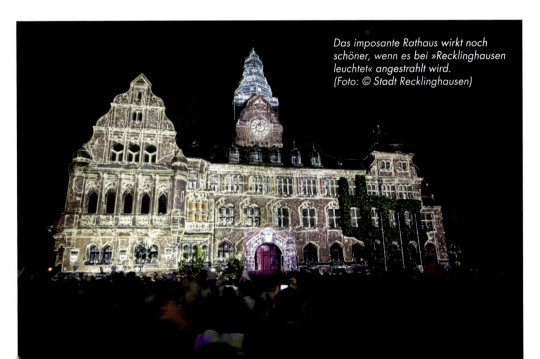

Das imposante Rathaus wirkt noch schöner, wenn es bei »Recklinghausen leuchtet« angestrahlt wird. (Foto: © Stadt Recklinghausen)

Von Castrop-Rauxel bis Waltrop

Wenn die ganze Stadt den Hügel erklimmt

Ein Streifzug durch die Viertel jenseits des Wallrings

Bürger nennen das Ruhrfestspielhaus an erster Stelle, wenn sie von den Höhepunkten ihrer Heimatstadt sprechen.
Das liegt sicherlich daran, dass es trotz hohem kulturellen Anspruch ein für jedermann und zu vielen unterschiedlichen Anlässen zugänglicher Ort ist. Seit dem Umbau in einen Multifunktionsbau finden dort nicht nur die Ruhrfestspiele statt, sondern auch Messen, Tagungen, Konzerte, Comedy- und Musicalveranstaltungen oder auch Tanzpartys; von Berührungsängsten keine Spur. Das merkt man vor allem am 1. Mai, wenn scheinbar die ganze Stadt auf den Beinen ist, um auf dem »Hügel« die Eröffnung der Festspiele zu feiern.

Volkssternwarte mit Planetarium

Innerhalb des zwischen 1904 und 1907 angelegten Stadtgartens ist das Ruhrfestspielhaus der auffälligste Punkt, aber bei weitem nicht die einzige Attraktion. Laden die Wege und weitläufigen Flächen der citynahen grünen Lunge durch ihre Natur allein schon zu einem entspannenden Besuch ein, gibt es mit dem 1932 eröffneten Tiergarten nebst Streichelzoo sowie der Westfälischen Volkssternwarte noch weitere interessante Ziele für einen Ausflug.
Die Sternwarte ist für die Öffentlichkeit zugänglich und gleichfalls wissenschaftliche Bildungseinrichtung. Zur Volkssternwarte gehören das Planetarium sowie eine astronomische Beobachtungsstation. Es gibt unter anderem einen Himmelssimulator. 75 Personen können sich im Kuppelraum in andere Sphären und Zeiten versetzen lassen, denn schließlich geht es auch darum, die Astronomie dem Laien auf ebenso spannende wie informative Weise näher zu bringen.

Das Westviertel

Was die geografische Zuordnung angeht, befindet sich der Stadtgarten im Westviertel. Eingrenzen lässt es sich durch den Beisinger Weg, den Herzogswall, die Zeppelinstraße und die Hertener Straße. Das Westviertel gehört zu den

Im November 2001 wurde das Ruhrfestspielhaus mit dem Deutschen Architekturpreis ausgezeichnet. (Foto: © Ralf Rudzynski)

Am 11. Juni 1965 wurde das Ruhrfestspielhaus durch den damaligen Bundespräsidenten, Heinrich Lübke, eingeweiht. (Foto: © Stadt und Vestisches Archiv Recklinghausen)

Die Ruhrfestspiele sind das kulturelle Aushängeschild von Recklinghausen. Dank ihrer nationalen und internationalen Strahlkraft rücken sie die Stadt alljährlich immer wieder in den Fokus. Seit 1965 finden sie im eigens dafür gebauten Ruhrfestspielhaus im Stadtgarten statt, das am 11. Juni 1965 durch den damaligen Bundespräsidenten, Heinrich Lübke, eingeweiht wurde. Im November 2001 wurde das Gebäude mit dem Deutschen Architekturpreis ausgezeichnet. Viele

Die Westfälische Volkssternwarte ist ein weiterer Anziehungspunkt im Stadtgarten. (Foto: © Ralf Rudzynski)

bevorzugten Wohngegenden. Vor allem entlang der Cäcilienhöhe stehen zahlreiche prächtige Stadtvillen aus dem frühen 20. Jahrhundert.
Im Bereich des Westviertels befinden sich Institutionen wie das Amtsgericht, das Finanzamt, das Knappschaftskrankenhaus, das Polizeipräsidium und der aus dem Jahr 1925 stammende städtische Saalbau an der Dorstener Straße, der freilich inzwischen stillgelegt wurde. Der Saalbau war die Stätte, an der im Sommer 1947

Der Hauptbahnhof im Nordviertel gehört zu den wichtigsten Verkehrsknotenpunkten der Stadt. (Foto: © Ralf Rudzynski)

Das 26 Meter lange und sechs Meter hohe Monument des Dänen Per Kirkeby besteht aus etwa 30 000 roten Backsteinen. (Foto: © Ralf Rudzynski)

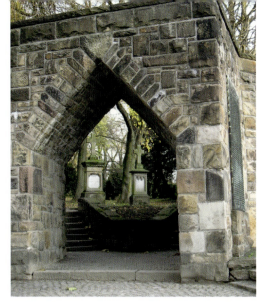

Neben dem Ehrenmal für die Opfer der beiden Weltkriege geht es hinein in den Lohtorfriedhof mit vielen alten und sehenswerten Grabanlagen. (Foto: © Ralf Rudzynski)

Bis in die 1980er Jahre fuhren im Vestischen Kreis noch Straßenbahnen. Das Foto zeigt einen Wagen der Linie 10 auf dem Königswall. (Foto: © Stadt und Vestisches Archiv Recklinghausen)

die ersten Aufführungen von Hamburger Bühnen stattgefunden haben, die zuvor im Winter auf der Zeche König Ludwig in Suderwich dringend benötigtes Heizmaterial erhalten hatten. Ein halbes Jahr später kehrten sie nach Recklinghausen zurück und brachten »Kunst für Kohle« mit.

Das Nordviertel

Unmittelbar vor dem Herzogswall beginnt die Dorstener Straße und trifft dabei auf den Beisinger Weg. An dieser Stelle beginnt nicht nur das Nordviertel, sondern man sieht überdies das 26 Meter lange, sechs Meter hohe und aus etwa 30 000 roten Backsteinen geschaffene Monument des Dänen Per Kirkeby. Ihm gegenüber befindet sich das Ehrenmal für die Opfer der beiden Weltkriege. Links daneben geht es in den Lohtorfriedhof mit vielen alten und sehenswerten Grabanlagen.

Das Nordviertel selbst geht durch das Komponistenviertel bis zum Jüdischen Friedhof am Nordcharweg beziehungsweise bis zu den Bahngleisen am Hauptbahnhof, dessen Vorgängerbau bereits anno 1870 in Dienst genommen wurde. Nördlich davon verläuft der Oerweg, der Recklinghausen mit Oer-Erkenschwick verbindet. Verlässt man ihn, erreicht man unter anderem die Sportanlage Lange Wanne, Heimat der Fußballer von Blau-Weiß Post Recklinghausen.

Circa einen Kilometer weiter südlich, also unmittelbar vor dem Kurfürstenwall, steht die Hauptpost. Hier werden nicht nur Dienstleistungen erbracht, sondern hier kann man auch das postgeschichtliche Museum Recklinghausen besuchen. Und auch die Städtische Kunsthalle, die sich seit 1950 in einem Hochbunker direkt neben dem Hauptbahnhof befindet, ist hier ansässig. Jenseits der Gleise übrigens sieht man die Gebäude mehrerer Berufsschulen. Sie erreicht man über die am Grafenwall beginnende Dortmunder Straße sowie den Ossenbergweg.

Das Paulusviertel

Südlich an den Grafenwall schließt sich der Kaiserwall an, der vorbeiführt am Einkaufszentrum Lorhöfcenter und am Rathaus mit dem Erlbruchpark. Nun folgt zwischen Herner und Hertener Straße der Königswall. Dort bildet das Paulusviertel den südwestlichen Teil der jenseits des Walls befindlichen Innenstadt. Benannt ist es nach der Pauluskirche an der gleichnamigen Straße. Unweit

Die Pauluskirche hat ihrem Viertel den Namen gegeben. (Foto: © Ralf Rudzynski)

davon steht an der Herner Straße mit der Gustav-Adolf-Kirche die älteste evangelische Kirche im Vestischen Kreis, die 1847 geweiht wurde.

Und ebenfalls nur ein weiteres kleines Stückchen entfernt ist das Stadtarchiv mit dem Vestischen Museum/Haus der Geschichte einen Besuch wert. Im Vordergrund stehen Historie und Entwicklung von Stadt und Region, doch kann man auch eine der größten deutschen Sammlungen naiver Kunst bestaunen. Ein weiterer Aspekt sind regelmäßig wechselnde Ausstellungen zu den angesprochenen Themenbereichen.

Keineswegs unerwähnt bleiben darf das Recklinghäuser Kino am Beginn der Kemnastraße, wo zudem mit dem Paulusanger ein ehrgeiziges Projekt der Städteplaner aus der Taufe gehoben worden ist. Das frühere Berufskolleg wurde abgerissen, um dort ein neues Quartier nach dem Vorbild Amsterdamer Grachten und dortiger Wohnhäuser entstehen zu lassen.

Folgt man der Kemnastraße, kreuzt diese nach rund 400 Metern die Hohenzollernstraße und wird anschließend von der Mühlenstraße abgelöst. Sie schlängelt sich vorbei am großen Trakt des Prosperhospitals, das genauso wie das Knappschaftskrankenhaus im Westviertel eine erstklassige medizinische Versorgung gewährleistet.

Ralf Rudzynski

An der Hohenzollernstraße ist das Stadtarchiv mit dem Vestischen Museum/Haus der Geschichte einen Besuch wert. (Foto: © Ralf Rudzynski)

Von Castrop-Rauxel bis Waltrop

Sämtliche Meisterwerke aus der Abbasi Manufaktur entstehen in traditioneller Handarbeit

Geknüpfte persische Kunst in Recklinghausen

Wenn man die Räumlichkeiten der Abbasi Manufaktur an der Steinstraße 12 in Recklinghausen betritt, dann ist es, als würde man eintauchen in eine andere Welt. Denn hier ist die ganz hohe Schule wunderschöner Teppiche aus Persien zu Hause. Schon auf den ersten Blick erkennt man, was für eine außergewöhnliche Kunst es ist, die mit uraltem und beeindruckendem Handwerk ungemein fein gearbeitete Stücke entstehen lässt.

In den hellen Räumlichkeiten an der Steinstraße 12 kommt die Pracht der wunderschönen Teppiche bestens zur Geltung. (Foto: © Andreas Molatta)

Das ebenso eindrucksvolle wie umfangreiche Sortiment besteht ausschließlich aus selbst gemachten und nach persischer Tradition gefertigten Teppichen. Es sind echte Meisterwerke aus Meisterhand. Manche dieser Prachtexemplare sind bis zu 250 Jahre alt und wirken trotzdem frisch und farbenprächtig. Auch die neueren Teppiche, die hervorragend auch zu modernen Einrichtungen passen, sind allesamt Unikate.

Unverwechselbare Merkmale

Unikate aus einem Hause, dessen Kunst in dieser Form einmalig ist – weltweit. Shahram Abbasi bringt mit seinen Teppichen die persische Kunst zu Ihnen nach Hause. Anhand der unterschiedlichen Motive kann man sogar erkennen, aus welcher Provinz die traumhaften Einzelstücke stammen. Die eigenen Werkstätten der Abbasi Manufaktur sind in Isfahan, Täbriz und Sarugh. Shahram Abbasi weiß nur zu genau, wie viel Liebe zum Detail in den immer neuen Kreationen steckt. Er selbst ist ein ausgebildeter Knüpfmeister.
Die Teppiche seiner Manufaktur erkennt man übrigens auch an den unverwechselbaren Merkmalen. Zum einen ist in persischer Schrift der Name Abbasi eingearbeitet, zudem erkennt man im

Sage und schreibe 9,40 Meter x 3,90 Meter maß der Teppich, den die Deutsche Botschaft London in der Abbasi Manufaktur hat reparieren lassen. (Foto: © Ralf Rudzynski)

Dieser antike Seidenteppich spiegelt die hohe Schule persischer Teppichkunst wider. Das Prachtstück ist bereits 130 Jahre alt. (Foto: © Andreas Molatta)

Shahram Abbasi (4.v.l.) und seine fachkundigen Mitarbeiter freuen sich auf Ihren Besuch. (Foto: © Andreas Molatta)

Dekor das Firmenlogo. Ferner tragen sämtliche Teppiche ein Siegel aus 925er Silber, und überdies gibt es ein Zertifikat mit einem Siegel aus 750er Gold.

Ausschließlich Naturprodukte

Teppiche aus der Abbasi Manufaktur bestechen nicht nur durch ihr Aussehen, sondern auch durch herausragende Qualität. Verwendet werden durchweg nur beste Materialien und Naturprodukte wie reine Wolle, Baumwolle, Korkwolle,

Von Castrop-Rauxel bis Waltrop

In jedem Teppich ist in persischer Schrift der Name Abbasi eingearbeitet. (Foto: © Andreas Molatta)

Keine Kinderarbeit

Es muss nicht sonderlich betont werden, dass Kinderarbeit in der Abbasi Manufaktur verpönt ist. »Es ist selbstverständlich, dass bei uns keine Kinder arbeiten«, unterstreicht Shahram Abbasi.
Mit Meisterwerken aus der Abbasi Manufaktur hat man wunderschöne Unikate und über Jahrzehnte hinweg echte Werte. Diese sollten natürlich gepflegt werden. Hierfür geben Shahram Abbasi und seine fachkundigen Mitarbeiter wichtige Tipps und Empfehlungen. Zu den weiteren Serviceleistungen gehören die Abholung beziehungsweise Lieferung des Teppichs, Erstellung von Gutachten, Teppichwäsche, Reparaturen wie Kanten- und Fransenerneuerung, oder die Reparatur von Löchern, die Inzahlungnahme Ihres Teppichs bei einem Neukauf und vieles mehr.

Teppich aus der Deutschen Botschaft

Im Sommer 2010 vertraute sogar die Deutsche Botschaft London der Abbasi Manufaktur einen sage und schreibe 9,40 Meter x 3,90 Meter großen Teppich an. Nach mehrwöchiger Arbeit strahlte das über 120 Jahre alte Stück wie neu und hatte seinen ohnehin schon im fünfstelligen Eurobereich liegenden Wert dank der Reparatur noch einmal deutlich gesteigert.

Auch das Reparieren und Erneuern von Fransen gehört zum Angebot der Abbasi Manufaktur.

erste Lämmerschur oder reine Seide. Mittlerweile werden übrigens nur noch zwei bis vier Farben eingearbeitet. Selbstverständlich sind nach Kundenwunsch auch Sonderanfertigungen zum Beispiel mit sechs oder auch zehn Farbtönen oder speziellen Mustern möglich.
Um einen Teppich in Handarbeit herzustellen, bedarf es unglaublichen Geschicks. Alleine die Knotendichte liegt bei bis zu 500 000 Stück pro Quadratmeter. Eine nahezu unvorstellbar hohe Anzahl. Man kann nur erahnen, wie viel Fingerfertigkeit nötig ist. Ein Prachtstück mit einer Größe von zwei mal drei Metern ist in acht bis zwölf Monaten fertig. Für eine Größe von fünf mal sieben Metern braucht man mehrere Jahre.

Beitrag von:
Abbasi Manufaktur
Steinstraße 12 · 45657 Recklinghausen
Tel. (0 23 61) 5 82 34 93
Fax (0 23 61) 5 82 34 94
S-A@abbasi-manufaktur.de
www.abbasi-manufaktur.de

Stricken ist in!

Wolle & mehr das Fachgeschäft für kreative Handarbeit

Kaum ein Hobby bietet so vielfältige Möglichkeiten wie die Beschäftigung mit Wolle und Stricknadeln. Der Kreativität sind keine Grenzen gesetzt. Gleiches gilt für die unterschiedlichen Garne und Wollarten, Farben oder Muster.
Wer leidenschaftlich gerne strickt oder häkelt, ist bei Wolle & mehr genau richtig. Schon beim Betreten des Handarbeitsgeschäftes in der Recklinghäuser City strahlt das Herz. Das umfangreiche Sortiment reicht vom einfachen Garn bis hin zu edlen Mischungen aus Baby-Alpaka und Seide. Zudem ist das Geschäft bekannt als Lana Grossa-Store.
Über 100 verschiedene Strick- und Häkelgarne in allen Qualitäten und Farbvarianten sowie viele Filzgarne regen die Fantasie immer wieder an. Hinzu kommen Fachmagazine, Strickmuster und Anleitungen, von denen es alleine zu den Garnen pro Jahr über 500 Stück gibt. Zum Angebot gehört entsprechendes Zubehör wie Nadeln, vor allem aber zu den Garnen passende Knöpfe. Qualitativ hochwertige Garne von Lana Grossa, die nicht mehr ins neue Sortiment übernommen werden, gibt es im Outlet-store an der Bahnhofstraße 106 in Herten-Westerholt zu günstigen Preisen.

Stricken verbindet Alt und Jung

Sehr gefragt ist auch die fachkundige Hilfe; gerade bei Anfängern, deren Zahl stetig wächst. Auch mit anleitendem Material auf CD oder in Schriftform kann Wolle & mehr aufwarten. »Stricken ist in«, betont Geschäftsinhaberin Gudrun Skischally, und weiß warum: »Zum einen kann man seiner Kreativität freien Lauf lassen, zum anderen hat Stricken entspannende Wirkung.«

Gudrun Skischally (rechts) bietet im Handarbeitsgeschäft Wolle & mehr alles für die kreative Frau von heute an. (Foto: © Ralf Rudzynski)

Viele Mädchen und junge Frauen entdecken dieses schöne Hobby für sich. Das gemeinsame Interesse verbindet zudem Alt und Jung. Man kann fachsimpeln und gleichzeitig abschalten. Stricken liegt im Trend.

Beitrag von:
Wolle & mehr · Große Geldstraße 18 · 45657 Recklinghausen
Tel. (0 23 61) 49 04 02 36 · wolleundmehr@arcor.de

LANA GROSSA Outlet-store
Bahnhofstraße 106 · 45701 Herten · Tel. (02 09) 88 00 29 64

Von Castrop-Rauxel bis Waltrop

»Verstehen ist mehr als hören«

Solides Handwerk zum Wohle der Menschen

Das Fachgeschäft für gutes Hören und Verstehen in der Kampstraße 68. (Foto: © Andreas Molatta)

Thomas, Sebastian, Elke und Sarah Senft freuen sich auf Ihren Besuch. (Foto: © Andre Chrost)

Herzlich willkommen bei Audium Hörgeräte. (Foto: © Andreas Molatta)

Als gelernter Betriebsschlosser im Bergbau ahnte Thomas Senft vor 20 Jahren nicht, welche Wendung sein Leben nehmen sollte, als seine Ehefrau Elke im Jahr 1988 ihr viertes und letztes Kind gebar.

18 Monate nach der Geburt stellte sich heraus, dass ihr Sohn mit einer an Taubheit grenzenden Schwerhörigkeit zur Welt gekommen war, die leider zu spät erkannt worden ist. Diese Erkenntnis gab seinem Leben eine völlig neue Wendung und einen Impuls in eine Richtung, den er nie bereuen sollte: »Ich traf die Entscheidung, eine Umschulung zum Hörgeräteakustiker zu absolvieren.« Gesagt, getan: Nach bestandener Abschlussprüfung konnte er in den folgenden Jahren seine Fachkenntnisse vertiefen und sein Wissen durch Weiterbildungen bei erfahrenen und bewährten Hörgeräteakustikermeistern ausbauen. So eignete er sich auch die hohe Kunst an, die weltweit kleinsten »Im-Ohr-Hörgeräte« sowie perfekt sitzende Ohrstücke herstellen zu können.

Ladenlokal mit behaglichem Ambiente

2006 bestand Thomas Senft die Prüfung zum Hörgeräteakustikermeister und wagte alsbald den Schritt in die Selbstständigkeit. An der Kampstraße 68 in Recklinghausen eröffnete er das Hörgerätefachgeschäft »Audium«, das sich von Beginn an positiv entwickelte und es so ermöglichte, eine weitere Hörakustikerin und drei Auszubildende einzustellen: »Neben der fachlichen Qualität war es mein Ziel, die Vorstellungen eines gemütlichen und stilvoll eingerichteten Ladenlokals mit persönlichem Ambiente zu verwirklichen. Dabei unterstützt mich meine Ehefrau mit ganzer Kraft.« Die Umsetzung ist gelungen – und die Behaglichkeit ein Ausdruck der Wertschätzungen gegenüber den Kunden.

Winzige Geräte mit brillantem Klang

Thomas Senft hat es sich insbesondere zur Aufgabe gemacht, das »Tabu-Thema Schwerhörigkeit« einer breiten Öffentlichkeit zugänglich zu machen und ins Bewusstsein zu rufen: »Um Betroffenen auch den Weg aus ihrer sozialen Isolation heraus zu erleichtern und Aufklärungsarbeit zu leisten.« Zu diesem Zweck fand 2009 mit großem Erfolg das erste Recklinghäuser Hörforum statt.

Heutzutage sind die Zeiten der klobigen, brummenden Hörgeräte vorbei. Winzige digitale Hörsysteme lassen sich genauestens auf die Bedürfnisse des Hörgeschädigten einstellen. Der Klang ist brillant. Die Geräte sind inzwischen so klein, dass sie unauffällig hinter dem Ohr oder im Gehörgang verschwinden. Entscheidend bei der Auswahl des Gerätes sind der Grad der Schwerhörigkeit sowie der Anspruch des Patienten.

»Es ist uns sehr wichtig, ein Hörsystem anzubieten, das genau auf die individuellen Bedürfnisse, Befindlichkeiten und Besonderheiten abgestimmt ist«, versichert der Hörgeräteakustikermeister. Durch permanente Fortbildungen und ein aufwändiges Qualitäts-Management-System (Zertifizierung erfolgte im September 2008 nach DIN EN ISO 13485) ist »Audium« stets auf dem aktuellsten Stand der Technik und kann die bestmögliche Hörsystemversorgung anbieten, die am Markt verfügbar ist.

Qualität in jeder Hinsicht

Ein zusätzliches Anliegen von Thomas Senft ist es, genau das zu bieten, was hier und da durch die Globalisierung verloren gegangen ist und noch immer verloren geht: eine lebensnahe, sehr persönliche und individuelle Beratung. Denn er ist fest davon überzeugt, dass eine zwischenmenschliche Beziehung genauso wichtig ist wie das entsprechende Fachwissen: »Und darum freuen wir uns wirklich auf Ihren Besuch.«

Beitrag von:
Audium Hörgeräte Senft
Kampstraße 68 · 45657 Recklinghausen
Tel. (0 23 61) 9 04 04 26
Fax (0 23 61) 9 04 03 18
info@audium-hoergeraete.de
www.audium-hoergeraete.de

Das gemütlich und stilvoll eingerichtete Ladenlokal besticht durch ein ganz persönliches Ambiente. (Foto: © Andre Chrost)

»Gesund beginnt im Mund!«

Kieferorthopädische Fachpraxis Dr. Dr. Hoppe & Partner

Der sichere Weg zu schönen Zähnen und einem gesunden Gebiss führt in die kieferorthopädische Fachpraxis von Dr. Dr. Hoppe & Partner am Herzogswall 20 in der Recklinghäuser Innenstadt beziehungsweise an der Sauerbruchstraße 8c in Recklinghausen-Süd.

Der qualitätsorientierte Familienbetrieb mit jahrzehntelanger kieferorthopädischer Erfahrung ist einer der Gründe, warum Patienten von 3 bis 70 Jahren gerne dorthin kommen, um sich über neueste und bewährte kieferorthopädische Methoden der gesamten – auch ganzheitlichen

Der sichere Weg zu schönen Zähnen und einem gesunden Gebiss führt in die kieferorthopädische Fachpraxis von Dr. Dr. Hoppe & Partner – auf dem Bild zu sehen Frau Gloria Hoppe-Walter. (Foto: © Ralf Rudzynski)

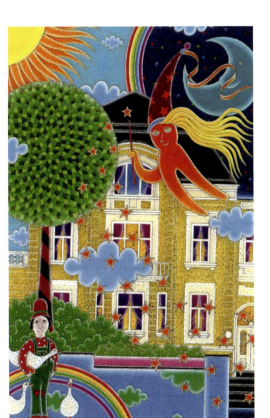

– Kieferorthopädie ausführlich beraten und sich dann vom bekannten, liebenswerten Happy Hoppe Team behandeln zu lassen.

»Es ist für uns wichtig, vor allem den Kindern, die zu uns kommen, mit einer kindgerechten Atmosphäre, einem fröhlichen Lächeln und viel Einfühlungsvermögen die Angst zu nehmen. Selbst Pipi Langstrumpf würde sich bei uns wohl fühlen«, ist das Team überzeugt.

Die Facharztpraxis legt ganz besonders großen Wert auf Funktion und Gesunderhaltung des Gebisses und kann nach der Behandlung das gute Ergebnis durch einen Life-long-Retainer ein Leben lang stabil erhalten.

Das Behandlungsspektrum umfasst die gesamte Palette der Kieferorthopädie mit herausnehmbaren beziehungsweise festsitzenden Behandlungsgeräten (Damon-System, Invisalign, Lingualtechnik) sowie der ganzheitlichen Kieferorthopädie mit Crozat und Bionator, kieferorthopädisch-kieferchirurgische Kombinationsbehandlungen, Kiefergelenksbehandlungen und so weiter. Alle kieferorthopädischen Geräte werden im praxiseigenen Speziallabor hergestellt, das keine Wünsche offen lässt und großen Wert auf Qualität und Präzision legt.

Darüber hinaus liegt es Dr. Dr. Hoppe und Partner am Herzen, ihren Patienten eine optimale, regelmäßige Zahnpflege zu vermitteln, »damit Sie auch nach erfolgreicher Behandlung ein Leben lang strahlend lächeln können und Freude an Ihren Zähnen haben, denn: Gesund beginnt im Mund!«

»Wir arbeiten gemeinsam für ein gutes Ergebnis mit Allgemeinzahnärzten und Kieferchirurgen, mit Logopäden, HNO-Ärzten, Orthopäden und Physiotherapeuten sowie Schlafmedizinern und Rheumatologen zusammen und beziehen diese Ergebnisse in unsere Diagnostik beziehungsweise Therapie mit ein«, versichert Dr. Dr. Hoppe.

Weitere Informationen findet man auf der Homepage www.drdrhoppe.de. Gerne berät Sie das Team um die Fachärzte auch persönlich: »Bitte rufen Sie uns an und vereinbaren Sie einen Termin. Groß oder Klein sollen bei uns herzlich willkommen sein. Das Happy Hoppe Team freut sich auf Sie.«

- Damon System
- Lingualtechnik
- Invisalign
- Ganzheitliche KFO

Beitrag von:
Dr. Dr. Hoppe & Partner · Herzogswall 20 · 45657 Recklinghausen Stadt
Tel. (0 23 61) 2 90 38 · Fax (0 23 61) 18 69 20

Sauerbruchstraße 8c · 45661 Recklinghausen Süd
Tel. (0 23 61) 6 58 04 81 · Fax (0 23 61) 6 58 04 83
www.drdrhoppe.de · info@drdrhoppe.de

Von Castrop-Rauxel bis Waltrop

Hillen ist das Zentrum des Kreises

Und am Quellberg entspringen Nord- und Ostsee

Zusammen mit der Altstadt und dem Bruch genannten Süden gehört Hillen zu den Vierteln, aus denen sich das heutige Stadtgebiet entwickelte. Östlich der heutigen City wohnen etwa 20 000 Recklinghäuser. Und von dort aus wird das gesamte Vest verwaltet. An der Kurt-Schumacher-Allee befindet sich der Sitz der Kreisverwaltung, sodass man Hillen mit einem kleinen Augenzwinkern als Zentrum des Kreises bezeichnen kann.

Auf der anderen Seite der Kurt-Schumacher-Allee kann man den imponierenden Komplex der Hauptfeuerwache bestaunen. Jenseits der Hubertusstraße befanden sich ab 1873 die ersten Schachtanlagen der Zeche General Blumenthal. Davon sind an der Herner Straße in Höhe des Beckbruchweg einige Bergarbeiterhäuser übrig geblieben. Ihnen gegenüber wird am Zukunftspark Blumenthal-Saatbruch gearbeitet.

Der imponierende Komplex der Hauptfeuerwache. (Foto: © Ralf Rudzynski)

Der sehenswerte »Oster Dom«

Markante Punkte in Hillen sind ferner die Liebfrauenkirche an der Castroper Straße, die die Anwohner liebevoll »Oster Dom« getauft haben. Im katholischen Gotteshaus finden auch kulturelle Veranstaltungen statt wie die Internationalen Recklinghäuser Orgeltage. »Meiner Meinung nach ist die Liebfrauenkirche die schönste Kirche in Recklinghausen«, schwärmt Christiane Dombrowski (Jahrgang 1967).

Bemerkenswert ist, dass in Hillen viele Straßen im Wohngebiet rund um den Quellberg nach Nord- und Ostseeinseln benannt sind. Dort liegt außerdem mit der Bauerschaft Berghausen die Natur gleich vor der Haustür. Christiane und Jörg Dombrowski (Jahrgang 1966) schätzen das Umfeld in ihrem Stadtteil: »Hillen ist eine sehr schöne, gut bürgerliche Wohngegend mit exzellenten Einkaufsmöglichkeiten.«

Das trifft auch auf den etwas westlicher gelegenen Teil zwischen A43, Bruchweg, Hohenzollernstraße und Am Wetterschacht zu. Ellen Hädrich (Jahrgang 1931) bestätigt: »Alles liegt ziemlich zentral. Sehr gut ist das Netz an Radwegen, die ich häufig nutze. Auch mit dem Bus ist man schnell im Süden oder in der Innenstadt.«

Bis in die Hohenhorster Heide

In diesem Bereich, der entlang der Hohenzollernstraße zum Paulusviertel gehört, befinden sich das Vestische Museum und das Prosperhospital. Rund um das Krankenhaus erstreckt sich Wohnbebauung, die bis zur Güterbahntrasse an der Straße Am Wetterschaft reicht.

Jenseits der Schienen hat sich auf einem schmalen Streifen das Gewerbegebiet Am Stadion mit Traditionshäusern wie der Kornbrennerei Boente etabliert. Ihm schließen sich das Stadion Hohenhorst und weitere Sportanlagen an. Dann wird es endgültig grün, wenn die Hohenhorster Heide mit ihren herrlichen, bis zur A2 reichenden Waldwegen lockt.

Durch das Wienerviertel, in dem sich ebenfalls zahlreiche Betriebe angesiedelt haben, geht es ins Herz des Ortsteils Hillerheide mit städtischem

Die Liebfrauenkirche an der Castroper Straße wird von den Anwohnern liebevoll »Oster Dom« genannt. (Foto: © Ralf Rudzynski)

Alljährlich zieht die Palmkirmes die Besuchermassen an. (Foto: © Ralf Rudzynski)

An der Kurt-Schumacher-Allee befindet sich der Sitz der Kreisverwaltung. (Foto: © Ralf Rudzynski)

Hallenbad und Vestlandhalle. Ein Highlight ist die Palmkirmes, die alljährlich in den Tagen vor Ostern wahre Besuchermassen anlockt. »Die Palmkirmes ist weithin bekannt«, betont Maria Wittstamm (Jahrgang 1922)

Palmkirmes und Gertrudisplatz

Architektonisch gefällt im Stadtteil Hillerheide das Viertel am Gertrudisplatz östlich der Herner Straße. Den Namen ihres Stadtteils hat die Trabrennbahn an der Blitzkuhlenstraße bundesweit bekannt gemacht. Über Jahrzehnte stieg dort die nationale Fahrerelite um Heinz Wewering und Lokalmatador Willi Rode in den Sulky. Auch internationale Spitzenfahrer waren zu Gast.

Über die Blitzkuhlenstraße und Schmalkalder Straße mit ihren ansässigen Firmen erreicht man den Gewerbepark Ortloh. Eine Verbindung zwischen Hillerheide und Hillen stellt die Maybachstraße dar, an der das frühere Gelände der so genannten Preston Barracks als weiteres Neubaugebiet erschlossen wird.

Ralf Rudzynski

Von Castrop-Rauxel bis Waltrop

Gesunde Zähne – ein Leben lang!

Wer die Praxis von Hubertus Houben betritt, verliert die Angst vor dem Zahnarzt

Herzlich willkommen in der Zahnarztpraxis, in die man gerne geht. (Foto: © Andreas Molatta)

Vor dem Besuch beim Zahnarzt haben viele Menschen ein mulmiges Gefühl. Doch die Zeiten haben sich geändert. Die Behandlungsmethoden sind ebenso weiterentwickelt und verfeinert worden wie die Herangehensweise vieler Ärzte. Mit Einfühlungsvermögen nehmen sie gerade ängstlichen Patienten die Skepsis. Und wenn man dann noch eine so außergewöhnliche und farbenfroh eingerichtete Praxis betritt wie die von Hubertus Houben, dann kann man endgültig aufatmen.
Die Räumlichkeiten sind bewusst bunt bis knallig eingerichtet. Zum Wartebereich gehört eine Spielecke für Kinder, in der sogar eine Xbox steht. Das Team um Zahnarzt Hubertus Houben ist entspannt und freundlich. Diese Atmosphäre überträgt sich auf die Patienten. Seit 1991 ist Houben verheiratet mit Heli Matzdorf, einer ehemaligen Nationalschwimmerin und Olympiateilnehmerin von 1968 in Mexiko.

»Hinter jedem Zahnarzt steht ein Mensch.«

Sie steht dem Zahnarztteam mit Rat und Tat zur Seite. So ist sie auch für die Inneneinrichtung verantwortlich, die einen großen Teil dazu beiträgt, dass man diese Praxis nicht mit Angst und Hemmungen in Verbindung bringt, sondern mit Erleichterung darüber, dass einem die Schmerzen genommen werden. Denn eines ist klar: »Hinter jedem Zahnarzt steht ein Mensch.«
Zahnarzt Hubertus Houben wurde 1958 in Weert, in den Niederlanden, geboren. Von 1978 bis 1984 studierte er Zahnmedizin an der Universität Amsterdam. Seit 1986 ist er niedergelassener Zahnarzt in Recklinghausen in der Dortmunder Straße 43, wo er 1999 seine neuen Praxisräume bezog. Zudem legte er 1997 die Prüfung zum Heilpraktiker ab; jedoch widmet er sich hauptsächlich der Zahnmedizin.

Implantologie

Seit Jahren beschäftigt er sich mit der Implantologie. 2009 führte er das revolutionäre 3D-Navigationssystem ein. Das neuartige Produkt »Impla« der Firma Schütz sowie eine CT- oder DVT-Aufnahme machen Planung und Durchführung eines Implantats für Houben als Zahnmediziner und für seine Patienten so angenehm wie möglich. Der Patient hat bei dieser Art der Behandlung im Vergleich zu den herkömmlichen Verfahren nur Vorteile, denn alles ist fast schmerz- und blutungsfrei.

Cerec

Cerec ist eine Behandlungsmethode der besonderen Art. Man kann sie einsetzen bei Füllungen (Inlays), Kronen und Verblendschalen. Vorteile dieser Methode sind:

– Schonung der gesunden Zahnsubstanz
– Absolut metallfrei
– Nur ein Behandlungstermin
– Perfektes Aussehen
– Perfekter Sitz
– Lange Lebensdauer
– Unschlagbares Preis-Leistungsverhältnis

»Nur das Neueste vom Neuen ist gut genug für meine Patienten«

Die gesamte Behandlungsdauer beträgt zum Beispiel bei Füllungen nur 60 bis 90 Minuten, bei Kronen ein bis zwei Stunden – und das Ergebnis ist einzigartig. Auch hierbei gilt für Zahnarzt Hubertus Houben: »Durch intensive Fortbildungen bleiben wir zahnmedizinisch immer auf dem neuesten Stand. Das Neueste vom Neuen ist gerade gut genug für meine Patienten.«
Damit die eingesetzten Implantate, die vollkeramische Versorgung oder der hochwertige Zahnersatz eine lange Lebensdauer haben, ist eine regelmäßige professionelle Zahnreinigung notwendig.
Die Öffnungszeiten sind Montag von 8 bis 12 und 14 bis 18 Uhr, Dienstag von 8 bis 19 Uhr, Mittwoch von 8 bis 12 Uhr, Donnerstag von 8 bis 12 und 14 bis 19 Uhr sowie Freitag von 8 bis 17 Uhr. Das Praxisteam Houben freut sich auf Ihren Besuch.

Eine Xbox in der Zahnarztpraxis? Wer hat da noch Angst vor dem Bohrer? (Foto: © Andreas Molatta)

Hubertus Houben ist fachlich ungemein kompetent und besitzt zudem das nötige Einfühlungsvermögen, um Ihnen den Zahnarztbesuch so angenehm wie möglich zu gestalten. (Foto: © Andreas Molatta)

Das Praxisteam Houben freut sich auf Ihren Besuch. (Foto: © Ralf Rudzynski)

Beitrag von:
Zahnarztpraxis Houben
Dortmunder Straße 43 · 45665 Recklinghausen
Tel. (0 23 61) 4 35 90 · Fax (0 23 61) 4 37 21
praxis@hubertus-houben.de
www.hubertus-houben.de

*Der Recklinghäuser Norden, zu dem jenseits der Bahnlinie auch Börste gehört, ist ein echtes Refugium.
(Foto: © Ralf Rudzynski)*

*Einige Wohnhäuser in Speckhorn heben sich architektonisch etwas von gängiger Bauweise ab.
(Foto: © Ralf Rudzynski)*

Speckhorn und Bockholt verbinden Stadt mit Land

Im Westen lockt Alt-Hochlar mit seinen Reizen

Als Sitz der Kreisverwaltung ist Recklinghausen die wichtigste und zudem bevölkerungsreichste Stadt im Vestischen Kreis. Im Norden der Kapitale ist davon herzlich wenig zu spüren. Als von der Landwirtschaft geprägte Ortsteile geben dort die Tiere den Ton an, denn Kühe, Pferde, Schweine, Hühner oder Hasen gibt es hier zuhauf. Hier lebt nur ein Bruchteil der rund 120 000 Einwohner der Stadt. In Börste, Speckhorn und Bockholt kennen sich die meisten der lediglich 1500 Bewohner noch persönlich.

Aus Sicht vieler Recklinghäuser ist Speckhorn eine bevorzugte Wohngegend. Zwischen Gersdorffstraße, Reiffstraße und Kühlstraße ist sogar eine kleine Siedlung entstanden. Speckhorn liegt an einem Drei-Städte-Eck. Marl-Sinsen und die Honermannsiedlung von Oer-Erkenschwick treffen sich hier mit Speckhorn, wo viele Kinder aus diesen drei Stadtteilen in die Don Bosco-Grundschule gehen.

»Hier zu wohnen, ist schon ein bisschen außergewöhnlich«, ist Angelika Dornhorst (Jahrgang 1955) glücklich, ihren Wohnsitz in Speckhorn zu haben: »Hier ist es stadtnah, aber gleichzeitig auch ländlich.« Der Recklinghäuser Norden, zu dem jenseits der Bahnlinie auch noch Börste gehört, ist ein echtes Refugium – aus dem die Fahrt mit dem Auto in die Recklinghäuser Innenstadt nicht einmal zehn Minuten dauert.

Mollbeck und Rodelberg

Auf diesem Landstrich befindet sich auch das Freibad Mollbeck, das gerade in den Sommermonaten einer der wichtigsten Anziehungspunkte für gestressten Städter ist. Die Mollbeck ist eingebettet in herrliche Natur und liegt mitten in einem Waldstück. Allein schon die Anfahrt durch traumhafte Alleen weckt Urlaubsgefühle. An der Kreuzung von Nesselrodestraße und der Straße Zum Rodelberg treffen die von unzähligen Bäumen gesäumten Straßen sogar nahezu rechtwinklig aufeinander.

Auch im Winter ist dieses Gebiet einen Ausflug wert, denn einer der Wege heißt nicht von ungefähr Zum Rodelberg. Dabei handelt es sich um eine künstlich entstandene Erhebung. Nach dem Zweiten Weltkrieg wurde dort der Schutt zerstörter Gebäude abgeladen. Dieser türmte sich mit der Zeit zu einem kleinen Berg auf, der seitdem an verschneiten Tagen zu flotten Rutschpartien mit dem Schlitten einlädt.

Über die A43

Mitten durch Speckhorn und den im Nordwesten gelegenen Stadtteil Bockholt verläuft die Trasse

Von Castrop-Rauxel bis Waltrop

der A43. Wer dort hersaust, wird kaum glauben, wie wunderschön es zu beiden Seiten der Autobahn ist. Dank einer Brücke im Verlauf der Straße Im Riedekamp kann man die A43 überqueren; allerdings ist dies mit dem Pkw verboten. Hier stehen lediglich drei, vier Häuser. Die Ruhe ist fast schon märchenhaft. Es passt in die Szenerie, dass vor lauter Bewuchs kaum ein Lichtstrahl durch die Baumkronen bis auf den Asphalt der Straßen Im Riedekamp, Auf dem Siepen oder Im Stübbenberg dringt.

Weit verstreut liegen in Bockholt wenige Gehöfte. Im Norden endet der Stadtteil am Flugplatz Loemühle, weitere Grenzverläufe sind in etwa entlang des Golfplatzes sowie knapp südlich der Marler Straße, die zunächst als Dorstener Straße aus der Recklinghäuser Innenstadt herausführt. Ort der Namentrennung ist die Kreuzung mit der Bockholter Straße; eine bekannte Weggabelung mit Hinweisschildern auf gleich mehrere über die Landstraßen erreichbare Städte wie Herten, Marl, Dorsten und Recklinghausen-Hochlar.

Sehenswertes Alt-Hochlar

Letzteren Stadtteil erreicht man ganz bequem, wenn man der Bockholter Straße in Richtung Süden folgt. Vorbei geht es an den mächtigen Wassertürmen, ehe etwa einen Kilometer weiter ab dem Hohbrink die Wohnbebauung beginnt. Hier trennt sich das östlich bis zur A43 gelegene Alt-Hochlar vom städtischer geprägten Hochlar, in dem die meisten der hier etwa 4000 Bürger leben.

Überaus reizvoll ist Alt-Hochlar. Zwar wird es von der Autobahn geteilt, doch ein Abstecher in die kleinen, von Bauernhöfen gesäumten Wege wie

In Alt-Hochlar könnte man bisweilen meinen, dass die Zeit vor einigen Jahrzehnten stehen geblieben wäre. (Foto: © Ralf Rudzynski)

Althochlarstraße, An der Dornhecke, Suitbertstraße oder Unterstraße hat seinen Reiz. Unterhalb der A43 geht es am Teich des hiesigen Angelvereins vorbei und alsbald den Hochlartalweg hinauf.

Schon im 9. Jahrhundert wurde Hochlar als Huch Larhe erstmals schriftlich erwähnt. Überliefert sind aus der Zeit der Inquisition freilich auch Verbrennungen von Hexen und Ketzern. Mit Anna Schorfeld und Trine Plumpe wurden auf dem Segensberg anno 1620 letztmals vermeintliche Hexen verbrannt.

Hochlarer Krippenspiel

»Alt-Hochlar gefällt mir sehr gut«, sagt Brigitte Epple (Jahrgang 1956) und findet neben dem schönen Flair durch die vielen alten Gebäude vor allem schön, wie »verantwortungsvoll die Besitzer mit ihren Fachwerkhäusern umgehen und diese hegen und pflegen, damit der alte Ortskern und die historische Substanz erhalten bleiben«. Dazu gehört die Alte Remise, in der alljährlich zum Weihnachtsmarkt das weit über die Stadt hinaus bekannte Krippenspiel veranstaltet wird. Verantwortlich dafür ist der Verkehrs- und Verschönerungsverein Hochlar. »Gerade in der heutigen Zeit, die oft durch Trubel und Hektik bestimmt wird, finde ich es gut, dass mit dem Krippenspiel immer wieder an die Weihnachtsgeschichte erinnert wird«, betont Brigitte Epple. Beliebtheit erfreuen sich ferner der Tanz in den Mai, der von der Feuerwehr Hochlar organisiert wird, und der Erntedankmarkt.

Gegensätze in Stuckenbusch

Südlich der Akkoallee ziehen sich neuere Wohnbereiche durch Hochlar, das im Gewerbegebiet an der Holthoffstraße sowie der Rietstraße endet und jenseits der Bahnlinie in den Stadtteil Stuckenbusch übergeht. Zwar zieht sich mit der Friedrich-Ebert-Straße eine Hauptverkehrsstraße durch Stuckenbusch, doch selbst an ihren Seiten ist noch die ursprünglich ländliche Prägung zu erkennen.

So sieht man in Stuckenbusch Pferdekoppeln, während direkt gegenüber Gewerbegebiete wie an der Lise-Meitner-Straße beginnen. Zu den alteingesessenen Betrieben zählt die Obstsaftkelterei Möller. Weitere Anlieger der Friedrich-Ebert-Straße sind »Der singende Wirt«, die Franziskuskirche oder die Autobahnmeisterei. Trotz einiger Gegensätze endet Stuckenbusch schließlich so wie die Tour durch den Recklinghäuser Norden und Westen begonnen hat: mit viel Natur.

Ralf Rudzynski

Schon der Weg zum Freibad Mollbeck, das mitten im Wald gelegen ist, ist Urlaub pur. (Foto: © Ralf Rudzynski)

Ein markanter Punkt im Vest: die Pferdekoppel an der Kreuzung von Bockholter-, Dorstener- und Marler Straße. (Foto: © Ralf Rudzynski)

Von Castrop-Rauxel bis Waltrop

Klärchen, König Ludwig und ein Kurort

Durch den Recklinghäuser Süden – Die Stadtteile unterhalb der A2 haben sich gemacht

Knapp neun Kilometer weit verläuft die A2 über Recklinghäuser Terrain. Auf ihrem Verlauf zwischen den Stadtgrenzen zu Herten im Westen und Castrop-Rauxel im Osten markiert sie eine imaginäre Grenze innerhalb der bevölkerungsreichsten Stadt des Kreises. Unterhalb dieser Autobahn erstreckt sich der Recklinghäuser Süden mit Hochlarmark, Grullbad, dem Ortsteil Süd und König-Ludwig mit Röllinghausen. Insgesamt wohnen in diesem Bereich über 30 000 Menschen.

Das Gesicht des Recklinghäuser Südens, der lange Zeit auch als »Bruch« geläufig war, veränderte sich durch den Bergbau radikal. Heute gelten diese Stadtteile immer noch als Arbeiterviertel. »Wenngleich es hier überall schöne Ecken gibt, gerade abseits der großen Hauptstraßen«, betont Hildegard Wittstamm (Jahrgang 1948).

Gerade bei Berufspendlern hat der Südbahnhof einen hohen Stellenwert. (Foto: © Ralf Rudzynski)

Die Ära des Bergbaus startete 1869, als das Abteufen des ersten Kohleschachtes in Angriff genommen wurde. Jener Schacht I der Zeche Clerget – zwischen Süd und Hochlarmark – war 1875 der erste ortsansässige auf dem gefördert wurde. Ab 1884 folgte Schacht II im Herzen von Hochlarmark. Da sich das Bergwerk im Besitz einer belgischen Aktiengesellschaft befand, wurde es nach einer belgischen Stadt benannt. Kumpel und Anwohner allerdings gaben der Zeche Clerget kurzerhand den Spitznamen Klärchen. Der hatte auch weiterhin bestand, nachdem 1889 die Harpener Bergbau AG zum neuen Eigentümer und die Anlage in Zeche Recklinghausen umbenannt wurde.

Die Dreieckssiedlung Hochlarmark

1977 wurde die Zeche Recklinghausen II endgültig stillgelegt. An ihrem ehemaligen Standort an der Karlstraße 75 steht noch einer der Fördertürme. Er ist eine wichtige Landmarke auf der »Route der Industriekultur«. Bereits auf dem Weg dorthin – sofern man über die Westfalenstraße anreist – fallen zahlreiche Zechenhäuser in ihrer typischen Bauweise ins Auge.

Die ersten Kolonien für die Bergleute wurden in Hochlarmark in den ersten Jahren der Zeche Clerget beziehungsweise Recklinghausen errichtet. Der Anfang wurde am südlichsten Zipfel – kurz vor dem heutigen Rhein-Herne-Kanal – gemacht. Der Bereich um die Hugostraße, Arndtstraße oder Kaebelstraße trägt den Namen Alte Kolonie. Noch markanter ist die zwischen 1903 und 1907 entstandene Dreieckssiedlung, in der

So sieht die Robertstraße in der Dreieckssiedlung heute aus. (Foto: © Ralf Rudzynski)

Diese historische Aufnahme zeigt die Pestalozzikirche in Hochlarmark mit den Schächten I und II der Zeche Recklinghausen im Hintergrund. (Foto: © Stadt und Vestisches Archiv Recklinghausen)

Der Förderturm am Museum für Bergbau- und Industriegeschichte. (Foto: © Ralf Rudzynski)

die Karlstraße, die Westfalenstraße und die Robertstraße eben genau diese geometrische Form bilden.

Rund um den Südbahnhof

Die Karlstraße trifft an ihrem südlichen Ende auf die Hochlarmarkstraße. Folgt man ihr in östlicher Richtung, erreicht man bald den Bahnhof Recklinghausen-Süd. Er ist seit seiner Eröffnung im Jahr 1880 eine wichtige Verkehrsanbindung für Hochlarmark und die angrenzenden Stadtteile. Wurde er früher von den Bergleuten genutzt, hat der Südbahnhof in der modernen Welt nichts von seinem Stellenwert verloren. Hier halten S- und Regionalbahnen und bringen die Pendler nach Dortmund, Essen oder Münster. Auch als Güterbahnhof wird der Standort seit Jahrzehnten genutzt.

Nur ein paar Schritte vom Südbahnhof entfernt ist man in Bayern. So zumindest könnte man meinen, wenn man es sich im Paulaner Garten in der Hellbachstraße gemütlich macht. Spaß haben kann man in Recklinghausen-Süd auch in der Vest-Arena. Hier wechseln sich Partys ab

Am Theodor-Körner-Platz steht das Bürgerhaus Süd. (Foto: © Ralf Rudzynski)

Von Castrop-Rauxel bis Waltrop

Die Grußkarte aus dem Soolbad Grullbad ist ein Dokument aus einer längst vergangenen Zeit. (Foto: © Stadt und Vestisches Archiv Recklinghausen)

An der Uferstraße 2-4 kann man in der Ausstellung »Strom und Leben« den Weg der Elektrifizierung von den Anfängen bis zum täglichen Gebrauch nachempfinden. (Foto: © Ralf Rudzynski)

mit Gastspielen solch bekannter Comedians wie Hans-Werner Olm oder Mike Krüger. Und hier gibt es reichlich Musik-Events mit Auftritten von Stefanie Heinzmann, Thomas Godoj oder der Münchener Freiheit. »Gerade hier einen Biergarten aufzumachen, war sehr mutig«, findet Hildegard Wittstamm. Umso mehr freut sie sich, dass »das Konzept aufgegangen ist und so gut angenommen wird«.

Krankenhaus und Hospiz

Zwischen Hochlarmarkstraße und Theodor-Körner-Straße, die etwa einen Kilometer nördlicher verläuft, finden sich neben zahlreichen grünen Fleckchen institutionelle Einrichtungen wie die Zweigstelle der Stadtbücherei, das Theodor-Heuss-Gymnasium, das Elisabeth-Krankenhaus und das Hospiz zum Heiligen Franziskus, in dem unheilbar kranke Menschen in der letzten Phase ihres Lebens begleitet werden. »Eine unglaublich professionelle Einrichtung«, lobt Hildegard Wittstamm. Direkt oberhalb der Theodor-Körner-Straße steht am gleichnamigen Platz das Bürgerhaus Süd. Im Veranstaltungszentrum finden bei Konzerten, Theateraufführungen oder Ausstellungen bis zu 650 Personen einen Platz.

Auch dies ist der Recklinghäuser Süden, der hier mit seinen angenehmen Wohnsiedlungen an der Dr.-Isbruch-Straße oder der Baumstraße die negativen Klischees keineswegs bedient – im Gegenteil: Dieses Gebiet gehört zu den schönen Ecken abseits der großen Hauptstraßen. Sylvia Köhler-Korhammer (Jahrgang 1955) und Hubert Korhammer (Jahrgang 1957) leben hier. »Uns gefällt die Gegend prima. Unsere Siedlung ist ruhig und angenehm«, freuen sich die beiden.

Salzwasser statt Kohle

Dieser Stadtteil wird bezeichnet als Grullbad, wobei beide Wortteile eine besondere Bedeutung haben. Ursprünglich hieß dieses Areal nur Grull. 1857 wurde dort nach Steinkohle gebohrt. Die fand man nicht, machte aber trotzdem einen außergewöhnlichen Fund. Bei den Bohrungen sprudelte plötzlich Salzwasser aus einer unterirdischen Quelle, die sich dort befand, wo heute

Auf dem Wochenmarkt in Recklinghausen-Süd gibt es Obst und Gemüse, Bekleidungsartikel und andere Waren. (Foto: © Ralf Rudzynski)

Der Stadthafen einmal in einem anderen Licht. (Foto: © Stadt Recklinghausen)

die Grullbadstraße auf das Seniorenheim in der Hochstraße 52 trifft.

Schon bald wurde das salzige Nass der Quelle als Heilwasser genutzt. Zudem entstand in Grull ein Kurhaus mit angeschlossenem Bad, das die Gäste aus den umliegenden Gemeinden anzog. Und so wurde aus der Ansiedlung Grull der Kurort Grullbad. Vom Bergbau blieb Grullbad trotzdem nicht unbehelligt. Denn er war mit seinen vorangetriebenen Schächten dafür verantwortlich, dass die Salzwasserquelle schon 1896 wieder versiegte. Sechs Jahre später brannte auch noch das Kurhaus nieder.

Mit dem Grullbadschacht nördlich des Walkmühlenweges gab es später auch hier eine direkte Anbindung an die umliegenden Zechen. Die Kumpel wohnten unter anderem in der Reitwinkelkolonie, deren beigerote Zechenhäuser in der Blücherstraße, der Bülowstraße, der Gneisenaustraße und der Hochstraße von 1913 bis 1929 gebaut wurden.

Zum heutigen Grullbad gehören ein Verkehrsübungsplatz, eine TÜV-Station, das Eichamt Recklinghausen und die eine oder andere Eigenheit. So gab es vom Sommer 2005 bis zum 20. Januar 2008 mit dem Wallach Grullbader sogar ein Trabrennpferd, das auf der Hillerheide und anderen Bahnen im Ruhrgebiet den Namen des Vorortes über Recklinghausen hinaus bekannt machte.

Stadthafen und Umspannwerk

Zu den Lebensadern im Recklinghäuser Süden gehört die Bochumer Straße. Sie ist ebenso

Von Castrop-Rauxel bis Waltrop

Die Bochumer Straße zieht sich wie eine Lebensader durch den Recklinghäuser Süden. (Foto: © Ralf Rudzynski)

Hauptverkehrs- wie Haupteinkaufsstraße. Darüber hinaus verläuft sie genau vertikal durch die Mitte der Stadtteile südlich der A2 und endet am Rhein-Herne-Kanal, wo mit dem Stadthafen noch einmal ein echtes Highlight von Recklinghausen wartet. In den Sommermonaten verwandelt sich die nördliche Uferseite in eine Strandbar, die gerade die jüngeren Generationen mit chilliger Musik und nettem Ambiente anzieht. Im Liegestuhl kann man hier ganz bequem über den Kanal nach Herne schauen.

Wenn man in die andere Richtung blickt, sieht man mit dem Umspannwerk Recklinghausen einen Punkt der Route Industriekultur. An der Uferstraße 2–4 kann man in der Ausstellung »Strom und Leben« den Weg der Elektrifizierung von den frühesten Anfängen bis zum heute täglichen Gebrauch nachempfinden. »Ein ungemein faszinierendes Museum«, ist Hildegard Wittstamm beeindruckt.

Einer der Fördertürme auf der Schachtanlage I und II der Zeche König Ludwig.
(Foto: © Stadt und Vestisches Archiv Recklinghausen)

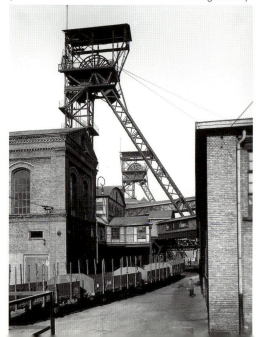

Lebensader Bochumer Straße

Durchaus beeindruckend ist auch das Leben, das sich zu beiden Seiten der Bochumer Straße abspielt. Auch wenn einige Lehrstände nicht zu übersehen sind und das eine oder andere Haus vielleicht einen neuen Anstrich benötigen würde, sticht sofort die Vielfalt ins Auge. Hier tummeln sich die Kulturen und damit auch Geschäfte und Läden mit unterschiedlichsten Angeboten. Dafür sorgen Inhaber aus vieler Herren Länder. Sie bieten Waren an vom russischen Samowar über den deutschen Fernseher bis hin zur Flugreise in die Türkei.

Der Neumarkt, an dem eine alte Werbesäule die Bürger und Besucher willkommen heißt, ist an manchem Dienstag und Freitag während des Wochenmarktes gut gefüllt. Kleine Dienstleistungsunternehmen kommen hinzu. Fachwerkstätten wie die Firma Kfz Kurt sind etabliert. Unweit dieses Autohauses geht es rechts in die König-Ludwig-Straße. Sie ist eine der Verbindungsstrecken, die schnurstracks in den gleichnamigen Stadtteil führen.

Von Recklinghausen nach Hollywood

Vorbei geht es am »Gelben Haus« und am Südpark, in dem sich das Freibad befindet, in dem einst »der jetzige Hollywood-Schauspieler Ralf Möller als Bademeister gearbeitet hat«, wie sich Detlev Ueckermann (Jahrgang 1953) erinnert. Oberhalb der König-Ludwig-Straße findet man mit dem Schimmelsheider Park eine weitere große Grünanlage im früheren Zechenvorort. Auch hier zeigt sich, dass sich der Recklinghäuser Süden gemacht hat. Wo früher Schlote und Fördertürme standen, ist längst eine respektable Wohngegend gewachsen.

Ab 1872 entstand im Geitenfeld der Schacht I der Zeche König Ludwig, deren Namenspate der bayerische Märchenkönig war. Von 1885 an wurde Kohle zu Tage gefördert. Der angrenzende Schacht II warf ab 1894 Steinkohle ab. Mitsamt der weiteren Anlagen und Schächte, die im Laufe der folgenden Jahrzehnte hinzu kamen, erstreckte sich das Bergwerk bis Röllinghausen und Suderwich.

Kolonien für die Kumpel der Zeche König Ludwig entstanden im Geitenfeld, an der Alten Grenzstraße, der Reginastraße und der Kleynmannstraße. Industrie gibt es hier übrigens auch heute. Zwischen Reginastraße und Alter Grenzstraße befindet sich ein Gewerbegebiet, das ebenfalls den Namen König Ludwig und die Zeche ehrt, mit der die Entwicklung zum heutigen Stadtteil begann.

Ralf Rudzynski

Der Recklinghäuser Süden hat sich gemacht und schöne Wohngegenden zu bieten.
(Foto: © Ralf Rudzynski)

Im Südbad war einst Hollywoodstar Ralf Möller als Schwimmmeister tätig. (Foto: © Ralf Rudzynski)

Die Neuapostolische Kirche an der König-Ludwig-Straße. (Foto: © Ralf Rudzynski)

Beistand in schweren Stunden

Bestattungen Wittstamm leistet einfühlsame Unterstützung im Trauerfall

Seit 1905 in Recklinghausen: Bestattungen Wittstamm. (Foto: © Nils Rimkus)

Es gibt im Leben Situationen, denen wir uns stellen müssen: Geliebte Menschen werden sterben. Eltern, Ehepartner, Freunde – der Tod aller Menschen, die uns nahestehen, ist ungeheuer schmerzlich. Man möchte nun trauern, mit der Familie, den Freunden reden. Gleichzeitig müssen Formalitäten erledigt, Ämter aufgesucht, die Beerdigung organisiert werden. Für den Trauernden eine zusätzliche Bürde. Bestattungen Wittstamm ist der Partner, der sie dabei entlastet.

Vertrauen und Einfühlungsvermögen

Bestattungen Wittstamm verfolgt seit der Gründung im Jahr 1905 einen Grundsatz. Es gilt, trauernden Menschen in der schweren Zeit nach dem Verlust einer geliebten Person zur Seite zu stehen. Seit 1997 wird das Familienunternehmen von Hildegard Wittstamm und ihrem Geschäftspartner Detlev Ueckermann geführt. Gemeinsam mit ihren fachkundigen Mitarbeitern stehen sie nicht nur in der Tradition fachlicher Kompetenz, sondern fühlen sich auch dem Begriff der Bestattungskultur verpflichtet: Menschliche Wärme, Einfühlungsvermögen und Vertrauenswürdigkeit sind für sie maßgeblich – das gibt es in der heute oft unpersönlichen und schnelllebigen Welt kaum noch.

So steht Bestattungen Wittstamm und Mitarbeiter im Trauerfall Tag und Nacht zur Verfügung und unterstützt die Hinterbliebenen sofort: Die Beurkundung des Todes steht an, dann schon sind Ort und Termin der Beisetzung festzulegen. Es folgen Absprachen mit den Geistlichen, das Abstimmen der Trauerfloristik, der Traueranzeigen und Trauerbriefe – die im Hause Wittstamm gedruckt werden können –, die Benachrichtigung aller nahestehenden Personen und Trauergäste, das Organisieren

Auf dem Friedhof befinden sich Trauerhalle und Abschiedsräume des Familienunternehmens. (Foto: © Bestattungen Wittstamm)

Hildegard Wittstamm gibt Rat und Hilfe bei einem Trauerfall. (Foto: © Bestattungen Wittstamm)

Dem Begriff der Bestattungskultur verpflichtet: Detlev Ueckermann. (Foto: © Bestattungen Wittstamm)

des Kaffeetrinkens. Hildegard Wittstamm und Detlev Ueckermann besuchen die Hinterbliebenen auch zuhause, um diese Absprachen zu treffen.

Private Trauerhalle auf dem Friedhof

Auch wenn es um die Art der Beisetzung geht, geben Hildegard Wittstamm und Detlev Ueckermann sensibel Rat und erfüllen individuelle Wünsche. Sie können eine Hausaufbahrung durchführen, aber sie verfügen auch über eine private Trauerhalle und Abschiedsräume auf dem Friedhof. Die Trauernden erhalten hier – das ist einzigartig in Recklinghausen – über ein elektronisches System Zugang. So können sie sich, unbehelligt von Öffnungszeiten und Reglements, jederzeit ungestört verabschieden. In den Räumlichkeiten können auch individuelle Bestattungszeremonien abgehalten werden: Wenn etwa Lesungen, Filme oder Bilder noch einmal an den Verstorbenen erinnern sollen.

In Würde Abschied nehmen

Geht ein geliebter Mensch von uns, ist der Schock groß. Plötzlich ist nichts mehr so, wie es einmal war. Um auf diese Situation vorbereitet zu sein und Klarheit auch über die finanzielle Seite zu erhalten, empfehlen sich vorsorgende Gespräche: Ratsuchende können Hildegard Wittstamm und Detlev Ueckermann in den Geschäftsräumen oder bei ihren Vorträgen zum Thema aufsuchen, sie können sie aber auch in die eigene Wohnung einladen. Wichtige Vorsorgeformulare sind im Internet unter www.bestattungen-wittstamm.de zu finden.

Bestattungen Wittstamm können den schweren Verlust nicht mindern, aber sie helfen den Trauernden, sich auf das Wesentliche zu konzentrieren. Nämlich in Würde Abschied zu nehmen, und bedacht zu trauern.

Beitrag von:
Bestattungen Wittstamm
Bochumer Straße 140a · 45661 Recklinghausen
Tel. (0 23 61) 6 14 49 · Fax (0 23 61) 65 65 07
info@bestattungen-wittstamm.de
www.bestattungen-wittstamm.de

Bestattungen und Trauerzeremonien werden individuell gestaltet. (Foto: © Bestattungen Wittstamm)

Von Castrop-Rauxel bis Waltrop

Der gute Ruf verpflichtet!

Autolackier- und Karosseriefachbetrieb Lingk regelt alles rund um den Unfallschaden

Der Autolackier- und Karosseriefachbetrieb Lingk befindet sich seit 1980 an der Auerstraße 10 in Recklinghausen. (Foto: © Ralf Rudzynski)

Björn-André Lingk lässt Lackschäden vergessen und Ihr Auto wie neu glänzen. (Foto: © Ralf Rudzynski)

Wie schnell ist es passiert: Eine kleine Unkonzentriertheit oder eine Unachtsamkeit eines anderen Autofahrers. Erst sieht man es kommen, dann scheppert es. Bei den meisten Zusammenstößen bleibt es bei einer Beule oder einem etwas größeren Blechschaden. Doch der Schreck sitzt trotzdem in allen Gliedern.
Jetzt braucht man einen erfahrenen und hilfsbereiten Partner, der Service großschreibt und der einem die wichtigen Erledigungen abnimmt. Der Autolackier- und Karosseriefachbetrieb Lingk ist dieser verlässliche Ansprechpartner, der schnell und unbürokratisch zur Seite steht. Vom notwendigen Papierkram über Telefonate mit den Versicherungen bis hin zur Instandsetzung des eigenen Wagens regelt das Unternehmen alles rund um den Unfallschaden. Einschleppen sowie Hol- und Bringservice sind ebenso selbstverständlich wie das zur Verfügung stellen eines Leihwagens. So können Sie in aller Ruhe den ersten Schock verdauen.

30-jähriges Bestehen

Am 14. November 1980 wagte Fahrzeuglackierermeister Karl-Heinz Lingk an der Auerstraße 10 im Gewerbegebiet König Ludwig den Sprung in die Selbstständigkeit. In drei Bauabschnitten wuchsen Werkstatt und Büro auf stolze 1200 Quadratmeter. Mittlerweile hat mit Karosseriebaumeister Björn-André Lingk der Sohn des Firmengründers die Leitung des Familienbetriebs übernommen. Gemeinsam mit seiner Ehefrau Miriam und einem bestens ausgebildeten Mitarbeiterteam führt er das berufliche Lebenswerk seines Vaters fort. Auch als Ausbildungsbetrieb für die Bereiche Fahrzeuglackierer und Karosserieinstandhaltungstechniker sowie Bürokauffrau hat sich das Unternehmen bewährt.
Seit jeher gilt: »Egal ob Beulen, Kratzer, Lackschäden oder Beschädigungen an der Karosserie, jeder Autocrash kann repariert werden.« Reparieren, ausbeulen oder lackieren – als zertifizierter Eurogarant-Fachbetrieb übernimmt Meisterbetrieb Lingk bei allen Fahrzeugtypen die komplette Instandsetzung eines Unfallschadens nach Herstellervorgaben und mit original Ersatzteilen. Bei größeren Schäden steht eine moderne Richtbank zur Verfügung. Auf alle Reparaturarbeiten wird eine Garantie von zwei, bei Lack und Karosserie sogar von drei Jahren gewährt.

Der Profi für Lackierungen aller Art

Die Firma Lingk ist der Profi für Lackierungen aller Art. Schäden werden unsichtbar, alles glänzt wie neu. Die Farben werden mittels eines hochmodernen Computers vor Ort gemischt. »So haben wir für jede Lackierung immer den genauen Farbton«, versichert Björn-André Lingk, der nur umweltfreundliche Wasserbasislacke verwendet. Zum Leistungsspektrum gehören ferner Autoglasreparatur, Beseitigung von Hagelschäden, Hightech-Nano-Lackversiegelung und Sonderwünsche wie das Beschriften mit Klebefolie, das Auflackieren von Logos und Schriften in jedem beliebigen Farbton sowie Lackierungen bei Möbeln oder Lautsprecherboxen. »Unsere Philosophie ist es, nicht nur eine perfekte Lackier- und Karosseriefirma, sondern auch ein umfassender Dienstleister zu sein«, erklärt Björn-André Lingk. Über drei Jahrzehnte hinweg hat sich die Autolackiererei Lingk mit dieser Fülle aus Leistungen und Service einen exzellenten Namen gemacht. Genau dieser gute Ruf verpflichtet, um jeden Kunden jeden Tag aufs Neue durch erstklassige Arbeit zu überzeugen.

Das kompetente Team freut sich darauf, auch Ihnen hilfreich zur Seite zu stehen. (Foto: © Ralf Rudzynski)

Beitrag von:
Lingk Autolackiererei & Karosseriebau
Auerstraße 10 · 45663 Recklinghausen
Tel. (0 23 61) 7 15 61 · Fax (0 23 61) 7 25 37
info@auto-lingk.de · www.auto-lingk.de

Wo die Wiege der Ruhrfestspiele steht

Zwischen Essel und Suderwich heben sogar Flugzeuge ab

Am südlichen Teil der Sachsenstraße gibt es gute Einkaufsmöglichkeiten für die mehr als 11 000 Suderwicher Bürger. (Foto: © Ralf Rudzynski)

Alljährlich im Mai und Juni steht mit den Ruhrfestspielen der Höhepunkt des Recklinghäuser Kulturkalenders auf dem Programm. Seit 1965 wird das international renommierte Festival im eigens dafür gebauten Ruhrfestspielhaus im Stadtgarten inszeniert. Die Schauspieler reisen dazu sogar aus den USA an. Die Wiege der Ruhrfestspiele freilich steht in Suderwich.

Im Winter 1946/1947 hatten sich mehrere Theaterfunktionäre aus Hamburg auf den Weg ins Ruhrgebiet gemacht, da ihnen das Brennmaterial zur Beheizung ausging und das Aus ihrer Bühnen drohte. Bei ihrer Anreise schließlich sahen sie die Schlote und Werksanlagen der Schächte IV und V der Suderwicher Zeche König Ludwig, wo man ihnen tatsächlich mit dem schwarzen Gold aushalf. Im Sommer 1947 bedankten sich Hamburger Schauspieler mit mehreren Vorstellungen im Städtischen Saalbau. Das war die Geburtsstunde der Ruhrfestspiele.

Schauspieler aus Hamburg

Der pittoreske Marktplatz in Suderwich Dorf. (Foto: © Ralf Rudzynski)

In Suderwich ist man noch heute stolz auf die unbürokratische Hilfe. Kohle selbst wurde dort auf den Schächten IV/V der Zeche König Ludwig bereits seit 1902 gefördert. 1930 wurde das Bergwerk um die etwas weiter östlich am Ickerottweg abgeteuften Schächte VII und VIII erweitert. Suderwich, das vier Jahre zuvor zu Recklinghausen eingemeindet worden war, entwickelte sich zu einem festen Bestandteil im Steinkohlebergbau. Das Ende dieser Ära kam am 15. Juli 1965, und am 30. April 1978 wurde auch die Kokerei still gelegt. Die Ruhrfestspiele haben das Ende des Bergbaus überdauert und halten alljährlich auch ein Stück Suderwicher Geschichte wach.

Die St. Barbara-Kirche an der Bladenhorster Straße in Suderwich Heide. (Foto: © Ralf Rudzynski)

Flugplatz im Lohfeld

Zwei alte Schätze in der Lülfstraße. (Foto: © Ralf Rudzynski)

Die Historie des Ortes an sich beginnt sogar noch weit vor der ersten schriftlichen Erwähnung anno 1066. Die damalige Bezeichnung »Suderwick« wird mit »Süddorf« übersetzt. Geografisch passt es, denn Ausgangspunkt der Besiedlung war das nördlich gelegene Essel, wo man heute vom Dorfhaus und der Heilig-Geist-Kirche empfangen wird.

Kaum einen Kilometer weiter hat man Essel bereits hinter sich gelassen, sieht zu beiden Seiten der Esseler Straße nichts als Felder und Weite, in der sich im Lohfeld ein Flugplatz für Miniaturflieger verbirgt. Modellbaufreunden wie Jörg Dombrowski (Jahrgang 1966) geht hier das Herz auf: »Es lohnt sich immer wieder, hier hin zu kommen, um die Modelle abheben, fliegen und landen zu sehen.«

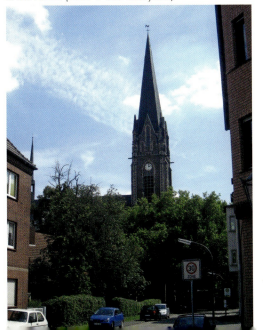

Der Turm der St. Johannes-Kirche ragt 75 Meter in die Höhe. (Foto: © Ralf Rudzynski)

Wäre es möglich, sich in eines der Modelle zu setzen, könnte man zu einem Rundflug starten. Doch bei einem Spaziergang nach und durch Suderwich Dorf sieht man gewiss mehr Details, wie die netten Fronten an der Kreuzung am Ende der Esseler Straße. Über Hochfeld kommt man von hier aus nach Horneburg, über die hier beginnende Sachsenstraße erreicht man das ursprüngliche, auch Surk genannte Suderwich mit seinem pittoresken Kirchplatz und der St. Johannes-Kirche.

Suderwich Dorf und Heide

Hier schlängelt sich die Lülfstraße durch das Dorf, die alsbald mit der Ehlingstraße eine der größten Straßen Suderwichs kreuzt. Genau hier steht das Einkaufscentrum »Neue Mitte«, und wenn man der von Zechenhäusern gesäumten Ehlingstraße nach Westen folgt, erreicht man das Gewerbegebiet König Ludwig IV/V und mithin die Stätte der einstigen Kohleproduktion.

Circa 300 Meter weiter östlich verbindet die Katharinenstraße die Ehlingstraße mit der Henrichenburger Straße. Diese verläuft etwa ab dem Seniorenzentrum Suderwich schnurgerade durch die Ortschaft und wird im weiteren Verlauf auch wieder von der Sachsenstraße gekreuzt. In diesem Bereich liegt Suderwich Heide, das inzwischen ebenfalls längst den Strukturwandel hinter sich und sich in ein angenehmes Wohnviertel verwandelt hat.

Ralf Rudzynski

Von Castrop-Rauxel bis Waltrop

Elvira Rosadzinski: »Waltrop ist eine interessante Stadt«

Schiffshebewerk, Kiepenkerl, St. Peter-Kirche und Manfucatum sind die Aushängeschilder

Nichts steht so für Waltrop wie das Schiffshebewerk in Henrichenburg. (Foto: © Ralf Rudzynski)

Immerhin seit 1939 darf sich Waltrop als Stadt bezeichnen. Über Stadtteile verfügt die Kommune allerdings nach wie vor nicht. Das »Dorf im Walde« oder auch »Wallthorpe«, wie es bei seiner ersten Erwähnung anno 1147 genannt wurde, besteht auch heute noch aus sieben Bauerschaften. Eine von ihnen ist Elmenhorst, das aus geschichtlicher Sicht noch bedeutend früher in Erscheinung getreten ist als das Dorf Waltrop selbst. Denn schon im 8. Jahrhundert ließ Karl der Große (747/748 bis 814) in Elmenhorst einen seiner berühmten Reichshöfe anlegen.

Die anderen Bauerschaften sind Leveringhausen im Süden, Brockenscheidt im Südosten, Holthausen und Lippe im Norden beziehungsweise Nordosten das heutige Zentrum Waltrop sowie die im Westen gelegene Bauerschaft Oberwiese mit dem Schleusenpark Waltrop.

»Leb wohl« in Waltrop

Einfallsreich wie man in Waltrop ist, hat man aus den Anfangsbuchstaben der sieben Bauerschaften einen Slogan kreiert: »Leb wohl« in Waltrop. Und in Waltrop lässt es sich wahrlich wohl leben. Auch wenn sich die bewohnten Flächen durch den Bergbau und mithin durch die Zeche Waltrop und Schacht III der Zeche Ickern ab Beginn des 20. Jahrhunderts deutlich vergrößert haben, so überwiegt auch in der östlichsten Stadt des Vestischen Kreises der Anteil der Natur. Nicht von ungefähr »hat die Landwirtschaft immer noch eine sehr große Bedeutung«, unterstreicht Norbert Frey (Jahrgang 1947).

Gerade in den Bauerschaften Oberwiese, Holthausen, Lippe und auch Elmenhorst scheinen Felder und Wälder nicht enden zu wollen. Die vielen landwirtschaftlichen Betriebe konzentrieren sich jedoch längst nicht mehr nur auf Getreideanbau oder Viehhaltung. An vielen Orten lohnt sich auch ein Abstecher zu einem der überaus charmanten Hofläden, in denen man – natürlich saisonbedingt – leckere Erdbeeren, frischen Spargel oder prächtige Kartoffeln direkt vom Erzeuger einkaufen kann.

Alteingesessene und Neu-Waltroper

Rund 4000 Waltroper lebten im Jahr 1900 in ihren sieben Bauerschaften. Mittlerweile sind es 30 000. Das ist umso bemerkenswerter, da Horneburg und Henrichenburg seit der Gemeindegebietsreform vom 1. Januar 1975 nicht mehr zu Waltrop gehören.

Nicht zuletzt angesichts der Entwicklung der Einwohnerzahlen stellt sich freilich auch immer die Frage nach dem eigentlichen, dem typischen Waltroper. Die Alteingesessenen, deren Familien seit Generationen hier leben, gelten ebenso als verlässlich wie beharrlich. Das hat nicht selten den Vorteil, dass Dinge schlichtweg ausgesessen werden. Schon häufig hat sich die Waltroper Geduld als vorteilhaft erwiesen.

Andererseits ist es auch kein Nachteil, dass die Stadt gerade in den letzten 30 Jahren eine »Blutauffrischung« durch zugezogene, junge Familien erhalten hat. Sie sorgen für frischen Wind und geben eingefahrenen Strukturen neue Impulse. Allerdings geht auch ein Stück an Tradition verloren. Für die Mitglieder des Heimatvereins, die die Historie ihrer Stadt im sehenswerten Heimatmuseum an der Riphausstraße pflegen, gehören Ortsmarken wie Oberdorf und Unterdorf noch zum gängigen Vokabular. Manch »Frischling« hingegen kann damit überhaupt nichts anfangen.

Beeindruckend: die St. Peter-Kirche im historischen Stadtkern. (Foto: © Ralf Rudzynski)

Doch spätestens beim legendären Parkfest am letzten August-Wochenende im Moselbachpark sind alle Waltroper vereint. Und das gute Gefühl, wenn man an seine Stadt denkt, das verbindet ebenfalls alle Generationen. Elvira Rosadzinski (Jahrgang 1952) macht aus ihrem Herzen keine Mördergrube. Sie nennt das Schiffshebewerk, den Kiepenkerl, die St. Peter-Kirche und auch das Warenhaus Manfucatum im Gewerbegebiet Zeche Waltrop als Aushängeschilder und lässt keinen Zweifel aufkommen: »Waltrop ist eine interessante Stadt.«

Ralf Rudzynski

Der Kiepenkerl gehört zu den kleinen, aber feinen Sehenswürdigkeiten der Stadt. (Foto: © Ralf Rudzynski)

Die wunderschön restaurierten Gebäude der Zeche Waltrop sind auch zum Einkaufen immer wieder einen Besuch wert. (Foto: © Ralf Rudzynski)

Eine Bereicherung für Waltrop: Der Waltons Fashion Store

Das Geschäft für junge Mode ist glänzend angenommen worden

Carsten Münch ist zurecht stolz darauf, als Waltroper Bürger seine Stadt zu unterstützen. (Foto: © Ralf Rudzynski)

In der Dortmunder Straße bereichert seit Anfang 2010 ein Geschäft die Einkaufslandschaft, das es mit einem solchen Angebot bis dahin in Waltrop nicht gegeben hatte. Gemeint ist der Waltons Fashion Store. Während man sich im Waltons Partnergeschäft in der Hohe Straße 19 in Datteln eher auf Sportliches und Streetwear konzentriert, steht im Waltroper Fashion Store die Modeschiene im Vordergrund.

Angesprochen sind in erster Linie Jüngere und Junggebliebene im Alter von etwa 16 bis 45 Jahren. Im Waltons Fashion Store gibt es für sie alles zum Anziehen von Kopf bis Fuß. Großen Wert legt Inhaber Carsten Münch neben einer reichhaltigen Auswahl auf ausgesuchte Qualität. Dafür stehen Trendlabels wie die Marke Khujo, die ausgefallene Jacken für Sommer und Winter entwirft. »Diese Jacken sind ein wenig anders geschnitten als die gängigen und haben auch ausgefallenere Farben«, empfiehlt Münch.

Des Weiteren bekommen Frauen zum Beispiel schicke Stiefel, eng geschnittene Jeans, freche Blusen oder passende Accessoires. Selbstverständlich werden auch die Männer im gut sortierten Waltons Fashion Store fündig, wenn es unter anderem um Jacken, Hosen, Hemden, T-Shirts oder Pullover geht. Und der Samba von adidas als alles überdauernder Trendschuh darf natürlich ebenfalls nicht fehlen.

Hemden, Hosen, Shirts oder Pullover: Im Waltons Fashion Store findet man alles, um sich modisch anzuziehen. (Foto: © Ralf Rudzynski)

Das Geschäft in der Dortmunder Straße hat in Waltrop eine Lücke in der Einkaufslandschaft geschlossen. (Foto: © Ralf Rudzynski)

Ein Waltroper mit Herzblut

Als Waltroper Bürger war es für Carsten Münch nur logisch, ein Geschäft in seiner Stadt zu eröffnen. »Als bei Waltons Trendsport in Datteln im Jahr 2009 die Fläche auf 250 Quadratmeter ausgeweitet wurde, war die dortige Expansion abgeschlossen«, erklärt er und fügt hinzu: »Wir wollten uns weiterentwickeln und haben hier in Waltrop etwas geschaffen, was hier zuvor noch gefehlt hat: ein Geschäft für junge Mode.« Und das ist glänzend angenommen worden. Für 2011 ist übrigens die Eröffnung eines dritten Standortes in Haltern am See geplant.

Entgegen dem allgemeinen Trend schreitet die Entwicklung bei Waltons konstant voran. Dementsprechend ist auch im Waltons Fashion Store die Nachfrage nach junger Mode überaus groß. Ausgewählte Ware, gute Qualität und ein innovatives Konzept liegen dem Erfolg zugrunde. Hinzu kommt immens viel Herzblut, denn Carsten Münch selbst ist Waltroper und wohnt dort mit seiner Familie. »Darum ist es uns sehr wichtig, dass auch unsere eigene Stadt unterstützt wird«, betont er.

Beitrag von:
Waltons Fashion Store
Dortmunder Straße 13 · 45731 Waltrop

Von Castrop-Rauxel bis Waltrop

Als man die Innenstadt noch Unterdorf nannte

Beim Gang um die St. Peter-Kirche kommt man auch am »Tempel« vorbei

Die letzten Stufen aus dem Unterdorf zur St. Peter-Kirche, deren in rötlichem Ziegel gehaltener östlicher Teil ab Ende des 19. Jahrhunderts angebaut wurde. (Foto: © Ralf Rudzynski)

Der historische Stadtkern

Über Kopfsteinpflaster kann man komplett um die St. Peter-Kirche herum gehen. Auf etwa drei Viertel der Strecke ist sie von alten Fachwerkhäusern umsäumt, zu denen auch der so genannte Tempel gehört, der aller Wahrscheinlichkeit nach aus dem Jahr 1575 stammt. Der Tempel bildete zusammen mit den anderen Gebäuden einen weitgehend geschlossenen Ring um die Kirche. Einer der Zugänge dieser Freiheit war über die Rösterstraße im Südosten des Ensembles möglich. Dort erreicht man noch heute über einige Stufen den historischen Stadtkern.

Östlich und gleichzeitig unterhalb des Kirchenkomplexes geht es heutzutage hinein ins beliebte Zentrum von Waltrop. In der Hagelstraße und in der Dortmunder Straße kann man überaus

Der westliche Teil der St. Peter-Kirche mit einigen der historischen Häusern. (Foto: © Ralf Rudzynski)

Das Denkmal an der Ecke Hochstraße/Wilhelmstraße erinnert an die Verstorbenen der Kriege von 1866 und 1870/1871. (Foto: © Ralf Rudzynski)

Die kleine Kapelle am St. Laurentius-Krankenhaus. (Foto: © Ralf Rudzynski)

Die wuchtige St. Peter-Kirche ist das wohl imposanteste Bauwerk in der Waltroper Innenstadt – nicht nur wegen ihres über 40 Meter hohen Turmes, sondern auch aufgrund ihrer markanten Farbgebung. Diese beruht auf den unterschiedlichen Epochen, in denen das mächtige Gotteshaus errichtet wurde. Da ist einerseits der in hellem Bruchstein schimmernde und in romanischem Stil erbaute Westturm aus dem 12. Jahrhundert. Und da ist andererseits der in rötlichem Ziegel gehaltene östliche Teil, der erst ab dem Ende des 19. Jahrhunderts angebaut wurde und bei dem Züge des Historismus unverkennbar sind.

Die St. Peter-Kirche ist aber nicht nur optisch ein Aushängeschild ihrer Stadt, sondern historisch betrachtet hat sie eine noch viel größere Bedeutung. »Die ursprüngliche Kirche stand dort bereits um das Jahr 950. Von hier aus begann die Besiedlung des Dorfes Waltrop«, gewährt Norbert Frey (Jahrgang 1947) einen tiefen Blick in die Geschichte. Der kurkölnische Bischof ließ sie einst für seine Vögte, die auf dem Veiinghof residierten, und deren unmittelbare Anwohner bauen. Anno 1147 wurde die St. Peter-Kirche erstmals urkundlich erwähnt, und noch heute finden in ihr regelmäßig Messen statt. Gemeinsam mit den Gemeinden St. Marien und St. Ludgerus bildet sie die Pfarrei St. Peter.

gemütlich einkaufen. An der Isbruchstraße befindet sich der Raiffeisenplatz, auf dem mittwochs und samstags der Wochenmarkt stattfindet. Zu den anderen Zeiten wird er gerne als Parkplatz genutzt: zum Beispiel für die zahlreichen Veranstaltungen, die in der Stadthalle steigen, die sich ebenfalls hier befindet.

Der Moselbachpark

Direkt gegenüber des Marktplatzes geht es an der Hauptpost vorbei in den Moselbachpark. Hier findet alljährlich am letzten Wochenende im August das Parkfest statt, das als wichtigstes kulturelles Ereignis von Waltrop oftmals über 100 000 Besucher anlockt. Zahlreiche ortsansässige Vereine und Gruppen tragen ihren Teil zur Beliebtheit des Parkfestes bei allen Generationen bei.

Der Moselbachpark erstreckt sich bis zur Riphausstraße. Dort befindet sich das hiesige Heimatmuseum, in dem der am 18. Juni 1935 gegründete Heimatverein Waltrop einmalige Dokumente aus der Geschichte der Stadt aufbewahrt. Geöffnet hat es an jedem ersten und dritten Sonntag im Monat von 10 bis 12 Uhr und von 15 bis 18 Uhr sowie jeden Donnerstag von 10 bis 12 Uhr. Die Mitglieder des Heimatvereins wissen darüber hi-

Von Castrop-Rauxel bis Waltrop

naus noch jede Menge an Geschichten und Geschichtchen über Waltrop zu berichten.

Vom Unterdorf ins Oberdorf

Das ist gut so, denn gewisse Sachen geraten zusehends in Vergessenheit. So wissen vor allem viele jüngere Bürger schon gar nicht mehr, dass es sich beim Bereich im Zentrum der Stadt zwischen Rösterstraße und Moselbach um das so genannte Unterdorf handelt. Denn von dort, also von unten, gingen die Bürger früher buchstäblich die Rösterstraße hinauf zur St. Peter-Kirche.
Wo es ein Unterdorf gibt, müsste es auch ein Oberdorf geben. Und genau so ist es. Von der

Ein schmuckes Häuschen im Oberdorf. (Foto: © Ralf Rudzynski)

St. Peter-Kirche geht es aufwärts, also nach oben, über die Wilhelmstraße hinweg ins Oberdorf. Hier passiert man Rathaus und St. Laurentius-Krankenhaus nebst Kapelle, überquert die Recklinghäuser Straße und erreicht über die Ottostraße das Pferdegestüt der Familie Messmann Am Veiinghof.

Morgan von Veiinghof

Der Name Messmann hat unter den Freunden des Trabrennsports einen guten Klang. Zahlreiche große Sieger erblickten hier das Licht der Welt. Darüber hinaus ist das Gestüt Messmann auf ewig mit einem Mann verbunden, der im Trabrennsport wohl auch in Jahrzehnten das Maß aller Dinge sein wird: Heinz Wewering (Jahrgang 1950).
Der beste Trabrennfahrer der Welt hat weit über 16 000 Rennen gewonnen. Der erste Sieg gelang ihm mit einem Messmann-Pferd. 1965 feierte Wewering mit Morgan von Veiinghof den ersten Erfolg seiner gigantischen Karriere, die im Gewinn von vier Europa- und zwei Weltmeisterschaften gipfelte.
»Für uns ist es eine tolle Sache, dass Heinz Wewering mit einem Pferd aus unserem Gestüt den Grundstein zu seiner einzigartigen Karriere gelegt hat«, ist Laurenz Messmann (Jahrgang 1979) stolz. Und auch wenn das Trabergestüt nicht mit dem früheren Vogthof verwechselt werden darf, ruft jener Sieg mit Morgan von Veiinghof für einen kleinen Augenblick auch immer wieder die Stadtgeschichte von Waltrop wach.

Ralf Rudzynski

Die Marienkirche an der Kreuzung Riphausstraße/ Berliner Straße. (Foto: © Ralf Rudzynski)

An der Riphausstraße 31 befindet sich das Waltroper Heimatmuseum. (Foto: © Ralf Rudzynski)

Hof Niermann: Einkaufen auf dem Lande

Hochwertige, naturbelassene Erzeugnisse aus eigenem Anbau

Ein gemütlicher Einkauf in einem mit viel Herzlichkeit geführten Hofladen gehört zu den schönsten Sachen, die man im Vest erleben kann. Leckere Erdbeeren und feldfrischer Spargel, Hausmacherwurst und Schinken, frische Kartoffeln, Milch, Butter, Käse oder Quark, hausgemachter Kuchen oder im Steinofen gebackener Stuten erfreuen das Herz.

Wenn diese Auswahl dann noch stilvoll präsentiert und durch ländliche Atmosphäre abgerundet wird, ist man wahrscheinlich im Hofladen der Familie Niermann. Denn dort ist der Besuch nicht nur ein lukullischer Genuss ohne Reue, sondern wird zu einem wunderbaren Abstecher ins Grüne.

Ein Genuss ohne Reue

Der weithin bekannte Hof Niermann steht für hochwertige, naturbelassene und qualitative Erzeugnisse aus eigenem und regionalem Anbau. Herausragend ist die Qualität bei Erdbeeren und Spargel, die in Waltrop-Oberwiese auf Böden mit hohem Nährstoffgehalt angebaut werden. Dadurch bekommt er seinen unverwechselbaren Geschmack und zeigt, warum er als königliches Gemüse gilt. Mehrfach übrigens wurde der Betrieb als Vestischer Spargelhof ausgezeichnet.
Seit 1987 werden auf dem Hof, dessen Tradition bis ins Jahr 1561 zurückgeht, auch Erdbeeren angebaut. Im Mai beginnt die Ernte, und nur reife, knackige Früchte strahlen die Kunden auf den beiden Verkaufshöfen in Waltrop und Mer-

Besonders lecker sind Bauernfrühstück und hausgebackener Kuchen in der urigen Bauernstube in Waltrop. (Foto: © Ralf Rudzynski)

klinde an. Gestrahlt wird auch beim Erdbeerfest, mit dem sich die Familie Niermann zum Ende der Saison bei ihren Kunden bedankt.
Besonders lecker sind übrigens auch das Bauernfrühstück und hausgebackener Kuchen in der urigen Bauernstube in Waltrop, die von Donnerstag bis Sonntag ihre Pforten öffnet.

Bei einem Besuch auf den Höfen der Familie Niermann lacht das Herz. (Foto: © Niermann)

Beitrag von:
Hof Niermann
Recklinghäuser Straße 191 · 45731 Waltrop
In den Kämpen 17 · 45777 Castrop-Rauxel
Tel. (0 23 09) 21 55 · Fax (0 23 09) 60 09 90
info@hofniermann.de · www.hofniermann.de

Das alte Schiffshebewerk Henrichenburg wurde am 11. August 1899 durch Kaiser Wilhelm II. eingeweiht. (Foto: © Ralf Rudzynski)

Die ländlich gelegene St. Laurentius-Kapelle in der Bauerschaft Leveringhausen. (Foto: © Ralf Rudzynski)

Ein Tänzchen am Schleusenpark

Auch heute ist das Schiffshebewerk ein Magnet – Waltrops Westen ist trotzdem ruhig

Waltrop wird auch als die Stadt der Schiffshebewerke bezeichnet. Ganz im Westen der Gemeinde, am Beginn des Dortmund-Ems-Kanals, stehen die mächtigen Zeugen der Vergangenheit und der Gegenwart. Insgesamt sind es zwei Schiffshebewerke und ebenso viele Schleusen. Eine solche Ballung sucht in Europa ihresgleichen.

Das alte Schiffshebewerk Henrichenburg wurde bereits am 11. August 1899 in Betrieb genommen – gemeinsam mit dem Dortmund-Ems-Kanal. Die feierliche Einweihung durch Kaiser Wilhelm II. war ein Ereignis von heute kaum vorstellbaren Ausmaßen und führte zu immensen Besucherströmen. Durch das Hebewerk, das einen Höhenunterschied von 14 Metern ausglich, erhielt Waltrop einen Zugang zu den hiesigen Wasserstraßen. Das Schiffshebewerk selbst galt damals als technisches Meisterwerk.

LWL-Industriemuseum Henrichenburg

Im Laufe der Zeit nahm der Schiffsverkehr durch das sich ausweitende Kanalnetz aus Dortmund-Ems-Kanal, Rhein-Herne-Kanal und Wesel-Datteln-Kanal stetig zu. Als Folge dessen kam in Henrichenburg 1914 eine Schleuse hinzu. Sie wurde 1989 durch eine größere Schleuse abgelöst. Am 13. August 1962 war bereits das neue Schiffshebewerk eröffnet, und das alte 1970 stillgelegt worden.

Heute bilden der neuere und der stillgelegte Teil den Schleusenpark Waltrop. Er hat sich zu einem echten Zuschauermagneten entwickelt, der pro Jahr über 100 000 Besucher aus dem In- und Ausland anzieht. Der Landschaftsverband Westfalen Lippe (LWL) rettete das alte Hebewerk 1979 vor dem Verfall und restaurierte den Trakt. 1992 wurde das Industriemuseum Altes Schiffshebewerk Henrichenburg eröffnet, in dem man hautnah das Senken und Heben der Schiffe miterleben kann. Bereits drei Jahre danach wurde es als »Europäisches Museum des Jahres 1995« ausgezeichnet. Zudem steht die alte Schleuse heute unter Denkmalschutz.

Ausflug zu den Vossterrassen

Zu Beginn des 20. Jahrhunderts führte der Anschluss an das Wasserstraßennetz zu einem wahren Boom in Henrichenburg. »Damals gab es hier unzählige Gaststätten und Ausflugslokale«, weiß Monika Krahforst (Jahrgang 1947). Eines war das Tanzlokal Vossterrassen, das schon vor der Einweihung des alten Schiffshebewerkes existiert hat.

»Die Leute sind früher mit Booten und Schiffen, aber auch mit Droschken hier hin gekommen«, fügt Jürgen Krahforst (Jahrgang 1946) hinzu und kann dies mit vielen uralten Postkarten belegen. Auch das schöne Fachwerkhaus, in dem sich heute das Restaurant Papachristos befindet, hat schon etliche Jahrzehnte überdauert.

Die Bauerschaft Oberwiese

Der Schleusenpark befindet sich in der Waltroper Bauerschaft Oberwiese. Sie beginnt in der Siedlung südlich des Dortmund-Ems-Kanals. Zwischen den Straßen Im Depot und Am Hebwerk wohnt Elisabeth Wieczorek (Jahrgang 1944). Die Supermärkte im Dattelner Süden sind nur einen Steinwurf entfernt, bis in die Waltroper In-

Das schöne Fachwerkhaus, in dem sich heute ein Restaurant befindet, hat schon etliche Jahrzehnte überdauert. (Foto: © Ralf Rudzynski)

Die Vossterrassen zu Beginn des 20. Jahrhunderts. (Foto: © Norbert Frey)

Die Förderschule für geistig Behinderte an der Recklinghäuser Straße in der Bauerschaft Oberwiese. (Foto: © Ralf Rudzynski)

Von Castrop-Rauxel bis Waltrop

*So wohnt man in der Siedlung am Schiffshebewerk.
(Foto: © Ralf Rudzynski)*

Die Bauerschaft Leveringhausen

Etwa ab Höhe der Franzstraße, die alsbald in die Ickerner Straße übergeht, schließt sich östlich von Oberwiese die Bauerschaft Leveringhausen an. Auch hier gibt es wunderschöne Ecken in traumhafter Landschaft. Erwähnt werden muss der Leveringhäuser Vogelteich. Aber schon alleine die Fahrt zwischen Wiesen und Äckern ist ein Genuss. Am Restaurant Sonnenhof kann man auf die Viktorstraße abbiegen und sich in Richtung der L609 orientieren. Man kann aber noch ein Stückchen weiter fahren und dann in den Kappelenweg ein-

*Ländliche Idylle an der Ickerner Straße.
(Foto: © Ralf Rudzynski)*

nenstadt und mithin bis zum Rathaus hingegen sind es rund vier Kilometer. »Wir fühlen uns hier manchmal schon etwas abseits«, gesteht sie ein, würde aber nie auf die Idee kommen, sich nach Datteln zu orientieren und unterstreicht: »Wir sind Waltroper, und dort zieht es uns auch immer hin. Uns gefällt das Beschauliche.«

Ihr Weg in die Innenstadt führt sie über die Provinzialstraße und die Recklinghäuser Straße, die etwa in der Mitte der Bauerschaft Oberwiese verläuft. Oberwiese ist mit Ausnahme des Gebietes am Schleusenpark nach wie vor vollkommen ländlich geprägt. »Und das finde ich wunderbar«, schwärmt Renata Niermann (Jahrgang 1974): »Man findet hier immer einen ruhigen Platz, um es sich gemütlich zu machen. Zudem gefällt mir die Harmonie innerhalb der Bauerschaft.«

*Am Sonnenhof kann man über die Viktorstraße in Richtung Waltroper Süden abknicken.
(Foto: © Ralf Rudzynski)*

biegen. Er führt zur St. Laurentius-Kapelle, die lediglich von einem Gehöft und einem Wohnhaus, ansonsten jedoch von unendlicher Natur eingerahmt wird.

Bereits Mitte des 14. Jahrhunderts hat dort eine Kapelle gestanden. Noch älter ist ihre Glocke, die etwa aus dem Jahr 1100 stammt. Am 10. August jeden Jahres, dem Namenstag des heiligen Laurentius, findet an der Kapelle übrigens ein kleines, schönes Volksfest statt.

Ralf Rudzynski

Über den Zebrastreifen von Datteln nach Waltrop

Mitten auf der Provinzialstraße verläuft die Grenze der beiden Städte

Der Schleusenpark gehört zu den großen Anziehungspunkten von Waltrop. In unmittelbarer Nähe der Hebewerke gibt es aber noch etwas anderes Außergewöhnliches: eine Straße, auf deren Mitte die Grenze zweier Städte verläuft. Auf der nördlichen Seite der Provinzialstraße wohnt man in Datteln, auf der südlichen Seite ist man Waltroper.

Das führt zu Kuriositäten. So steht auf der einen Seite das Ortseingangsschild von Datteln, auf der anderen das von Waltrop. Oder man unterhält sich über die fünf Meter breite Straße. Ein Gesprächspartner steht in Datteln, einer in Waltrop. »Für diejenigen, die hier wohnen, ist das Normalität. Aber für Ortsunkundige ist das schon etwas Besonderes«, grinsen Jürgen Krahforst (Jahrgang 1946) und seine Frau Monika (Jahrgang 1947).

»Das ist schon kurios«

Die zwei wechseln täglich mehrfach die Straßenseite und damit die Stadt – eben mal schnell über einen Zebrastreifen. Auf Dattelner Gebiet führt Jürgen Krahforst ein Antiquitätengeschäft, Werkstatt und Wohnhaus jedoch stehen 100 Meter entfernt in Waltrop. Bemerkenswert ist, dass sowohl sein Dattelner als auch sein Waltroper Telefonanschluss mit der Vorwahl 0 23 63 angewählt werden müssen.

Anders hingegen verhält es sich mit der Post. Die kommt nicht zeitgleich, denn auf der einen Seite ist ein Briefträger aus Datteln, auf der anderen ein Postbote aus Waltrop unterwegs. Auch die Müllabfuhr kommt aufgrund dieser ungewöhnlichen Konstellation zu unterschiedlichen Zeiten vorbei.

Monika und Jürgen Krahforst wohnen seit über drei Jahrzehnten an der Provinzialstraße. »Am Anfang war es schon ungewöhnlich, aber jetzt ist es für uns keine große Sache mehr. Man muss sich nur darauf einstellen«, meinen die Eheleute, geben aber zu: »Kurios ist das schon.«

Ralf Rudzynski

Mitten auf der Provinzialstraße verläuft die Grenze zwischen Datteln und Waltrop. (Foto: © Ralf Rudzynski)

Von Castrop-Rauxel bis Waltrop

Von der alten Kolonie in die »Koreasiedlung«

Zwischen Berliner Straße und Altenbruchstraße: Der Süden ist reines Wohngebiet

An einigen Häusern der alten Kolonie kann man noch die früheren Strukturen erkennen. Die Siedlung entstand in den 1920er Jahren. (Foto: © Ralf Rudzynski)

Das Dietrich-Bonhoeffer-Zentrum an der evangelischen Dreifaltigkeitskirche. (Foto: © Ralf Rudzynski)

Die Berliner Straße ist nicht nur eine der Hauptverkehrsstraßen von Waltrop, sondern markiert ferner die heutige Grenze zwischen der Innenstadt und dem urbanen Süden. Letzterer wird eingegrenzt durch die Hafenstraße im Westen, die Altenbruchstraße im Süden und durch Velsenstraße, Eichenstraße und Krusenhof im Osten. »Dieser ganze Bereich ist komplettes Wohngebiet«, beschreibt Thomas Müller (Jahrgang 1977) diesen etwa 1,5 Kilometer langen und rund zwei Kilometer breiten Komplex. Müller wohnt im ältesten Teil, der alten Kolonie. Sie entstand in den 20er Jahren des letzten Jahrhunderts und bot den auf der Zeche Waltrop malochenden Kumpeln unweit ihres Arbeitsplatzes eine angenehme Wohngelegenheit.

Mit der Pferdekutsche durch die Kolonie

Wenn man heute durch Möller-, Bismarck-, Kaiser-, Delbrück- oder Taeglichsbeckstraße fährt, sind zumindest noch die Strukturen der ehemaligen Zechenhäuser erkennbar. Thomas Müller wohnt in einem solchen Haus und fühlt sich pudelwohl: »Mir gefallen der Baustil und der Schnitt der Wohnungen. Außerdem sind hier keinerlei Betonburgen.« »Und seitdem die Zeche geschlossen wurde, ist es hier nicht nur viel ruhiger geworden, sondern auch grüner«, ergänzt Jürgen Junkert (Jahrgang 1958) und führt aus: »Ich bin auf der Kaiserstraße aufgewachsen. Ich habe es noch erlebt, wie die Baumstämme, mit denen unter Tage die Stollen abgestützt wurden, von Pferdekutschen aus dem Oberdorf zur Zeche gebracht wurden.«

Ab den 1960er Jahren

Die Erschließung des heutigen Gebietes bis hin zur Altenbruchstraße setzte sich vor allem in der zweiten Hälfte des 20. Jahrhunderts fort. Anfang der 1950er Jahre entstand die Hirschkampsiedlung. »Sie wurde in der Zeit des Koreakrieges (1950 bis 1953) gebaut und damals auch Koreasiedlung genannt«, weiß Heinrich Kappelhoff (Jahrgang 1941). Manche Waltroper nannten sie auch »Klein-Korea«, da es dort in den Anfangsjahren etwas unaufgeräumt ausgesehen haben soll.

Egelmeer, Kettelersiedlung, Messingfeld

Die »Koreasiedlung« verläuft in etwa von der Hans-Böckler-Straße bis zum Waldweg. Dann folgt die Siedlung am Egelmeer, deren eigentümlicher Name auf ein altes Flurstück zurückgeht. In Höhe der Brockenscheidter Straße schließt sich ihr die Kettelersiedlung an. Wie das Egelmeer wurde auch dieser Bereich ab den späten 1960er Jahren erschlossen. Hier gehört die Gaststätte Schülken an der Tinkhofstraße zu den alteingesessenen Adressen.

Ebenfalls ab den 1960er Jahren wurde ganz im Westen, jenseits der Leveringhäuser Straße, der Bereich an der Messingfeldstraße erschlossen. Auch diese Wohnungen entstanden ursprünglich als Zechensiedlung. Bauherr waren die Klöcknerwerke, die Anteile an der Zeche Ickern besaßen, deren Schacht III an der Viktorstraße lag. »Darum hieß sie zunächst auch Klöcknersiedlung«, so Heinrich Kappelhoff.

Inzwischen hat sich auch dort das Erscheinungsbild verändert. Die Bezeichnung Klöcknersiedlung ist für das Gebiet rund um die Messingfeldstraße aber auch heute noch gebräuchlich. Hier haben sich in den letzten 20 Jahren zusehends Waltroper Neubürger angesiedelt. Die meisten von ihnen fühlen sich längst heimisch. So wie Renate Truszkowski (Jahrgang 1943), die bis 1995 in Wanne-Eickel gelebt hat und seitdem im Egelmeer heimisch ist: »Schon vor unserem Umzug waren wir regelmäßig in Waltrop, da wir hier einen Platz auf einer Campinganlage haben. Die Lebensqualität ist sehr hoch. Ich fühle mich mittlerweile auch als Waltroperin.«

Ralf Rudzynski

An der Velsenstraße befindet sich das Kinderhaus Waltrop. (Foto: © Ralf Rudzynski)

In der Eichenstraße steht die Skulptur »Der erste Schritt«, mit der Joseph Krautwald die Fürsorge der Familie zum Ausdruck brachte. (Foto: © Ralf Rudzynski)

Von Castrop-Rauxel bis Waltrop

Individuelle Akzente mit schönen Blickfängen

Exklusive Lösungen für die Neugestaltung von Außenanlagen

Der Straßen-, Tief- und Pflasterbau Meisterbetrieb Peter Becker aus Waltrop hat sich auf den Bereich Pflasterbau, insbesondere auf die Verlegung von Natursteinen im Außenbereich, spezialisiert. Peter Becker hat es sich zur Aufgabe gemacht, für jede Pflaster- oder Plattierungsarbeit individuelle, exklusive Lösungen zu finden und diese zur vollen Zufriedenheit seiner Kunden zu realisieren.

Verlegung von Natursteinen im Außenbereich

Egal, ob Naturstein, Betonstein, Pflaster oder Platten – man profitiert von der langjährigen Erfahrung, der umfassenden individuellen Beratung und der Qualität eines Meisterbetriebes. Jeder Kunde wird vor Ort professionell und individuell nach seinen Wünschen beraten. Der Chef steht selbst mit Rat und Tat zur Seite.

Einfahrt, Eingangsbereich oder Gartenwege neu gestalten

Wenn man Einfahrt, Eingangsbereich oder Gartenwege neu gestalten möchte, sind den Wünschen durch eine Vielzahl von Steinen in mehreren Größen und Farben und durch unterschiedliche Verlegemöglichkeiten kaum Grenzen gesetzt. Ob lieber rustikal oder modern, Peter Becker hilft seinen Kunden gerne, die passende Lösung zu finden.
Ebenso kann man auch Außentreppen individuell erstellen oder erneuern lassen. Oder sollen Terrasse oder Balkon umgestaltet werden? Auch hierbei kann man auf die Erfahrung von Peter Becker setzen und sich gemeinsam mit ihm einen wunderschönen Platz schaffen, an dem man sich sicher wohl fühlen und viele schöne Stunden genießen wird.
Lassen Sie sich inspirieren und setzen Sie individuelle Akzente mit Blickfängen wie Bruchsteinmauern, Palisaden, Hochbeeten, Wasserspielen und vielem, vielem mehr. Natürlich werden auch alle anderen anfallenden Arbeiten wie Ausschachtungsarbeiten, Unterbau, Entwässerungs- und Drainagearbeiten fachgerecht mit ausgeführt.

Kostenlose Beratung vor Ort

Zum Service der Firma Pflasterbau Peter Becker gehören neben der kostenlosen Beratung vor Ort auch die anschließende kostenlose Erstellung eines schriftlichen Angebotes und die Möglichkeit, sich Referenzobjekte anzusehen.
Für die Durchführung der Arbeiten stehen neben dem Meister selber ein Team von langjährig dem Betrieb zugehörigen Facharbeitern und selbstverständlich alle erforderlichen Werkzeuge, Maschinen, und Fahrzeuge zur Verfügung.
Egal, ob es sich um ein kleineres oder größeres Bauvorhaben handelt, bei der Firma Peter Becker ist man rundum gut beraten, wenn es um die Neugestaltung der Außenanlagen geht. Qualität, Freundlichkeit, Service und Kundenzufriedenheit werden hier großgeschrieben.
Eine kleine Auswahl an Referenzobjekten findet man unter www.pflasterbau-waltrop.de Das Team der Firma Peter Becker Pflasterbau Meisterbetrieb aus Waltrop freut sich auf Sie!

(Alle Fotos: © Becker)

Beitrag von:
Peter Becker Pflasterbau Meisterbetrieb
Zum Gehölz 14 · 45731 Waltrop
Tel. (0 23 09) 36 04 und (01 73) 2 74 23 48
Fax (0 23 09) 60 98 56
info@pflasterbau-waltrop.de
www.pflasterbau-waltrop.de

Von Castrop-Rauxel bis Waltrop

Die Zeche Waltrop im Wandel der Zeit

Historische und neuere Gebäude bilden heute einen sehenswerten Gewerbepark

In der ehemaligen Lohnhalle befindet sich die Filiale des Warenhauses Manufactum. (Foto: © Ralf Rudzynski)

An der Sydowstraße steht diese türkische Moschee. (Foto: © Ralf Rudzynski)

Wie das Schiffshebewerk im Westen, so hat Waltrop auch im Osten der Stadt etwas Besonderes zu bieten. Über die Sydowstraße oder die Brambauerstraße beziehungsweise den Landabsatz gelangt man zum Komplex der Zeche Waltrop. Man ist durchaus erstaunt, wenn man zum ersten Mal die Stätte besucht, an der durch die Inbetriebnahme der Schächte I und II im Jahr 1905 der Aufschwung der Stadt Waltrop durch den Bergbau begann.

Denn anders als an vielen anderen Orten findet man hier keine Brache oder gar Ruine vor, sondern ein lebendiges Ensemble aus Hallen und Gebäuden, die seit 1988 unter Denkmalschutz stehen. Ein prächtiger Anblick empfängt den Besucher vor allem dann, wenn er die Zechenmauer an der Straße Landabsatz passiert hat und auf ein weitläufiges Gelände mit herausstechenden Zechenrelikten in rotem Backstein und weißem Putzanstrich schaut. Neuere Bauten, in denen heute ebenfalls Gewerbe und Industrie angesiedelt sind, passen sich harmonisch in das Ganze ein und bilden den Gewerbepark Zeche Waltrop.

Das Warenhaus Manufactum

In eine andere Zeit wird man auch versetzt, wenn man das Gebäude der einstigen Lohnhalle der Zeche Waltrop betritt. Gleich im Eingangsbereich befindet sich ein Bäckergeschäft, das im Stile der 20er Jahre des letzten Jahrhunderts eingerichtet ist. Das Hauptaugenmerk richtet sich aber schon bald auf das große Angebot des Warenhauses und Versandhandels Manufactum, das den Besucher ebenfalls in eine andere Epoche zurückversetzt. Gleiches gilt für den ehemaligen Lokschuppen, in dem inzwischen prächtige Oldtimer restauriert werden.

Als echtes Aushängeschild für die Zeche Waltrop hat sich die Manufactum-Filiale etabliert, deren Einzugsgebiet bis weit in die umliegenden Städte und Kreise reicht. So ist es mittlerweile völlig normal, dass das Kaufhaus für viele Waltroper zu den Charakteristika ihrer Stadt zählt: »Das Warenhaus Manufactum gehört eindeutig zu den Dingen, die Waltrop auszeichnen«, gibt Elvira Rosadzinski (Jahrgang 1952) unmissverständlich zu verstehen.

Bergbau in Waltrop von 1903 bis 1979

Insgesamt bestand die Zeche Waltrop, die vom Staat Preußen angelegt worden war, aus drei Schächten. Neben den beiden unter dem hiesigen Areal befindlichen, gab es noch etwa drei Kilometer weiter östlich einen dritten Schacht. Dieser wurde aber erst 1958 in Betrieb genommen. Kokereien befanden sich lediglich an den Schächten I und II.

Trotz zahlreicher Rückschläge durch Wassereinbruch, Reparationszahlungen und Weltwirtschaftskrisen nach dem Ersten Weltkrieg oder Fliegerangriffen im Zweiten Weltkrieg und schon 1964 drohender Stilllegung war die Zeche Waltrop über sieben Jahrzehnte hinweg der größte Arbeitgeber am Ort. Die höchste Fördermenge wurde 1974 zutage gebracht, als 2021 Kumpel und andere Angestellte für eine Kohlenproduktion von 1,13 Millionen Tonnen zuständig waren. Nachdem das Waltroper Bergwerk im Jahr 1978 noch mit der Lüner Zeche Minister Achenbach zusammengelegt worden war, erfolgte am 29. Juni 1979 die Stilllegung – 76 Jahre nach dem Teufbeginn der Schächte I und II.

Der Spurwerkturm

So prächtig die Zeche Waltrop seit ihrer Sanierung erstrahlt, so groß auch die Ausmaße wirken, so kann man die eigentliche Größe und vor allem die einstigen Aktivitäten nur erahnen. In besten Zeiten rauchten riesige Schlote, alleine die überirdischen Gleisanlagen waren beeindruckend; von den Fördergerüsten ganz abgesehen.

Wo früher Kohle gefördert wurde, sprüht auch heute die Zeche Waltrop voller Leben. (Foto: © Ralf Rudzynski)

Vom Spurwerkturm hat man einen herrlichen Rundblick über das Zechenareal und über Elmenhorst. (Foto: © Ralf Rudzynski)

Von Castrop-Rauxel bis Waltrop

sich zur damaligen Zeit an einer wichtigen Heerstraße, der von Dorsten nach Lünen führenden Lippestraße. Welchen Stellenwert Elmenhorst besitzt, unterstreicht die Tatsache, dass das Wappen von Waltrop auf das Siegel des Elmenhorster Reichshofs zurückgeht.

Immerhin mehr als 500 Jahre alt ist die Historie des Schützenvereins Elmenhorst, der einst als Bürgerwehr zum Schutz vor Übergriffen durch diverse Adelshäuser gegründet worden war. Nachprüfen lässt sich die Existenz des Schützenvereins Elmenhorst zumindest bis ins Jahr 1498.

Ralf Rudzynski

Lohnenswert ist im Übrigen der kleine Aufstieg zum Spurwerkturm, der sich etwas seitlich des Zechengeländes auf der Halde Brockenscheidt befindet. Der Künstler Jan Bormann errichtete ihn aus Hartholzbalken, mit denen während des Bergbaus die Fahrkörbe auf den Wegen in die Schächte in der Spur gehalten wurden. Im Jahr 2000 wurde der Spurwerkturm eingeweiht. Von hier hat man auf einer begehbaren Plattform einen guten Überblick über das Zechenareal und kann zudem bis in die Waltroper Nachbarstädte schauen.

Brockenscheidt und Elmenhorst

Der Blick schweift dabei zum Beispiel auch über die eigentliche Bauerschaft Brockenscheidt, in der sich die Zeche Waltrop befindet, sowie über Elmenhorst. Brockenscheidt reicht bis in die inzwischen bebauten Bereiche der Kettelersiedlung und am Egelmeer. Zwischen diesen Wohngebieten und der Zeche Waltrop erstreckt sich ein Waldgebiet. Zur Bauerschaft Brockenscheidt gehören darüber hinaus das sich südlich anschließende Areal bis zur Stadtgrenze nach Dortmund sowie Wittentenbusch und die rundherum landwirtschaftlich genutzten Flächen hin zur Brambauerstraße.

Nicht viel anders sieht es in Elmenhorst aus, das urkundlich übrigens schon früher erwähnt wurde als das Dorf Waltrop. Elmenhorst entwickelte sich um einen Reichshof herum, der schon vor über 1000 Jahren von Karl dem Großen (747/748 bis 814) angelegt worden war. Elmenhorst befand

An der Brambauerstraße stehen die ersten Vorboten der Zeche. (Foto: © Ralf Rudzynski)

»Wir sind immer für unsere Kunden da«

Der WRS-Notdienst ist an 24 Stunden und 365 Tagen persönlich erreichbar

Der Wärme-Regel-Service, kurz WRS, ist der Spezialist für Montage, Modernisierung sowie Wartung und Reparatur von Heizungs-, Lüftungs- und Klimaanlagen. Das qualifizierte Fachpersonal steht bei allen Fragen rund um moderne und energiesparende Haustechniken mit Rat und Tat zur Seite.

Zum weiteren Spektrum gehören Montage und Wartung von Industrie-, Schwimmbad-, Solar-, Photovoltaikanlagen und Wärmepumpen. Und selbst das ist noch lange nicht alles. Auf Anfrage gibt es weitere Informationen, denn für nahezu jeden Bereich hat das Unternehmen bewährte Ansprechpartner, die zudem in der Lage sind, auch individuelle Kundenwünsche wie schöne Badelandschaften zu realisieren.

Service bei Wind und Wetter

Dabei kann das 1970 gegründete Unternehmen nicht nur aus jahrzehntelanger Erfahrung schöpfen, sondern bietet seinen Kunden zudem einen ganz besonderen Service an. Als einziger Fachbetrieb in Waltrop ist der WRS-Notdienst an 24 Stunden und 365 Tagen im Jahr erreichbar.

Dank einer mobilen Werkstatt können Modernisierungen bereits innerhalb eines Tages durchgeführt werden. Auch dafür sind die Heizungs-, Sanitär- und Kundendienstmonteure jederzeit für die Kunden da.

Der Wärme-Regel-Service um Franz-Josef Merten (links) und Rainer Laag ist für seine Kunden rund um die Uhr erreichbar. (Foto: © WRS)

> Beitrag von:
> WRS, Wärme-Regel-Service
> Borker Straße 82 · 45731 Waltrop
> Tel. (0 23 09) 97 08 30 · Fax (0 23 09) 97 08 50
> info@waerme-regel-service.de
> www.waerme-regel-service.de

Von Castrop-Rauxel bis Waltrop

Der Osten ist Waltrops starker Industriestandort

Gewerbepark Zeche Waltrop ist das Filetstück, auch Im Wirrigen hat sich etabliert

Der Hauptsitz der Firma Langendorf an der Bahnhofstraße. (Foto: © Ralf Rudzynski)

Das Gewerbegebiet Im Wirrigen hat sich etabliert. (Foto: © Ralf Rudzynski)

Wie in den meisten anderen Städten des Vestischen Kreises, findet man auch in Waltrop bei der Ansiedlung von Industrieflächen klare Strukturen. Gewerbeflächen liegen in erster Linie an den Randgebieten und somit zumeist abseits der Wohnbebauung. Jüngstes Projekt ist das Leveringhäuser Feld im Süden der Stadt, wo Waltrop gemeinsam mit der RAG Montan Immobilien GmbH eine weitere Weiche für die Zukunft gestellt hat. Der größte Teil gewerblicher Flächen jedoch befindet sich im Osten der Stadt. In diesem Zusammenhang ist natürlich das Areal der Zeche Waltrop in Brockenscheidt zu nennen. Zudem hat sich etwa ab 1990 nicht nur diesseits, sondern auch jenseits der beginnenden Brambauerstraße und rund um die Straße Am Schwarzbach einiges getan.

Entlang der Industriestraße

An Straßen wie Zur Pannhütt, Zur Tongrube und An der Zechenbahn befinden sich Handwerksbetriebe, IT-Unternehmen und andere Dienstleister neben dem großen Betonwerk der Firma Wismann. Westlich der in Höhe eines Supermarktes beginnenden Industriestraße bis hin zu den Bahngleisen an der Sandstraße haben weitere der insgesamt rund 1800 in Waltrop ansässigen Unternehmen ihren Sitz.

Gewerbegebiet Im Wirrigen

Zu den modernen Gewerbezentren gehört das Industriegebiet Im Wirrigen nördlich des Datteln-Hamm-Kanals. Zudem eingegrenzt durch die Borker Straße sowie die Fortsetzung der Industriestraße, bildet es ein produktives Dreieck, in dem zahlreiche Arbeitsplätze entstanden sind. Im Wirrigen reicht die Bandbreite von inhabergeführten Firmen über mittelständische Betriebe bis hin zu großen Unternehmen aus dem Bereich der Pharmaindustrie, die in Waltrop einen nicht unerheblichen Stellenwert besitzt. Gleiches gilt übrigens auch für die Firma Langendorf, die zu den größten Arbeitgebern in Waltrop gehört.
Langendorf hat sich unter anderem auf den Bau von Lkw, Tiefladern und Sattelaufliegern spezialisiert und ist ein echtes Traditionsunternehmen, das seit 1889 besteht. Das Hauptwerk in Waltrop befindet sich am Ende der Bahnhofstraße. Zudem ist Langendorf auch Im Wirrigen mit einer neuen Service- und Reparaturhalle vertreten.

Wohn- und Arbeitsstadt

Galt Waltrop früher als reine Wohnstadt, hat sich das Image aufgrund der wirtschaftlichen Entwicklung ein wenig verändert. So ist Waltrop zwar nach wie vor eine Wohnstadt im Grünen, inzwischen aber auch auf einem guten Weg, sich als Arbeitsstandort einen Namen zu machen.

Das Areal der Zeche Waltrop bietet Unternehmen ein außergewöhnliches und attraktives Ambiente. (Foto: © Ralf Rudzynski)

Alleine die Zahl von rund 3000 Berufstätigen, die täglich nach Waltrop einpendeln, ist für eine Kleinstadt nicht zu verachten.

Die Verantwortlichen der Kommune und der Stadtentwicklung haben bewusst darauf geachtet, die Gewerbeflächen in Stadtrandlage anzusiedeln. So wie auch im Süden im Leveringhäuser Feld, wo weitere Handwerker und Dienstleistungsbetriebe durch die Nähe zur A2 gute Perspektiven haben dürften. Wie im Gewerbepark Zeche Waltrop wurde übrigens auch im Leveringhäuser Feld an der Viktorstraße ein Areal saniert und umstrukturiert, das früher durch den Bergbau schon industriell genutzt worden war. In Leveringhausen befand sich Schacht III der Zeche Ickern.

Der Gewerbepark Zeche Waltrop ist zweifelsohne das Filetstück, doch auch das Industriegebiet Im Wirrigen hat sich etabliert. Der Standort im Leveringhäuser Feld steht ebenfalls vor einer guten Zukunft, wie Burkhard Tiessen von der Wirtschaftsförderung der Stadt Waltrop, zu verstehen gibt: »Der Gewerbepark Zeche Waltrop überzeugt durch seine historische Bausubstanz und sein Gesamtensemble. Er ist eine besondere Fläche und hat ein Ambiente, in dem man sich gerne niederlässt. Im Wirrigen ist sehr gut angenommen worden, und auch das Leveringhäuser Feld ist ein Eins-a-Standort.«

Ralf Rudzynski

Auch das gibt es im Waltroper Osten: Eine Werkstatt für Traktoren und Landmaschinen. (Foto: © Ralf Rudzynski)

Über 400 verschiedene Kräuter auf einem Fleck
Ein Abstecher in die Dortmunder Rieselfelder

Immer wieder kommen Besucher und staunen, wie viele Kräuter es gibt. (Foto: © Kräutermagie)

Zwischen Waltrop und Datteln befinden sich unter anderem entlang der Markfelderstraße die so genannten Dortmunder Rieselfelder. Ein Ausflug dorthin lohnt sich gleich aus mehreren Gründen. Zum einen ist die Vogelvielfalt in dieser Gegend absolut bemerkenswert, so dass Ornithologen ganz gewiss auf ihre Kosten kommen.

Zum anderen finden diejenigen, die sich mit Kräutern beschäftigen, dort einen besonderen Fleck. Mitten in den Feldern gibt es einen Kräutergarten, der aufgrund der enormen Vielfalt seinesgleichen sucht. Bei Gregor Keller findet man sage und schreibe rund 400 verschiedene Kräuter.

Blumen, die nach Schokolade duften

Dazu gehören Küchenkräuter, Tee- und Duftpflanzen sowie Heil- und Räucherpflanzen. Hinzu kommen seltene Gemüsesorten und andere Raritäten, die in drei Gewächshäusern oder auf

Die zahlreichen Kräuter gedeihen in Gewächshäusern und auf Freigelände. (Foto: © Kräutermagie)

Gregor Keller ist überzeugt davon, dass »Kräuter glücklich machen«. (Foto: © Kräutermagie)

dem Freigelände gedeihen. Diese Auswahl an Biokräutern ist in NRW einzigartig.

Ein betörendes Aroma liegt in der Luft, wenn man sich der Kräutergärtnerei nähert. Blumen duften nach Schokolade, Zitrone, Erdbeere, Cola oder schmecken gar wie Lakritz. Die Düfte, Formen und Farben der Pflanzen laden zum Verweilen ein. »Kräuter machen glücklich«, glaubt Gregor Keller. Und hier – inmitten der Dortmunder Rieselfelder – kann bestimmt jeder sein Kraut finden.

Ralf Rudzynski

Von Castrop-Rauxel bis Waltrop

Die Komplettlösung nach Brand- und Wasserschäden

BBS: »Zufrieden sind wir erst, wenn Sie es sind!«

Feuer ist Faszination und Gefahr zugleich. Es kann wunderschön aussehen und wärmt, wenn es im Kamin knistert. Aber es kann auch höllisch und niederschmetternd sein, wenn es bei einem Brand für großen Schaden sorgt und Gebäude bis auf die Grundmauern zerstört. Ein solches Szenario wünscht man niemandem. Doch es kommt immer wieder vor.

Ist man selbst davon betroffen, steht man der Situation zumeist völlig hilflos gegenüber. Dann braucht man einen Partner, der einem zur Seite steht und mit seiner großen Erfahrung dafür sorgt, dass trotz Brandrückständen und sogar

Das Team um die Geschäftsführer Volker und Hans-Joachim Berndt besteht aus Diplomingenieuren, Handwerksmeistern, geschulten Sanierungstechnikern und qualifizierten Handwerkern. So kann alles aus einer Hand angeboten werden. (Foto: © BBS)

Dry-Fogging gehört zu den Verfahren, die bei der Geruchsneutralisation angewendet werden. (Foto: © BBS)

Ein Bild des Schreckens – aber nicht mehr lange: Von der Schadensbeseitigung bis zur kompletten Sanierung erledigt die BBS Gebr. Berndt GmbH sämtliche Arbeiten zur vollsten Zufriedenheit der Kunden. (Foto: © BBS)

Schutt und Asche wieder neue Hoffnung schimmert. Was ein Feuer an Schäden anrichten kann, das wissen die Experten der Firma BBS zur Genüge. Sie sind zur Stelle, wenn es gebrannt hat, und sie sind es auch, die dafür sorgen, dass es schon bald wieder aufwärts geht.

Von der Schadensbeseitigung bis zur kompletten Sanierung kann man sich auf das BBS-Team verlassen. Dank langjähriger Erfahrung bietet das im Gewerbegebiet Zeche Waltrop ansässige Unternehmen bestens auf die jeweilige Gemengelage abgestimmte Komplettlösungen zur Sanierung an; von Privathaushalten bis zu Industrieanlagen und vom Keller bis zum Dach.

Alles aus einer Hand

BBS ist der Spezialist für die Beseitigung von Brand- und Wasserschäden aller Art. Das Team um die Geschäftsführer Volker und Joachim Berndt besteht aus Diplomingenieuren, Handwerksmeistern, geschulten Sanierungstechnikern und qualifizierten Handwerkern. So kann wirklich alles aus einer Hand angeboten werden, so dass sich die Kunden im Schadensfall voll und ganz auf die Mannschaft von BBS verlassen und in aller Ruhe und ohne weitere Sorgen der Gebäudesanierung und der Wiederherstellung entgegensehen können. Auch in Fragen rund um Inventarsanierung, Warenverwertung und Trocknungstechnik ist BBS der kompetente Ansprechpartner.

Das Leistungsspektrum bei Brandschäden umfasst mehrere Bereiche, die Schritt für Schritt ineinander übergehen. Dazu gehören die Gebäudeentkernung, die Schadstoffbeseitigung, unterschiedliche Reinigungstechniken, die Geruchsneutralisation und Desinfektion, Thermografie, Feuchtigkeitsmessung, Leckageortung und Trocknungstechniken nach Wasserschäden bis hin zur Wiederherstellung, die die einstigen Schäden und Zerstörungen endgültig vergessen machen und zum i-Tüpfelchen der Sanierung werden.

Die Royalmaler

Maurer- und Putzarbeiten, Elektro-, Heizungs- und Sanitärinstallationen, Schreiner-, Zimmer-, Dachdeckerarbeiten und Fensterbau gehören ebenso zur Bandbreite wie Maler- und Bodenbelagsarbeiten. Gerade die Innenraumgestaltung mit Parkett, Fliesen, Teppichen oder anderen hochwertigen Materialien gehört zur Kür des Unternehmens. Und das gilt gleichermaßen für Stuck-, Putz- und vor allem für außergewöhnliche Malerarbeiten.

Für Elektro-, Heizungs- und Dachdeckerarbeiten arbeitet das Unternehmen eng mit langjährigen, erfahrenen Partnern zusammen.

Wer eine exklusive Raumgestaltung möchte, dem bieten die Royalmaler ihre Kreativität und Techniken als wahres Sahnehäubchen an. Sie verwandeln Wände in Kunstwerke und geben Wandflächen zum Beispiel durch ein großflächiges Gemälde eine wirklich persönliche Note. Eigens dafür gehören sogar Kunstmaler zum Team der Royalmaler. Die Spezialgebiete sind Wandbild- und Portraitmalerei, Kirchenrestauration und Airbrush-Bilder. Ein einzigartiges Konzept.

Gewerbepark Zeche Waltrop

Längst verbinden die ursprünglich als Ein-Mann-Betrieb gegründete Malerfirma und BBS ihre Fähigkeiten – zum Vorteil der Kunden. Seit Mai 1998 befinden sich beide Betriebe, unter der Leitung der Brüder Volker und Joachim Berndt, in einem repräsentativen Gebäudekomplex an der Richtstrecke 20 im Gewerbepark Zeche Waltrop. Von hier aus werden alle Aufträge, die sich mittlerweile weit

In der Musterausstellung findet man gute Anregungen für die Innenraumgestaltung. (Foto: © BBS)

Auch hochwertige Bodenbeläge tragen dazu bei, dass man sich in den eigenen vier Wänden wieder wohl fühlt. (Foto: © BBS)

Auch das gehört zum Leistungsspektrum: Stuckateurarbeiten aus Meisterhänden. (Foto: © BBS)

Die Royalmaler verwandeln Wände in wahre Kunstwerke. (Foto: © BBS)

über NRW hinaus erstrecken, zentral koordiniert. Qualifizierte Fachkräfte sorgen zuverlässig für einen reibungslosen Ablauf der Arbeiten, denn schließlich ist die Kundenzufriedenheit Tugend Nr. 1 der Gebr. Berndt GmbH. Ehrlichkeit, Flexibilität, Termintreue, fachgerechte Arbeit und der persönliche Umgang sind selbstverständlich. Darum wird das Unternehmen seiner Philosophie immer wieder gerecht: »Zufrieden sind wir erst, wenn Sie es sind!«

»Kompetenz auf ganzer Strecke«

Zum Selbstverständnis des Unternehmens gehört es übrigens auch, sich bei sozialen Projekten einzubringen. So wurde im Jahr 2009 die Schalker Traditionsmannschaft zu einem Fußballspiel für einen guten Zweck nach Waltrop eingeladen. Und 2010 war BBS überaus engagiert im Zuge des neu ins Leben gerufenen Streckenfestes, einem tollen Event mit Showelementen, Leistungsschauen, Party und Feuerwerk. Dabei haben die an der Richtstrecke im Gewerbegebiet Zeche Waltrop ansässigen Unternehmen auch in anderer Hinsicht ihre »Kompetenz auf ganzer Strecke« unter Beweis gestellt.

Beitrag von:
BBS Gebr. Berndt GmbH
Richtstrecke 20
45731 Waltrop
Tel. (0 23 09) 7 85 80
Fax (0 23 09) 78 58 22
info@bbs-waltrop.de
www.bbs-waltrop.de
info@royalmaler.de
www.royalmaler.de

Kultur im Vestischen Kreis – Synonym für Aufbruch und Zukunft

Musik, Theater, Museen, Stadtfeste und Medien

Das Jugendsinfonieorchester beim Jubiläumskonzert am 4. Juli 2010 im Ruhrfestspielhaus. (Foto: © Manfred Hof)

Kunsthalle Recklinghausen: Ausstellungsansicht Leiko Ikemura, 2004 (Foto: © Kunsthalle Recklinghausen/Leiko Ikemura/Ferdinand Ullrich)

»Kunst für Kohle, Kohle für Kunst«! Dieser legendäre Satz ist fest verbunden mit dem Beginn der Ruhrfestspiele. Ein Kulturbegriff für Aufbruch und Zukunft, der nicht nur für Recklinghausen, sondern auch für die gesamte Kultur des Ruhrgebietes steht. Es sind die Menschen, es sind die Ideen, die mit ihrem Stempel die Region prägen. Im Jahr 2010 sind wir Kulturhauptstadt! Endlich! Erstmals in der Geschichte der Vergabe des Titels »Kulturhauptstadt« steht eine ganze Region im Mittelpunkt. Im Geist waren die Ruhrfestspiele seit ihrem Beginn Kulturhauptstadt. Dieser europäische Gedanke heißt nun RUHR.2010. Wir freuen uns.

Europäische Kulturlandschaft

Die Ruhrgebietsgeschichte, die seiner Menschen, seiner Kultur und Industrie, seines ständigen Wandels ist europäische Geschichte. Kultur im Vestischen Kreis? Da muss mit einer Rekordzahl begonnen werden. 640 000 Einwohner und Einwohnerinnen! Wir sprechen vom bevölkerungsreichsten Kreis Deutschlands, einem Teil der Metropole Ruhr – eine Region im Herzen Europas.

Die mannigfaltige Kulturlandschaft in den zehn Vest-Städten Castrop-Rauxel, Datteln, Dorsten, Gladbeck, Haltern am See, Herten, Marl, Oer-Erkenschwick, Recklinghausen und Waltrop bietet mit den unterschiedlichen Theatern und Museen ein unvergleichliches kulturelles Angebot.

Zu nennen wären da stellvertretend nur einige Schlaglichter: das Theater Marl, Heimat der alljährlichen Grimme-Preis-Verleihung, die Neue Philharmonie Westfalen oder das Westfälische Landestheater aus Castrop-Rauxel. Vielseitig präsentiert sich auch die Museenlandschaft. Das Skulpturenmuseum »Glaskasten« in Marl, das Westfälische Römermuseum in Haltern, das jüdi-

Grimme-Preisverleihung 2010: Helmar Weitzel im farbigen Jackett, neben Veranstaltungsmoderatorin Desiree Nosbusch (Mitte) und Rekord-Preisträger Dominik Graf (ganz rechts). (Foto: © Dirk Bauer)

Kultur im Vestischen Kreis

sche Museum Westfalen in Dorsten und das Ikonen-Museum in Recklinghausen stehen hier nur stellvertretend.

Viel Sehens- und Erlebenswertes

Aber auch alte Schlösser, Denkmäler der Industriekultur, lebendige Marktplätze, Kinos, Konzerte, eine vielfältige Gastronomie – viel Sehens- und Erlebenswertes gibt es zu bestaunen und zu erobern. Entlang der Städte Herten und Recklinghausen erhebt sich etwa der Landschaftspark Hoheward, der vom Plateau aus einen beeindruckenden Blick über das Ruhrgebiet und einen völlig neuen Horizont bietet.

Über den Begriff »Kultur« wird viel gerätselt und geschrieben. André Malraux, französischer Schriftsteller, Abenteurer und Politiker, beschrieb es einmal so: »Kultur ist die Gesamtheit aller For-

Leiter der Ruhrfestspiele Dr. Frank Hoffmann.
(Foto: © Ruhrfestspiele/Jana Neumann)

Stimmung im Zirkuszelt beim Waltroper Parkfest.
(Foto: © Stadt Waltrop/Waltroper Parkfest)

Das Römerschiff »Victoria«, ein Ausstellungsprojekt von »Imperium Konflikt Mythos. 2000 Jahre Varusschlacht«, befährt auch die Lippe, hier aber die Gose Elbe für eine ZDF-Medienproduktion.
(Foto: © agenda/Wolfgang Huppertz)

Traditionelle Medien spielen im Vest eine wichtige Rolle. (Foto: © Medienhaus Bauer/Torsten Janfeld)

Szene aus »Der Winterwald im Kleiderschrank« am Westfälischen Landestheater.
(Foto: © Volker Beushausen)

men der Kunst, der Liebe und des Denkens, die, im Verlaufe von Jahrtausenden, dem Menschen erlaubt haben, weniger Sklave zu sein.« Machen wir uns gemeinsam auf den Weg zu dieser Wahrheit.

Was vor fast 65 Jahren die »Kunst für Kohle« war, hat sich bis heute zu einer europäischen Kulturlandschaft entwickelt. Das Ruhrgebiet setzt Maßstäbe. Wieder einmal. Unvergleichlich und mit einer gewaltigen Anziehungskraft. Besuchen Sie das Revier mit seiner einzigartigen Kulturlandschaft. Kommen Sie zu uns und erleben Sie das Vest in seiner ganzen lebendigen Vielfalt. Lassen Sie sich überraschen und verführen.

Frank Hoffmann

Kultur im Vestischen Kreis

»Kohle für Kunst – Kunst für Kohle« ein Akt der Solidarität

Am Anfang der Ruhrfestspiele stand die Hilfe von Bergleuten für Hamburger Bühnen

Das Ruhrfestspielhaus, davor »Die Liegende« von Henry Moore. (Foto: © Torsten Janfeld)

Der Nachkriegswinter 1946/1947 gehörte zu den kältesten des 20. Jahrhunderts. In der schlimmen Nachkriegszeit traf er die Menschen in Mitteleuropa besonders heftig. Versorgungsprobleme, Hunger und Kälte waren an der Tagesordnung. Die Not trieb Mitglieder der Hamburger Bühnen ins Ruhrgebiet. Weil sie über keine Kohlen mehr für die Beheizung und den Betrieb der Bühnentechnik verfügten, standen die Hamburger Theater vor der Schließung. Künstlern und Bühnenpersonal drohte die Arbeitslosigkeit. Der Besitz von Kohle wurde zur Überlebensfrage. Mit zwei leeren Lkw, angeführt vom damaligen Verwaltungsdirektor, Otto Burrmeister, starteten sie auf der Suche nach Kohle in Richtung Ruhrgebiet.

Kumpel halfen selbstlos

Mit einem selbstlosen Akt der Solidarität halfen die Bergleute der Zeche König Ludwig IV. und V. in Recklinghausen-Suderwich den Theaterleuten. Ohne direkte Gegenleistung, an der britischen Besatzungsmacht vorbei, trickreich und wagemutig, fuhren sie Sonderschichten und luden die Lkw mit Kohle voll.

Der Spielbetrieb in Hamburg war gerettet, Not gelindert. Eine bemerkenswerte Reaktion in diesem Nachkriegswinter, in dem Verteilung und Besitz von Kohle zur Überlebensfrage wurde, jedoch auch für diese spontane Hilfe drastische Haftstrafen für die Kumpels drohten.

»Ihr für uns – wir für euch!«

Nach dieser Devise und als Dank revanchierten sich die Hamburger Bühnen im folgenden Sommer mit einem Dankgastspiel.

Großes Theater: Maximilian Schell und Wolfram Koch in der Produktion »Lieben Sie Strindberg« (2009). (Foto: © Birgit Hupfeld)

Kultur im Vestischen Kreis

Auch prominente Politiker wie Willy Brandt, hier mit Ehefrau Ruth, wurden in Recklinghausen herzlich begrüßt.
(Foto: © Hermann Pölking/Archiv Ruhrfestspiele)

Hautnah mit den Kumpeln der Gründerzeche Ewald-König Ludwig in Suderwich: Bernhard Minetti, Heidemarie Hatheyer und Hans Quest.
(Foto: © Hermann Pölking/Archiv Ruhrfestspiele)

»Zugunsten der Unterstützungskasse der Zeche König Ludwig«, stand auf den Ankündigungsplakaten. Vom 28. Juni bis 2. Juli 1947 waren sie da: das Deutsche Schauspielhaus, das Thalia Theater und die Hamburgische Staatsoper. Die erste Schauspielliga wie beispielsweise Maria Wimmer und Bernhard Minetti sahen es als Ehre an, in Recklinghausen aufzutreten. Ein russischer Komödienabend mit Stücken von Anton Tschechow und Leo Tolstoi, die Opern Figaros Hochzeit und Don Pasquale sowie das Lustspiel von Michael Harward, Das verschlossene Haus, standen auf dem Programm. Im notdürftig eingerichteten Städtischen Saalbau kostete der Eintritt 4 und 5 Reichsmark. Untergebracht wurden die Künstler bei Gastfamilien, und nicht nur die gemeinsam gelöffelte Erbsensuppe verband.

Bei der Premierenfeier hatte der erste Bürgermeister von Hamburg, Max Brauer, eine Vision: »Ich kann mir eine andere und neue Art der Festspiele vorstellen. Festspiele nicht nur für Literaten und Auserwählte, sondern Festspiele inmitten der Stätten harter Arbeit. Ja, Festspiele im Kohlenpott vor den Kumpels. Warum Festspiele in Salzburg, in Bayreuth? Warum nicht Festspiele an der Ruhr – Ruhr-Festspiele?«

Die Vision zündet

Engagierte Förderer des Festivals wurden Hans Böckler, der erste Vorsitzende des Deutschen Gewerkschaftsbundes; der Oberbürgermeister der Stadt Recklinghausen Wilhelm Bitter; Max Brauer, Erster Bürgermeister der Hansestadt Hamburg sowie Theodor Heuss, der erste deutsche Bundespräsident. Erster Leiter der Ruhrfestspiele wurde Otto Burrmeister – jener, der sich kurze Zeit davor auf den Weg gemacht hatte, um Kohle für die Hamburger Bühnen zu besorgen.

Einzigartiges Kulturwerk schreibt Erfolgsgeschichte

Dass die Fördertürme der Zeche König Ludwig IV. und V. in Recklinghausen-Suderwich den Hamburgern auf ihrer strapaziösen Lkw-Fahrt ins Ruhrgebiet zuerst auffielen – war es ein Zufall? War es Fügung?

Zweifellos kann man sagen, dass dieser Akt der Solidarität bis heute Erfolgsgeschichte schreibt. Sicherlich haben, wie das Ruhrgebiet auch, die Ruhrfestspiele ihre Höhen und Tiefen, Krisen und Umbrüche erlebt. Aber sie wurden stets überwunden, und so haben sich die Ruhrfestspiele zu einem richtungsweisenden Theaterfestival entwickelt, ohne ihre kulturellen Wurzeln aus den Augen zu verlieren.

In der Solidarität von Kunst und Arbeit wurzelt, seit nunmehr fast 65 Jahren, das kulturpolitische Unternehmen »Ruhrfestspiele«. Durch die solidarische Hilfe zwischen Bergleuten und Künstlern sind die Ruhrfestspiele ein einzigartiges Kulturwerk, dessen Träger ein unabhängiger Arbeitnehmerbund, der Deutsche Gewerkschaftsbund und die Stadt Recklinghausen sind.

Die Ruhrfestspiele sind das älteste Theaterfestival Deutschlands und zugleich eines der größten und renommiertesten Europas geworden.

Jana Neumann

Fest für die Sinne: der Eröffnungsempfang der Ruhrfestspiele 2010. (Foto: © Ruhrfestspiele/Jana Neumann)

Kultur im Vestischen Kreis

Kevin Spacey, Jeff Goldblum & Co.

Ruhrfestspiele auch für Hollywoodstars attraktiv – »Kreativer Ort«

Im FRINGE-Festival treten Künstler auf der FRINGE Meile der Stadt Recklinghausen auf. (Foto: © Ruhrfestspiele/Jana Neumann)

Während der Festspielzeit verwandelt sich Recklinghausen in eine internationale Kulturmetropole. An zahlreichen Schauplätzen der Revierstadt begeistern alljährlich vom 1. Mai bis Mitte Juni internationale Theater- und Schauspielgrößen. Fesselnde Inszenierungen namhafter Regisseure, Darbietungen preisgekrönter Schauspielgrößen, Aufführungen junger Talente der Theaterszene und Uraufführungen bisher unbekannter Werke und Autoren verbinden sich zu einem runden Gesamtkonzept.

Weltstars wirken mit

Dabei waren Hollywoodstars wie Kevin Spacey, Jeff Goldblum, Cate Blanchett, Ethan Hawke und John Malkovich in den vergangenen Jahren ebenso hautnah zu erleben wie Oscarpreisträger

Applaus für »Der Kirschgarten«. Dabei auch Hollywoodgröße Ethan Hawke (2. von rechts). (Foto: © Ruhrfestspiele/Jana Neumann)

Maximilian Schell und internationale Stars wie David Bennent, Hanna Schygulla, Mathieu Carrière und Burghart Klaußner. Auch die Großen der deutschsprachigen Theaterszene wie etwa Eva Mattes, Angela Winkler, Edgar Selge, Ulrich Matthes, Iris Berben, Otto Sander, Dominique Horwitz, Hannelore Elsner, Nina Hoss, Thomas Thieme und viele weitere standen auf den Brettern der Ruhrfestspiel-Bühnen. Oscarpreisträger Sam Mendes führte zum zweiten Mal Regie in Recklinghausen. Renommierte internationale und deutschsprachige Regisseure wie Luc Bondy, Peter Brook, Jan Bosse, Andreas Kriegenburg, Erik Gedeon oder Thomas Ostermeier zeigen ihre Inszenierungen bei dem Theaterfestival.

Zu Gast in Recklinghausen sind viele Vertreter und Funktionäre aus Politik, Wirtschaft und den Gewerkschaften. 2009 konnte Bundespräsident Horst Köhler zur Eröffnung der Festspiele begrüßt werden. Auch Angela Merkel ließ es sich nicht nehmen, die Festspielleitung bei einer Stippvisite in Recklinghausen zu begrüßen.

FRINGE kommt an

Auch außerhalb der sechswöchigen Festspielzeit sind die Ruhrfestspiele präsent: Produktionen werden an renommierten Theatern in Deutschland und weltweit gezeigt. Bei der programmatischen Ausrichtung des Festivals legt Festspielleiter Frank Hoffmann besonderen Wert auf die Implementierung neuer Stücke zeitgenössischer Autoren. So

John Malkovich (2010) kam mit der Produktion »The Infernal Comedy«. (Foto: © Ruhrfestspiele/Jana Neumann)

wird Recklinghausen alljährlich zu einem »kreativen Ort«, der sich stets neu erfindet.

Beim FRINGE Festival präsentieren internationale freie Künstler außergewöhnliche Darbietungen der Off-Szene. In der Zusammenstellung des FRINGE Programms spiegeln sich die letzten Entwicklungen der freien Theaterlandschaft, zugleich zeigen sich die Ruhrfestspiele als Wegbereiter neuer kreativer Schöpfungen.

Größtes Kulturvolksfest Europas

Zum Auftakt der Festspiele findet am 1. Mai alljährlich das größte Kulturvolksfest Europas statt, das bis zu hunderttausend Besucher auf den grünen Hügel lockt.

Neben dem Ruhrfestspielhaus werden viele weitere Schauplätze bespielt wie zum Beispiel Zelte, Industriehallen, Aufführungsorte in der Stadt, die den Künstlern immer wieder neue szenische Räume eröffnen. Dabei sind die Ruhrfestspiele in steter Bewegung, dringen in neue Räume vor, in außergewöhnliche, wie beispielsweise die Gymnasialkirche am Gymnasium Petrinum, der Barocksaal im Schloss Herten und in bewährte, wie das Theater Marl und die ehemalige Grubenausbauwerkstatt auf dem Gelände der Zeche Auguste Victoria I. und II.

Dass es dem ambitionierten Festival gelingt, Qualität zu präsentieren und zugleich ein möglichst breites Publikum zu erreichen, belegen die jährlich fast 80 000 Besucher aus der Region, ganz Deutschland und der Welt.

Jana Neumann

Kevin Spacey, Veronica Ferres, Jeff Goldblum zu Gast bei den Ruhrfestspielen. (Foto: © Ruhrfestspiele/Jana Neumann)

Kultur im Vestischen Kreis

Große Bühnen, freche Kleinkunst

Im Vestischen Kreis blüht eine frische Theaterszene

Theaterfreunde sind im Kreis Recklinghausen sehr beschäftigt. Denn nicht nur die renommierten Ruhrfestspiele locken alljährlich zwischen Mai und Juni mit Stars und großen Inszenierungen. Es gibt einen bunten Reigen von »Zugaben« überall im Vestischen Kreis.

»Bühne raus ...!«

So ist das Westfälische Landestheater (WLT), seit 1946 in Castrop-Rauxel ansässig, eine sehr gute Adresse der Schauspielkunst. Am WLT hatte etwa Bühnenstar Angela Winkler – bekannt aus Filmen wie die »Die Blechtrommel« (1979) und »Die Flucht« (2007) – ihr erstes größeres Engagement. Das Schauspielensemble des WLT gibt pro Jahr mehr als 300 Gastspiele, hat aber auch zwei Spielorte am Europaplatz: die Stadthalle und das WLT-Studio. Im Sommer gastiert es auf dem Altstadtmarktplatz – dort wird die hauseigene mobile Freilichtbühne aufgebaut und 500 Zuschauer können das Motto »Bühne raus ...! Theater im Freien« erleben. Das Repertoire des WLT ist breit gefächert: Klassiker und Krimis, Musicals und Boulevard, Zeitgenössisches und Angebote der Theaterpädagogik. Das WLT verfügt außerdem als einziges Landestheater auch über ein Kinder- und Jugendtheater mit eigenem Ensemble und eigener Dramaturgie.

Auch das Marler Theater empfiehlt sich mit einem abwechslungsreichen Angebot. In besonderen Inszenierungen werden Klassiker gespielt, aber auch gut besetzte und pointierte Boulevardstücke haben »Am Theater 1« in Marl Tradition. Darüber hinaus engagiert sich das Marler Team im Bereich des Kinder-, Jugend- und Musiktheaters.

Laien – aber keine Amateure

Im Kreisgebiet finden sich einige erstklassige Laientheater. So ist das Amateurtheater St. Amandus, bereits 1956 gegründet, ein fester Bestandteil der Dattelner Kulturszene. In Dorsten spielt die auf Schwänke und Komödien spezialisierte Theatergruppe Chamäleon auf. Andere Bühnen dagegen widmen sich ihren Themen volksnah und urkomisch – auf Platt. So die »Plattdeutsche Bühne Recklinghausen«. Gegründet 1905, tourt sie jedes Jahr durchs Münsterland, Sauerland und das Vest und unterhält mit Lustspielen und Komödien. Ebenfalls in Recklinghausen betritt die Plattdeutsche Spielschar die Bühne, und zwar die der Kollegschul-Aula Kuniberg. Ein 25-köpfiges Ensemble spielt alte und neue Stücke in plattdeutscher Sprache. Eine Plattdeutsche Bühne erfreut sich auch in Haltern großer Beliebtheit.

Bunter Mix: Kleinkunst

Schillernd, frech, lustig: Kleinkunst gibt es in nahezu jeder Stadt im Kreis, Infos gibt es in den jeweiligen Kulturbüros. Einige Kleinkunst-Events seien beispielhaft vorgestellt: In Recklinghausen etwa ist das Soziokulturelle Zentrum Altstadtschmiede ein Tipp. Gelegen in einer denkmalgeschützten ehemaligen Huf- und Nagelschmiede, gibt es hier von Jazz bis Kleinkunst ein schillerndes Programm. Mit den Dattelner »NachtSchnittchen« zieht eine feine Kleinkunstshow immer größere Humorkreise. In den Shows in der Friedenskirche am Schiffshebewerk wechseln zwar die Comedians und Kabarettisten, aber Manches bleibt gleich: so das Herumreichen von Tante Gerdas Schnittchen. Die Hertener Kleinkunstreihe »7nach8« schließlich erlaubt Einblicke in die vielfältige deutsche Kleinkunstszene. Im Programm sind Größen wie Thomas Freitag, Herbert Knebels Affentheater und Dr. Stratmann – aber eben auch die kunterbunten »Typen aus de Gegend«.

Nils Rimkus

Unter dem Motto »Bühne raus ...! Theater im Freien« spielt das Westfälische Landestheater auf einer mobilen Freilichtbühne. (Foto: © Volker Beushausen)

Eine bunte Kleinkunstszene findet sein Publikum, wie hier beim Waltroper Parkfest. (Foto: © Stadt Waltrop/Waltroper Parkfest)

Szene aus »Der Geizige« am Westfälischen Landestheater. (Foto: © Volker Beushausen)

Kultur im Vestischen Kreis

Viel Licht und moderne Technik: das Grimme-Institut. (Foto: © Georg Jorczyk/Grimme-Institut)

Geschätzt für kritische Medienschau

Das Grimme-Institut in Marl steht auch für qualifizierte Bildungsangebote

Kommt die Sprache auf »Grimme«, dürfte meist an den prominenten Fernsehpreis gedacht werden. Nicht falsch, aber auch nicht ganz richtig. Denn er benennt genau genommen nur ein Tätigkeitsfeld des Grimme-Instituts in Marl. In Sichtweite zu den Rathaustürmen, am Eduard-Weitsch-Weg 25, ist im ehemaligen »insel«-Gebäude nämlich ein Medieninstitut entstanden, das europaweit auch für qualifizierte Bildungsangebote steht.

Preise als Instrument der Medienkritik

Das Institut, benannt nach dem Kulturpolitiker und ersten Generaldirektor des Nordwestdeutschen Rundfunks (NWDR), wurde 1973 durch den Deutschen Volkshochschul-Verband gegründet. Der Initiator war der Publizist und Pionier der Erwachsenenbildung Bert Donnepp. Anfangs bestand die Aufgabe des Instituts in der Vorbereitung und Verleihung des Grimme-Fernsehpreises, außerdem sollten Wege gefunden werden, das Fernsehen in mediale Weiterbildungsangebote einzubinden. Aus diesem Ansatz erwuchs das heutige Grimme-Institut. Der Untertitel – Gesellschaft für Medien, Bildung und Kultur mbH – signalisiert, dass es hier um eine gemeinnützige Forschungs- und Dienstleistungseinrichtung geht, die sich, ganz allgemein gesagt, mit Medien und Kommunikation auseinandersetzt.

Das Institut versteht sich als Forum, in dem kommunikationspolitische Themen von allgemeinem Interesse diskutiert werden. Dazu beobachtet, analysiert und bewertet es Medienangebote und Medienentwicklungen. Die beiden wichtigsten Preise, die das Institut vergibt – Fernsehpreis (seit 1964) und Grimme Online Award für hochwertige publizistische Websites (seit 2001) – sind vor allem als Instrument kompetenter Medienkritik zu verstehen. Auch die Instituts-Publikationen, wie das Jahrbuch Fernsehen, welches das Institut mit herausgibt, die Zeitschrift »grimme« und viele Fachpublikationen spielen in diesem Zusammenhang eine Rolle.

Das Institut als Bildungsinstitution

Neben dem breit angelegten Wissenstransfer macht das Institut aber auch konkrete medientheoretische und medienpraktische Bildungsangebote: Hier ist die Grimme-Akademie zu nennen, die Aus- und Fortbildungen für die Medienbranche anbietet. Von großer Bedeutung ist der Bereich Medienbildung mit einer großen Bandbreite von Angeboten, so der Vermittlung von Qualifikationen an Bildungsorganisationen. Zu den »Kunden« des Instituts gehören Rundfunkanbieter, Medienunternehmen, Landesmedienanstalten, Ministerien, Stiftungen und Bildungsorganisationen.

Das Grimme-Institut gehört in Fragen der Medienpolitik und Kommunikationskultur in Deutschland und Europa zu den ersten Adressen. Dass sich dies nicht ändert, sichern starke Gesellschafter: der Deutsche Volkshochschul-Verband, der Westdeutsche Rundfunk, das Zweite Deutsche Fernsehen, die Landesanstalt für Rundfunk NRW, die Filmstiftung Nordrhein-Westfalen und die Stadt Marl. Unter dem Institutsdirektor Uwe Kammann, dessen Amtszeit im März 2010 um vier Jahre verlängert wurde, ist außerdem ein zukunftsweisender Schritt getan worden: die Integration des 1997 in Marl gegründeten Europäischen Zentrums für Medienkompetenz (ecmc) in das Grimme-Institut. Dieser Schritt wird dessen Leistungsspektrum noch erweitern und die Grimme-Position weiter stärken.

Nils Rimkus

Das Grimme-Institut im ehemaligen »insel«-Gebäude in Marl. (Foto: © Georg Jorczyk/Grimme-Institut)

Impressionen von der Abschlussveranstaltung »NRW – Neues Lernen 2006« im Grimme-Institut. (Foto: © Georg Jorczyk/Grimme-Institut)

Beim Tag der Medienkompetenz im Landtag NRW (2005). (Foto: © Georg Jorczyk/Grimme-Institut)

Seismograf für Qualität im deutschen Fernsehen

Seit 1964 in Marl verliehen, gilt der Grimme-Preis als Bestmarke

Iris Berben reckt stolz ihren Grimme-Preis empor. 2008 wurde sie für ihr Lebenswerk geehrt. (Foto: © Adolf-Grimme-Institut/Archiv)

Am Ende der Fußball-WM 2010 wurde Günter Netzer in den Ruhestand verabschiedet. Gemeinsam mit ARD-Mann Gerhard Delling hatte er über 13 Jahre ein Moderatoren-Duo gebildet, dessen Stil, eine Mischung aus Spielanalyse und gegenseitiger Stichelei, zum Kult wurde. Auch »Fußballkaiser« Franz Beckenbauer lobte, und das durchaus witzig: »Günter wurde ja auch mit dem Gebrüder-Grimm-Preis ausgezeichnet«. Gemeint war natürlich der Grimme-Preis, die hierzulande begehrteste und wichtigste Auszeichnung in der Fernsehbranche. Ihn – und keinen Märchenerzähler-Preis – hatte Netzer, als erster Fußballer überhaupt, gemeinsam mit Delling im Jahr 2000 erhalten.

Nur wenige kommen durch

»Fiktion«, »Unterhaltung«, »Information und Kultur«: In diesen Wettbewerbsbereichen werden die zwölf Grimme-Preise neben dem »Spezial«-Sonderpreis vergeben. Der Preisverleihung voraus geht ein mehrstufiges, akribisches Verfahren. Es beginnt mit der Sichtung der Vorschläge – jedes Jahr zwischen 500 und 600 –, eingereicht von Fernsehanstalten und Produzenten, aber auch Fernsehzuschauern. Dann entscheiden drei Kommissionen, in denen wie in den Jurys Fernsehkritiker, Publizisten, Medienwissenschaftler und Bildungsfachleute sitzen, welche Vorschläge nominiert werden. Aus den übrig bleibenden rund 60 Sendungen wählen schließlich drei Jurys jedes Jahr Anfang Februar die Preisträger aus.

Die alljährliche Preisverleihung im Frühjahr bringt großes Flair ins Theater Marl. Über den roten Teppich schreiten die Stars der Branche: Mario Adorf, Iris Berben, Loriot, Katharina Thalbach, Martina Gedeck, Jürgen Vogel, Monica Bleibtreu, Stefan Raab, Götz George und viele, viele andere. Die preisgekrönten TV-Produktionen kennt jeder: Filme wie »Das Wunder von Lengede«, »Polizeiruf 110« und »Tatort«, aber auch Talkshows wie »Hart aber fair«. Preise gingen an Regisseure und Autoren wie Hans W. Geißendörfer, Sönke Wortmann und Dominik Graf. Für seinen Krimi »Kommissar Süden und der Luftgitarrist« erhielt er 2010 seinen achten Adolf-Grimme-Preis – so häufig ist noch niemand ausgezeichnet worden.

Instrument fundierter Fernsehkritik

Der Grimme-Preis wurde 1961 vom Deutschen Volkshochschul-Verband gestiftet und 1964 das erste Mal in Marl verliehen. Er soll Fernsehsendungen und -leistungen auszeichnen, die für die Programmpraxis vorbildlich und modellhaft sind.

Da lacht sogar Günter Netzer (Mitte). 2000 war er gemeinsam mit Gerhard Delling Preisträger. (Foto: © Adolf-Grimme-Institut/Archiv)

Deshalb wundert es nicht, dass die Grimme-Jury die Hürde zwischen Kultur und Sport überwand und Netzer/Delling auszeichnete. Der Grimme-Preis fungiert – unabhängig von Sparten und Programmen – wie ein Seismograf für Qualität im deutschen TV: Er zeichnet oft früh aus, was später Standards setzt.

Das beste Beispiel hierfür liefert ein großer Sohn des Vests: Heinrich Breloer, 1942 in Gelsenkirchen geboren, in Recklinghausen und Marl aufgewachsen. Breloer drehte zunächst klassische Dokumentarfilme, wählte dann aber eigene Ansätze: Er mischte Dokumentation und Spielszenen – und erfand gleichsam das Genre »Doku-Drama«. Was er erstmals im 1983 ausgestrahlten »Das Beil von Wandsbek« vorstellte, brachte er mit »Die Manns« zur Perfektion. Heinrich Breloer ist übrigens erst 2010 von Dominik Graf »überholt« worden – ob es ihm gelingt, seinen sieben Grimme-Preisen einen achten hinzuzufügen? Sicher ist: Die Grimme-Jury hat es in der Hand.

Nils Rimkus

Stars gaben sich ein Stelldichein: 2006 freuten sich unter anderem (von links) Monica Bleibtreu, Nina Kunzendorf, Johanna Wokalek, Elke Heidenreich, Michaela May und Edgar Selge bei der Verleihungszeremonie im Theater Marl. (Foto: © Claudia Jaquet)

Kultur im Vestischen Kreis

Beeindruckende Auswahl auf hohem Niveau

Die Museen im Vestischen Kreis laden ein zu Zeitreisen und Kunstbetrachtung

Ikonenmuseum: der Drachenkampf des heiligen Georg, Nordgriechenland, Ende 18. Jahrhundert. (Foto: © Ikonenmuseum Recklinghausen)

Die Museumslandschaft im Vestischen Kreis ist facettenreich – auf einem hohen Niveau. Das offenbart schon ein Besuch in einem der vielen Heimatmuseen. Dort sind lokalhistorisch bedeutsame Stücke sehr liebevoll hergerichtet und arrangiert worden. Die Führungen sind kenntnisreich und gewähren oft überraschende Einsichten. Wie könnte man den ungeheuer schnellen Wandel als Kennzeichen unserer Zeit besser erkennen, als angesichts eines schlichten, groben Holzpflugs? Repariert und ausgebessert, gehütet und gepflegt, war er über Jahrhunderte das wichtigste Ackergerät, ging vom Großvater auf den Vater, den Sohn und die Folgenden über – und war nicht selten noch Anfang des 20. Jahrhunderts in Gebrauch. Erst Eisen und Industrie beendeten diese Gleichheit der Generationen über die Zeit, beendeten aber auch die Härten der Arbeit.

Museale Kleinode

Es gibt neben diesen musealen Kleinoden noch weitere. Hier sind etwa das Vestische Spargelmuseum auf dem Hof Südfeld in Scherlebeck zu nennen, das Privatmuseum »Brauchtum zur Taufe« der Familie Irmer in Herten, die Siebenbürgen Heimatstube in Herten oder das Halterner Museum für westfälische Buch- und Druckkunst. Auch das Puppenmuseum im Kunsthof Knoop verdient Beachtung. Dort sind Spielzeuge aus verschiedenen Epochen zu bestaunen, die auch Zeugnisse feinster Handwerkskunst sind. Abgesehen von diesen kleinen, feinen Orten bestechen im Vestischen Kreis auch die großen Museen.

Römer und naive Kunst

Einen Besuch wert ist das Römermuseum des Landschaftsverbands Westfalen-Lippe (LWL) in Haltern. Hier werden die alten und neuen Funde aus den Römerlagern an der Lippe ausgestellt – Ergebnisse einer fast 100-jährigen Ausgrabungshistorie. In der überaus anschaulichen Dauerausstellung können sich die Museumsgäste ein plastisches Bild vom Leben der Legionäre machen. Beeindruckend sind auch die wechselnden Sonderausstellungen, etwa die 2009 über die Varusschlacht, wo Exponate von Weltgeltung ausgestellt wurden.

Einen Besuch lohnt auch das Vestische Museum in Recklinghausen. Seine Anfänge gehen auf die heimatkundliche Sammlung des 1890 gegründeten Orts- und Heimatvereins zurück. Heute präsentiert es auf über 1000 Quadratmeter Ausstellungsfläche die Geschichte, Kultur und Kunst der Region. Die verschiedenen Abteilungen erlauben hierbei einen Rundgang durch die Zeit von der Erdgeschichte bis in die 1950er Jahre. Daneben findet der Besucher auch eine der bedeutendsten Sammlungen naiver Kunst in Deutschland.

Religion, Kultur, Geschichte

Ebenfalls in Recklinghausen sitzt ein religionsgeschichtlich herausragendes Museum: das Ikonen-

Die Kunsthalle Recklinghausen 2009. (Foto: © Kunsthalle Recklinghausen/Ferdinand Ullrich)

Kunst zum Mitnehmen
Artotheken ermöglichen Kunstgenuss in den eigenen vier Wänden

Das Werk gefällt Ihnen? Kein Problem – leihen Sie es sich einfach aus! Drei Artotheken im Kreisgebiet – in Marl, Recklinghausen und Gladbeck – bieten Kunstfreunden diesen tollen Service an. Artotheken sind Einrichtungen, in denen man Originale oder Reproduktionen ausleihen kann. Heute gibt es rund 130 Artotheken in Deutschland; die ersten gab es bereits vor 200 Jahren. Damals wie heute sollen Menschen für Kunst interessiert, soll die intensive Auseinandersetzung mit Kunst ermöglicht werden – Kauf am Ende nicht ausgeschlossen. Aber unabhängig davon: Ein Kunstwerk ist immer ein Schmuck für die eigene Wohnung.

Schöne Gladbecker Website

156 Kunstwerke, meist grafische Arbeiten und Kleinskulpturen, sind in der Artothek im Marler Skulpturenmuseum Glaskasten zu entleihen. Sie können donnerstags zwischen 14 und 18 Uhr gegen eine Gebühr von 3,50 Euro für zwei Monate ausgeliehen werden. Auch die Kunsthalle Recklinghausen hat einen Kunstverleih eingerichtet. Vier Mal im Jahr, in den Monaten Februar, Mai, August und November, findet in den Ausstellungsräumen eine Artothek statt. Bis zu drei Bilder können für 4,50 Euro pro Werk für ein Quartal ausgeliehen werden. Die Artothek der Stadtbücherei Gladbeck bietet eine große Auswahl an Unikaten und Kunstdrucken. Sie sind in einem Katalog mit Künstlerbiografien und Bildanalysen dokumentiert. Die Leihgebühr beträgt pro Bild für drei Monate 7,50 Euro, Vormerkungen sind möglich. Informationen gibt es auf der schönen Webseite der Gladbecker Artothek www.stadt-buecherei-gladbeck.de.

Nils Rimkus

Wie hier in Gladbeck gestaltet sich das Ausleihen der Bilder einfach. (Foto: © Stadt Gladbeck)

Grafische Arbeiten, Gemälde und Kunstdrucke können in Gladbeck und Recklinghausen geliehen werden, in Marl zusätzlich Kleinskulpturen. (Foto: © Stadt Gladbeck)

Museum. 1956 in der alten Turmschule gegenüber der Petruskirche in der Altstadt eröffnet, ist es das bedeutendste Museum ostkirchlicher Kunst außerhalb der orthodoxen Länder. Es beherbergt über 1000 Ikonen, Stickereien, Miniaturen, Holz- und Metallarbeiten aus Russland, Griechenland und anderen Balkanstaaten. Darüber hinaus ist eine hervorragende Sammlung koptischer Kunst ausgestellt.

Im Dorfschultenhof in Datteln befindet sich das Hermann-Grochtmann-Museum. Das unter Denkmalschutz stehende Gebäude neben dem Rathaus war früher ein stattlicher Bauernhof im Stil eines westfälischen Hallenhauses. Es zeigt wechselnde Ausstellungen zu heimatkundlichen und kulturgeschichtlichen Themen, lädt aber auch zu einer Reise durch die Stadtgeschichte ein. Daneben bleibt Raum für spannende Exkurse: So stehen hier die ältesten Gussstahlglocken Deutschlands – Baujahr 1845. Und jedes Jahr am Wochenende nahe der ersten urkundlichen Erwähnung Datteins findet hier das mittelalterliche Dorffest Anno 1147 statt.

Seit 1928 besteht das Museum der Stadt Gladbeck als städtische Kultureinrichtung. Es befindet sich im historischen Herrenhaus und Torhaus des Wasserschlosses Wittringen. Die historische Entwicklung Gladbecks und des gesamten nördlichen Ruhrgebiets von den Anfängen bis in die

»junger westen« in der Kunsthalle Recklinghausen 1954 mit (von links) Ernst Hermanns, Thomas Grochowiak, Heinrich Siepemann und Emil Schumacher. (Foto: © Kunsthalle Recklinghausen)

Münzschatz eines römischen Legionärs, gefunden in Dorsten, ausgestellt im LWL-Museum für Archäologie in Herne. (Foto: © LWL/Markus Matzel)

Kultur im Vestischen Kreis

Innenansicht des Hermann-Grochtmann-Museums in Datteln. (Foto: © Stadt Datteln)

Gegenwart ist das museale Thema. Es wird auf über 400 Quadratmetern Ausstellungsfläche und mit über 500 Exponaten, szenischen Darstellungen und audiovisuellen Medien aufbereitet.

Kunst des 20. Jahrhunderts

Eine hohe Stellung nimmt die zeitgenössische Kunst im Kreis Recklinghausen ein. Die 1948 gegründete Künstlergruppe »junger westen« war Impulsgeber, als die Kunsthalle Recklinghausen ins Leben gerufen wurde. Seit 1950 befindet sie sich im Hochbunker am Hauptbahnhof. Ihre Ausstellungen widmen sich der Kunst nach 1945 und haben ihren Fokus auf zeitgenössische Künstler, wobei alle Gattungen gleichermaßen vorgestellt werden. Außerdem finden in der Kunsthalle die jährlichen Kunstausstellungen der Ruhrfestspiele statt. Ihren internationalen Ruf verdankt die Kunsthalle den Sonderausstellungen, in denen Werke von Künstlern zu sehen sind, die Weltrang genießen.

Für Dorsten steht die Tisa von der Schulenburg-Stiftung. Sie fördert Künstler, die sich mit der Arbeits- und Sozialwelt befassen und sie künstlerisch darstellen. Erwähnenswert ist aber auch der Verein Virtuell-Visuell. Er hat sich zum Ziel gesetzt, seine Mitglieder und die Öffentlichkeit in der kritischen Auseinandersetzung mit der Kunst der Gegenwart zu fördern. Dieser Ansatz gilt auch für die Strategie, die in Marl verfolgt wurde und wird. Denn dort wird mit dem Skulpturenmuseum Glaskasten ein wichtiger Beitrag zur Vermittlung von Plastik und Skulptur des 20. Jahrhunderts geleistet. Marl schaffte über die Jahre Groß- und Kleinskulpturen international bedeutender Künstler an, die – gemäß den Grundsätzen von Transparenz und Offenheit – nicht hinter Museumsmauern verborgen, sondern zu einem großen Teil in das Alltagsleben der Stadt einbezogen wurden. So sind mehr als 70 Außenarbeiten von Arp bis Zadkine im öffentlichen Raum um das Rathaus mit den markanten Doppeltürmen und dem künstlich angelegten See zu bewundern.

Nils Rimkus

Aufklären, interessieren, aktivieren
Das Jüdische Museum in Dorsten verfolgt ein spannendes Konzept

Im Südosten der Dorstener Innenstadt, an der Ecke Südwall und Julius-Ambrunn-Straße, befindet sich das Jüdische Museum Westfalen. Es widmet sich der Religion und Kultur der Juden in Deutschland und vor allem den 700 Jahren jüdischer Geschichte in Westfalen. Zentrale Dauerausstellungen wie »Jüdische Lebenswege in Westfalen« und »Jüdische Religion und Tradition« gewähren über einen biografischen Ansatz einen guten Zugang zum Thema. Ein wichtiges Anliegen der Initiatoren ist es, den Unterschied zwischen Antijudaismus – die Jahrhunderte alte christliche Judenfeindschaft – und Antisemitismus – die neuzeitliche, mit rassistischen Motiven hinterlegte Judenfeindschaft – herauszuarbeiten. Sonderausstellungen und ein kulturelles Programm, ein Lehrhaus samt Bibliothek runden das engagierte Konzept ab.

Der Bottroper »Bücherkorb«, 1989 auf dem Dachboden eines Hauses in Bottrop entdeckt. (Foto: © Jüdisches Museum Westfalen)

Museum geht auf Bürgerinitiative zurück

Das barrierefreie Museum hat seinen Sitz in einem sorgsam renovierten Altbau, der im Jahr 2001 um einen zweigeschossigen Neubau ergänzt wurde. Getragen wird es vom »Verein für jüdische Geschichte und Religion e.V.« in Dorsten. Das 1992 eröffnete Museum geht zurück auf eine Bürgerinitiative, die sich mit der lokalen Dorstener Geschichte im Nationalsozialismus beschäftigte. Hierbei stieß die Forschergruppe auf den Umstand, dass die örtliche jüdische Geschichte nicht nur mangelhaft aufbereitet war, sondern auch im öffentlichen Bewusstsein kaum oder fehlerhaft repräsentiert war. Die Bürgerinitiative rief 1987 den eingangs erwähnten Verein ins Leben und bereitete mit der Gründung des »Dokumentationszentrums für jüdische Geschichte und Religion« den Museumsaufbau vor.

Das Jüdische Museum Westfalen in der Dorstener Altstadt. (Foto: © Jüdisches Museum Westfalen)

Nils Rimkus

Von RZ bis Radio Vest – stets gut informiert

Im Kreis Recklinghausen gibt es eine erstklassige Medienlandschaft

In Dorsten, Haltern und Castrop-Rauxel sitzen Lokalredaktionen, die zum Medienhaus Lensing gehören. (Foto: © Nils Rimkus)

Marktführer im Kreis: die Zeitungen des Medienhauses Bauer. (Foto: © Medienhaus Bauer/Torsten Janfeld)

Um die Medienlandschaft zwischen Emscher und Lippe ist es gut bestellt: Vom Rundfunk über bewegte Bilder bis zu Printmedien ist eine ganze Palette von Informationsmöglichkeiten gegeben.

Radio und bewegte Bilder

Im Kreisgebiet »funken« zwei lokale Radiosender. Radio Vest mit Sitz in Recklinghausen begann im Jahr 1991 unter dem Namen Funk im Vest (FiV). Heute informiert Radio Vest, hinterlegt mit viel Musik und guter Laune, als Lokalradio 24 Stunden am Tag über das Geschehen vor Ort und in der Welt. Radio Vest sendet in allen Städten des Kreises – mit Ausnahme von Gladbeck, wo ein Empfang kaum möglich ist. Dafür ist dort Radio Emscher-Lippe zu hören. Die Programme sind – wie bei allen Lokalsendern im Ruhrgebiet – eine Mischung aus eigener Produktion und Zulieferungen des Rahmenprogrammanbieters Radio NRW in Oberhausen. Ein interessantes Online-Angebot hält TV Emscher-Lippe für das gesamte Kreisgebiet bereit: Es berichtet über Politik, Gesellschaft, Wirtschaft, Kunst, Kultur und Sport – und zwar mit Ton und bewegten Bildern.

Einschlag im Blätterwald

Wer es greifbar möchte, bekommt auch dies: So finden die Bürger in ihren Briefkästen regelmäßig kostenlose Anzeigenblätter. Der Informationsgehalt dieser Publikationen, die etwa vom Grone Verlag (»Sonntagsblatt«) oder dem ORA-Verlag (»Stadtanzeiger«, »Stadtspiegel«) herausgegeben werden, wird von vielen Bürgern geschätzt. Mit drei Tageszeitungen, die im Kreisgebiet erscheinen, ist der Kreis als Ganzes im wichtigsten lokalen Printmedienbereich gut ausgestattet. Allerdings hat es hier in den vergangenen Jahren Veränderungen gegeben, die viele Menschen im Kreis nachhaltig verstimmten: das Schwinden lokaler Berichterstattung.

Im Kreis konkurrieren drei Tageszeitungen aus drei Verlagen um die Gunst der Leser: Die Ruhr Nachrichten (RN) kommen vom Medienhaus Lensing aus Dortmund, die WAZ-Gruppe aus Essen verlegt die Westdeutsche Allgemeine Zeitung (WAZ). Und dann gibt es das vestische Eigengewächs: die verschiedenen Titel des in Marl ansässigen Medienhauses Bauer, darunter die bekannteste Tageszeitung im Vest: die Recklinghäuser Zeitung (RZ).

Die RN unterhalten drei eigenständige Lokalredaktionen im Kreis. In Dorsten bringen sie die Dorstener Zeitung heraus, in Castrop-Rauxel die RN, und in Haltern erscheint die Halterner Zeitung. Für den Unmut vieler Leser sorgte die WAZ 2006, als sie sich zeitgleich aus Datteln, Haltern, Herten, Oer-Erkenschwick, Marl und Waltrop zurückzog. Dabei wurde die Lokalredaktion in Recklinghausen zu einer Kreisredaktion zusammengefasst. Diese kann nun für die ehemaligen Standorte nur noch eine verkürzte Lokalberichterstattung leisten. Neben der Recklinghäuser Kreisredaktion gibt es eigenständige WAZ-Redaktionen in Dorsten, Castrop-Rauxel und Gladbeck.

»And the winner is ...«

Durch den Rückzug der ehemals starken Konkurrenz WAZ hat das Medienhaus Bauer in Marl seine Position gestärkt. Zu ihm gehören die Recklinghäuser Zeitung (RZ), die Marler Zeitung, die Dattelner Morgenpost, die Stimberg Zeitung für Oer-Erkenschwick, die Waltroper Zeitung sowie die Hertener Allgemeine. Das Medienhaus Bauer ist mit einer Auflage von rund 63 000 verkauften Exemplaren pro Tag der regionale Marktführer.

Nils Rimkus

Radio Vests Frühmoderator David Petzold an seinem Arbeitsplatz. (Foto: © Radio Vest)

Kultur im Vestischen Kreis

Musik liegt in der Luft: Von Klassik bis Pop

Das Vest hat sich auch zu einer Hochburg der Elektroszene entwickelt

Superstar Thomas Godoj beim Auftritt mit dem Ensemble der Neuen Philharmonie Westfalen. (Foto: © Lars Wennersheide)

Das Jugendsinfonieorchester Recklinghausen besteht aus etwa 50 jungen Musikern im Alter zwischen 13 und 24 Jahren. (Foto: © Manfred Hof)

Pro Jahr stehen rund 300 Auftritte im In- und Ausland auf dem Programm der Neuen Philharmonie Westfalen. (Foto: © Stadt Recklinghausen Öffentlichkeitsarbeit)

Was die Bandbreite des musikalischen Spektrums angeht, so werden im Vestischen Kreis nahezu sämtliche Stilrichtungen abgedeckt. Darüber hinaus gibt es neben professionellen Künstlern, Orchestern, Gruppen und städtischen Musikschulen vor allem ein schier unerschöpfliches Reservoir an Solisten, Bands, Chören oder Gesangvereinen, die allesamt der Musik als reinem Hobby frönen.

So ist es zum Beispiel beim Gospelchor aus Rhade, dessen Auftritte die Zuschauer immer wieder begeistern und zum Mitsingen mitreißen. Seit dem Jahr 2002 erklingen die Akkordeonklänge Vest Recklinghausen, einem von vielen gemeinnützigen Vereinen. In Haltern am See gibt es ein eigenes so genanntes Rockbüro, dem sich seit der Gründung 1989 inzwischen fast 100 Bands angeschlossen haben. Dabei sind die unterschiedlichen Stilarten vertreten: von Punk bis Jazz, von Rock bis Metal, von Blues bis Coverrock.

Schlossorchester Herten

Als Sinfonieorchester wurde das Kammerorchester Gladbeck 1993 aus der Taufe gehoben, in Herten haben sich 1998 mehrere Amateurmusiker zum Schlossorchester MS Herten zusammengefunden. Sie widmen sich der klassischen Musik und brillieren mit Werken von Barock bis Romantik. Zudem ist die Reihe der Hertener Schlosskonzerte überaus populär.

Mit über 700 Mitgliedern ist die schon seit 1950 bestehende Musikgemeinschaft Marl einer der größten Musikvereine in ganz Deutschland. Weit über die Grenzen der Stadt hinaus sind außerdem das Klassikfestival Ruhr bekannt sowie das »Marler Debüt«, das zu den etablierten Konzertreihen für Preisträger von »Jugend musiziert« zählt.

Jugendsinfonieorchester Recklinghausen

Seit dem 1. Oktober 1985 besteht das Jugendsinfonieorchester Recklinghausen. 1994 wurde es mit dem Vest-Preis ausgezeichnet. Regelmäßig weilt das JSO zu Konzertreisen im Ausland. Konzerte gab es unter anderem in Polen, Italien, Russland und sogar in China. Das Jugendsinfonieorchester Recklinghausen besteht aus etwa 50 jungen Musikern im Alter zwischen 13 und 24 Jahren.

Das JSO unterhält übrigens eine Patenschaft mit der Neuen Philharmonie Westfalen, die ebenfalls in Recklinghausen ansässig ist. Die NPW entstand zum 1. November 1996 durch einen Zusammenschluss des Philharmonischen Orchesters Gelsenkirchen und des Westfälischen Sinfonieorchesters Recklinghausen. Pro Jahr stehen rund 300 Auftritte im In- und Ausland auf dem Programm. Im Jahr 2005 begleitete die Neue Philharmonie Westfalen die weltbekannte Sopranistin Anna Netrebko bei zwei Auftritten.

Superstar Thomas Godoj

Bundesweit ist seit 2008 auch der Recklinghäuser Thomas Godoj bekannt. Damals setzte er sich bei der Fernseh-Castingshow »Deutschland sucht den Superstar« durch. Danach entwickelte sich seine Karriere rasant, wobei Godoj mit Bedacht vorgeht und sich augenscheinlich nicht verheizen oder von seinem eigenen Weg abbringen lässt. Zu seinen besonderen Auftritten gehörte unter anderem im Januar 2010 auch ein gemeinsames Engagement mit der Neuen Philharmonie Westfalen zu einem wohltätigen Zweck. Grund war eine Spendenaktion für die Opfer des schweren Erdbebens auf der Karibikinsel Haiti.

Moguai und Phil Fuldner

In den letzten Jahren hat sich das Vest zudem zu einer Hochburg der Elektromusik entwickelt. Namen wie André Tegeler alias Moguai und Phil Fuldner sind in der internationalen Musikszene etabliert. Moguai startete von Marl aus zu einer Reise um den Globus. Seine Produktionen sind richtungweisend, seine DJ-Sets sind Erlebniswelten, in denen schon tausende Tänzer versunken sind.
Bereits 18 Singles veröffentliche Tegeler bis dato und machte sich unter anderem mit Remixen der Sugarbabes oder 2Raumwohnung auch in der Popszene einen Namen, da diese Werke mit Dop-

Bei einem DJ Gig oder einer Live Show von Phil Fuldner dabei zu sein, bedeutet immer, sich auf eine Reise durch fast alle Facetten unzähmbarer, elektronischer Musik zu begeben. (Foto: © swinque)

André Tegeler alias Moguai lotete bereits in den späten 80er und frühen 90er Jahren alle Strömungen der neuen Musik aus. Gleichzeitig mischte er als DJ in der gerade entstehenden Rave-Szene des Ruhrgebiets und in Münster mit. (Foto: © swinque)

pelplatin und Gold veredelt wurden. Zudem moderiert Moguai eine eigene Radioshow auf 1Live. Auch Phil Fuldner hat weltweit mehrere Millionen Tonträger verkauft und zahlreiche Gold- und Platinschallplatten, die er – mit seinem Homie und Studiokomaten Moguai – für internationale Pop- und Clubproduktionen eingefahren hat. Beide sind regelmäßig auf den größten Veranstaltungen der Welt dabei.
Fuldners Gespür für den »one step beyond« beschert ihm seit Jahren gefeierte Gigs in den angesagtesten Clubs, den größten Festivals und Raves bis hin zu exklusivsten Aftershow Partys (Formel1/Monaco, MTV Awards, Amica, Hugo Boss, Cannes Film Festival, Gaga Style Club).

Ralf Rudzynski

Das ROR rockt die Bühne

Rockorchester Ruhrgebeat reißt die Fans von den Sitzen

Mit ebenso außergewöhnlichen wie facettenreichen und furiosen Auftritten gehört das Rockorchester Ruhrgebeat zu den Bands, die die Musiklandschaft im Ruhrpott und im Vestischen Kreis bereichern. Am 4. Oktober 1998 feierte es seine Feuertaufe, seit dem Jahr 2000 tourt es regelmäßig durch die Region. Mittlerweile stehen pro Jahr rund 30 Auftritte an, und der Name ist Programm: Das ROR rockt die Bühne.

»Bei uns geht die Post ab«, sagt Hans von der Forst, Gründer und Manager der Band, die aus insgesamt 60 zumeist professionellen Musikern aller Altersklassen besteht. Sie bieten den Fans einen rund dreistündigen Auftritt, bei dem es niemanden auf den Sitzen hält. Erstklassiger Sound und perfekte Choreografien unterstreichen Rhythmus, Rasanz und Tempo.

Geige und E-Gitarre

Unter der Regie eines eigenen Dirigenten vermischen sich klassische Instrumente wie Cello oder Geige mit Schlagzeug, Keyboard, Bass- und E-Gitarre. Zusammen mit stimmgewaltigen Sänge-

Das ROR rockt die Bühne und brennt ein Feuerwerk ab aus Sound, Rhythmus, Rasanz und Tempo. (Foto: © ROR)

Das Rockorchester Ruhrgebeat bietet seinen Fans handgemachten Rock mit Seele. (Foto: © ROR)

rinnen und Sängern brennen sie ein Feuerwerk aus fünf Jahrzehnten Rockmusik ab und spiegeln ein ganz besonderes Lebensgefühl wider.
Pro Abend werden etwa 30 Titel gespielt: mal ein Jackson-Medley, dann wiederum Evergreens der Stones, von Joe Cocker und Tina Turner oder neuere Hits. Auf eine besondere Stilrichtung lässt sich das Rockorchester Ruhrgebeat nicht festlegen, zu groß ist die Bandbreite. 120 Lieder sind arrangiert, das gesamte Repertoire umfasst sage und schreibe 1000 Stücke. Und alle stehen für handgemachten Rock mit Seele.

Ralf Rudzynski

Kultur im Vestischen Kreis

»Wer sich die nötige Zeit nimmt, findet die richtigen Worte«

Text- und Presseservice »Wieder Worte« vereint Kreativität und Sorgfalt

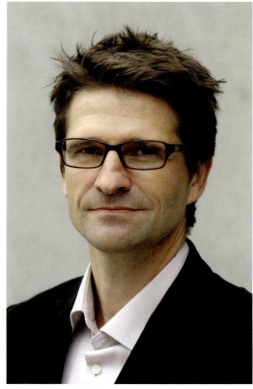

Medienwissenschaftler Dr. Nils Rimkus: »Häufig sieht man Flyer und Webseiten, die optisch schön gestaltet sind, textlich aber das visuelle Versprechen nicht halten. Damit wird eine Chance vertan.« (Foto: © Andreas Molatta)

Die moderne Zeit hat es verdammt eilig. Oft fehlt die Zeit für ein »Bitte« oder ein Lächeln, von ganzen Sätzen ganz zu schweigen. Dabei sind eine korrekte Ausdrucksweise und gute Umgangsformen der Schlüssel für ein verträgliches Miteinander im Leben und Erfolg im Beruf. Wer vernünftig auftritt und bei einem Ansinnen eine freundliche Ansprache findet, hinterlässt einen guten Eindruck. Und der ist immer viel wert.

»An dem Satz ›Es gibt keine zweite Chance für den ersten Eindruck‹ ist viel Wahres. Wie ich mich präsentiere, ist in persönlichen Dingen genauso wichtig wie in geschäftlichen«, sagt Ralf Rudzynski. Der freiberufliche Journalist sieht kaum einen Unterschied zwischen einem ersten persönlichen Treffen oder einem Anschreiben: »Sich im Kundengespräch zu befinden, Akquise zu betreiben, für einen Artikel zu recherchieren – all das beginnt mit einem ersten Guten Tag oder einem netten Hallo. Hier gibt es große Parallelen zur Werbung, denn schließlich betreibt man Werbung in eigener Person.«

Qualität setzt sich durch

»Wer heute für sich werben oder die Öffentlichkeit über etwas unterrichten will, hat es schwerer als früher«, sagt Medienwissenschaftler und Journalist Dr. Nils Rimkus. »Computer und Internet haben zwar die technische Seite der Kommunikation revolutioniert, aber damit gleichzeitig das Tempo verschärft, in dem sich Berufswelt und Gesellschaft verändern. Dadurch hat sich auch das Leben jedes Einzelnen stark beschleunigt. Kaum jemand hat noch Zeit und Muße.« Wer also seine Zielgruppe oder sein Publikum erreichen möchte, konkurriert mit vielen anderen um die immer kleiner werdende Ressource namens Aufmerksamkeit. »Das beste Rezept, hier Erfolg zu haben«, sagt Dr. Nils Rimkus, »ist Professionalität. Am Ende setzt sich Qualität durch.«

Struktur und harmonischer Einklang

Genau hier setzt der Text- und Presseservice »Wieder Worte« an. Dr. Nils Rimkus und Ralf Rudzynski unterstützen sowohl Verbände, Institutionen, Unternehmen als auch Vereine und Privatpersonen dabei, die passenden und treffenden Worte zu finden. Ihr Credo ist, Kreativität und Sorgfalt zu vereinen. Ihr Handwerk verstehen die ausgebildeten Journalisten: zielgenaue Recherche und sicherer Aufbau von guten Sätzen und Texten. Das kreative Element findet dort Eingang, wo die vielen kleinen Informations-Schnipsel in einen harmonischen Einklang zu bringen sind, damit ein Text entsteht, der von Anfang bis Ende überzeugt. Dr. Nils Rimkus: »Häufig sieht man Flyer und Webseiten, die optisch schön gestaltet sind, textlich aber das visuelle Versprechen nicht halten. Das ist schade. Denn hier wird die Chance vertan, die gewünschten Botschaften an die Frau oder den Mann zu bringen.«

Der stimmige, leserfreundliche Text, der die Kernaussage der (Werbe-)Botschaft auf den Punkt bringt, muss den Auftraggeber sehr gut ›kennen‹ »Bei einer Familienchronik etwa oder einer Festschrift zum Jubiläum oder zum 80. Geburtstag ist viel persönlicher Kundenkontakt notwendig«, weiß Ralf Rudzynski. »Aber es ist immer wieder ein großes Kompliment, wenn man mit seiner Arbeit zu einem schönen Geschenk beigetragen

2007 veröffentlichte Ralf Rudzynski mehrere Reisereportagen über die Mongolei. Bei seiner Recherche besuchte er auch Karakorum, die einstige Hauptstadt des legendären Dschingis Khan. (Foto: © Archiv)

Kultur im Vestischen Kreis

Ralf Rudzynski gibt eindringlich zu verstehen: »Ob bei einem persönlichen Treffen oder einem Anschreiben: Es gibt keine zweite Chance für den ersten Eindruck.« (Foto: © Andreas Molatta)

hat. Es verlangt viel Einfühlungsvermögen, denn schließlich geht es darum, sich in die Gedanken seines Gegenübers zu versetzen. Der regelmäßige Dialog mit dem Auftraggeber ist gleichzeitig die beste Möglichkeit, erfolgreich ans Ziel zu kommen.«

Und damit ist man wieder beim Ausgangspunkt: »Wer sich die nötige Zeit nimmt, der findet auch die richtigen Worte.«

Der Text- und Presseservice »Wieder Worte« findet die richtigen Worte. Hinzu kommt langjährige journalistische Erfahrung und »die ist überaus vielfältig«, sagt Dr. Nils Rimkus. »Es ist so ziemlich alles an Aufträgen dabei: von Sportberichten über Firmenporträts und Reportagen bis hin zu wissenschaftlichen Studien.«

Kennengelernt haben sich die beiden – wie sollte es im Revier anders sein – im Fußballverein. Später schlugen sie auch beruflich ähnliche Wege ein. Während Ralf Rudzynski auf direktem Weg als Redakteur durch verschiedene Zeitungsredaktionen im Ruhrgebiet zog, machte Dr. Nils Rimkus einen Schlenker durch die Korridore der Ruhr-Universität Bochum. Aber ihre Wege trafen sich immer wieder – Worte sind eben dicker als Wasser. Beiden fiel auf: »Wir sind schon Jahre in einem Metier unterwegs – wieso nicht unsere Erfahrungen und Fähigkeiten zusammentun?«

Ein mit Bedacht gewählter Name

Im Text- und Presseservice »Wieder Worte« bündeln sich Kompetenzen, die Dr. Nils Rimkus und Ralf Rudzynski dazu verhelfen, den unterschiedlichsten Aufträgen gerecht zu werden. »Wir arbeiten uns in jedes Thema ein und begreifen uns als Handwerker, die mit Worten umzugehen verstehen«, erläutert Ralf Rudzynski. »Dabei ist es egal, ob es um ein offizielles Anschreiben geht, den Text für eine Bewerbungsmappe, eine weihnachtliche Grußbotschaft oder eine Anzeigenkampagne.«

»Wieder Worte« – das hat natürlich auch einen etwas rebellischen Beiklang: Der Auftraggeber begegnet hier einfallsreichen Autoren, die wenig Interesse an 08/15-Texten haben. Flyer, Internetauftritte, Firmenbroschüren, Werbe- und Pressetexte, Magazine, Zeitungen und selbstverständlich auch Bücher werden individuell und kreativ gestaltet beziehungsweise ausgearbeitet. Hier allen Sätteln gerecht zu werden, heißt für einen guten Texter keineswegs, leere Wörter für alle Fälle parat zu haben. Die Kunst ist es, wieder Worte zu finden.

> Beitrag von:
> »Wieder Worte« · Text- und Presseservice
> Dr. Nils Rimkus · Ralf Rudzynski
> Tel. (01 78) 2 31 27 79 · Tel. (01 77) 2 09 59 19
> info@wieder-worte.de · www.wieder-worte.de

Firmen und Unternehmen profitieren besonders von der Erfahrung der Journalisten. (Foto: © Andreas Molatta)

Im Text- und Presseservice »Wieder Worte« bündeln Dr. Nils Rimkus und Ralf Rudzynski langjährige Erfahrung und journalistische Kompetenz. (Foto: © Andreas Molatta)

Kultur im Vestischen Kreis

Feiern, Freude und Spektakel

Tolle Events begeistern nicht nur Kreisbewohner

Vor der Open-Air-Bühne beim Waltroper Parkfest geht es richtig ab.
(Foto: © Stadt Waltrop/Waltroper Parkfest)

Blick in die Altstadt bei »Castrop kocht über«. (Foto: © Stadt Castrop-Rauxel)

Es gibt viele Gründe, warum das Leben zwischen Lippe und Emscher so angenehm ist – ein ganz wichtiger sind die vielen Feste. Von Kirmes bis Tiermarkt, von Sport am See bis Kultur am Kanal – in den zehn Städten steigen Spektakel, die weit über Stadt- und Kreisgrenzen hinaus bekannt sind.

The Sweet beim Kanalfest

In Castrop-Rauxel lockt am langen Fronleichnam-Wochenende das Gourmetfest »Castrop kocht über«. Zum gutem Essen von Köchen und Restaurants aus der Region gibt es dann auch jede Menge tanzbare Livemusik. Das Ganze passiert in der schönen Kulisse der Altstadt.
Schon seit 1969 steigt im Dattelner Hafen das Kanalfest, das sich von einem Sport- und Volksfest zu einem Kulturfestival am größten Kanalknotenpunkt mauserte. Auf acht Bühnen treten Ende August über 40 Bands und Chöre auf, und es werden erstklassige Straßentheater-Produktionen aufgeführt. Daneben gibt es Walk-Acts, ein buntes Kinderprogramm, Handwerker-, Kunst- und Bauernmärkte. Zu hören sind außerdem internationale und nationale Popgrößen, zuletzt sangen unter anderem The Sweet und Jule Neigel. Ein atmosphärisches Highlight bilden der Lampionkorso und das folgende Höhenfeuerwerk am Samstagabend auf der größten Bühne: dem Dortmund-Ems-Kanal.

Tiere und Apfeltaschen

Das feierfreudige Dorsten macht für die kultigen »Dreams on Ice« zur Weihnachtszeit aus dem Marktplatz eine Eislauf-Disco. Im Sommer ist hier das Zentrum des Altstadtfestes: Um den Geburtstag der Stadt (1. Juni 1251) ist die gesamte Innenstadt bis hinunter zur Kanaluferpromenade an drei Tagen Ort von Aktionen, Sttraßentheater, Musik und Tanz. Weiter nördlich ist der erste Sonntag im Mai für den Lembecker Tiermarkt reserviert. Hier preisen Händler ihre Waren ebenso an wie junges Vieh, es gibt Tierausstellungen und Greifvogel-Flugschauen, einen Kuh-Melk-Wettbewerb, Musik, Tanz und viele andere Events. Ein durch und durch westfälisches Fest!
»Gladbeck total« heißt es am ersten Maiwochenende, und dann wird bei viel Live-Musik auf zwei Bühnen kräftig getanzt und gefeiert. Anfang September dreht sich dann in Gladbeck jedoch alles um den Apfel: Beim historischen Appeltatenfest (Apfeltaschen-Fest) erfreut ein vielfältiges Rahmenprogramm mit Bühnenshow und Unter-

Kultur im Vestischen Kreis

Bei den vielen Events im Kreis – wie hier beim Waltroper Parkfest – wird auch an Kinder gedacht. (Foto: © Stadt Waltrop/Waltroper Parkfest)

Atmosphärisches Highlight: der Lampionkorso beim Datteler Kanalfest. (Foto: © Stadt Datteln)

groß gefeiert. Livemusik auf zwei Bühnen sorgt für beste Stimmung.

Seit 1992, zur Feier der deutschen Einheit, gibt es das Marler Volksparkfest. Im schönen Volkspark in Alt-Marl, am Stadt- und Heimatmuseum und im Guido-Heiland-Bad informieren dann über 60 Vereine, Verbände und Institutionen über ihre Aktivitäten und bieten kulinarische Gaumenfreuden für jeden Geschmack.

Das kulturelle Highlight in Waltrop ist das überregional bekannte und beliebte Parkfest am letzten August-Wochenende. Bei diesem großen Familien- und Kulturfest unterhalten Schlagerstars, Jazzformationen, Kabarettisten, Punkbands, Rapper und Rockmusiker auf vier Bühnen im Stadtpark. Auf zwei Quadratkilometern gibt es außerdem Walkacts, Kunstaustellungen, hochwertige Gastronomie-, Markt- und Themenbereiche, Kinder- und Familienprogramm.

»Auf'm Hügel« geht's ab

Die größte Stadt des Kreises kann auch mit einigen Superlativ-Festen aufwarten – ganz abgesehen von den neueren Besuchermagneten. So erfreut sich das Gourmet-Fest »zu Gast« in Recklinghausen Ende Juli, Anfang August wachsender Beliebtheit. Auch das Wallringfest im Juli mit Rad- und Inlinerrennen wird sehr gut angenommen. Einen wirklich herausragenden Termin im Festivalkalender nimmt allerdings die Palmkirmes ein. Dieses mehrtägige Volksfest besuchen rund eine Million Besucher, angelockt von kulinarischen Spezialitäten, den neuesten Fahrgeschäften und jeder Menge Spaß! Und eines der umwerfenden Events im Kreis ist »auf'm Hügel« – das alljährlich am 1. Mai stattfindende Kulturvolksfest zum Auftakt der Ruhrfestspiele Recklinghausen. Konzerte, Bühnenprogramm, Musik, Kabarett und lukullische Angebote sorgen für ein Spektakel, das einer Kreishauptstadt würdig ist.

Nils Rimkus

haltung, mit Verkaufsständen und leckerem Apfelkuchen. Der Höhepunkt des Festwochenendes ist die feierliche Krönung der Appeltatenmajestät vor dem Alten Rathaus.

Parkfest überregional bekannt

Bei den Halterner Seetagen geht es am Stausee vier Julitage lang sportlich zu: Segelwettbewerbe und diverse Sportereignisse wie Beach-Soccer, Strandvolleyball und Surfen locken dann allein rund 1500 Sportler in die Seestadt! Dagegen ist Herten zunächst blumig. Ende April, Anfang Mai ist nämlich in der Hertener City der größte Blumen- und Gartenmarkt des Ruhrgebiets mit über 100 Ausstellern zu bewundern. Und in der zweiten Septemberwoche folgt ein vergleichbares Highlight. Der Hertener Weinmarkt in der Innenstadt ist der traditionsreichste Markt seiner Art im Ruhrgebiet. Mit dabei sind eine Gourmetmeile und ein abwechslungsreiches Musikprogramm.

In Oer-Erkenschwick ist das noch junge Stadtfest »Sommerhit« ein guter Tipp: Über drei Tage wird an Rathausplatz, Ludwigstraße und Berliner Platz

100 000 besuchten am 1. Mai 2010 das Kulturvolksfest in Recklinghausen. (Foto: © Ruhrfestspiele/Jana Neumann)

Wirtschaft im Vestischen Kreis

Auf dem Sprung in eine neue industrielle Ära

Der Vestische Kreis bündelt alle Kräfte, um den Strukturwandel zu bewältigen

Aus Halden werden Naherholungsgebiete, und wo früher Kohle gefördert wurde, sind heute Denkmale der Industriekultur oder geschäftige Gewerbeparks. Dies sind sichtbare – mitunter sogar begehbare – Zeichen dafür, dass der Strukturwandel im Vestischen Kreis vielversprechend verläuft. Gewiss, der Abschied vom einst dominanten Bergbau ist auch im Kreis Recklinghausen schmerzhaft. Mitte der 1950er waren allein im Bergbau fast 100 000 Menschen tätig – heute zählt der Kreis insgesamt rund 145 000 Arbeitnehmer. Noch in den 1990ern war der Bergbau der wichtigste Arbeitgeber im Kreis. Wenn heute nur noch 3800 Menschen im letzten vestischen Bergwerk – Auguste Victoria in Marl – tätig sind, lässt das erahnen, wie schwierig der Strukturwandel weg von der Montanregion und hin zur modernen Industrieregion ist.

Im Vestischen Kreis ist die chemische Industrie ein traditionelles Kompetenzfeld. (Foto: © Infracor GmbH)

Kompetenzen vertiefen

Hier ist unter großen Anstrengungen jedoch viel erreicht worden. Die kreisangehörigen Städte, die Kreisverwaltung und die Landesregierung, die Gewerkschaften, Kammern und viele Unternehmen arbeiten seit über einem Jahrzehnt gemeinsam daran, die Entwicklungspotenziale der Region mithilfe gezielter Maßnahmen auszuschöpfen.

Im Kern der Handlungsstrategien stehen dabei die viel zitierten Kompetenzfelder. Das sind, kurz gesagt, die Stärken einer Region, die beispielsweise über wirtschaftliche Spezialisierungen, das Vorhandensein von besonderem technologischem Wissen oder intelligenten Formen von Kooperationen zu Innovationen und Beschäftigung führen. Der Kreis Recklinghausen ist in den Bereichen Chemie, neue Energien, Gesundheit und Tourismus sehr gut aufgestellt.

Rund 3800 Kumpel arbeiten im Bergwerk Auguste Victoria. (Foto: © RAG)

Chemie, Energie, Gesundheit

Die chemische Industrie im Vestischen Kreis ist ein traditionelles Kompetenzfeld, das seine Wurzeln im Verbund mit der Kohlewirtschaft hat. Heute hat sich die Region mit großen Standorten in Marl und Castrop-Rauxel in einigen Chemiesparten sogar zu einem der weltweit führenden Chemiestandorte entwickelt. Hier werden rund 4,7 Milliarden Euro umgesetzt, und allein im Chemiepark in Marl finden rund 10 000 Menschen Arbeit. Ein zukunftsweisender Schritt war hierbei die 1997 ins Leben gerufene ChemSite-Initiative. Sie bündelt überaus erfolgreich Aktivitäten der chemischen Industrie, um die Chemie und ihre Wertschöpfungsketten in der Region zu stärken.

Auch das Kompetenzfeld Energie hat seine historischen Anfänge im Steinkohlebergbau. Heute

Wirtschaft im Vestischen Kreis

Traditionelle Stärken liegen in der Landwirtschaft. (Foto: © Nils Rimkus)

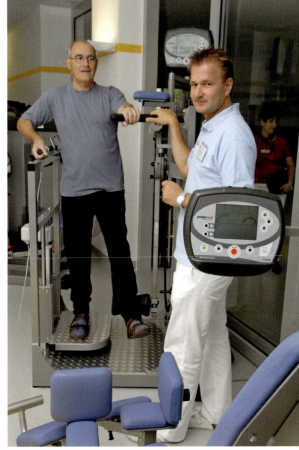
Größter Arbeitgeber in der Region ist die Gesundheitswirtschaft. (Foto: © St. Elisabeth-Hospital Herten.)

jedoch steht dieses Thema unter völlig anderen Vorzeichen: Bei den Zukunftsenergien nimmt der Kreis mittlerweile eine führende Rolle ein. Hier ist unter anderem das Thema Energiespeicherung in Verbindung mit Wasserstoff ein wichtiges Thema. Ein Wasserstoff-Kompetenz-Zentrum ist in Herten entstanden – ein Leuchtturmprojekt für den Strukturwandel. Denn Herten, wo heute kein Bergwerk mehr arbeitet, war noch in den 1990ern die größte Bergbaustadt Europas.

Der größte Arbeitgeber in der Region ist allerdings woanders angesiedelt: In der Gesundheitswirtschaft arbeiten im Kreisgebiet rund 35 000 Menschen. Integrierte Versorgung, koordinierte Ausbildung und Logistik sind zentrale Themen. Der Verein »MedWiN e.V.«, getragen von Unternehmen und Kommunen, hat im Ausbau der Gesundheitswirtschaft eine Schlüsselfunktion eingenommen.

Mittelstand und Landwirtschaft

Abgesehen von diesem »Big Business« hat man zwischen Emscher und Lippe längst die Zeichen der Zeit erkannt und setzt ganz auf die Förderung und Stärkung des Mittelstands. Dieser wird nicht ohne Grund als Motor der Wirtschaft bezeichnet, stemmt er doch über 30 Prozent des regionalen Gesamtumsatzes und schafft jeden zweiten Arbeitsplatz. Sein Leistungsspektrum ist überaus vielfältig. Da sind rund 5500 bodenständige Handwerksbetriebe im Kreis, aber auch Unternehmen, die sich mit sehr innovativen Ideen und Produkten hervortun.

Nicht vergessen werden darf die Landwirtschaft, die traditionell eine bedeutende Rolle im Vestischen Kreis spielt. Auch hier sind Veränderungen in Ausrichtung und Erwerbsstruktur zu beobachten – die Landwirtschaft ist ebenfalls einem Strukturwandel unterzogen.

Bildung ist der Schlüssel

Die Basis für den wirtschaftlichen Erfolg einer Region liegt im Bereich Bildung. Auch hier kann der Kreis Recklinghausen starke Strukturen vorweisen. In 221 Schulen im Kreis, darunter 11 Berufsausbildende Schulen, 20 Gymnasien, 11 Integrierte Gesamtschulen, 21 Real- und 19 Hauptschulen, sind alle Schulabschlüsse möglich. In Marl und Gladbeck sind zwei der mittlerweile 25 zdi-Zentren angesiedelt: Die Gemeinschaftsoffensive Zukunft durch Innovation.NRW (zdi) will Schüler mit anspruchsvollen Angeboten für ein ingenieur- und naturwissenschaftliches Studium begeistern. Auch wer ein Studium anstrebt, ist im Kreis gut aufgehoben. Die Fachhochschule Gelsenkirchen hat einen Standort in Recklinghausen, die Fachhochschule für Oekonomie & Management (FOM) sitzt in Marl, darüber hinaus sind die bedeutenden Hochschulen des Ruhrgebiets nicht fern. Schließlich trägt auch die Zusammenarbeit zwischen Hochschulen und Wirtschaft Früchte, wie sich im Bereich der angewandten Forschung in den drei Science-to-Business-Center der Evonik im Chemiepark in Marl zeigen lässt. Der Vestische Kreis ist also auf dem Sprung zu einem modernen, zukunftsgerechten Industriestandort.

Nils Rimkus

Innovativer Mittelstand: biologisch abbaubares Geschirr der Firma Loick aus Palmblättern der Adaka-Nusspalme. (Foto: © Cornpack GmbH & Co. KG)

Wirtschaft im Vestischen Kreis

Motoren der Wirtschaft

Kleine und mittlere Unternehmen (KMU) international erfolgreich

Kinder mögen das Spielzeug der Firma Loick – es ist hergestellt aus Mais, Gries, Wasser und Lebensmittelfarbe. (Foto: © Cornpack GmbH & Co. KG)

RAG, Evonik, Siemens – die »Global Player« kennt jeder. Unauffälliger klingen da »Mittelstand« oder »KMU« – doch die werden nicht umsonst Motoren der Wirtschaft genannt. Im Kreis Recklinghausen sind rund 21 000 Unternehmen ansässig und beschäftigen rund 145 000 Menschen. Von diesen Unternehmen sind 90,6 Prozent kleine und 9,2 Prozent mittlere Unternehmen. Sie erwirtschaften ein Drittel aller Umsätze, stellen mehr als 50 Prozent aller Arbeitsplätze und über 80 Prozent aller Ausbildungsplätze.

Beachtliche Innovationskraft

Zu einem KMU werden alle Unternehmen gerechnet, die weniger als 250 Beschäftigte haben und höchstens einen Umsatz von 50 Millionen Euro erzielen. Die überwiegende Zahl der KMU ist inhabergeführt. Das Merkmal dieser Unternehmer ist, dass sie weniger an kurzfristigen Renditezielen interessiert sind, sondern am Erhalt des Unternehmens, das oft über Generationen hinweg als Familienunternehmen geführt wird. Wobei der Begriff Familie häufig auf die Betriebsfamilie zu beziehen ist, weil persönliche und langjährige Beziehungen zwischen Chef und Beschäftigtem aufgebaut werden. Zur Unternehmenssicherung gehört es, ein angemessenes Wachstum anzustreben und schnell und flexibel auf sich ändernde Marktanforderungen zu reagieren. Aus dieser Beweglichkeit heraus entfaltet der Mittelstand oft eine beachtliche Innovationskraft. Sehr schöne Beispiele finden sich gerade im Kreis Recklinghausen.

Schnell aufzubauen: Das Zeltmodell »Delta Vista« der Firma De Boer als mobile Messe in Barcelona. (Foto: © De Boer GmbH)

Internationale Geschäftsfelder

Die Firma Loick AG in Dorsten etwa ist einer der deutschen Pioniere bei der Erzeugung von Bioenergie aus landwirtschaftlichen Erzeugnissen (Biodiesel, Biogas). Ein weiterer Unternehmensschwerpunkt liegt auf Biowerkstoffen: Aus Mais etwa werden nicht nur Verpackungen, Folien und Formteile produziert, sondern auch Spielzeuge und Geschirr.

Außergewöhnlich auch die in Castrop-Rauxel ansässige Firma Stage Kinetik. Sie beschäftigt sich mit der Planung, Konstruktion und dem Aufbau von Bühnenausstattungen. Ihre fahrbaren LED- und Lichtwände, beweglichen Bühnen und funkgesteuerten Podeste kamen unter anderem bei medialen Großevents wie der Verleihung des Deutschen Musikpreises ECHO, »Germany's Next Topmodel« oder »TV Total« zum Einsatz. Spannend auch die De Boer GmbH, die als »Internationaler Zeltverleih« temporäre Bauten für große Events und Festivals bereitstellt. Diese kommen auf der ganzen Welt zum Einsatz, etwa als VIP-Lounges bei Olympischen Spielen und der Fußball-WM 2006 oder als Kongresshallen für Messen. Außerdem »ersetzen« ihre semipermanenten Temporärbauten ganze Restaurants, die renoviert und deshalb ausgelagert werden müssen, oder auch Lagerhallen, Flughafenterminals und sogar Gefängnis-Trakte, die aufgrund von Kapazitätsengpässen erweitert werden.

Besonders stark sind im Kreis die KMU des Gast- und Baugewerbes – wo rund 80 Prozent des Gesamtumsatzes dieser Branchen erzielt wird –, und des Grundstücks- und Wohnungswesens, das rund 60 Prozent des Branchenumsatzes erwirtschaftet. Die Bedeutung des Mittelstands ist im Kreis Recklinghausen längst erkannt worden. Der Kreis und die zehn Städte haben 2005 die »Gütesiegelgemeinschaft Serviceversprechen Mittelstand« gegründet. Hierdurch werden kommunale Strukturen, zum Beispiel bei Wirtschaftsförderung, Bauordnung und Gewerbeanmeldung, auf die Bedürfnisse des Mittelstands zugeschnitten.

Nils Rimkus

Know-how aus Recklinghausen – »Alles unter einem Dach«

Futurekids/gn2-Systemhaus und franchise-net

Thomas Wohlfeld (rechts) und Sascha Lemke wissen aus langjähriger Erfahrung: »Qualifizierungsmaßnahmen für Erwachsene sowie Beratung für Existenzgründer passen gut zusammen.« (Foto: © gn2-Systemhaus)

»Angefangen hat alles 1998 mit der Übernahme eines Futurekids-Centers«, erinnern sich Thomas Wohlfeld und Sascha Lemke. Damit legten die beiden den Grundstein für ihre erfolgreiche Zusammenarbeit. In nur zwölf Monaten machten sie den noch heute bestehenden Futurekids-Standort in Recklinghausen zum erfolgreichsten in ganz Deutschland. Mit Aufgabenstellungen, die sich an den Interessen der Kinder orientierten, konnten sie diese für Lernen und Arbeiten mit dem PC begeistern.

Schon bald waren sie zudem in Schulen tätig, wo sie ihr Wissen auch an Lehrer vermittelten. »Daraus hat sich uns das Betätigungsfeld der Erwachsenenbildung eröffnet«, erklärt Sascha Lemke. Hier setzte das Duo einen weiteren Meilenstein mit dem gn2-Systemhaus. Dieses wurde verstärkt in die Erwachsenenbildung eingebracht.

Inzwischen umfasst das Angebot an Schulungen und Ausbildungen fast alle Bereiche des Bildungswesens. »Schon seit Jahren arbeiten wir mit den größten Bildungsträgern Deutschlands und mit namhaften Unternehmen zusammen.« Und durch die erstklassigen Fort- und Weiterbildungsmaßnahmen hat gn2 Systemhaus bundesweit unzähligen Kursteilnehmern das Know-how für den Arbeitsmarkt mit auf den Weg gegeben.

Eigene Lehrpläne

gn2-Systemhaus konzipiert Schulungen mit selbst entwickelten und maßgeschneiderten Lehrplänen unter anderem für kaufmännische Qualifizierungsmaßnahmen, EDV und den technischen Bereich. Überdies werden Sprachkurse und berufsvorbereitende Coachings durchgeführt. Mittlerweile hat das Unternehmen sogar selbst einen Lehrauftrag für die Erwachsenenbildung.

Um diese Fort- und Weiterbildungsmaßnahmen auf hohem Niveau durchführen zu können, verfügt gn2-Systemhaus über einen großen Pool an fachlich und pädagogisch ausgezeichneten Dozenten. Dazu gehören Doktoren, Professoren oder Bauingenieure. Sie führen die gewünschten Maßnahmen entweder bei den Bildungsträgern oder in den Bildungsräumen von gn2-Systemhaus in der Martinistraße 36 – gegenüber der Hauptpost – durch.

Der Kreis schließt sich

Thomas Wohlfeld und Sascha Lemke, die Geschäftsführer und Firmengründer, geben zudem über das internationale Internetportal franchise-net wertvolle Starthilfe für Existenzgründer. Allein im eigenen Unternehmen wurden mehrere Arbeitsplätze geschaffen.

Am 1. Januar 2009 kam mit der franchise-net-GmbH ein weiterer Baustein hinzu: »Das gleichnamige Internetportal gibt Existenzgründern wertvolle Tipps für die Selbstständigkeit. Denjenigen, die den Weg in die Selbstständigkeit suchen und ihr eigener Chef sein wollen, bieten wir mit unserem franchise-net-Portal eine Vielzahl an Möglichkeiten und Geschäftsideen an.« Während Unternehmen und Franchise-Geber ihre Konzepte und Erfahrungen vorstellen, kön-

Hubert Froning gehört im Büro an der Martinistraße 36 zu Ihren Ansprechpartnern. (Foto: © gn2-Systemhaus)

nen potenzielle Franchise-Nehmer aus unzähligen Systemen das Passende herausfiltern.

Wohlfeld: »Viele große Unternehmen, die mit Franchising erfolgreich ihre zum Teil weltweite Präsenz aufgebaut haben, sind von ihren Gründern aus kleineren Firmen zu dem gemacht worden, was sie heute darstellen. Wir möchten den Menschen, die sich für die Selbstständigkeit interessieren, zeigen wie man Teil eines erfolgreichen Systems werden kann.«

Damit übrigens hat sich der Kreis geschlossen. Einst haben auch Wohlfeld und Lemke als Franchise-Nehmer begonnen, nun kommt ihr Erfahrungsschatz neuen Existenzgründern zugute: »Wir kennen sowohl Sorgen und Nöte von gestandenen Unternehmen als auch von Existenzgründern.« Und sie kennen den Weg, mit dem man Risiken minimiert und ein Unternehmen fit für die Zukunft machen kann.

Die Weiterbildungsmaßnahmen finden unter anderem in den eigenen, modernen Bildungsräumen statt. (Foto: © gn2-Systemhaus)

Beitrag von:
gn2-Systemhaus
Wohlfeld & Lemke OHG franchise-net-GmbH
Martinistraße 36 · 45657 Recklinghausen
Tel. (0 23 61) 40 96 50 · Fax (0 23 61) 40 96 42
www.gn2-systemhaus.de · info@gn2-systemhaus.de
www.franchise-net.de – info@franchise-net.de

Wirtschaft im Vestischen Kreis

Von CWH zu ChemSite – beispielhafter Strukturwandel

Der Chemiestandort Marl hat großes Zukunftspotenzial

Wo Kohle und Stahl zusammenfanden, war die Chemie nicht weit. Diese Formel gilt für das Ruhrgebiet, und damit auch für den Vestischen Kreis. Aber inwiefern war die Montanindustrie an der Ruhr der Schrittmacher für die chemische Großindustrie? Ein Beispiel: Steinkohlen eignen sich nicht besonders gut zur Eisenproduktion. Deshalb werden sie in einem speziellen Verbrennungsvorgang in besonderen Öfen – den Kokereien – zum besser geeigneten Koks umgewandelt.

Bei diesem Verfahren, das in England bereits 1713, im Ruhrgebiet 100 Jahre später angewandt wurde, fallen Abfallstoffe an. Damals erkannten die Chemiker an der Ruhr schnell, dass einige überaus brauchbar sind. Teer beispielsweise bildete den Ursprung eigener Industrien: Er eignet sich für die Farben- und Lackproduktion, den Straßenbau, im Pharmabereich als Grundstoff für Salben und als Basis einer Vielzahl weiterer Produkte.

Von der Plastiktüte bis zur Vinyl-Platte

Die Kohlechemie gewann zunehmend an Bedeutung, und der Standort an der Ruhr trat zu anderen großen wie Leverkusen (Bayer), Ludwigshafen (BASF) und Frankfurt (Hoechst). 1938 entstanden in Marl die Chemische Werke Hüls GmbH (CWH). Hier, wo zunächst Buna produziert wurde – synthetischer Kautschuk –, entwickelte sich einer der größten Chemiestandorte Deutschlands. Die CWH, ab 1953 Chemische Werke Hüls AG und ab 1985 Hüls AG, produzierte nach dem Zweiten Weltkrieg weiterhin Buna sowie Rohstoffe für Wasch- und Reinigungsmittel. Zunehmend jedoch wurden Kunststoffe wichtig. PVC, Polystyrol, Polyethylen, Polypropylen eroberten das Alltagsleben: als Plastiktüte, Vinyl-Schallplatte, Tupperdose, Bodenbelag und in unzähligen anderen Varianten.

Der Markt für Kunststoffe und Spezialchemie veränderte sich mit der Zeit, was auch die Seite der Anbieter und Produzenten nicht unberührt ließ. Bis Mitte der 1990er bestand an fast allen Standorten eine unternehmerische Einheit aus Produktionsbetrieben und -standorten. Dann setzten Restrukturierungen ein, die Veräußerungen, Ausgründungen oder Reorganisationen zur Folge hatten. Die Hüls AG etwa tätigte in den 1980ern umfängliche Zukäufe und lagerte in den 1990ern im großen Stil aus. 1997 initiierte sie die ChemSite-Initiative, ein Zusammenschluss zwischen Chemieunternehmen im Ruhrgebiet, dem Land NRW, den Kommunen der Emscher-Lippe Region und weiteren Partnern der öffentlichen Hand. Der Standort der Hüls AG verwandelte sich in den offenen Chemiepark Marl und ist mittlerweile in der Evonik Industries AG aufgegangen – dem weltgrößten Spezialchemie-Unternehmen. Die Dienstleistungstochter Infracor GmbH sitzt weiterhin im Chemiepark und trägt die ChemSite-Initiative mit.

Strukturwandel gelungen

Schaut man heute auf den Chemiepark in Marl als Teil der ChemSite-Initiative, ist schnell das Zukunftspotenzial der gefundenen Lösung zu erkennen: Bei seinen rund 10 000 Arbeitsplätzen handelt es sich um produktive und hochwertige Arbeitsplätze. Dazu ist er nicht mehr von einem Betreiber abhängig, sondern stützt sich auf die Wirtschaftskraft vieler Unternehmen. Damit gehen der Chemiepark Marl und die ChemSite-Initiative im Ruhrgebiet voran: als überzeugendes Beispiel für einen gelungenen Strukturwandel.

Nils Rimkus

Blick vom Westen: Der Chemiepark nimmt ein Viertel der bebauten Fläche Marls ein. (Foto: © Infracor GmbH)

Wirtschaft im Vestischen Kreis

Erfolgsmodell ChemSite

Vier wichtige Standorte im Kreis Recklinghausen

Tankanlagen im Chemiepark Marl. (Foto: © Infracor GmbH)

Die ChemSite-Initiative ist einer der Vorreiter der Idee des »offenen Chemieclusters«. Hierbei öffnen die Partner der Initiative ihre Verbundstandorte für fremde Firmen. Die 1997 gegründete Initiative ist eine Public-Private-Partnership: Partner sind einerseits das Land NRW, auf der anderen Seite Unternehmen von Rang wie die BP Refining & Petrochemicals, Rütgers Germany, Sabic Polyolefine, Infracor, Steag Walsum Immobilien, MC Bauchemie und Arsol Aromatics.

Bestehende Strukturen gemeinsam nutzen

ChemSite als Dachmarke bündelt Aktivitäten der chemischen Industrie im Ruhrgebiet, um die Chemie und ihre Wertschöpfungsketten in der Region zu stärken, um Arbeitsplätze zu erhalten und neue zu schaffen. Es geht unter anderem darum, neue Chemie- und Weiterverarbeitungsfirmen anzusiedeln, innovative Netzwerke zwischen mittelständischen Unternehmen zu knüpfen – insbesondere im Bereich Kunststoffe und Oberflächentechnologie – aber auch den Mittelstand und Neugründungen zu fördern, die Rahmenbedingungen für die chemische Industrie im Ruhrgebiet zu verbessern und den Bereich der chemierelevanten Bildung und Qualifizierung auszubauen.

Ideale Transportwege dank der Hafenanlagen am Wesel-Datteln-Kanal. (Foto: © Infracor GmbH)

Die Lage im Ruhrgebiet bietet der Chemie beste Verkehrsanbindungen. (Foto: © Infracor GmbH)

Standortvorteil: Anschluss an Stoffströme für die ChemSite-Partner. (Foto: © Infracor GmbH)

Chemiestandorte, wie zum Beispiel der Chemiepark in Marl, sind Erfolgsgaranten, da bestehende Strukturen und Ressourcen von den Standortunternehmen gemeinsam genutzt werden können: Stoffströme, die Netze für Roh- und Hilfsstoffe und Infrastruktureinrichtungen für Ver- und Entsorgung, Logistik, Sicherheit und Service. Standortvorteile sind dabei auch die sehr guten Verkehrswege und -anbindungen im Ruhrgebiet. Die ChemSite-Initiative vermarktet inzwischen sechs große Standorte: Marl (Chemiepark Marl, Techno Marl), Dorsten (Industriepark Dorsten/Marl), Gelsenkirchen (Ruhr Oel in Scholven), Castrop-Rauxel (Chemiepark Rütgers) und Dortmund (KG Deutsche Gasrußwerke).

Grundstoffchemie, Kunststoffe

An diesen Standorten wird in den wichtigsten Feldern der Chemieproduktion gearbeitet. Ein Beispiel für die Grundstoffchemie liefert Castrop-Rauxel: Hier hat die bereits 1849 gegründete Rütgers Germany GmbH ihren Stammsitz, an dem sie auf einer Werksfläche von rund 106 Hektar mit über 400 Mitarbeitern die weltweit größte Raffinerie für Steinkohlenteer betreibt. Dieser wird im Unternehmen weiterverarbeitet, beispielsweise zu Pechen für die Aluminium- und Stahlindustrie oder zu technischen Ölen für andere Industriebereiche.

Als 2007 der RAG-Konzern aufgespalten wurde, entstanden der »schwarze« Bereich Steinkohle und der »weiße« Bereich aus Chemie, Energie und Immobilien, der zur Evonik Industries AG wurde. Für die Chemiesparte ist die Evonik Degussa GmbH mit Sitz in Essen zuständig: das fünftgrößte deutsche und ruhrgebietsgrößte Chemieunternehmen mit weltweit rund 30 000 Mitarbeitern. Als Weltmarktführer in Sachen Spezialchemie produziert es im Chemiepark Marl unter anderem Grundstoffe für Hygieneprodukte und Spezialkunststoffe für die Automobilindustrie.

Im Bereich der Kunststoffe hat der Name Vestolit einen klangvollen Namen. Diesen Markennamen wählten die Chemischen Werke Hüls, als sie Ende der 1940er eine Produktionsanlage für den Kunststoff PVC errichteten. Daraus entwickelte sich das Unternehmen gleichen Namens, das seinen Sitz noch immer im Chemiepark in Marl hat und mehr als 600 Mitarbeiter beschäftigt. Vestolit ist gut aufgestellt als Hersteller des Ausgangsmaterials für PVC-Fensterprofile und von Pasten-PVC, wie es in Planen, Kfz-Unterbodenschutz und Bodenbelägen zu finden ist.

Nils Rimkus

Die Letzte ihrer Art

Auguste Victoria ist das einzige noch fördernde Bergwerk im Kreis

Die meiste Kohle im Kreisgebiet wird von hier aus gewonnen: Schachtanlage AV 8. (Foto: © RAG)

Über 100 Jahre Bergbau im Vestischen Kreis hat sie miterlebt und mitgeschrieben: Zeche Auguste Victoria (AV) in Marl. Sie wurde 1899 gegründet und benannt nach der damals sehr beliebten Gattin Kaiser Wilhelms II. Heute präsentiert sich die »alte Dame« mit Verwaltungssitz an der Carl-Duisberg-Straße als überaus rüstig. Auguste Victoria ist ein hochmodernes Bergwerk mit rund 3800 Beschäftigten, das zu den leistungsfähigsten der RAG Deutsche Steinkohle AG zählt. Dennoch sind ihre Tage gezählt.

Computer steuern modernen Bergbau

In Haltern-Lippramsdorf liegt Schacht AV 8, von wo aus die meiste Steinkohle gefördert wird. Geringere Mengen fördert auch Schacht 3/7 in Marl, der aber vor allem für die übertägige Steinkohlenverarbeitung bedeutsam ist. Denn hier werden die Kohlen zu Tage gehoben und aufbereitet. Insgesamt werden – bei einer Jahresfördermenge von über 3 Millionen Tonnen – auf Auguste Victoria etwa 12 000 Tonnen Steinkohle täglich gefördert. Das Betriebsfeld umfasst eine Größe von rund 25 Quadratkilometern, hervorgeholt wird die Kohle aus bis zu 1200 Metern. Diese Arbeit kann ohne einen hohen Grad an Computerisierung und Automatisierung nicht be-

Als die Schlote in Marl noch rauchten: Auguste Victoria, Schachtanlage I/II, vorn die Bergstraße. (Foto: © RAG)

Haben sie sich verdient: Kumpel in den 1960ern unter Tage bei der Butterpause. (Foto: © RAG)

Marl und AV I/II aus der Luft: rechter Rand die Bergstraße, mittig die zwei Fördertürme, links Halden. (Foto: © RAG)

Wirtschaft im Vestischen Kreis

wältigt werden. Unter Tage sorgen ein 99 Kilometer langes Streckennetz mit einer 53 Kilometer langen Bandstraße für den Kohlentransport.

Entwicklungsmotor Bergbau

Solche Leistungsmerkmale waren Zukunftsmusik, als der Kohleabbau mit der Zeche Nordstern 1856 über die Emscher setzte und das alte Revier am Hellweg verließ. Den ersten Zechen im vestischen Kreisgebiet wie Clerget I (1869) in Recklinghausen und Ewald (1872) in Herten folgten weitere. Ende der 1880er Jahre gab es zehn Bergwerke, und 1912 erreichte der Bergbau mit der Zeche Fürst Leopold in Dorsten sogar die Lippe.

Im Sog der Bergwerke: ein explosionsartiges Bevölkerungswachstum und ungeheure Geschäftigkeit. Schienen- und Straßennetze, Kanal- und Leitungssysteme entstanden. Die großen Heidelandschaften der Hohen Mark und der Haard verschwanden: Aufgeforstet wurden Wälder für die Grubenholzproduktion. Dörfer wucherten innerhalb weniger Jahrzehnte zu Städten heran, denen die Zuordnung zu historischen Ortskernen und eine prägnante Zentrenbildung fehlte – typisch für das Siedlungsbild der Region.

Der »Jobmotor« Bergbau lieferte Impulse für Industrie, Gewerbe und Erwerbsleben. Zwar baute sich nicht der für die Hellwegzone »klassische« Verbund mit der stahl- und eisenschaffenden Industrie auf. Dafür bildeten sich Verbundwirtschaften um die Kohlechemie und die auf Kohle basierende Energiewirtschaft: Kohlekraftwerke, Kohleveredlungsindustrien und die Großanlagen der Kohle-Chemie (zum Beispiel in Marl und Castrop-Rauxel). Daneben entwickelte sich eine enge Verflechtung von Handwerksbetrieben, klein- und mittelständischen Unternehmen sowie Dienstleistern mit dem Bergbau.

Nirgendwo sonst in Deutschland brachte das Montanzeitalter im ausgehenden 19. und beginnenden 20. Jahrhundert derartige wirtschaftliche, soziale und demografische Umwälzungen mit sich wie im Vest Recklinghausen. Der Bergbau prägte den Kreis – stärker im Süden, schwächer im Norden –, was noch heute unübersehbar ist. Das betrifft das Siedlungs- und Landschaftsbild als auch das soziale, wirtschaftliche und kulturelle Profil.

Niedergang hat viele Gründe

Der Bergbau rutschte Ende der 1950er in eine tiefe Krise. Die Gründe lagen zum einen in der Verbilligung der Schifftransportkosten, was die Preise für Importkohle dramatisch senkte. Dazu kam der Energieträger Rohöl nun im Überfluss auf dem Markt. Mit dieser Konkurrenz konnte die heimische Steinkohle nicht mithalten – sie wurde unwirtschaftlich. Unerbittlich griffen die Gesetze des Marktes. Daran konnten auch massive Subventionen von Bund und Land, wie beispielsweise der »Kohlepfennig«, der von 1974 bis 1995 als eine Art Steuer erhoben wurde, nichts ändern. Deutschland soll insgesamt rund 130 Milliarden Euro aufgewendet haben, um den Bergbau zu stützen, aber sie halfen nur, das Unausweichliche hinauszuzögern: die Einstellung des Steinkohlebergbaus.

Gab es im Kreisgebiet 1955 noch 19 Zechen mit rund 100 000 Beschäftigten, waren es 1958 noch 14, 1980 noch 9, 2001 noch 3 Schachtanlagen – 2010 arbeitet noch eine. Die Zahl der Beschäftigten sank von 92 000 (1958) über 17 000 (1980) und 15 000 (2001) auf 4000 (2010).

In den letzten Jahrzehnten schwand der breite öffentliche Rückhalt für den Bergbau, der immerhin das deutsche Wirtschaftswunder der Nachkriegszeit ermöglicht hatte. Auch standen die Ansprüche des Bergbaus im Gegensatz zum wachsenden Umweltbewusstsein in der Bevölkerung. Im nördlichen Kreisgebiet sorgten Bergsenkungen und Grundwasserprobleme, Belastungen durch Bergehalden und drohende Eingriffe in intakte Landschaften für wachsenden Widerstand. Zudem verlangten diese Probleme teure technische und gestalterische Lösungen.

Ausstieg 2018 oder schon 2014?

Angesichts dieser Umstände beschloss die Politik, die Subventionen einzustellen – indirekt das Aus für den Bergbau. Ein Argument, das nicht nur in Bergbaukreisen stets plausibel klang, spielte keine Rolle mehr: Die heimische Steinkohle, selbst wenn sie teuer ist, garantiert Deutschland eine Mindestversorgung mit Energie. Und damit eine wünschenswerte Unabhängigkeit von politisch instabilen Handelspartnern oder unsicheren Ressourcen.

Das Steinkohlefinanzierungsgesetz von 2007 schrieb fest, dass die Subventionen spätestens 2018 auslaufen sollen – die »Deadline« für die letzte Zeche im Vestischen Kreis. Geht es allerdings nach der EU-Kommission, soll dies bereits auf 2014 vorgezogen werden. Was die Politik am Ende beschließt, ist offen. Es ist jedoch absehbar: Auguste Victoria schreibt das Schlusswort in der Geschichte des vestischen Bergbaus.

Nils Rimkus

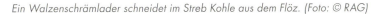

Ein Walzenschrämlader schneidet im Streb Kohle aus dem Flöz. (Foto: © RAG)

Wirtschaft im Vestischen Kreis

Landwirtschaft ist Wirtschaftskraft

Der traditionelle Wirtschaftszweig befindet sich im Wandel

Wer hätte gedacht, dass im Vestischen Kreis nach wie vor eine intensive und verbrauchernahe Landwirtschaft existiert? Einheimische wissen es längst und schätzen ihre Landwirtschaft direkt vor der Tür mitten im Revier.

Auf Wachstum angewiesen

Im Kreis Recklinghausen wirtschaften zurzeit rund 950 landwirtschaftliche Betriebe, davon werden 50 Prozent im Nebenerwerb und 50 Prozent im Haupterwerb geführt. Sie bewirtschaften insgesamt rund 26 000 Hektar landwirtschaftliche Nutzfläche – das sind etwa 37 Prozent der gesamten Kreisfläche. Hier spiegelt sich die hohe Besiedlungsdichte des Kreises wider, da in NRW der Anteil der landwirtschaftlichen Fläche an der Gesamtfläche bei 49,4 Prozent liegt.
Auch die durchschnittliche Betriebsgröße von 27,4 Hektar rangiert unter dem Landesdurchschnitt von 29,5 Hektar. Unter dem enormen Kostendruck und bei nachhaltig niedrigen Erzeugerpreisen sind vor allem die Haupterwerbsbetriebe auf Wachstum angewiesen. Deshalb bewirtschaften heute die meisten Betriebe einen hohen Anteil an zugepachteten Flächen – beziehungsweise von aufgebenden Betrieben zugekaufte Flächen – und kommen so auf Betriebsgrößen von durchschnittlich 60 Hektar und mehr. Die Zahl der gehaltenen Nutztiere liegt bei etwa zwei Großvieheinheiten pro Hektar.

Landwirtschaft verändert sich

Der landwirtschaftliche Strukturwandel schlägt sich auch im Kreis Recklinghausen nieder. So scheiden jährlich zwei bis drei Prozent der Betriebe im Zuge des Generationswechsels aus. Das heißt, es findet sich kein Hofnachfolger, der den Betrieb weiterführt. Pro Jahr geben somit etwa 19 bis 29 Betriebe auf. Dazu schrumpft die landwirtschaftliche Nutzfläche jährlich um circa 1,5 Prozent, also um rund 390 Hektar.

Verantwortlich hierfür sind die Ausdehnung von Wohn-, Industrie- und Gewerbegebietsflächen, der Bau neuer Straßen und die hierbei gesetzlich vorgeschriebene Schaffung von naturbelassenen Ausgleichsflächen für Vogel- und Artenschutz: Auch diese muss in der Regel die Landwirtschaft bereitstellen. Der hierdurch entstehende Flächen-

Produktive Ackerbearbeitung dank moderner technischer Mittel. (Foto: © Günter Kortmann)

Wirtschaft im Vestischen Kreis

Gänsegehege auf einem Hof bei Dorsten-Rhade. (Foto: © Sylvia Steinheuser)

Viehhaltung: Charolais-Rinder auf einem Hof in Dorsten-Rhade. (Foto: © Karl Loer)

verbrauch entspricht einem landwirtschaftlichen Flächenverlust von umgerechnet 14 Höfen pro Jahr. Diesen Auswirkungen der fortschreitenden Zivilisation kann die Landwirtschaft nichts entgegensetzen.

Plus bei Arbeitsplätzen

Kaum bekannt ist, dass der Vestische Kreis eine der größten und wichtigsten Anbauregionen für Spargel, Kartoffeln, Erdbeeren und weitere Gemüse- und Obstarten in Deutschland ist. Dabei weisen die hiesigen Bauernhöfe die gesamte bunte Palette der landwirtschaftlichen Betriebszweige auf: Ackerbau, Grünlandwirtschaft, Obst- und Gemüseanbau, Schweinehaltung (Sauen- und Ferkelerzeugung oder Schweinemast), Rinderhaltung zur Milcherzeugung oder Bullenmast, Ziegen- und Schafhaltung zur Milch-, oder Fleischerzeugung, Geflügelhaltung aller Gattungen zur Eier- und Fleischproduktion, Pferdehaltung mit Reitbetrieb, Pensionspferdehaltung oder Ferienhof, Direktvermarkter mit Hofläden und Bauernhofcafés, Partyservice, Landerlebnishöfe und Energiewirte mit Wind-, Photovoltaik- oder Biogasanlagen.

Fest steht, dass landwirtschaftliche Betriebe Teil der Wirtschaftskraft und Motor der Wirtschaft durch Arbeitsplatzschaffung sind. Das gilt in den Betrieben selbst und in den vor- und nachgelagerten Bereichen wie dem Ernährungsgewerbe mit Fleisch-, Milch- und Getreideveredlung sowie Handwerk, Logistik, Maschinenbau und vielem anderem.

In landwirtschaftlichen Betrieben im Kreis Recklinghausen arbeiteten 2007 rund 1850 Familienarbeitskräfte, 2003 waren es noch fast 2000 – eine Abnahme um 7,8 Prozent. Von diesen Familienarbeitskräften waren in 2007 rund 625 Arbeitskräfte vollbeschäftigt. 2003 waren es noch 710 – eine Abnahme um 12,3 Prozent. Zum Vergleich: In Westfalen-Lippe hat sich die Zahl aller Familienarbeitskräfte im gleichen Zeitraum um zehn Prozent, die der vollbeschäftigten Familienarbeitskräfte um zwölf Prozent verringert. Im gleichen Zeitraum hat sich die Zahl der familienfremden Arbeitskräfte dafür erhöht. Insgesamt waren im Kreis in 2007 rund 1000 Fremdarbeitskräfte beschäftigt. 2003 waren es noch 870 – eine Zunahme um 16 Prozent. In 2007 waren davon 235 Arbeitskräfte vollbeschäftigt.

Produktivität wächst beständig

Landwirtschaft birgt eine hohe Bruttowertschöpfung, das heißt eine große Steigerung des Wertes der Güter, die in einem bestimmten Zeitraum produziert werden: Jeder erzeugte Euro bringt etwa weitere 40 Cent neue Wertschöpfung (40 Prozent). Gleichzeitig aber nehmen die Verkaufserlöse, sprich die Erzeugererlöse, ständig ab. So erhielt ein Landwirt im Jahr 1970 von den Kartoffeln, die er erzeugt hatte, noch rund 63 Prozent des Verkaufserlöses, der zum Beispiel im Supermarkt erzielt wurde. Im Jahr 2009 ist dieser Anteil auf 30 Prozent gesunken. Noch drastischer ist dieser Verlust zurzeit beispielsweise beim Getreide: Hier beträgt der Erlösanteil des Landwirtes für das Weizenmehl im Brötchen nur noch 0,6 Cent. Beim Fleisch, beispielsweise bei einem verkauften Kotelett (200 Gramm), liegt der Erlösanteil nur noch bei 29 Cent und von jedem verkauften Liter Milch erhält der Landwirt lediglich 25 bis 30 Cent. Gegenwärtig enthält jeder vom Verbraucher ausgegebene Euro für Nahrungsmittel im Durchschnitt aller Produkte weniger als 25 Cent für die Erzeuger: die Landwirte.

Das zeichnet die zukünftigen Entwicklungen der Landwirtschaft im Kreis vor: abnehmende landwirtschaftliche Nutzfläche, sehr niedrige Erzeugerpreise, niedrige Verbraucherpreise und qualitativ hochwertige und sichere Erzeugnisse mit hohen Umweltauflagen. Unter diesen Rahmenbedingungen ist es absehbar, dass die Produktivität der Betriebe weiterhin wachsen muss: durch höhere Erträge, bessere Aufzucht- und Mastergebnisse, insbesondere durch gestiegene biologische Leistung. Nur so ist ein ausreichendes Familieneinkommen zu erzielen.

Marianne Lammers

Alte Nachbarn im Vestischen Kreis: Landwirtschaft und Industrie. (Foto: © Günter Kortmann)

Wirtschaft im Vestischen Kreis

Gesundheit und Pflege im Fokus

Die Gesundheitswirtschaft steht vor besonderen Herausforderungen

Mitten im Park: das St. Elisabeth-Krankenhaus in Dorsten-Hardt. Foto: © Nils Rimkus)

Die Gesundheitswirtschaft ist ein Feld, das der Kreis Recklinghausen in den kommenden Jahren als Kompetenzfeld besonders stärken wird. Entsprechende Maßnahmen unternimmt der Kreis im Verbund mit den Städten Bottrop und Gelsenkirchen – in der so genannten Emscher-Lippe-Region. In dieser Region sind im Gesundheitssektor mehr als 54 000 Beschäftigte zu verzeichnen. Im Kreis ist die Gesundheitswirtschaft mit circa 35 000 Beschäftigten der bedeutendste Arbeitgeber.

Problemhorizont alternde Bevölkerung

Eine besondere Problemstellung für die Gesundheitswirtschaft in der Region ergibt sich aus dem demografischen Wandel: Die Bevölkerungszahl nimmt ab, gleichzeitig steigt der Anteil älterer Menschen gegenüber dem Anteil jüngerer. Das Kreisgebiet wie insgesamt das Ruhrgebiet ist besonders stark von der Alterung der Bevölkerung betroffen. Schon jetzt stellen die jährlich 250 000 Patienten und 33 000 Pflegebedürftigen die Gesundheitseinrichtungen in der Emscher-Lippe-Region vor besondere Herausforderungen.
Die Region ist gut gerüstet: 27 Krankenhäuser, zwei Landeskliniken, 146 ambulante Pflegedienste, 94 stationäre Pflegeeinrichtungen, rund 1150 niedergelassene Ärzte, 570 Zahnärzte und über 300 Apotheken bilden die Säulen funktionierender Gesundheitsleistungen. Hinzu kommen diverse Dienstleister und Unternehmen, die sich auf das Thema Medizin und Gesundheit spezialisiert haben. Beachtung verdient der Verein MedWIN e.V. (Medizin-Wirtschaft im Netzwerk). Dieser Zusammenschluss von Gesundheitswirtschaft und Kommunen bildet eine Kommunikations- und Kooperationsplattform, über die gesundheitsrelevante Projekte entwickelt und Initiativen koordiniert werden.

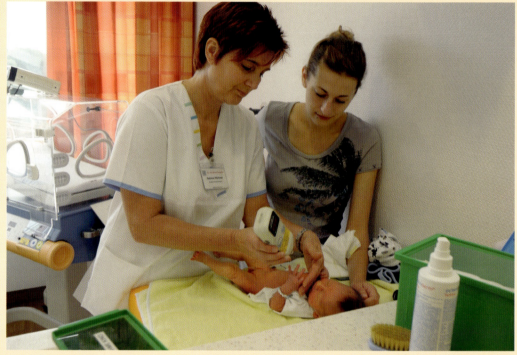

*Kompetente Kräfte sichern im Vestischen Kreis die Gesundheit auch der kleinsten Mitbürger.
(Foto: © St. Elisabeth-Hospital Herten)*

*Citynah: die Paracelsus-Klinik in Marl-Hüls.
(Foto: © Nils Rimkus)*

Idyllische Lage am See: das St. Elisabeth-Krankenhaus in Herten. (Foto: © St. Elisabeth-Hospital Herten)

Schwerpunkte der Entwicklung

Die Gesundheitswirtschaft der Emscher-Lippe-Region hat angesichts der großen Herausforderungen verschiedene Entwicklungsschwerpunkte festgelegt. Ganz oben auf der Liste steht die so genannte integrierte Versorgung. Hierbei soll der Patient im koordinierten Eingreifen von Krankenhäusern, Fach- und Allgemeinärzten eine bessere Versorgung erfahren. Gleichzeitig sollen Kosten gesenkt werden. Auch in Sachen Pflegeeinrichtungen werden neue, kostengünstige und den demografischen Wandel berücksichtigende Strukturen aufgebaut. Ein Beispiel ist der Schillerpark in Oer-Erkenschwick. Dort wurde im Rahmen des Stadtumbaus West eine intergenerative, altersgerechte und mit entsprechenden Dienstleistungen versehene Siedlung errichtet.
Besondere Aufmerksamkeit erhält auch der Bereich Berufsausbildung. Über 3000 Schüler wählen für ihre Ausbildung das Berufsfeld Gesundheitswesen. Um hier einen sehr gut qualifizierten Nachwuchs auszubilden, stehen in der Emscher-Lippe-Region neben öffentlichen auch 17 private Schulen bereit, in denen die Fächer unter anderem Krankenpflege, Kinderkrankenpflege, Physiotherapie oder Rettungsassistenz heißen. Gleichzeitig unterhalten die Krankenhäuser der Region gemeinsame Krankenpflegeschulen.
Das Gesundheitswesen im Kreis Recklinghausen und in der Emscher-Lippe-Region ist schon jetzt gut gerüstet. Der Kompetenzfeldstatus garantiert zudem auch zukünftig Gesundheitsleistungen auf höchstem Niveau.

Nils Rimkus

Energiegeladen in die Zukunft

Wasserstoff und Biotechnologie sind »in« im Vestischen Kreis

Baustelle bei Nacht: Auf dem Gelände der Zeche Ewald in Herten entsteht der »Blaue Turm«. In ihm soll aus Biomasse Wasserstoff für die Energieerzeugung gewonnen werden. (Foto: © Nils Rimkus)

Woher kommen in Zukunft Wärme, Strom und Treibstoff, also die Energien, von denen wir abhängig sind? Die Beantwortung dieser Frage ist immens wichtig. Denn indem der Energiebedarf einer sich industriell entwickelnden Welt wächst, wachsen auch die Probleme durch den steigenden Verbrauch fossiler Energien. Diese sind zum einen endlich – Experten sprechen vom Versiegen der Ölquellen in rund 40 Jahren. Zum anderen droht der Klimawandel als Folge der CO_2-Emissionen durch den Einsatz fossiler Brennstoffe, das ökologische Gleichgewicht der Erde aus dem Lot zu bringen.
Einen Ausweg aus diesem Dilemma zeigen die Zukunftsenergien auf. Darunter versteht man Technologien, die helfen, sparsame und nachhaltige Energien bereitzustellen: Erneuerbare Energien wie Windenergie, Sonnenenergie, Bioenergie, aber auch die Brennstoffzellen- und Wasserstofftechnik.

Gut aufgestellt

Deutschland und die EU haben beispielsweise als Ziel ausgegeben, in 40 Jahren rund 50 Prozent der Energieversorgung durch Erneuerbare Energien zu decken. Um diese Herausforderung zu bewältigen, müssen nicht nur die gegenwärtigen Schwerpunkte des Energiesystems verschoben werden. Vor allem die Technologien der Zukunftsenergie müssen noch erforscht und fortentwickelt werden.
Das Ruhrgebiet und besonders der Vestische Kreis sind hier auch im internationalen Vergleich sehr gut aufgestellt. Der Kreis hat nicht ohne Grund die Zukunftsenergien als Kompetenzfeld der Region ausgemacht. Steinkohlebergbau, Kohlekraftwerke, Energie – in diesen Feldern bestehen 150 Jahre Erfahrung, und hier ansässige Unternehmen arbeiten schon lange im Bereich der Zukunftsenergien. Um diesen Standortvorteil zu nutzen, hat die regionale Politik auf Kreis- und kommunaler Ebene, oft im Verbund mit der Wirtschaft, viel bewegt, um der Zukunftsenergie ideale Rahmenbedingungen zu verschaffen. Einige

Windrad und Förderturm stehen für unterschiedliche Energiekonzepte. (Foto: © Nils Rimkus)

Biogas – ein umweltfreundliches Argument. (Foto: © Infracor GmbH)

Erfolgsgeschichten sind an Emscher und Lippe schon geschrieben worden.

Hier spielt die Zukunftsmusik

Wasserstoff zum Beispiel ist das Thema in Herten. Das dortige Wasserstoff-Kompetenz-Zentrum H2Herten bietet eine ideale Voraussetzung, dieses Feld technologisch und unternehmerisch zu erschließen. So entstand auf dem ehemaligen Gelände der Zeche Ewald in Herten auch das erste kommunale Technologiezentrum für Wasserstoff- und Brennstoffzellentechnologie in Deutschland. Im Neubau des Technologiezentrums werden Firmen angesiedelt, deren Forschungen, Entwicklungen und Produktionen um das Thema Wasserstoff kreisen.
Am Innovationszentrum Wiesenbusch Gladbeck (IWG) ist das »Kompetenzzentrum NRW für Solarthermie und Wärmepumpentechnik« entstanden. In Kooperation mit der Fachhochschule Recklinghausen forscht man dort daran, die Wärmepumpentechnik unter Einsatz erneuerbarer Energien zu verbessern.
Spannend ist auch das Biotechnologie-Center der Evonik Degussa GmbH in Marl. Dort wird seit 2007 unter anderem an zukunftsweisenden biotechnologischen Verfahren und Produkten geforscht und gearbeitet. Herkömmliche Verfahren und Produkte sollen solche ersetzen, die auf Biomaterialien basieren. In Marl versuchen die Biotechnologen zum Beispiel, petrochemische Rohstoffe durch Stoffe zu ersetzen, die aus Zucker oder Pflanzenresten erzeugt werden.

Nils Rimkus

Erleben & genießen

Spannende Kontraste zwischen Natur und Kultur

Das Angebot macht erleben und genießen leicht

Es sind die vielen Gegensätze, die der Kreis Recklinghausen in sich vereint. Ihnen sind die ungeheuer vielgestaltigen Angebote fürs Erholen und Genießen zu danken. Das fängt bei der Landschaft an, erstreckt sich über traumhafte Freizeitmöglichkeiten und hört bei den architektonisch und kulturhistorisch reizvollen Zielen noch lange nicht auf.

Mekka für Naturfreunde

Das Land zwischen Emscher und Lippe ist eine Übergangsregion, nämlich die zwischen der Städtelandschaft Ruhrgebiet im Süden und dem grünen Münsterland im Norden. Charakteristische Landschaften sind die Flussniederungen von Emscher und Lippe, der Vestische Höhenrücken und sandige Hügellandschaften. Fast 25 Prozent der Kreisfläche sind von Wald bedeckt, der große zusammenhängende Flächen in der Hohen Mark und der Haard bildet. Diese Voraussetzungen machen den Kreis zum Mekka für Freiluftfreunde, die es lieben, zu Fuß, auf dem Rad oder einem Pferderücken die Natur zu durchstreifen. Über 1000 Kilometer Wanderstrecken, 250 Kilometer Reitwege und 900 Kilometer Radwege sind eine Einladung, die man kaum ausschlagen kann. In der abwechslungsreichen Landschaft geht es durch Wälder, Moore und Heidelandschaften, an Flüssen, Seen und Kanälen entlang, man passiert idyllische Orte, Stätten der Industriekultur und historische Schlösser. Gerade hier weist der Kreis einige wirkliche »Perlen« auf. Zunächst zu den ausgesprochen schönen Schlössern im Kreis: Das Ruhrgebiet, so fanden Archäologen her-

Der Vestische Kreis bietet tolle Freizeitgelegenheiten für Wanderer, Radler und Reiter. (Foto: © Günter Kortmann)

aus, ist die dichteste Burgenlandschaft Europas. Glücklicherweise sind einige dieser historischen Bauwerke der Nachwelt erhalten geblieben. Die Schlösser Lembeck in Dorsten und Wittringen in Gladbeck sind staunenswert, und nicht weniger schön sind die in Datteln, Herten, Castrop-Rauxel und Haltern. Ebenso interessant, wenn auch auf eine etwas andere Weise aufregend, sind die Monumente der Industriekultur. Gebäude und Gerätschaften aus der Zechenzeit, manchmal museal erschlossen, und andere Industriedenkmale – wie das Schiffshebewerk Henrichenburg – sind attraktive Ausflugsziele.

Vitalität und Lebensqualität

Auch wem nach ganz anderer Freizeitgestaltung mit Familie und Freunden ist, findet im Kreis beste Gelegenheiten und schöne Ecken. Vor allem die Erfrischungen im kühlen Nass sind erwähnenswert, denn davon gibt es im Kreis reichlich

Spektakuläre Industriekultur: Die Drachenbrücke führt über die Cranger Straße zur Halde Hoheward. (Foto: © Svenja Küchmeister)

– er zählt zu den wasserreichsten Regionen in NRW. Die acht Strand- und Freibäder sowie die sechs Erlebnisbäder sind schon nicht schlecht. Aber dazu kommen noch die Stauseen in Haltern – der immerhin 1000 Meter Naturstrand bietet – und Hullern, der Silbersee, die Kanäle und Flüsse: Sonnenanbetern und Freizeitkapitänen, Schwimmern und Plansch-Experten bietet sich jede Menge Gelegenheit, ihrer Leidenschaft nachzugehen. Diese Attribute vestischer Vitalität und Lebensqualität sind längst nicht mehr ein »Geheimtipp« unter Kreisbewohnern. Rund 650 000 Übernachtungen zeigen: Die attraktiven Angebote des Kreises in Sachen Freizeit und Kultur, erholen und genießen haben sich weit über die Region hinaus herumgesprochen.

Nils Rimkus

Verlockend: die Burgen und Schlösser im Kreis, hier Haus Vogelsang in Datteln. (Foto: © Stadt Datteln)

In allen Varianten machbar: Spaß am, im und auf dem Wasser. (Foto: © RAG)

Erleben & genießen

Kurzurlaub um die Ecke – Tag für Tag im Copa!

In den Sommermonaten kann man Wasserspaß unter freiem Himmel im Freibad erleben. (Foto: © Copa Ca Backum)

Sie wollen mal so richtig ausspannen? Für ein paar Stunden die Seele baumeln lassen? Dann sind Sie im Freizeitbad Copa Ca Backum und in der Wohlfühlwelt Copa Oase goldrichtig aufgehoben. Hier wird nicht nur Badespaß mit aktivem Freizeitvergnügen kombiniert, hier wird Wohlgefühl großgeschrieben – für die ganze Familie.

Das Copa Ca Backum in Herten bietet dabei pure Abwechslung. Hier erlebt man Urlaubsatmosphäre direkt vor der Haustür: Beim Ausflug mit der Familie, beim Abtauchen ins kühle Nass im Freibad oder bei einem erholsamen Besuch in der Sauna- und Wellnesslandschaft. Im Copa Ca Backum kann man sich ausruhen, sportlich aktiv werden und etwas für seine Gesundheit tun.

Formschöne und funktionsgerechte Wasserbecken und -buchten laden Groß und Klein zum Verweilen ein. Sei es der Wasserspielgarten für die kleinen Besucher, das Erlebnisbecken mit der 30-Meter-Rutsche, das Soleaktivbecken mit romantischem Wasserfall, Massagedüsen und Wasserkanonen oder auch der Whirlpool, das Freizeitbad im Copa hat für jedes Familienmitglied etwas zu bieten.

Pures Wohlgefühl: In der Wellnessoase können die Gäste vom Alltag abschalten. (Foto: © Copa Ca Backum)

Gesundes Schwitzen: Die Saunawelt bietet sieben Saunen und ein Dampfbad. (Foto: © Copa Ca Backum)

Wasserspaß für die Kids und die ganze Familie bietet das Freizeitbad im Copa Ca Backum. (Foto: © Copa Ca Backum)

Natürlich kommen auch die sportlich-aktiven Gäste nicht zu kurz. Das Hallenbad ermöglicht das ganz persönliche Fitnessprogramm – sei es bei den zahlreichen Kursen oder beim sportlichen Schwimmen. Das Highlight für die kleinen Gäste: der Wasserflöhe-Kinderclub. Der Club bietet zahlreiche Aktionen im und rund ums Wasser – sei es das Kickerturnier im Clubraum, die Copa-Rallye oder das Candlelightschwimmen für Kids.

Gesund ins Schwitzen kommt man hingegen in der Saunalandschaft. Während die Kinder im kostenlosen Kinderclub basteln und spielen, können die Eltern in gemütlicher Atmosphäre ein vielfältiges Saunaangebot genießen und neue Energie tanken. Sieben Saunen und ein Dampfbad versprechen pure Entspannung. Und: Jeden letzten Samstag im Monat (außer in den Sommermonaten) bietet das Copa-Team allen Saunafans die beliebte Mitternachtssauna mit Spezialaufgüssen.

Und wer seinen Saunabesuch mit einer wohltuenden Massage oder einem duftenden Wannenbad abrunden möchte, der ist in der Wellnesswelt bestens aufgehoben. Beauty, Massagen, Entspannungsbäder, Körperpackungen und Ayurvital-Behandlungen lassen hier garantiert keine Wünsche offen.

Beitrag von:
Copa Ca Backum/Copa Oase
Über den Knöchel/Teichstraße
45699 Herten
Tel. (0 23 66) 30 73 10
Wellness (0 23 66) 30 73 25
copacabackum@herten.de
www.copacabackum.de

Angler am Wesel-Datteln-Kanal. (Foto: © Nils Rimkus)

Das Beste aus zwei Welten

Abwechslungsreiche Landschaften zwischen Ruhrgebiet und Münsterland

Durchstreift man den Vestischen Kreis, wird schnell klar: Hier vereint sich das Beste aus zwei Welten. Als Übergangsregion gibt im südlichen Bereich das geschäftige Ruhrgebiet den Ton an, während zum Norden hin das Grün des Münsterlands das Bild bestimmt. Dieser Umstand beschert dem Kreis beachtlich vielfältige Landschaften. Seinen Ruf als »Grüne Lunge« des Ruhrgebiets verdankt er dabei vor allem dem Naturpark Hohe Mark, der im Kreisgebiet eine Hauptrolle spielt.

Sandige Hügellandschaften

Rund 760 Quadratkilometer groß ist der Vestische Kreis. In seinen größten Ausdehnungen misst er in Nord-Süd-Richtung circa 30 Kilometer an Wegstrecke, in Ost-West-Richtung bis zu 50 Kilometer. 53 Naturschutzgebiete sind hier ausgewiesen sowie 78 geschützte Landschaftsbestandteile und über 130 Naturdenkmale. Übersetzt heißt das, im Kreis sind wunderschöne und vielfältige Naturlandschaften anzutreffen, die unwiderstehlich zur Naherholung einladen. Bei Touren auf den sehr guten Wander-, Rad- und Reitwegen fallen prägende Landschaften auf, wie die Tal-Auen von Lippe und Emscher mit ihren Niederungen und Bruchzonen sowie der dazwischenliegende Vestische Höhenrücken. Weiter nördlich begegnet man den sandigen Hügellandschaften der Hohen Mark, der Borkenberge und der Haard, die von kreidezeitlichen Quarzsanden geformt wurden. Aber auch die Üfter Mark bei Rhade ist einen Besuch wert. Abgesehen von den zahllosen Wiesen, Weiden und Äckern, mitunter auch Mooren am Wegesrand, sind es die vielen zusammenhängenden Wälder, deren Größe und Ruhe beeindrucken.

Tiefe Wälder

Fast 40 Prozent der Kreisfläche werden landwirtschaftlich genutzt, und immerhin ein Viertel ist von Wald bedeckt. Dabei bilden die Waldgebiete der Hohen Mark – die hier namensgebend war – den Kern des riesigen Naturparks Hohe Mark. Dieser ist mit über 1000 Quadratkilometer Fläche der größte Naturpark NRWs und ragt in seinem südlichen Teil mit rund 290 Quadratkilometern in den Kreis Recklinghausen hinein. Zum Naturpark gehören die zusammenhängenden Wälder der Hohen Mark und der Borkenberge und das zentrale Waldgebiet der Haard – hier finden sich die größten zusammenhängenden Waldflächen des Vestischen Kreises.
Die Haard verdankt sich eigentlich dem Bergbau. Hier war über Jahrhunderte eine große

Die Lippeaue: herrliche Naturlandschaft. (Foto: © Nils Rimkus)

Deutlicher Übergang von Ruhrgebiet – im Hintergrund Scholvener Industrie – zu ländlichem Münsterland. (Foto: © Nils Rimkus)

Heidelandschaft angesiedelt, die heute in Resten nur noch in der Westruper Heide und der Holtwicker Wacholderheide bei Haltern anzutreffen ist. Um den Nachschub an Grubenholz, das für den Bergbau notwendig war, zu sichern, begann man ab 1810 mit der Aufforstung. Die Kiefern, die in der Haard nun wuchsen, sind in den letzten Jahrzehnten durch schöne Laubbäume ersetzt worden: Birken, Eichen und Buchen.

Seen und Lippetal

Bei den Ausflügen lohnt sich ein Abstecher auf die höchsten Erhebungen im Kreisgebiet. In der Haard liegt der Stimberg, mit 153 Metern die höchste Erhebung im Kreis. Weite Blicke erlauben aber auch der Waldbeerenberg (146 Meter) oder der Granatsberg (135 Meter). Von hier aus bieten sich herrliche Aussichten ins Lippetal und auf die Halterner Seen – was auf die bedeutende Rolle der Wasserflächen im Kreis aufmerksam macht. Rund 2500 Hektar sind von Wasser bedeckt, womit der Vestische Kreis zu den wasserreichsten Regionen in NRW zählt. Auf den Seen, Flüssen und Kanälen können diverse Wassersportarten betrieben werden: Segeln, Surfen, Fahrten mit Motorboot oder Kanu sind im Kreisgebiet leicht zu organisieren. Sehr beliebt sind die Seen – der Hullerner Stausee, der Halterner Stausee und der Silbersee sind hier Stichworte. Weniger bekannt ist, dass die Stauseen sehr wichtige Trinkwasserreservoire für das Ruhrgebiet darstellen. Bekannt, weil überaus beliebt, sind sie als Ausflugsziel für Sportler und Ausflügler. Vor allem Badefreunde schätzen sie wegen ihrer prächtigen Sandstrände.

Tümpel im Lasthauser Moor – das älteste Naturschutzgebiet des Kreises. (Foto: © Nils Rimkus)

Andere Seen bei Haltern, wie die über die Grenzen des Ruhrgebiets hinaus populären Silbersee, verdanken ihre Existenz übrigens weniger touristischen Interessen. Es handelt sich hier um Aussandungsseen, entstanden durch den Abbau der wirtschaftlich wertvollen Quarzsande. Der Wirtschaft verdankt sich auch eine andere Attraktion im Kreis: Die riesigen Abraumhalden des Bergbaus sind mittlerweile zum großen Teil umgewandelt worden und bilden als Landmarken reizvolle Freizeitangebote.

Nils Rimkus

Kontrastprogramm: Landsträßchen mit Autobahnbrücke bei Rhade. (Foto: © Nils Rimkus)

Lauschiges Bächlein im dichten Wald. (Foto: © Nils Rimkus)

Erleben & genießen

Im Vest ist der Weg das Ziel

Der Kreis ist reich an sehenswerten Ecken, die man auf eigene Faust entdecken kann

Die Stiftskirche St. Maria Magdalena in Haltern-Flaesheim. (Foto: © Ralf Rudzynski)

Die Granatstraße von Lippramsdorf durch Holtwick bis Lavesum gehört zweifellos zu den schönsten Alleen im gesamten Kreisgebiet. (Foto: © Ralf Rudzynski)

Im Vest lohnt es sich immer, den Blick auch mal zur Seite zu wenden. Oft wird man so belohnt wie hier in Westleven, das zu Haltern am See gehört. (Foto: © Ralf Rudzynski)

Das Vest hat dermaßen viele schöne Orte und Ecken zu bieten, dass eine Auflistung aller sehenswerten Ziele so gut wie unmöglich sein dürfte. Eine traumhafte Natur zu Lande und zu Wasser, unzählige architektonische und historische Highlights, beeindruckende Museen und Industriedenkmäler – alleine schon bei der Nennung von Oberbegriffen und Attributen könnte diese Aneinanderreihung beliebig fortgesetzt werden.

Am Marktplatz in Recklinghausen-Suderwich. (Foto: © Ralf Rudzynski)

Erleben & genießen

Um den Kreis mit seiner ganzen Vielfalt wirklich komplett kennenzulernen, braucht man zweifelsfrei viele Monate – wahrscheinlich sogar Jahre. So gibt es auch für die besten Insider sicherlich immer noch Punkte, die selbst sie noch nicht gesehen haben. Dabei sind es längst nicht nur die bekannten Attraktionen, die man gesehen haben sollte. Überaus interessant kann es sein, das Vest auch mal ein wenig auf eigene Faust zu erkunden. Es lohnt sich immer wieder, einmal in eine Nebenstraße, in einen Feldweg oder eine enge Gasse abzubiegen – und manchmal können sogar Hauptstraßen ihren Reiz haben.

Schöne Alleen: Die Granatstraße

Wenn es die Zeit erlaubt, sollte man sich auch ins Auto setzen und durchaus eher ziellos durch das Vest fahren. Denn hier ist in der Tat auch der Weg noch ein Ziel. Es wird nicht lange dauern, bis man sich auf einer prächtigen Allee befindet. Zum Beispiel wenn man zwischen Haltern am See und Dorsten-Wulfen etwa auf halbem Weg nach Norden in die Granatstraße abbiegt.
Schon bald erliegt man der Mischung aus weiten Felder und den schier endlosen Baumreihen, durch die sich immer wieder die Sonne ihren Weg auf die Straße bahnt. Vorbei an Tannenberg und Holtwick führt die Granatstraße mitten durch das Naturschutzgebiet Hohe Mark. Hier sollte man wirklich nicht rasen, sondern reisen. Übrigens: Am Ende lohnt außerdem ein Abstecher in den Naturwildpark Granat.

Wie schön es am Kirchplatz in Dorsten-Rhade ist, muss man vor Ort in natura erlebt haben. (Foto: © Ralf Rudzynski)

Der Drei-Kirchen-Weg

Ebenfalls in Haltern am See kann man auf einer deutlich kürzeren Strecke drei Gotteshäuser besuchen. Dieser Weg führt zwischen Hamm-Bossendorf und Flaesheim entlang des Wesel-Datteln-Kanals. Etwa 60 Minuten braucht man für den Fußweg, an dem man gleichzeitig auch die vorbeiziehenden Schiffe auf der Wasserstraße beobachten kann.
Geht man in Hamm los, trifft man dort auf die Heilig-Kreuz-Kirche mit ihrem Friedhof im Vordergrund. Zweite Etappe ist in Bossendorf die Katharinen-Kapelle. Sie ist der älteste Steinbau im

Liebevoll ist diese Fassade in Haltern-Hullern verziert. (Foto: © Ralf Rudzynski)

Dieses herrliche Fachwerkhaus kann man in der Oer-Erkenschwicker Bauerschaft Rapen bewundern. (Foto: © Ralf Rudzynski)

Und die Natur zeigt sich immer von einer anderen Seite. (Foto: © Ralf Rudzynski)

Verwurzelt mit der Scholle: Ein alter Bauernhof in Dorsten-Deuten. (Foto: © Nils Rimkus)

schon alleine deswegen gemächlich fahren, um seine Augen von links nach rechts schweifen zu lassen.

In Haltern am See, Dorsten oder Recklinghausen strahlen ganze Zeilen innerhalb der dortigen Altstädte. Und nahezu in jeder Stadt kann man noch in historischen Gebäuden wie der urigen Loemühle in Marl oder vielen der guten alten Eckgasthäuser einkehren, in denen man zumeist gut essen und es sich gemütlich machen kann. Ein Tipp für die Freunde der Gaumenfreuden ist das Restaurant Elmenhorster Mühle in Waltrop, das unter anderem köstliche Steaks vom Holzkohlegrill serviert. Schön ist es außerdem, dort an Sommertagen im erfrischenden Garten mit Teich und Schatten spendenden Bäumen zu sitzen.

Von Geheimtipps jeglicher Art gibt es im Vestischen Kreis gewiss noch unzählige weitere. Jeden Tag kann man für sich eine neue, schöne Ecke entdecken; von der Sinsener Straße in Oer-Erkenschwick in die Honermann-Siedlung abbiegen und sich von den grünen Feldern berauschen lassen; in Waltrop-Leveringhausen zur Laurentius-Kapelle wandern; sich von der Idylle der Gahlener Straße – unterhalb des Kanals – zwischen Dorsten-Hardt und Dorsten-Östrich einfangen lassen; oder in Herten-Scherlebeck die Pferde streicheln. Das einzige, was man dabei beherzigen sollte, ist, die »eingetretenen Pfade« zu verlassen und für sich selbst ganz persönliche, neue Sehenswürdigkeiten zu erschließen.

Ralf Rudzynski

werden wie der Marktplatz in Recklinghausen-Suderwich.

Prächtige Fassaden

Nicht satt sehen kann man sich in den zehn Städten mit ihren unzähligen Gemeinden auch an schönen Fassaden und Fachwerkhäusern. Entlang der Horneburger Straße in der gleichnamigen alten Freiheit meint man, die Zeit wäre stehen geblieben. Durch Haltern-Hullern sollte man gesamten Vestischen Kreis und mehr als 1000 Jahre alt. In Flaesheim schließlich erreicht man die Stiftskirche St. Maria Magdalena, die immerhin aus dem 12. Jahrhundert stammt.

Enge Gassen, alte Dörfer

Nicht weit entfernt kann man in Datteln sowohl das herrliche Jammertal bewandern als auch sich zuvor bereits von den netten, kleinen Gässchen in den Bann ziehen lassen, die das beschauliche Ahsen zu bieten hat. Dort verwundert es überhaupt nicht, dass sich die kleine St. Marienkirche ein wenig versteckt zu haben scheint.

Ähnliches gilt im Vest übrigens auch für andere Orte und Plätze. Dazu gehören unter anderem der historische Stadtkern von Waltrop mit Fachwerkgebäuden und Kopfsteinpflaster rund um die St. Peter-Kirche sowie unter anderem für den Kirchplatz in Dorsten-Rhade, zu dem ebenfalls leicht verwinkelte Wege führen, die den dörflichen Charme aufrecht erhalten. Das verwunschene Alt-Hochlar in Recklinghausen muss in diesem Zusammenhang ebenfalls unbedingt erwähnt

Das verwunschene Alt-Hochlar gehört zu den Stellen, in denen kleine Gassen die Besucher in ihren Bann ziehen. (Foto: © Ralf Rudzynski)

Erleben & genießen

Entspannen und genießen im Aquarell

Erholung pur und jede Menge Freizeitspaß!

Bei einem solchen Angebot kann es nur noch heißen: Abschalten und genießen.
(Foto: © Stadtwerke Haltern am See)

Den Alltagsstress vergessen und neue Kraft tanken: Dafür ist die Saunalandschaft geradezu prädestiniert.
(Foto: © Stadtwerke Haltern am See)

Mit den Aquarell Bäder- und Saunalandschaften bieten die Stadtwerke Haltern am See ein geballtes und aktionsgeladenes Freizeitangebot für die ganze Familie.
Neben einem Hallenbad mit 25-Meter-Becken, einer 75 Meter langen Riesen-Wasserrutsche, einem Kinder-Erlebnisbereich und einer abenteuerlichen Sprungturmanlage, finden Wassersportbegeisterte jede Menge Herausforderungen auf den 2500 Quadratmeter großen Wasseroberflächen des Aquarell-Freibads.

Oase der Erholung

In der so genannten Oase der Erholung finden Genießer ihre verdiente Ruhe. Hier erwarten sie neben einer attraktiven Saunalandschaft mit Außensauna, Dampfbädern und Infrarotkabinen eine idyllisch hergerichtete Ruhezone für eine absolut entspannte Zeit.
Eine Cafeteria und zahlreiche Kursangebote runden das Aquarell-Freizeitangebot am Lippspieker ab.

Eine wahre Oase der Erholung: Das Aquarell am Lippspieker 20.
(Foto: © Stadtwerke Haltern am See)

Zur attraktiven Saunalandschaft gehört auch eine Außensauna. (Foto: © Stadtwerke Haltern am See)

Beitrag von:
Stadtwerke Haltern am See
Freizeitbad Aquarell
Lippspieker 20 · 45721 Haltern am See
Tel. (0 23 64) 92 40 27 · Fax (0 23 64) 9 24 02 29
aquarell@stadtwerke-haltern.de
www.freizeitbad-aquarell.de

Das Aquarell bietet jede Menge Freizeitspaß für die ganze Familie.
(Foto: © Stadtwerke Haltern am See)

Die pure Romantik

Historische Schlösser sind mannigfaltig genutzte Schmuckstücke

Prachtvoll und majestätisch: Schloss Lembeck. (Foto: © Nils Rimkus)

Bis vor Kurzem wurde die Geschichte des Ruhrgebiets mit Industriegeschichte gleichgesetzt. Doch neuerdings erweitert sich der (Rück-)Blick. Das Ruhrgebiet weist nämlich, wie Archäologen der Ruhr-Universität Bochum herausfanden, die dichteste Burgenlandschaft Europas auf. Viele dieser mittelalterlichen Wehranlagen sind ganz oder fast ganz verschwunden. So sind vom Schloss Henrichenburg in Castrop-Rauxel nur Fundamente geblieben. Aber vieles hat die Zeiten überdauert – auch einige wunderschöne Schlösser und Burgen im Vestischen Kreis.

Lembeck und Wittringen

Eine der Perlen unter den Schlössern Westfalens entstand in einer Moorniederung namens »Lehmbecke«. Die dort errichtete Ritterburg aus dem 12. Jahrhundert erlebte viele bauliche Erweiterungen. 1692 wurden dann Bauarbeiten abgeschlossen, deren barockes Resultat das heutige Schloss ist. Es liegt, im Besitz der Grafenfamilie von Merveldt, in einer wunderschönen englischen Parkanlage, deren Reize sich zur Rhododendronblüte voll entfalten. Im Schloss befindet sich ein kulturhistorisches Museum und unter 300 Jahre alten Eichen – dem originalen Dachgebälk – das Heimatmuseum Lembeck. Einladend sind auch das Hotel, Café und das Restaurant im Schloss, in dem auf Wunsch Trauungen abgehalten werden. Regelmäßig finden Schlosskonzerte statt, die »Landpartie« und der Kunsthandwerkermarkt auf dem Schlossgelände ziehen viele Besucher an. Im Schlossgarten erfreuen sich ein Streichelzoo und ein Grillplatz reger Nutzung.

In Gladbeck liegt das Wasserschloss Wittringen. Es geht zurück auf eine 1263 urkundlich erwähnte Burg. Zum Schloss gehören ein Restaurant, das Stadtmuseum – untergebracht im rekonstruierten Fachwerkbau aus dem 17. Jahrhundert – und die Vogelinsel. Diese Anlage liegt in weitläufigen Wald- und Parkanlagen der Freizeitstätte Wittringen. 1928 als »Volkserholungsstätte Wittringen« eingeweiht, erweist sie sich heute als städtisches Schmuckstück. Ausgedehnte Grünflächen, Sportanlagen und Liegewiesen sind attraktive Einladungen für jeden Besucher. Dazu kommen unter anderem ein Grillpavillon, ein Vogelwarmhaus mit Freigehege, eine Kleingolfanlage, eine beleuchtete Marathon-Bahn und Sportflächen. Neuerdings kann man im stilvollen Ambiente des Wasserschlosses Wittringen auch heiraten.

Horneburg und Bladenhorst

In Datteln liegen gleich zwei historische Schlösser. Im Mittelalter war die 1384 vollendete Horneburg neben Burg Horst eine der bedeutendsten Burganlagen im Vest Recklinghausen. Später beherbergte sie unter anderem das vestische Kriminalgericht, wurde von den Franzosen im Dreißigjährigen Krieg niedergebrannt, verändert wieder aufgebaut, 1830 von den Herzögen von Arenberg restauriert und nahm die heutige Gestalt an. Seit 1965 befindet sich hier ein Förderschulinternat. Haus Vogelsang in Datteln-Ahsen wurde erstmals 1374 erwähnt, sein heutiges Aussehen geht auf Baumaßnahmen von 1720 zurück. Gegenwärtig ist dort ein Dienstleistungsunternehmen beheimatet. Wasserschloss Bladenhorst in Castrop-Rauxel wurde 1266 erstmals erwähnt und 1530 zu seiner heutigen Erscheinung umgebaut. Damit ist es ein schönes Beispiel der deutschen Spätrenaissance. Heute sind dort Wohnungen und Büros untergebracht, außerdem finden Veranstaltungen wie zum Beispiel das

In diesem Fachwerkbau des Wasserschlosses Wittringen ist das Stadtmuseum Gladbecks untergebracht. (Foto: © Nils Rimkus)

Spätgotische Baukunst: das Wasserschloss Herten mit seinen Staffelgiebeln. (Foto: © Nils Rimkus)

Tatort-Dinner, Lesungen, Weinfeste und Oldtimertreffen in der historischen Kulisse statt.

Westerholt und Herten

Als wehrhafte Anlage wurde Schloss Westerholt schon Ende des 12. Jahrhunderts erwähnt. Das im 19. Jahrhundert erbaute und 1993 komplett renovierte Wasserschloss, das nahe des alten Dorfes Westerholt liegt, wird heute als Hotel und Restaurant genutzt. Das Schlossgelände leitet über zu einem 18-Loch-Golfplatz, neben dem sich ein Naherholungsgebiet erstreckt.

Die vierflügelige Anlage des Wasserschlosses Herten, dessen unverwechselbarer Anblick durch die Staffelgiebel geprägt ist, ist ein herausragendes Zeugnis für den spätgotischen Schlossbau in Nordwestdeutschland. Die Lage des Schlosses zeichnet ein harmonisches Zusammenspiel von Architektur und gestalteter Landschaft aus. 1974 wurden Schloss und Park vom Landschaftsverband Westfalen-Lippe erworben. Teile des 1981 restaurierten Schlosses werden nun durch das Westfälische Zentrum für Psychiatrie genutzt.

Engelsburg und Sythen

Die Engelsburg liegt im Westen der Recklinghäuser Altstadt. 1701 als barocker Residenzbau errichtet, stellt sie eine Dreiflügelanlage nach dem Vorbild münsterscher Adelshöfe dar. In der restaurierten Engelsburg befindet sich heute das Best Western Parkhotel.

Die germanische Wallburg »Sitina« findet bereits 758 erstmals Erwähnung. Nach vielen Besitzern in vielen Jahrhunderten wäre das Ende des Schlosses, das nahe bei der alten Korn- und Ölmühle in Haltern-Sythen liegt, beinahe Ende des letzten Jahrhunderts gekommen. Der Caritasverband 1971 ließ das gut erhaltene Herrenhaus abreißen, das Schloss war in schlechtem Zustand, als es die Stadt Haltern 1989 zurückkaufte. Dass es heute als soziokulturelles Zentrum genutzt werden kann, ist dem Engagement der Sythener zu danken. Sie renovierten es, in Kooperation mit der Stadt, über mehrere Jahre überaus liebevoll.

Nils Rimkus

Wasserschloss Bladenhorst in Castrop-Rauxel ist ein schönes Beispiel deutscher Spätrenaissance. (Foto: © Stadt Castrop-Rauxel)

Erleben & genießen

Entdecken Sie Dorsten!

Die stadtinfo Dorsten plant und organisiert den perfekten Aufenthalt in der Region

Die stadtinfo vor dem Schmuckstück der Dorstener Innenstadt, dem alten Rathaus »Stadtwaage« am Marktplatz, die dem Stadtkern ein unverwechselbares Gesicht verleiht. (Foto: © Windor)

Dorsten, eine moderne Flächenstadt mit einer historischen Vergangenheit, die bis ins Mittelalter reicht, und am Rande des Ruhrgebietes das Tor zum Münsterland bildet. Die 750-jährige Stadtgeschichte ist trotz starker Zerstörungen im Zweiten Weltkrieg und vieler neuer Baumaßnahmen im Anschluss noch überall sichtbar.

Hierzu gehört der Verlauf der Stadtmauer, der immer noch klar erkennbar ist. Mit einem erhaltenen Turm und weiteren sichtbaren Resten ist die ehemalige Festungsmauer markiert und lädt zu einem Gang in die Geschichte ein. Das Alte Rathaus aus der Zeit der Renaissance erinnert nicht zuletzt durch seinen Titel »Stadtwaage« an die Zugehörigkeit der Stadt Dorsten zur Hanse und dominiert den Marktplatz im Kern der Altstadt. Die ringförmigen Straßen folgen dem Verlauf der alten Wälle, kleine Innenhöfe und winklige Gassen lassen den Reiz alter Zeiten lebendig werden und laden zum Entdecken ein. Die wieder nachgebildeten Wall- und Grabenanlagen nimmt die Grundmauern der alten Festungsmauer auf, die 1674 in großen Teilen geschliffen wurde. Heute allerdings ein Ort zum Flanieren und ein Ort von Veranstaltungen in den Sommermonaten.

Attraktive Altstadt

Der innere Ring in der Altstadt präsentiert sich heute als Fußgängerzone mit zahlreichen Fachgeschäften, Wochenmärkten und Veranstaltungen. Gastronomien und Cafés ergänzen das attraktive Zentrum, in dessen Randbereich Kanal und Lippe fußläufige Erholungszonen sind. Treidelpfade laden zum Wandern und Radfahren ein, für Kanuten bietet die Lippe reichlich Trainingsmöglichkeiten. Ein besonderes Erlebnis für Groß und Klein ist die Lippefähre Baldur, mit der man die Lippe an historischer Stelle per Handkurbel überqueren kann.

Während Freizeitkapitäne an der Kanaluferpromenade ankern, finden Reisemobilisten einen gut ausgestatteten Stellplatz zwischen Lippe und Kanal neben der Eislaufhalle in der Nähe des Stadtzentrums. Das Freizeitbad Atlantis bietet Spaß, Sport und Fitness zu jeder Jahreszeit. Auch bei schlechtem Wetter ist für Spaß garantiert: Kinder toben, spielen und rutschen im Olymp Kids-World, dem sensationellen Indoor-Abenteuerspielplatz.

Naherholung und Lebensqualität

Naherholung und Lebensqualität bestimmen die Stadt, die sich immer mehr aus der alten Struktur heraus löst. Anstelle alter Montanarbeitsplätze in Kohle und Stahl wandelt sich Dorsten zum modernen Dienstleistungszentrum und baut seinen Touristik- und Freizeitstellenwert mehr und mehr aus.

Die stadtinfo als Servicecenter der WINDOR GmbH steht Touristen und Bürgern in der Altstadt Dorstens als Ansprechpartner zur Verfügung.

Viele Tipps und jede Menge aktuelle Information, damit Dorsten ein unvergessliches Erlebnis wird, finden Besucher bei Iris Klahn, Leiterin der Tourist-Information, und ihren Kolleginnen von der Stadtinfo.

Die Mitarbeiterinnen planen und organisieren den perfekten Aufenthalt in unserer Region. Sie kennen die verschiedenen Veranstaltungstermine und helfen beim Verkauf der entsprechenden Tickets. Neben der Beratung der Gäste wird für jeden individuellen Geschmack gleich auch das richtige Gesamtpaket geschnürt. Umfangreiches Kartenmaterial für Radfahrer und Wanderer, zahlreiche Merchandisingprodukte von Dorsten und vieles mehr sind in der stadtinfo zu erwerben. Ein Besuch der stadtinfo und ihre Beratung machen den Aufenthalt in Dorsten zu einem Erlebnis. Unsere Empfehlung: Besuchen Sie Dorsten und entdecken Sie den Charme einer kleinen Stadt mit ihren großen Möglichkeiten.

Die freundlichen Damen von der stadtinfo bieten nicht nur Auskunft über die Freizeit-Möglichkeiten in Dorsten, sondern halten auch den einen oder anderen Geheimtipp bereit. (Foto: © Windor)

> Beitrag von:
> stadtinfo Dorsten
> Servicecenter der WINDOR GmbH
> Recklinghäuser Straße 20 · 46282 Dorsten
> Tel. (0 23 62) 30 80 80 · Fax (0 23 62) 3 08 08 88
> stadtinfo@win-dor.de · www.win-dor.de

Erleben & genießen

Gruppenreisen individuell genießen

Einzigartige Touren und maßgeschneiderte Themenreisen von den Reiseprofis aus Datteln

Oliver (links) und Daniel Minarzik (Foto: © ZiK Gruppenreisen)

Reisen bildet. Reisen mit ZiK, dem Spezialist für Gruppenreisen, bildet erst recht. Denn der Reiseprofi aus Datteln bringt Sie auf Wunsch bis in die entlegensten Winkel der Erde. Das erweitert Horizonte und fördert zudem ein Gemeinschaftsgefühl, das nur in einer Gruppe entsteht, in der alle Beteiligten dieselben Interessen haben.

Interesse an Reisen, Zielen, Kulturen, Sehenswürdigkeiten und vielen Informationen, die man unterwegs aufsaugt. Für all das sorgt ZiK Gruppenreisen. Wenn Sie Mitglied einer aus mindestens 15 Personen bestehenden Gruppe sind, dann gibt es für Sie und Ihre Reisegefährten zwei Möglichkeiten: Entweder Sie werden im Angebot fündig, das das Unternehmen bereits zusammengestellt hat. Oder Sie lassen sich von ZiK Gruppenreisen eine maßgeschneiderte Reise ausarbeiten.

Chorreisen, Firmenincentives, Vereinsfahrten

Dazu gehören Firmenincentives, Businessreisen, Reisen für Studenten, Schulklassen, Senioren, Pilger, Vereine, Wander- und Theatergruppen und vor allem für Chöre, für die gleich Auftritte mit organisiert werden. ZiK Gruppenreisen stellt für jede Altersklasse und jede Zielgruppe eine einzigartige Tour mit entsprechenden thematischen Inhalten zusammen.

»Wir arbeiten die Reisen nach den Vorgaben unserer Kunden aus und füllen sie mit den gewünschten und passenden Inhalten«, bestätigen Oliver und Daniel Minarzik, die das Unternehmen in der dritten Generation führen: »Dabei stehen unsere Mitarbeiter ständig im Austausch mit den Gruppen, um Rahmen und genauen Ablauf der Reisen optimal abzustimmen.«

In welche Museen möchte man gehen, welche Sehenswürdigkeiten aufsuchen? Was soll sonst noch zum Ausflugsprogramm gehören? Gruppenreisen individuell genießen – so lautet die Devise von ZiK Gruppenreisen. Das gilt für die Tagesfahrt genauso wie für die Weltreise. Mit Bus, Flugzeug, Schiff oder per Bahn geht es auf alle Kontinente – oder man bleibt in der Nachbarschaft. Denn die Reiseexperten organisieren auch überaus reizvolle Trips durch das Vest. Auf Anfrage ist alles möglich.

Auch der Größe einer Gruppe sind keine Grenzen gesetzt. Dank des eigenen Fuhrparks und einiger Kooperationspartner wurde im Jahr 2006 ohne Probleme eine logistische Meisterleistung vollbracht. Damals brachte ZiK Gruppenreisen über 2000 angolanische Fußballfans zu den WM-Spielen.

Erfahrung in der dritten Generation

Als Kunde profitiert man von der rund 40-jährigen Erfahrung eines alteingesessenen Familienunternehmens mit weltweiten persönlichen Kontakten. Der Grundstein wurde Anfang der 1970er Jahre durch Stefan Keller gelegt. Der Großvater der beiden heutigen Geschäftsführer startete mit einem Taxiunternehmen. Schon bald hatte er den Betrieb um die Sparte Busreisen erweitert.

ZiK Gruppenreisen ist bekannt für seine speziell auf die thematischen Interessen der Reisenden ausgearbeiteten Touren. (Foto: © ZiK Gruppenreisen)

Das Team von ZiK Gruppenreisen freut sich darauf, auch für Sie eine individuell gestaltete Reise auszuarbeiten. (Foto: © ZiK Gruppenreisen)

Für Chöre werden Auftritte auf Wunsch gleich mit organisiert. (Foto: © ZiK Gruppenreisen)

Stefan Keller hatte sich auf Clubtouren spezialisiert. Später wurde Wilhelm Minarzik zum Ansprechpartner für unzählige Vereine und Gruppen. Unter seiner Ägide wurde 1999 die ZiK Gruppenreisen International GmbH gegründet. Nach Wilhelm Minarzik wurde auch das Maskottchen des Unternehmens benannt, die fröhliche Biene Willi mit dem erfrischenden Slogan »bee happy«.

Seit dem unerwarteten Tod von Wilhelm Minarzik führen seine Söhne Daniel und Oliver das Unternehmen, das von Datteln aus die Reisenden in die ganze Welt schickt. Oliver Minarzik organisiert, sein Bruder Daniel ist der kreative Kopf, der in diesem Moment wahrscheinlich schon wieder die nächste Reise ausarbeitet. So sorgen beide zusammen für ein herausragendes Preis-Leistungs-Verhältnis. Nur die Koffer müssen Sie jetzt noch selbst packen!

Beitrag von:
ZiK Gruppenreisen International GmbH
Bülowstraße 139 · 45711 Datteln
Tel. (0 23 63) 3 90 10 · Fax (0 23 63) 3 90 19 99
info@zik-gruppenreisen.de
www.zik-gruppenreisen.de

Erleben & genießen

Einfach monumental

Wo früher gigantische Industrien pulsierten, blüht heute Kultur

Aus den Stätten der Arbeit werden Orte der Kultur und Freizeit – Strukturwandel hat auch schöne Seiten. Herausragende Beispiele für diese Stärke des Ruhrgebiets sind auch im Kreis Recklinghausen zu finden. Schon einige sehr alte Bauten verdienen hier Beachtung: Wunderschön und liebevoll hergerichtet sind etwa die Tüshaus-Mühle in Dorsten und die Wassermühle in Alt-Marl, beide Jahrhunderte alt. Viel häufiger sind jedoch die Zeugnisse der jüngeren Industriegeschichte.

Zechen wandeln sich

Die große Zeit der Zechen begann mit »Clerget«, später »Zeche Recklinghausen« genannt. Aber auch die Bergwerke Ewald und Schlägel & Eisen in Herten, König Ludwig und General Blumenthal in Recklinghausen, Brassert und Auguste Victoria in Marl, Waltrop in Waltrop, Emscher-Lippe in Datteln und die Dorstener Zeche Fürst Leopold schrieben Industriegeschichte. Heute sind die ehemaligen Bergbauareale mit ihren mitunter aufwändig restaurierten, markanten und archi-

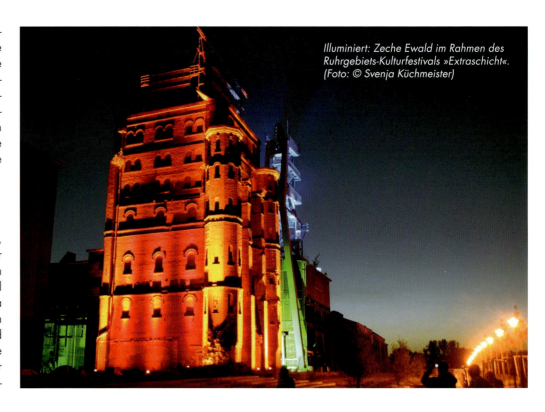

Illuminiert: Zeche Ewald im Rahmen des Ruhrgebiets-Kulturfestivals »Extraschicht«. (Foto: © Svenja Küchmeister)

tektonisch wertvollen Bauwerken vielfach in neuem Gebrauch.

Erinnert sei nur an »Manufactum«, das seine hochwertigen Produkte unter anderem in der ehemaligen Waschkaue der Zeche Waltrop vertreibt und seinen Sitz nebenan in der Zentralen Maschinenhalle hat. Und aus Zeche Ewald ist der Hertener »Zukunftsstandort Ewald« geworden. In den denkmalgeschützten Gebäuden wurden Dienstleister, Handwerker, Gastronomie, eine Event-Halle und vieles mehr angesiedelt. Ebenfalls auf dem Gelände entstand das vielbeachtete Wasserstoff-Kompetenz-Zentrum, in dem neue Technologien erforscht und entwickelt werden. Ähnlich ist die Nutzung der ehemaligen Zeche Erin in Castrop-Rauxel. Auch hier sind Dienstleister, Gewerbetreibende und Handwerker untergekommen, dazu sind ein Technologie- und Gewerbepark eingerichtet worden. Der 68 Meter hohe Förderturm mit seinen vier großen, weithin sichtbaren Buchstaben wurde als Wahrzeichen der Industriekultur erhalten. Andere Areale zeigen ähnliche Entwicklungen, einige – wie Fürst Leopold in Dorsten – sind noch im Umbau begriffen.

Viel Eigeninitiative

Auch bemerkenswerte Museen beschäftigen sich mit der industriellen Ära. So wurde 2001 in

Weite Blicke ins Ruhrgebiet und in den Vestischen Kreis ermöglicht ein Besuch auf der Halde Hoheward. (Foto: © Svenja Küchmeister)

Oer-Erkenschwick das Bergbau- und Geschichtsmuseum von ehemaligen Kumpels gegründet. Mittlerweile sind unter den Interessierten, die das Bergbaumuseum »Ziegeleitor« besuchen, ganze Schulklassen, Vereine und Kindergärten. Von der Zeche Recklinghausen blieb einiges erhalten, darunter in Hochlarmark das Fördergerüst von Schacht II und die Dampf-Fördermaschine im benachbarten Maschinenhaus. Hier ergriffen Bewohner der Dreieckssiedlung und ehemalige Bergleute die Initiative, bewahrten die Anlagen vor dem Abriss und unterstützen die Restaurierung mit erheblicher Eigenleistung. Im westlichen Maschinenhaus soll ein kleines Museum entstehen. Lohnenswert ist auch ein Besuch des Museums am Erzschacht in Marl-Drewer. Hier zeugen noch der Förderturm und das Maschinenhaus davon, dass zwischen 1926 und 1962 Roherz, Zink und Silber gefördert wurden.

Große Ingenieurskunst

Ein Highlight ganz anderer Art liegt in Recklinghausen-Süd. Das dortige »Umspannwerk Recklinghausen«, 1927/1928 aus mehr als zwei Millionen Ziegeln gebaut, beherbergt heute das »Museum Strom und Leben«. Hier wird den Besuchern die Geschichte der Elektrizität veranschaulicht. Auch Kultur-, Sozial- und Technikgeschichte sind Themen auf den rund 2000 Quadratmetern Ausstellungsfläche. Eine Meisterleistung der Ingenieurskunst ist das Schiffshebewerk Henrichenburg, das zum Schleusenpark Waltrop gehört. Heute ist es als LWL-Industriemuseum ein weithin beliebtes Aus-

Die Dreieckssiedlung in Recklinghausen 1909, genauer: die Robertstraße in Richtung Westfalenstraße. Das helle Haus hinten rechts ist – wie fast alle Gebäude dort – noch heute erhalten: im Erdgeschoss ist eine Schlecker-Filiale. (Foto: © Stadt- und Vestisches Archiv Recklinghausen)

Das Yehudi-Menuhin-Forum in der ehemaligen Grubenausbauwerkstatt der Zeche Auguste Victoria in Marl. (Foto: © Nils Rimkus)

Lohnenswert: ein Besuch im Erzschacht-Museum in Marl. (Foto: © Stadt Marl)

Ende der 1960er, Anfang der 1970er Jahre: Wieder die Robertstraße, diesmal in Gegenrichtung fotografiert. Im Hintergrund Zeche Recklinghausen II. (Foto: © Stadt- und Vestisches Archiv Recklinghausen)

flugsziel. Der gigantische Schiffslift, 1899 von Kaiser Wilhelm II. eingeweiht, überbrückte 71 Jahre lang eine 14 Meter hohe Kanalstufe. Heute wartet das mit dem europäischen Museumspreis ausgezeichnete Industriedenkmal mit weiteren Attraktionen auf, darunter sind das Museumsschiff »Franz Christian« und der historische Schleppkahn »Ostara«. Die Welt der Elektronik ist auch Thema im Dorstener Informatik- und Technikmuseum. Lochstreifenstanzer und Rechenmaschinen, aber auch Geräte des Alltags werden hier ausgestellt.

Weite Blicke

Der Chemiepark Marl imponiert auch »museal« – nicht nur mit seinem Informationszentrum im Feierabendhaus. Denn er stellt eines der wenigen Touristenziele auf der Route der Industriekultur dar, an denen »lebendige« Industriekultur und aktiver Strukturwandel deutlich werden. Die Route der Industriekultur stellt als regionales Tourismusprojekt auf einem 400 Kilometer-Rundkurs durchs Ruhrgebiet 52 herausragende Zeugnisse der industriellen Vergangenheit vor. Im Kreisgebiet gehören der Chemiepark, das Umspannwerk und das Schiffshebewerk dazu – und ein wahres Leuchtturmprojekt: die Halde Hoheward.

Im Hertener Süden an der Grenze zu Recklinghausen gelegen, bildet sie zusammen mit der benachbarten Halde Hoppenbruch die größte Bergehaldenlandschaft im Ruhrgebiet. Großartig sind die Drachenbrücke, die Balkonpromenade mit den Himmelsstiegen und natürlich das Horizontobservatorium. Von hier oben bietet sich an vielen Stellen außerdem ein einzigartiger, weiter Rundblick: auf das Leben und Wirken im Vestischen Kreis der Gegenwart.

Nils Rimkus

An den Seeufern und Sandstränden in Haltern erlebt man das echte Urlaubsfeeling. (Foto: © Stadt Haltern am See)

Sandstrände, Startbahnen und Strandbars

Auch so kann man seine Freizeit im Vestischen Kreis verbringen

Der Halterner Stausee sowie die Silberseen im Norden der Stadt zählen im Vestischen Kreis zu den bekannten Zielen für Wasserratten. Wie die Silberseen wurde übrigens auch der Blaue See in Dorsten-Holsterhausen einst durch den Sandtagebau künstlich angelegt. Entlang der Kanäle sind zudem einige Marinas entstanden, in denen die Boote und Yachten der Freizeitkapitäne liegen.

Die unterschiedlichen Gewässer bieten unterschiedliche Freizeitmöglichkeiten. Während man zum Beispiel auf dem großen Stausee in Haltern eine nette Partie im Fahrgastschiff »Möwe« machen kann, locken am Silbersee II ein fast 1000 Meter langer Sandstrand, herrliche Kiefernwälder und Gastronomien wie das Treibhaus. Hier erlebt man echtes Urlaubsfeeling vor der eigenen Haustür.

Schwimmen gehen kann man auch am Badeweiher in Marl oder in den erstklassigen Spaß- und Erlebnisbädern, die es in einigen Städten gibt. In Herten kann man im Copa Ca Backum abschalten, in Haltern im Aquarell und in Dorsten im Freizeitbad Atlantis. Auch Oer-Erkenschwick, die Stadt am Stimberg, hat ein solches Angebot zu bieten.

Partyschiff auf dem Kanal

Immer mal wieder entpuppt sich übrigens der Silbersee I auch als Partyzone. Hier fühlen sich die Anhänger elektronischer Musik ebenso zuhause wie rund 40 Kilometer weiter südlich in der Strandbar des »Lemon Beach Club« im Recklinghäuser Stadthafen am Rhein-Herne-Kanal. Dort ist mittlerweile auch das Stadthafenfest auf einem guten Weg, sich im Eventkalender fest zu etablieren. Im Sommer kommen im Stadthafen zudem Cineasten im Open Air Kino auf ihre Kosten.

Nicht gerade alltägliche Angebote sind Fahrten mit Partyschiffen auf dem Dortmund-Ems-Kanal. Ein echtes Abenteuer sind ferner Kanutouren auf einem der durch das Vest fließenden Kanäle oder auf der Lippe, die man von Dorsten nach Marl auf einem fast zehn Kilometer langen Stück erpaddeln kann.

Man kann sich auch in den Sattel eines Pferdes schwingen und die endlosen Reitwege genießen. Oder man schwingt sich auf den Sattel seines Fahrrades und startet am Dattelner Meer eine lange Fahrt entlang der Wasserstraßen bis zum echten Meer. Seit 1999 gibt es einen durchgehenden und auch durch Datteln führenden Radweg bis an die Nordseeküste.

Am Flugplatz Loemühle in Marl kann man abheben und das Vest aus der Luft bestaunen. (Foto: © Ralf Rudzynski)

Auch im Recklinghäuser Stadthafen am Rhein-Herne-Kanal kann man es sich gemütlich machen. (Foto: © Stadt Recklinghausen)

Erleben & genießen

Der Stadthafen macht bei Tag und Nacht eine gute Figur. (Foto: © Stadt Recklinghausen)

Das Vest aus der Luft

Natürlich kann man im Vestischen Kreis auch in die Luft gehen. Am bekanntesten ist der Flugplatz Loemühle in Marl. Dort starten Hubschrauber, Ultraleichtflieger und kleinere Maschinen. All das kann man sowohl als Gast oder Co-Pilot einfach nur genießen oder mit einem erfahrenen Lehrer »über den Wolken« unvergessliche Eindrücke sammeln und Flugstunden absolvieren. Außerdem kann man auf dem Verkehrslandeplatz abheben, um anschließend mit dem Fallschirm durch die Lüfte zu fliegen und danach ganz sanft wieder in der Realität zu landen. Übrigens: An jedem Freitagabend ist die 830 Meter lange Start- und Landebahn ein Eldorado für Inlineskater.

In Dorsten gibt es einen Segelflugplatz, von dem man auch mit einer Motormaschine zu einem Rundflug starten kann. Ultraleichtflugzeuge stehen hier ebenfalls in den Hangars. Ein interessantes Erlebnis ist es ferner, im Vereinsheim des anliegenden Luftsportverein Dorsten ganz relaxt zu beobachten, wie die Flieger starten und landen.

In Gladbeck heben Ballone vom Boden ab. Am Ballonstartplatz an der Ellinghorster Straße hat der bereits 1902 gegründete Niederrheinische Verein für Luftschifffahrt seinen Standort. Von hier es aus kann man zu einem außergewöhnlichen Ausflug starten, bei dem es auf Wunsch sogar bis über den Ärmelkanal geht. In Gladbeck beginnen aber auch Wettkämpfe für die Ballonpiloten.

Mit dem Planwagen unterwegs

Was man im Vestischen Kreis auch einmal probieren sollte, ist eine Tour mit dem Planwagen. In aller Gemütlichkeit und fröhlicher Runde kann man einige Höhepunkte des Kreises in einem ganz anderen Tempo an sich vorüberziehen lassen. Wo und wann genau die Planwagen starten, erfährt man unter anderem vor Ort bei den überaus freundlichen und hilfsbereiten Mitarbeiterinnen und Mitarbeitern in den städtischen Tourismusbüros. Dort gibt es natürlich noch viele andere Informationen über das Vest und seine attraktiven Ziele wie die Halde Hoheward in Herten.

Zu den weiteren Möglichkeiten, wie man seine Freizeit im Vestischen Kreis verbringen kann, zählen auch überaus interessante Altstadtführungen. Auf Kulturbeflissene warten Museen und Ausstellungen, die ihrerseits ganz hoch im Kurs stehen. Wer es am Ende doch wieder etwas turbulenter mag, der sollte sich vielleicht mal in einem Freizeitpark umschauen, von denen es im und am Rande des Kreises ebenfalls einige gibt.

Ralf Rudzynski

Viel Abwechslung bieten auch die zahlreichen Stadtfeste wie hier in Waltrop, wo man sogar außergewöhnliche Fahrräder bewundern kann. (Foto: © Stadt Waltrop/Waltroper Parkfest)

Herten – eine Stadt inmitten der »Metropole Ruhr«, die begeistert

Herten hat viel zu bieten: Für Kunst- und Kulturliebhaber hält Herten zwei Schlösser, einen barocken Schlosspark mit englischer Prägung, das »Alte Dorf Westerholt« und die neue Kunstachse »Burgenland« bereit.

An der Zeche Ewald befindet sich das Tourismusbüro Herten mit seinem umfangreichen Service-Angebot. (Foto: © Tourismusbüro Herten)

Wer es dagegen eher grün mag, ist im Landschaftspark Hoheward genau richtig: Auf dem rund 160 Hektar großen Gelände kann man wandern, Rad fahren oder joggen und die tolle Aussicht auf das Ruhrgebiet genießen.
Die Highlights: Das Horizontobservatorium und der als Sonnenuhr fungierende Obelisk. Hier erleben Sie ganz ohne Vorkenntnisse Astronomie und antike Zeitmessung zum Anfassen.

Tourismusbüro Herten

Am Fuße der Halde liegt die alte Zeche Ewald: Hier hat die Zukunft in Form der Wasserstoff-Technologie direkt neben den Spuren der Vergangenheit begonnen. Und genau dort finden Sie das Tourismusbüro Herten mit einem umfangreichen Service-Angebot.
Wir sind Ihr kompetenter Ansprechpartner für Expeditionen und Ausflüge rund um Herten und Umgebung, ob zu Fuß, per Rad oder mit dem Bus auf die Halde hinauf.
Des Weiteren können Sie Karten für den Revue-Palast Ruhr kaufen, Fahrräder ausleihen, Rad-, und Wanderkarten erwerben und sich umfassend informieren. Sie haben einen Wunsch oder eine Idee? – Wir setzen diese für Sie um!

Ein Highlight in Herten: die Halde Hoheward. (Foto: © Tourismusbüro Herten)

Beitrag von:
Tourismusbüro Herten
Werner-Heisenberg-Straße 14
45699 Herten
Tel. (0 23 66) 18 11 60
Fax (0 23 66) 18 11 61-8
info@tourismusbuero-herten.de
www.tourismusbuero-herten.de
Öffnungszeiten: Di. bis So. von 10 bis 18 Uhr

Wunderschöne Radwege bereiten der ganzen Familie Spaß. (Foto: © Günter Kortmann)

Natur erleben – das pure Vergnügen

Freizeitexpeditionen im Land der Reit-, Rad- und Wanderwege

Die Region zwischen Emscher und Lippe durchziehen wunderbare Wege für Wanderer, Radfahrer und Reiter. Sehr gut in Schuss, hervorragend ausgeschildert, ungeheuer abwechslungsreich. Hier seien nur die Haard und die Hohe Mark mit ihren zusammenhängenden Waldgebieten im XXL-Format genannt. Aber auch die Kanäle, von Pfaden und Wegen begleitet, die reine Luft, die gesunde Natur und die vielen historischen Sehenswürdigkeiten sollen nicht vergessen werden. Der Entdecker wird seine helle Freude haben.

Unterwegs auf Schusters Rappen

Sowohl die Profis unter den Wanderern als auch »Spazier-«Wanderer finden im Vestischen Kreis viele Wege für jeden Anspruch. Rund 1000 Kilometer Wanderwege durchziehen die gesamte Region, jeweils sehr gut gekennzeichnet und vernetzt – falls man eigene Wege gehen möchte oder eine Abkürzung benötigt. Genau genommen hat die Schnürschuhliga die Qual der Wahl: Denn auf sie warten 17 Hauptwanderwege (X-Symbol) mit 410 Kilometer Länge und drei Bezirkswanderwege (Raute-Symbol) mit 32 Kilometer Länge. Dazu kommen vier Ortswanderwege (Symbol: umgekehrtes T) mit 33 Kilometer Länge und 117 Rundwanderwege auf rund 560 Kilometer Strecke. Letztere gehen, symbolisiert mit einem »A«, von den Wanderparkplätzen aus. Davon gibt es insgesamt 73, jeder versehen mit ausführlichen Infotafeln über die Routen. Darüber hinaus sind verschiedene Wanderführer und Wanderkarten erhältlich, zum Beispiel vom Regionalverband Ruhr (RVR). Sie helfen, neue Strecken auszuprobieren und den Überblick zu bewahren.

Die Touren zeichnen sich durch ihre abwechslungsreiche Streckenführung aus. In wenigen Stunden durchstreift man dichte Wälder, Moore und Heidelandschaften, kommt an Flüssen, Seen und Kanälen vorbei, passiert idyllische Orte, historische Schlösser oder archäologische Fund-

Ein kleines Päuschen am Wegesrand nach einer Wanderung in der Hohen Mark. (Foto: © Nils Rimkus)

Erleben & genießen

Ein wahres Paradies für Reiter. (Foto: © Marc Schumacher)

Der schöne Napoleonsweg, hier in der südlichen Hohen Mark. (Foto: © Nils Rimkus)

stätten. Im südlichen Kreisgebiet führen einige Wanderrouten vorbei an den Stätten der Industriekultur und Haldenlandschaften. Neu angelegt sind außerdem einige Strecken für Freunde des Nordic Walking. Erarbeitet wurden sie von den vier Haard-Städten Oer-Erkenschwick, Datteln, Haltern und Marl sowie dem Deutschen Nordic Walking-Verband und dem Sauerländischen Gebirgsverein. Entstanden ist der in der Haard liegende »Haard Walking Park« mit überaus attraktiven Strecken.

Alles Glück dieser Erde ...

... liegt auf dem Rücken der Pferde. Diese Weisheit scheint im Kreis Recklinghausen zu Hause zu sein – schließlich gibt es hier rund 15 000 Pferde. Dazu passen die rund 10 000 Reitfreunde, die in Vereinen organisiert sind, und die 84 Reiterhöfe. Außerdem halten fast 400 der landwirtschaftlichen Betriebe im Kreis selbst etwa 2000 Pferde und Ponys. Überdies gibt es viele Höfe, die als Pferdepensionsbetriebe den großen Vierbeinern Unterkunft, Verpflegung und Auslauf und Weiden bieten. Die Pferdewirtschaft ist für viele landwirtschaftliche Betriebe zu einem zweiten Standbein geworden, sofern sie nicht ganz auf diesen Erwerbszweig »umgesattelt« haben. Außerdem hat sich mit dem boomenden Freizeitvergnügen ein Netz aus Beratungs- und Mietangeboten, Pferdesportfachgeschäften, medizinischen Pferdespezialisten und Hufschmieden entwickelt.

Der Vestische Kreis ist ein ausgezeichnetes Terrain, wenn es um landschaftsbezogenen Reitsport geht – im Wortsinne. Schon zweimal wurde er als Teil der »Pferderegion Münsterland« als besonders pferdefreundlich ausgezeichnet. Ausschlaggebend hierfür sind sicherlich die insgesamt 250 Kilometer Reitwege, die alle Schwierigkeitsgrade aufweisen, damit Jung und Alt, Anfänger und Könner zum Zuge kommen.

Sympathische Leisetreter

Die einzigen sympathischen Leisetreter, befand der aus Wanne-Eickel stammende Charaktermime Ernst Schröder, sind Radfahrer. Und die finden zwischen Emscher und Lippe ungeahnte Möglichkeiten, denn ihnen zu Pedalen liegt die gesamte Vielfalt der Region. Es geht durch blühende Parks und verschwiegene Wälder, durch Naturschutzgebiete und Hügellandschaften. Idyllische Wege führen an Wasserläufen entlang und durch endlose Felder. Ziele können lebendige Städte, romantische Schlösser oder imposante Zeugnisse der Montanindustrie sein. Auch Gelegenheiten zur Einkehr gibt es reichlich – vom Imbiss-Stand bis zum Landgasthof.

Das verwundert eigentlich nicht: Nach Marl und Gladbeck wurden Dorsten, Haltern am See und auch der Kreis Recklinghausen in die Riege der »Fahrradfreundlichen Städte, Gemeinden und Kreise NRW« aufgenommen. »Wir sind deutschlandweit der fahrradfreundlichste Kreis«, sagt Marion Bugdoll, Koordinatorin für Radverkehr und Sport beim Vestischen Kreis. »Hier sind rund 900 Kilometer Radwege zu einem abwechslungsreichen Fahrradroutennetz verwoben worden.« Sportler können ungestört ihre Bahnen suchen, aber spannend sind auch die lehrreichen Themenrouten für Radwanderer mit Wissensdurst. Die Hohe-Mark-Route, der Emscherweg, die 100-Schlösser-Route oder die Römerroute sind nur einige der ausgearbeiteten Themenrouten, die unter www.radroutenplaner.nrw.de auf die Radwanderer warten. Besonders beliebt ist die 43 Kilometer lange 4-Emscher-Schlösser-Tour, weiß Marion Bugdoll: »Sie führt vorbei an Haus Lüttinghof, Schloss Herten, Schloss Westerholt und Schloss Berge und nimmt auch die Arena auf Schalke mit. Sie führt durchs Kernruhrgebiet, doch das auf grünen Wegen. Das erstaunt die Radler immer wieder.«

Nils Rimkus

Die Touren sind sehr gut ausgewiesen – hier ein Rundwanderweg. (Foto: © Nils Rimkus)

217

Erleben & genießen

Mit Reiki zu innerer Zufriedenheit

Anja Mannel hilft dabei, den roten Faden des Lebens wieder zu finden

Stress und Hektik bestimmen zunehmend das Leben in unserer Gesellschaft. Egal ob Beruf, Familie, Termine oder andere Verpflichtungen – es gibt genügend Ursachen und Impulse, die immer mehr Menschen in einen Strudel aus Schnelllebigkeit und Druck geraten lassen. Die innere Anspannung nimmt stetig zu. Dabei jedoch wird häufig vergessen, dass man ein Ventil oder einen Ausgleich benötigt, um den Herausforderungen gewachsen zu bleiben.

Als eine erfolgreiche Alternative bieten sich Entspannungstechniken an. Sie gehören zu den Methoden, die Anja Mannel beherrscht. Ihr Hauptaugenmerk liegt auf dem Bereich der Reiki-Anwendungen. Bereits seit 1995 ist sie als Reiki-Meister-Lehrerin tätig. Damit besitzt Anja Mannel den höchstmöglichen Ausbildungsstufe. Diese erlaubt es ihr, Reiki-Schüler auch selbst für die unterschiedlichen Grade zu unterrichten. Überdies hält sie an verschiedenen Institutionen wie zum Beispiel der VHS Waltrop, in Kindergärten etc. regelmäßig Seminare ab.

Die neuen, größeren Räumlichkeiten von Reiki-Meister-Lehrerin Anja Mannel. (Foto: © Astrid Pöter)

Reiki ist eine jahrhundertealte tibetische Heilmethode

Stress und seine Symptome können jeden einholen. Deswegen lassen sich auch Menschen aller Altersklassen und Berufe von Anja Mannel helfen, ihre Ausgeglichenheit wieder zu finden. Es gibt unzählige Gründe, warum man mental und körperlich geschwächt ist. Eines jedoch haben nahezu alle Kunden der Reiki-Meister-Lehrerin gemeinsam: Sie haben in ihrem Leben den roten Faden verloren und sind auf Entdeckungsreise nach ihrer eigenen Persönlichkeitsentwicklung.

Mittels der traditionellen und jahrhundertealten tibetischen Heilmethode findet man seinen Weg und die innere Ruhe. Beim Reiki gibt es mannigfaltige Techniken: von der normalen Gassho-Meditation bis hin zur Mentalheilung. Als Entspannungstechnik trägt Reiki zu innerer Zufriedenheit bei und kann auch ärztlich verordnete Therapien unterstützen. »Den Arzt ersetzen kann Reiki allerdings nicht«, betont Anja Mannel. Allerdings müssen auch keinesfalls zwingend Krankheitsbilder zu einem Besuch bei der Reiki-Lehrerin führen.

Bei Reiki-Anwendungen gibt es keine Berührungen

Ein Reiki-Termin erstreckt sich etwa über eineinhalb Stunden. Dazu gehören neben der eigentlichen Anwendung wichtige Gespräche, in denen sich Anja Mannel ein Bild über das allgemeine und das angestrebte Wohlbefinden macht und den Ursachen der Stresssituationen auf den Grund geht. Bei der Reiki-Entspannung finden übrigens keine Berührungen statt. Sie basiert auf dem Prinzip elektromagnetischer Schwingungen, die durch Konzentration und Aufmerksamkeit entstehen.

90 Prozent der Kunden kommen auf Empfehlung von einstmals ähnlich gestressten Mitmenschen, die durch Anja Mannel wieder zu sich und ihren eigenen Fähigkeiten und einem klareren Bewusstsein gefunden haben. Sie haben die Anwendungen erfolgreich genutzt, um abzuschalten. Manche haben sich überraschen lassen, was auf sie zukommt und waren erfreut, dass sie es noch nicht verlernt hatten, loszulassen und sich von angenehmen Dingen einfangen zu lassen.

Berührungen finden bei Reiki-Entspannung nicht statt, denn sie basiert auf dem Prinzip elektromagnetischer Schwingungen. (Foto: © Ralf Rudzynski)

Erleben & genießen

Abschalten und dem Strudel aus Schnelllebigkeit und Druck entkommen. (Foto: © Astrid Pöter)

Anja Mannel hilft ihren Kunden, wieder zu eigener Stärke zurückzufinden. (Foto: © Astrid Pöter)

Konzentration auf die wichtigen Werte

Durch ihren großen und nachhaltigen Erfahrungsschatz gelingt es Anja Mannel, dass sich ihre Kunden auf die wesentlichen Dinge des Lebens und die wirklich wichtigen Werte fokussieren. Dazu dient ihr auch die Qualifikation als NLP-Master-Practicioner-Trainer, um in schwiegen Lebenslagen andere Sichtweisen aufzuzeigen und Denkanstöße zu geben.

Denn neben ihrem Grad als Reiki-Meister-Lehrerin ist Anja Mannel unter anderem ausgebildete Wellness-Trainerin und Wellness-Masseurin sowie NLP-Coach. Selbstverständlich hat sie wie alle ihre Aus- und Fortbildungen auch die Ausbildung zum Neuro-Linguistischen Programmieren (NLP) in ausführlichen und intensiven Seminaren absolviert, was entsprechende Zertifikate nachweisen.

Ayurvedische Ernährungslehre

Gleiches gilt für Ernährungsberatung, bei der die ayurvedische Küche im Mittelpunkt steht. In Zeiten von Allergien und Neigung zu Übergewicht kann die ayurvedische Ernährungslehre einen Teil dazu beitragen, sich wohler zu fühlen. »Man muss sich nicht streng daran halten. Es reicht schon, wenn man es immer mal wieder in die eigene Küche integriert«, gibt Anja Mannel zu bedenken.

»Du bist, was du isst«, sagt ein Sprichwort. Und das ist zutreffend. Mit bestimmten ayurvedischen Gewürzen und Speisen, die man sogar selbst anbauen kann wie Gurken, Tomaten, Zucchini, oder Kürbis, kann man für eine bessere Bekömmlichkeit des Essens sorgen. Das kommt der Gesundheit zugute, und der Körper dankt es. Man fühlt sich einfach wohler.

Beitrag von:
Anja Mannel
Cäcilienhöhe 52 · 45657 Recklinghausen
Tel. (01 73) 2 71 66 32

Auch mit ayurvedischen Gewürzen und Speisen kann man das eigene Wohlbefinden unterstützen. (Foto: © Astrid Pöter)

Die Amateure bringen im Vestischen Kreis erstklassige Leistungen

Das Breitensportangebot reicht von American Football bis Zehnkampf

Zur Vielfalt im Vestischen Kreis trägt der Sport mit einem breit gefächerten Angebot bei. American Football bei den Recklinghausen Chargers, Volleyball, Tennis, Schwimmen, Fußball, Basketball, Pferdesport, Leichtathletik, Rudern, Gewichtheben oder Boxen beim VfB Hüls sind nur einige der zahlreichen Möglichkeiten, um sich aktiv zu betätigen oder in der Zuschauerrolle mitzufiebern.

Welche Sportart im Vest an erster Stelle steht, ist nicht einfach zu klären. In Frage käme natürlich der Fußball als Deutschlands Sportart Nummer eins, aber auch der Pferdesport ist mit unterschiedlichen Disziplinen bestens vertreten. Die edlen Vierbeiner spielen im Vest seit jeher eine wichtige Rolle. Wurden sie über Jahrhunderte in erster Linie in der Landwirtschaft als Arbeitstiere eingesetzt, rückten sie ab der Wende vom 19. auf das 20. Jahrhundert auch als Athleten in den Blickpunkt.

Wer ist die Nummer eins?

In Castrop-Rauxel fanden seit etwa 1870 rund 100 Jahre lang Galopprennen statt. Dort wurde 1950 mit Ralf Suerland ein erfolgreicher Jockey und Galoppertrainer geboren. Vollblüter bestimmten zunächst auch auf der Hillerheide in Recklinghausen das Geschehen. Das änderte sich in den 1920er Jahren. Und 1929 übernahmen dort endgültig die Traber das Regiment.

Bis 2006 fanden auf der Hillerheide regelmäßig Rennen statt. Über Jahrzehnte hinweg gehörte die Piste zu den Aushängeschildern der Szene, bis aufgrund finanzieller Probleme das Aus kam. Immerhin ist es dem Pferdesportpark Recklinghausen e.V. im Sommer 2010 gelungen, die Traditionsbahn mit zwei Renntagen wiederzubeleben. Insgesamt dominiert rund um den Partner Pferd der Breitensport mit vielen Reit-, Fahr- und Springvereinen. Neben zahlreichen reinen Amateuren gibt es aber mit Christian Ahlmann aus Marl auch einen Profi, der mit Cracks wie Cöster mehrere Titel als Europameister gewonnen hat und sogar bis zu Olympiabronze gesprungen ist.

Das Vest bei Olympia

Auch andere Athleten aus dem Vest haben es zu Olympischen Spielen geschafft. Heli Houben (geborene Matzdorf) gehörte 1968 in Mexiko dem deutschen Schwimmkader an. Ebenfalls in Mexiko sowie vier Jahre zuvor startete der Castrop-Rauxeler Werner Trzmiel über 110-Meter-Hürden. Aus derselben Stadt kommt der Kanute Friedhelm Wentzke. Er holte 1960 in Rom Gold und 1964 in Tokio Silber. 1996 überraschte der Zehnkämpfer Frank Busemann in Atlanta mit der Silbermedaille. Eine ausgezeichnete Leichtathletin war in den 1950er Jahren auch Adeltraut Loer. Aufgrund einer Knieverletzung blieb ihr allerdings die Teilnahme an den Olympischen Spielen in Helsinki 1952 verwehrt. Die Ruderer Riekemann und Berendes wurden mit Steuermann Meier einst Europa- und Weltmeister. Sie starteten ebenso für den RC Marl im VfB Hüls wie Wolfgang Plottke, der im so genannten Ruhrpottvierer 1972 Olympiadritter in München wurde.

Die meisten von ihnen sind Beispiele dafür, dass man keineswegs Profi sein muss, um überragende Leistungen abzuliefern. Das gilt auch für den Fußball, der seit den Zweitligazeiten der SpVgg Erkenschwick in den 1970er Jahren nicht mehr im Profibereich vertreten ist, auch wenn mit dem ehemaligen FFC Flaesheim-Hillen zur Jahrtausendwende eine Damenmannschaft in der Frauenbundesliga spielte und 2001 das DFB-Pokalfinale erreichte. Vereine wie SpVgg Erkenschwick, VfB Hüls, FC Recklinghausen 96 und Waltrop sind Aushängeschilder für Amateurfußball auf gutem Niveau.

Angesichts starker Teams wie den Hertener Löwen, den Citybaskets Recklinghausen, dem BSV Wulfen und der BG Dorsten könnten auch die Basketballer berechtigte Ansprüche anmelden. Letztlich aber bleibt die Frage weiterhin unbeantwortet, welche Sportart in der Region die Nummer eins ist. Unstrittig ist hingegen, dass im Vestischen Kreis viele Amateure und Breitensportler erstklassige Leistungen bringen.

Ralf Rudzynski

Christian Ahlmann einmal anders: Der Olympiadritte der Springreiter bei einem Gastspiel auf der Trabrennbahn. (Foto: © Karl Loer)

Auch Radsportfans kommen im Vest – wie hier beim Straßenrennen auf dem Recklinghäuser Wallring – auf ihre Kosten. (Foto: © Ralf Rudzynski)

Sport im Vestischen Kreis

Stall Top Point bietet die pure Erholung für gestresste Pferde

Auf großen Koppeln in unberührter Natur tanken Freizeit- und Sportpferde wieder auf

Gepflegte Stallungen, große Boxen mit Außentüren und -fenstern sowie die Betreuung durch ein Team exzellenter Pferdefachleute sind beim Stall Top Point selbstverständlich. (Foto: © Stall Top Point)

Wer vollen Einsatz zeigt, braucht auch Pausen. Was für den Menschen gilt, trifft auch auf einen seiner gerade im Vest seit jeher wichtigen Partner zu: das Pferd. Ganz gleich ob in der Dressur, als Springpferd, auf den Galopp- und Trabrennbahnen oder auch nur beim lockeren Ausreiten: Pferde sind Hochleistungssportler, die nur dann eine harmonische Einheit mit ihrem Reiter oder Sulkyfahrer bilden, wenn neben den körperlichen Voraussetzungen auch die Psyche gesund ist.
Respekt vor dem Partner Pferd und seinen Bedürfnissen ist das Erfolgsgeheimnis des Stalles Top Point, der sich auf den Trabrennbahnen in ganz Deutschland einen Namen gemacht hat. »Pferde können nur dann gute Leistungen zeigen, wenn ihre Psyche stimmt«, unterstreicht Michael Gutsche, der gemeinsam mit Ehefrau Sabrina das Gestüt führt.

Artgerechte Haltung stärkt die Psyche

Der Stall Top Point macht alles, damit sich Pferde – und nicht nur Traber – rund herum wohl fühlen.

Das Gestüt in Gladbeck liegt inmitten herrlicher Natur und bietet die pure Erholung für Mensch und Tier. Auf dem riesigen Areal sieht man nur Wald, Wiesen und Weiden – und Pferde, die überaus ausgeglichen sind. Das ist das Ergebnis artgerechter Haltung mit viel Abwechslung.
Dreimal täglich wird bestes, eiweißarmes und energiereiches Futter gegeben. Das Frischwasser kommt aus einem eigenen Brunnen, dessen Leitungen regelmäßig gespült werden. Auf den Weiden wird der Kot abgesucht. Impfungen und Entwurmung sind selbstverständlich.
Die Pferde danken dies mit Vertrauen und guten Leistungen. In über 20 Jahren hat Michael Gutsche als Trabrennfahrer mit seinen Schützlingen rund 200 Rennen gewonnen. Wenn die Pferde starten, sind sie ausgeglichen und somit leistungsbereit. In Zeiten, zu denen die Hillerheide in Recklinghausen das Zentrum des Trabrennsports im Vest gewesen ist, konnten sich die Besucher immer wieder vom exzellenten Auftreten der Pferde aus dem Stall Top Point überzeugen.

Wellness für Ihr Pferd

Auf dem heimischen Gestüt werden sie auf weitläufigen Waldwegen und hervorragenden Trainingsbahnen vorbereitet. Danach winkt die Entspannung auf den Koppeln, auf denen die Pferde in Herdenverbänden die wichtigen Sozialkontakte pflegen. Gleiches gilt für den Stalltrakt mit großen Boxen, die weitgehend Außentüren und -fenster haben und zudem über eine verschließbare Bodenlüftung verfügen.
Neben der Betreuung durch ein Team exzellenter Pferdefachleute ist Reha ein weiterer Eckpfeiler im Stall Top Point. Um nach einer Verletzung wieder in Tritt zu kommen, leistet das Laufband große Dienste. Damit können der Bewegungsapparat optimal kontrolliert und die Muskulatur aufgebaut werden. Auf Graphitplatten fußen die Pferde planeben. Durch die EDV-Steuerung können Steigerungsintervalle eingebaut oder die Herzfrequenz überprüft werden.
Stretching und Dehnübungen helfen gegen Verspannungen. Akupressur, Elektroakupunktur und Massagetechniken werden bei Rückenproblemen angewendet. Zum allgemeinen Wohlbefinden tragen auch UV-Bestrahlung, Magnetfeldtherapien sowie Pferdesauna und -Dampfbad mit ätherischen Düften bei. Für die Gesundheit der vierbeinigen Partner wird im Stall Top Point nichts dem Zufall überlassen. Das ist der Grund, warum viele Besitzer ihren Pferden immer wieder einen Erholungsurlaub in dieser Idylle gönnen.

Michael Gutsche hat als Trabrennfahrer rund 200 Rennen in ganz Deutschland gewonnen. (Foto: © Stall Top Point)

Beitrag von:
Stall Top Point
Weiherstraße 171 · 45966 Gladbeck
Tel. (01 71) 3 19 00 99 · Fax (0 20 45) 40 12 75
TopPoint@ruhr-net.de · www.gestuet-top-point.de

Bereits in den 1930er Jahren standen die Traber auf der Hillerheide bei den Wettern hoch im Kurs. (Foto: © Stadt- und Vestisches Archiv Recklinghausen)

Die Trabrennbahn Hillerheide aus der Luft. (Foto: © Stadt- und Vestisches Archiv Recklinghausen)

Lass den Kommissar doch sausen, freitags Traben in Recklinghausen

Die Hillerheide zieht die Traberfreunde seit Jahrzehnten in ihren Bann

Hermann Kraum zählte ab den 1950er Jahren zu den lokalen Trainergrößen auf der Hillerheide. (Foto: © Karl Loer)

Wer an Sport im Vest denkt, verbindet diesen unweigerlich mit Pferden – und dabei nicht zuletzt mit der Rennbahn auf der Hillerheide. Am 29. Juni 1909 wurde dort die erste Rennveranstaltung abgehalten. Damals standen jedoch noch die Galopper im Blickpunkt, deren sportliche Heimat zunächst die Hohenhorster Heide war. Eben dort fand am 6. September 1896 das erste Pferderennen innerhalb der Stadtgrenzen statt. Veranstalter war der Recklinghausen-Herner-Rennverein. Knapp 13 Jahre danach siedelten die Galopper von der Hohenhorster Heide auf die Hillerheide um. Fünf Jahre später allerdings begann mit dem Ersten Weltkrieg auch für den neuen Standort eine schwierige Zeit. Während der Kriegsjahre wurden keine Rennen durchgeführt. Statt dessen wurde Getreide auf dem Areal angebaut. 1920 kehrten die Galopper zwar auf die Piste zurück, doch mussten sie das Feld erneut bald wieder räumen. Während der Ruhrbesetzung in den Jahren 1923 bis 1925 zerstörten französische und belgische Truppen das Geläuf und nutzten das Areal für militärische Zwecke.

20. Oktober 1929

Gegen Ende der 1920er Jahre wurden die Galopper in Recklinghausen allmählich von den Trabern abgelöst. Verantwortlich dafür war der Verein Rheinisch-Westfälischer-Traberbesitzer und Traberzüchter e.V. Gelsenkirchen, der bereits am 17. März 1921 in Gelsenkirchen gegründet worden war. Schon in den ersten Jahren seiner Tätigkeit wurde das eine oder andere Trabrennen in Recklinghausen abgehalten. Damals gab es immerhin schon gemischte Veranstaltungen für Galopper und Traber. Ernst wurde es schließlich am 20. Oktober 1929. An diesem Tag fand der erste ausschließlich den Trabrennpferden vorbehaltene Renntag in Recklinghausen statt.
Seinerzeit wurde übrigens noch auf Gras getrabt, zudem wurde die Bahn – wie schon zuvor von den Galoppern – als Rechtskurs genutzt. In den 1930er Jahren jedoch wurde das Profil ver-

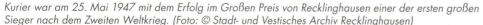

Kurier war am 25. Mai 1947 mit dem Erfolg im Großen Preis von Recklinghausen einer der ersten großen Sieger nach dem Zweiten Weltkrieg. (Foto: © Stadt- und Vestisches Archiv Recklinghausen)

Sport im Vestischen Kreis

ändert. 1933 wurde das Grasgeläuf durch die rote Asche ersetzt, die immer noch Markenzeichen der Hillerheider Piste ist. 1936 wurde das Stallgelände gebaut, das sich nach wie vor an seinem angestammten Platz hinter der Gegengeraden befindet. Am 21. Januar 1937 wurden die Traber auch dem Namen nach endgültig in ihrer neuen Heimat sesshaft. Aus dem Verein Rheinisch-Westfälischer-Traberbesitzer und Traberzüchter Gelsenkirchen wurde durch Umbenennung der Trabrennverein Recklinghausen.

Umstellung auf den Linkskurs

Der konnte sogar während des Zweiten Weltkrieges lange Zeit veranstalten und hatte Glück, dass die Anlage auf der Hillerheide von Bomberangriffen ziemlich verschont wurde. So konnten 1950 gleich mehrere weitere Schritte in die Zukunft getan werden. Eine Flutlichtanlage wurde installiert, die Haupttribüne errichtet und außerdem die Linienführung auf einen Linkskurs umgestellt.

In der zweiten Hälfte des 20. Jahrhunderts ging es mit dem Standort zunächst aufwärts. Bekannte Trainer- und Fahrergrößen wie Eddy Freundt, Dieter Oppoli, Helmut Beckemeyer, Klaus Horn, Willi Rode sowie der ab Mitte der 1970er Jahre in Deutschland den Ton angebende Heinz Wewering hatten Ställe auf der Hillerheide, bereiteten zahlreiche ihrer erfolgreichen Pferde dort vor und feierten hier Hunderte von Siegen; vor allem an Freitagabenden, der zum festen Veranstaltungstermin wurde. Für diesen warb der Rennverein übrigens mit einem flotten Spruch: Lass den Kommissar doch sausen, freitags Traben in Recklinghausen.

Internationales Flair

Mit dem ruhmreichen »Großen Preis von Recklinghausen« konnte ein international stark beachtetes Zuchtrennen etabliert werden, das jahrelang Trabrennsport auf allerhöchstem Niveau und Sieger wie Jorky, Pershing, Friendly Face oder Mack The Knife nach Recklinghausen und damit ins Vest holte. Etwa ab 1990 holte zudem die deutsche Traberzucht gewaltig auf und schaffte es, nun auch selbst Pferde von internationalem Format zu stellen.

Konnten Pferde wie Babesia, Brendy, Reado, Diamond Way oder Every Way bis dahin im Ausland immerhin einige Jahrgangsvergleiche gewinnen und ab und zu auch für Überraschungen im Konzert der ganz Großen sorgen, eroberten Traber aus deutschen Quartieren ab Mitte der 1990er Jahre auch die Bahnen auf dem gesamten Kontinent. Cracks wie Lisas Boy, Campo Ass, General November, Unforgettable, Freiherr As oder Abano As gewannen allesamt in Recklinghausen, bevor sie anschließend in Mailand, Solvalla oder sogar Paris-Vincennes triumphierten.

Lichter gehen aus

Absolut konträr zur sportlichen verlief die wirtschaftliche Entwicklung der heimischen Rennvereine. Ab den 1990er Jahren spürte man auch auf der Hillerheide den ökonomischen Abwärtstrend im deutschen Trabrennsport. Großveranstaltungen wie die »Breeders Crown« oder das »Trophäen-Meeting« konnten nicht darüber hinwegtäuschen, dass auch Recklinghausen von der Krise erwischt wurde, die zu einem gewissen Teil auch hausgemacht war – allerdings nicht nur in Recklinghausen.

Vermarktungsstrategien der zuständigen Funktionäre in Verbänden und auch bei Rennvereinen griffen nicht. Bei der Suche nach Sponsoren konnte man nur selten externe Unternehmen oder Gönner gewinnen, die langfristig in den Sport zu investieren gedachten. Auch bei der Einführung des Euro am 1. Januar 2002 wurden strategische Fehler gemacht.

Der Rennsport im Allgemeinen geriet in eine Schieflage, von der auch der Trabrennverein Recklinghausen betroffen war, der – wie andere Veranstalter auch – schließlich in die Insolvenz schlitterte. Nach dem elften Rennen am 27. Januar 2006 gingen die Lichter aus – und blieben es für eine lange Zeit. Die letzten Sieger einer jahrzehntelangen Ära waren der damals vierjährige Wallach King Kahn und Amateurchampionesse Rita Drees.

Lichter gehen wieder an

In der Folgezeit blieb die Bahn zwar als Trainingszentrale erhalten, doch wirklich wieder zum Leben wurde sie erst knapp vier Jahre nach dem Sieg von King Kahn erweckt. Als unter der Regie des Pferdesportpark Recklinghausen e.V. am 9. Juli 2010 wieder Trabrennen ausgetragen wurden, strömten die Massen nur so auf die Hillerheide. Natürlich war der Termin wieder ein Freitagabend. Es passte ins Bild, dass mit Thomas Kornau auch noch ein Coach aus Recklinghausen gehörig abräumte und gleich zwei der acht Prüfungen gewann.

Dass die Piste nun nicht mehr den Status einer A-, sondern einer C-Bahn hatte, interessierte wirklich niemanden. Gleiches galt für den Folgerenntag am 22. August 2010. Die Begeisterung der Sulkyfreunde im Vest und auch außerhalb war überwältigend und hat nachdrücklich gezeigt, wie wichtig der Trabrennsport in dieser Region ist.

Ralf Rudzynski

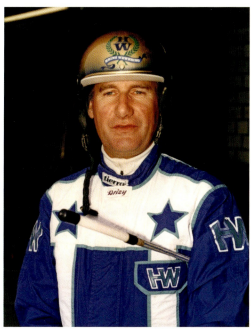

Jahrzehntelang blitzte der Goldhelm von Champion Heinz Wewering auch in Recklinghausen. (Foto: © Karl Loer)

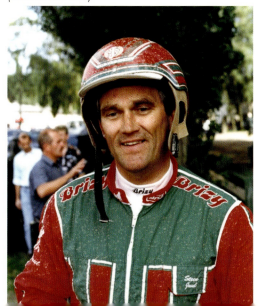

Auch internationale Asse wie Steen Juul aus Dänemark stiegen auf der Hillerheide in den Sulky. (Foto: © Karl Loer)

Großer Bahnhof für Abano As und Fahrer Peter Strooper nach ihrem Triumph am 19. September 1999 in der Breeders Crown für Zweijährige. (Foto: © Karl Loer)

Als unter der Regie des Pferdesportpark Recklinghausen e.V. am 9. Juli 2010 wieder Trabrennen ausgetragen wurden, strömten die Massen nur so auf die Hillerheide. (Foto: © Ralf Rudzynski)

Sternstunden auf der Hillerheide

Famous November macht aus einem »ganz normalen Freitag« einen Feiertag – Bodyguard of Spain siegt sich zum Weltrekord

Der 7. Juni 1996 schien ein »ganz normaler Freitagabend« auf der Hillerheide zu werden. Einer wie unzählige zuvor, mit denen die Traberfreunde das Wochenende einläuteten. Tagsüber hatte die Sonne geschienen, sodass noch ein wunderschönes laues Sommerlüftchen über der Piste lag, als um exakt 18.38 Uhr das erste von insgesamt 13 Rennen gestartet wurde. Genau 70 Minuten später war alles anders.

Gerade hatten die Zuschauer eine wahre Sternstunde erlebt. In der Hand von Rolf Dautzenberg deklassierte der damals vierjährige Famous November seine Konkurrenz nicht nur, sondern pulverisierte mit einer Zeit von 1:11,2 über 1609 Meter überdies den bis dahin bestehenden Bahnrekord und unterbot diesen um eine halbe Sekunde. Obwohl der Hengst mit der ungünstigen Startnummer sieben auf die Reise gegangen war, zeigte er seinen Verfolgern vom Start bis ins Ziel nur die Eisen. Schon als Famous November auf die Endgerade einbog, stand fest, dass er an diesem Tage nicht zu schlagen sein würde.

Als die Siegerzeit bekannt gegeben wurde, wussten Zuschauer und Wetter endgültig, dass sie Zeuge eines denkwürdigen Rennens geworden waren. Und wenn Rolf Dautzenberg – einer der besten deutschen Trabrennfahrer aller Zeiten – gewollt hätte, dann hätte Famous November leicht und locker auch noch eine weitere halbe Sekunde schneller laufen können. Dieser Freitag war ein Feiertag für den Recklinghäuser Trabrennsport.

Der grandiose Bodyguard of Spain

Während Famous November eher der Held für einen Tag gewesen ist, avancierte ein anderer Traber über Jahre hinweg zu einem echten Publiksliebling auf der Hillerheide. Gemeint ist der von Trainer Jörg Koller zu einem Weltrekordler geformte Bodyguard of Spain aus dem Besitz der über Jahrzehnte hinweg überaus engagierten Marion Jauß. In einer Zeitspanne von fast sechs Jahren gewann der Wallach sage und schreibe 38 Mal in Serie und stellte damit einen neuen Weltrekord auf.

38 Siege hintereinander

Bemerkenswert dabei ist, dass Bodyguard of Spain seine grandiose Serie im selben Jahr startete, in dem Famous November seinen Gala-Auftritt hatte. Vom Anfang seiner Karriere an war der Wallach, dessen Vater interessanterweise den Namen Nobody hatte, ein echter Gewinnertyp. Bei seinen insgesamt 63 Starts erreichte er stolze 52 Mal als Erster das Ziel. Und er trat ab wie ein echter Champion: Am 1. November 2002 bestritt Bodyguard of Spain sein letztes Rennen, und das hat er selbstverständlich gewonnen.

Diesen letzten Auftritt hatte er auf der Hillerheide, auf der er die meisten Treffer seiner Weltrekordserie landete. Diese begann am 17. Oktober 1996 freilich zunächst noch auf der Trabrennbahn in Gelsenkirchen. Damals saß Marion Jauß im Sulky, die mit ihrem Schützling zehn Längen vor dem überforderten Rest die Linie überquerte. In der Saison 1997 kehrte Bodyguard of Spain bei zwölf Auftritten als Sieger in den Stall zurück. In den folgenden Jahren musste er aufgrund von Verletzungen zwar mehrfach längere Pausen einlegen, doch Jörg Koller schaffte es immer wieder, seinen Crack glänzend und siegreich vorbereitet zurück auf die Rennbahn zu bringen.

Am 21. Juni 2002 musste sich aber auch Bodyguard of Spain geschlagen geben. Er überzeugte nach neuerlicher Pause aber auch auf dem zweiten Platz und unterlag nur einem Rivalen, der »voll im Saft stand«. Jörg Koller erinnert sich immer wieder gerne zurück an seinen Crack: »Bodyguard of Spain war ein tolles Pferd. Er hatte Klasse und besaß zudem ein großes Kämpferherz.« Koller gehörte zu den Trainern, die stets nur ein eher kleines Lot im Stall hatte. Doch durch die Weltrekordserie von Bodyguard of Spain wird sein Name auch heute noch mit der Hillerheide in Verbindung gebracht.

Ralf Rudzynski

Immer wieder konnten Jörg Koller und Bodyguard of Spain in Recklinghausen zur Siegerehrung vorfahren. (Foto: © Karl Loer)

Rolf Dautzenberg lässt noch einmal das denkwürdige Rennen mit Famous November Revue passieren. (Foto: © Karl Loer)

Jörg Koller nach einem der zahlreichen Erfolge mit seinem Weltrekordler. (Foto: © Karl Loer)

Bodyguard of Spain wie man ihn kennt: Meilenweit vor seinen Gegnern. (Foto: © Karl Loer)

Sport im Vestischen Kreis

Herten lässt die Pferde traben

Bürgertraber Herten e.V. – eine ganz besondere Marketingidee

Der erste Sieg für den Verein Bürgertraber Herten e.V. gelang durch Herten gleich bei dessen erstem Start am 6. September 2002. Im Sulky saß damals Heinz Wewering. (Foto: © Bürgertraber Herten e.V.)

Der Bürgertraber Herten e.V. hatte eine ganz besondere Idee, die Stadt bekannt zu machen. 1999 gründete sich der Verein, der den Spaß am Trabrennsport mit dem Engagement für soziale Zwecke verbindet.

Ursprünglich sollte lediglich ein Rennpferd den Namen Herten tragen. Bei der Taufe sagte der inzwischen verstorbene Bürgermeister Klaus Bechtel: »Dieses Pferd darf unsere Stadtmauern nicht mehr verlassen. Lasst uns daraus einen Bürgertraber machen, an dem sich Bürger beteiligen können und das Pferd für soziale Projekte läuft.«

Bei dem einen Traber ist es dann doch nicht geblieben. Nach Herten haben noch weitere Cracks den Namen ihrer Stadt auf den hiesigen Trabrennbahnen publik gemacht. Längst ist der jeweilige Bürgertraber außerdem zu einem positiven, »vierbeinigen Stadtmarketing« für Herten geworden.

Im Verein Bürgertraber Herten kann jeder mitmachen. Interessenten kaufen einmalig einen Anteil für 50 Euro und beteiligen sich monatlich mit fünf Euro an den Futter- und Pflegekosten. Aktuell hat der Verein 103 Mitglieder. Der erste Bürgertraber-Verein hat in Berlin inzwischen einen Nachahmer gefunden: den Stall Charity mit dem Traber Glückauf – übrigens ein Halbbruder des aktuellen Hertener Pferdes, Sir Herten.

Herten und Miss Herten

Sir Herten ist das mittlerweile vierte Pferd des Vereins. Der erste Traber, Herten, hat nie einen Zielrichter belästigt und ist inzwischen Reitpferd in »seiner« Stadt. Alle Pferde stammen von dem traditionsreichen Gestüt Messmann in Waltrop. Großzügig stellt die Familie Messmann die Pferde kostenlos zur Verfügung.

Der zweite Herten war erfolgreich. Bei 59 Starts siegte er nicht weniger als 14 Mal und errang weitere 36 Plätze. Insgesamt brachte er es auf eine Gewinnsumme in Höhe von 16 000 Euro. Auch er ist jetzt übrigens Reitpferd – allerdings in Datteln.

Das nächste Pferd, Miss Herten, startete 22 Mal. Hierbei siegte die Stute zwei Mal und belegte zwölf Plätze. Irgendwann ließ bei ihr jedoch die Motivation nach, und so durfte sie ihre Rennlaufbahn vorzeitig beenden. Nun hat sie als Reitpferd an der deutsch-belgischen Grenze eine

Vor dem Start in ihre Rennlaufbahn erhielt Miss Herten sogar den kirchlichen Segen. (Foto: © Bürgertraber Herten e.V.)

neue Heimat gefunden – und auch eine neue Herausforderung. Im Jahr 2008 ist Miss Herten bei einer Weihnachtsquadrille mitgeritten.

Sympathieträger Sir Herten

Das aktuelle Pferd ist Sir Herten. Er ist ebenfalls ein echter Sympathieträger und läuft wie zuvor auch schon Miss Herten mit kirchlichem Segen. Pfarrer Gerd Sievers aus Herten hat Sir Herten gesegnet. Eine Tradition, die zwar eher in Bayern und Österreich verbreitet ist, aber in Herten übernommen wurde. Vater des Bürgertrabers ist Bernas Storm, der selbst über 60 000 Euro eintrabte. Sir Hertens Mutter, Prisma, war einst ebenfalls ein eisenhartes Rennpferd, das ihrerseits mehr als 55 000 Euro verdiente.

Die Rennkarriere von Sir Herten begann am 28. Mai 2009 mit einem überraschenden zweiten Platz in Gelsenkirchen. Dort landete er am 28. Januar 2010 mit Ralf Oppoli auch seinen ersten Sieg. Trainer des Pferdes ist Willi Rode (Jahrgang 1938), in Fachkreisen liebevoll »der Altmeister« genannt. Er gewann unter anderem 2008 als Trainer das Deutsche Traber Derby mit »Nu Pagadi« in Berlin. Weil Rode jedoch aufgrund seines Alters keine Rennen mehr bestreiten darf, ist Ralf Oppoli aus Recklinghausen der ständige Fahrer des Bürgertrabers, dessen Trainingscamp in Oer-Erkenschwick liegt. Der Verein hat übrigens auch eine eigene Homepage: www.traber-herten.de.

Ralf Rudzynski

Erfolgstrainer Willi Rode mit Sir Herten. (Foto: © Bürgertraber Herten e.V.)

Sport im Vestischen Kreis

44 Reitvereine bilden eine starke Basis

Der ZRFV Dorsten ist beispielhaft für den gesamten Kreis

Bei den traditionellen Turnieren herrscht ein großer Zuspruch unter Aktiven und Zuschauern. (Foto: © Burkhard Wolters)

Aus 44 Reitvereinen besteht der Kreisreiterverband Recklinghausen, in dem 7500 Reiterinnen und Reiter im hiesigen Kreis eine starke Basis bilden. Diese Vereine gehören dem Pferdesportverband Westfalen an, in dem in insgesamt 22 Kreisen mehr als 100 000 Mitglieder und über 500 Reitvereine organisiert und unter dem Dach der bundesweiten Deutschen Reiterlichen Vereinigung (FN) zusammengeschlossen sind.

Einer von ihnen ist der Zucht-, Reit- und Fahrverein Dorsten, dessen Anlage sich an der Övelgünne befindet. Er steht beispielhaft dafür, wie vor allem jungen Menschen in den vielen Vereinen eine attraktive Freizeitgestaltung ermöglicht wird. Aber auch Seiten- und Wiedereinsteiger sind willkommen. So verwundert es nicht, dass viele frühere Reiterinnen inzwischen als Mütter über ihre nun reitenden Kinder auch selbst wieder in den Sattel zurückfinden.

Von den rund 420 Mitgliedern des ZRFV Dorsten sind 80 Prozent weiblich. Die Jugendlichen bis einschließlich 14 Jahren repräsentieren 21 Prozent, die Altersklasse von 15 bis 18 Jahren weitere 15 Prozent der Mitglieder. Die Hälfte der Mitglieder ist 25 Jahre oder jünger.

Aufstieg unter Hubert Kahr

Der ZRFV Dorsten wurde 1924 gegründet und hatte Anfang der 1960er Jahre ein Schulpferd auf dem Bauernhof Rexforth an der Marler Straße in Dorsten eingestallt. Reit- und Voltigierunterricht fanden auf einer Wiese hinter der nahegelegen Gaststätte Maas-Timpert statt. Ende der 1960er Jahre nahm der Verein unter der Ägide von Hubert Kahr einen steilen Aufstieg.

Mit Hilfe seiner beruflichen Kontakte als Bankdirektor und mit erheblicher Eigenleistung der Mitglieder wurden eine Reithalle und Stallungen mit 25 Boxen auf dem Gelände an der Ovelgünne geschaffen. Mit stetiger Nachfrage wuchs die Zahl der Schulpferde auf sechs, Turniere wurden im zweijährigen Turnus auf Basis A für Anfänger und L für leicht durchgeführt.

Mit der Einstellung des festangestellten Reitlehrers Werner Lochthowe wurde 1986 ein weiterer Entwicklungsschritt vollzogen. Lochthowe ist seit 1996 Pferdewirtschaftsmeister und seit 2010 Inhaber des Goldenen Reitabzeichens, das durch die FN für sportliche Erfolge verliehen wird. Zur Ausbildung der überwiegend jugendlichen Reiter und Reiterinnen stehen nunmehr bis zu zehn Schulpferde, davon drei Ponys, bereit.

Spring- und Dressurprüfungen

Traditionell wird das große Reitturnier im Mai zum Muttertag nunmehr jährlich mit Spring- und Dressurprüfungen von E für Einsteiger bis zur Klasse S für schwer ausgeschrieben. Seit 2009 gibt es auch noch ein dreitägiges Turnier für den Nachwuchs, das nicht zuletzt von zahlreichen Sponsoren und fleißigen Helfern – insbesondere unter den Jugendlichen selbst – ermöglicht wird. Bemerkenswert ist, wie die Pädagogik auch in Reitsport und Reitunterricht Einzug gehalten hat. Der militärische Ton früherer Zeiten ist individuellem, einfühlsamem Unterricht gewichen. Schwerpunkt der Vereinsarbeit in Dorsten ist die Ausbildung im Umgang mit dem Pferd und den Grundlagen der Reitlehre. Hierauf basiert die regelmäßige und auch erfolgreiche Teilnahme an Mannschaftswettkämpfen. Und eine anschließende Feier in launiger Runde gehört ebenfalls dazu.

Burkhard Wolters/Ralf Rudzynski

Hochklassiger Sport – dafür stehen die Reitvereine im Vest. (Foto: © Burkhard Wolters)

Die einladende Reitanlage des ZRFV Dorsten an der Ovelgünne. (Foto: © Burkhard Wolters)

Wenn die Hertener Löwen auf Korbjagd gehen

Auch der Basketball begeistert und mobilisiert die Fans im Vestischen Kreis

Nic Schulwitz (14), Team-Kapitän der Hertener Löwen, hier noch im Duell mit seinem jetzigen Mitspieler Christoph Hackenesch, der in der Saison 2009/2010 für Würzburg punktete. (Foto: © Hertener Löwen)

Maik Berger, der Kämpfer im Team der Löwen. (Foto: © Hertener Löwen)

14 Sekunden vor Schluss liegen sie mit 80:81 zurück. Dann sind die Hertener Löwen in Ballbesitz. Ahmad Smith wirft von außen. Kein Korb. Den Abpraller fängt Maik Berger. Distanzwurf. Kein Korb. Der Rebound landet bei Vincent Kittmann. Nahdistanzwurf. Kein Korb. Im vierten Versuch fängt Smith den Abpraller – und versenkt ihn 0,8 Sekunden vor Spielende zum 82:81-Sieg gegen Vechta. Dramatik pur, die zeigt: Im Kreis Recklinghausen regiert nicht nur König Fußball. Auch der Basketball mobilisiert und begeistert im Vest die Menschen.

Wenn die RheinLand Versicherung Hertener Löwen zu ihren Heimspielen am Samstagabend die Türen der Rosa-Parks-Schule öffnen, strömen nicht selten bis zu 1049 Zuschauer in die dann ausverkaufte Halle. Ein gewohntes Bild seit einigen Jahrzehnten. Die Hertener Basketballer, damals noch als TuS Herten unterwegs, schafften es sogar bis in Deutschlands höchste Spielklasse. Dabei haben die Hertener zahlreiche Talente hervorgebracht. Gerrit Terdenge war Nationalspieler, Daniel Hain steht derzeit im nationalen Kader. Der US-Amerikaner Pat Flomo spielt in Deutschlands erster Liga bei den Telekom Baskets Bonn. Ein ehemaliger Hertener sorgt sogar in der NBA, der amerikanischen Profiliga, für Furore. Erik Spoelstra, ehemaliger Pointguard der Hertener, sitzt momentan auf der Trainerbank der Miami Heat.

Angriff auf die ProA

Aber auch heute sorgen die Löwen für Furore. In der letzten Saison wurde die Mannschaft von Trainer Boris Kaminski hinter den Drachen aus Rhöndorf Vizemeister in der 2. Basketball-Bundesliga ProB. Auch die Pokalspiele gegen die ETB Wohnbau Baskets Essen und die BG Karlsruhe rissen die Zuschauer von den Sitzen. Die Hertener wissen ihre Zuschauer zu begeistern. Spieler, Fans und Verantwortliche träumten schon von der ProA, doch der Lizenzierungsausschuss der Liga machte den Löwen einen Strich durch die Rechnung. Aber die Löwen steckten den Kopf nicht in den Sand. Mit einem Gerüst aus alten und neuen Akteuren wagen die Raubkatzen einen neuen Angriff auf die Tabellenspitze der neuen ProB-Nord.

Die weiteren Vest-Clubs

Auch die Jungs der Metropol Baskets Ruhr, einem Gemeinschaftsprojekt der Löwen, der Citybaskets Recklinghausen und des ETB Essen, sind mit großem Erfolg in den Jugendligen JBBL und NBBL unterwegs. Zahlreiche Akteure aus dem Team der Baskets haben mittlerweile den Sprung in den Seniorenbereich geschafft.

Doch die lokale Konkurrenz der Löwen schläft nicht. Der BSV Wulfen startet in diesem Jahr gemeinsam mit den Löwen in der 2. Liga ProB, die Citybaskets spielen ab diesem Herbst gemeinsam mit der BG Dorsten in der 1. Regionalliga, und in der 2. Regionalliga kämpfen die Löwen II um Punkte. So ist für viel Spannung unter den Körben gesorgt.

Sebastian Arns/Julia Philipp

Christoph Hackenesch diesmal bereits im Hertener Trikot. (Foto: © Hertener Löwen)

Hertens Vincent Kittmann nimmt es gleich mit zwei gegnerischen Akteuren auf. (Foto: © Hertener Löwen)

Sport im Vestischen Kreis

»Im Vest gibt es Fußball zum Anfassen«

Beim Unterfangen Bundesliga-Aufstieg sind die Frauen den Männern voraus

Der Name SpVgg Erkenschwick hat auch in der heutigen Zeit einen guten Klang. Allerdings sind die Schwarz-Roten nur noch fünftklassig. (Foto: © Karl Loer)

In der Stausee-Kampfbahn spielt der TuS Haltern um Punkte in der Landesliga. (Foto: © Ralf Rudzynski)

Die Stadien des FC Schalke und Borussia Dortmund sind aus dem Vest nur einen Steinwurf weit entfernt. Dort ist seit Jahrzehnten die Elite des deutschen Fußballs zu Hause. Rein sportlich betrachtet, ist die 1. Bundesliga allerdings eine Klasse, die die Männermannschaften aus dem Vest bislang nur passiv kennengelernt haben. Denn über die 2. Bundesliga kamen die Clubs aus der Region nicht hinaus.

»Wer aus dem Vest ein Bundesligaspiel sehen möchte, kommt mit Bahn oder Auto ganz schnell in die Stadien der hiesigen Erstligisten«, schildert Klaus Berge (Jahrgang 1961) die Situation: »Mit Oberhausen, Bochum und Duisburg spielen weitere Reviervereine in der 2. Liga. Dadurch ist Geld weg. Clubs wie Hoffenheim oder Kaiserslautern haben einen klaren Standortvorteil.« Berge bezeichnet das Vest als »Amateurhochburg und Talentschmiede«. Der Ex-Profi arbeitet als Trainer in Amateurklassen und geht auch privat gerne zu Spielen in Amateurligen: »Durch diese Klassen bleiben die Ursprünge des Fußballs erhalten, zu denen auch soziale Aspekte zählen. Der Amateurfußball ist keine Mogelpackung, sondern Fußball pur: mit Herz und oft auch auf Asche. Dafür stehen unzählige Amateurvereine. Dadurch gibt es auch im Vest den Fußball zum Anfassen.«

SpVgg Erkenschwick und TSV Marl-Hüls

Immer wieder gab es aber Spielzeiten, in denen die Fans auf die 1. Bundesliga hoffen durften. Realität wurde es jedoch nicht. Ein Aushängeschild der vestischen Vereine ist die SpVgg Erkenschwick, die in den 1970er Jahren zweimal den Sprung in die 2. Bundesliga-Nord schaffte. Zuletzt gelang dies 1978/1979. Doch war es nach diesem einen Jahr mit der Herrlichkeit vorbei, und es ging zurück in die Drittklassigkeit. Auffangbecken war damals noch die Oberliga Westfalen. Als 1995 die Regionalliga West eingeführt wurde, löste sie die Oberliga als höchste Amateurklasse ab. Erkenschwick war Gründungsmitglied der Regionalliga, konnte sich aber nach drei Spielzeiten nicht mehr behaupten und wurde viertklassig. Inzwischen spielt der Traditionsverein in der fünften Liga.

Die glorreichen Zeiten, als die Stimberg-Truppe um Julius »Jule« Ludorf vor und nach dem Zweiten Weltkrieg zum who is who des deutschen

Als einziges Vest-Team schafften es die Frauen des FFC Hillen-Flaesheim bis in die 1. Bundesliga. (Foto: © FFC)

Mit diesem Kader spielte der VfB Hüls in der Saison 1997/1998. (Foto: © Karl Loer)

Fußballs zählten, geraten in Vergessenheit. Von 1943 bis 1953 kickte die aus Bergleuten bestehende Stimberg-Elf in den damals höchsten Klassen. Nicht unerwähnt bleiben darf übrigens auch der beeindruckende Erfolg, der dem TSV Marl-Hüls in den 1950er Jahren gelang. 1954 holte die Mannschaft die Deutsche Amateurmeisterschaft ins Vest.

Euphorie in Recklinghausen

Euphorie entfachte zu Beginn der 1990er Jahre der 1. FC Recklinghausen. Mit Klaus Berge als Spielertrainer stieg die Elf in die Oberliga auf und lehrte hoch eingeschätzten Gegnern das Fürchten. »Der Teamgeist war unser Trumpf«, erinnert sich Berge: »An den Durchmarsch in die 2. Bundesliga hatten wir aber realistisch nicht geglaubt.« Immerhin strömten zu Spitzenspielen rund 1500 Fans ins Stadion Hohenhorst. Berge: »Für den Fußball in Recklinghausen war das eine tolle Zeit. Wir hatten keinen zusammengekauften Kader. Darum haben sich die Recklinghäuser mit diesem Team identifiziert. Für uns war es wie im Rausch.«

Letztlich musste der Club finanziellen Engpässen einen Tribut zollen. Eine Erfahrung, die auch andere Vereine gemacht haben. Heute ist der FC Recklinghausen 96 als Nachfolger des 1. FC ranghöchster Recklinghäuser Verein und trägt seine Westfalenliga-Partien im Stadion Hohenhorst aus.

FC Rhade und SpVgg Marl

In Waltrop hat der VfB die Vormachtstellung an Teutonia SuS verloren. Von 1979 bis 1985 war der VfB in der Oberliga Westfalen ebenso drittklassig wie die SpVgg Marl von 1987 bis 1994. Mittlerweile purzelten die Marler in die Kreisliga A. Dort ist auch Ex-Oberligist Post Recklinghausen gelandet.

Da tröstet es kaum, dass mit Kurt »Opa« Meyer im Jahr 2001 ein damals 80-jähriger »Evergreen« aus der Superaltliga das Tor des Monats erzielte, das ferner Tor des Jahres wurde. Mit dem FC Rhade kickt übrigens ein früherer Verbandsligist aus dem Vest ebenfalls nur noch in der A-Liga.

Westfalenmeister VfB Hüls

Gutes Niveau hält der VfB Hüls. Als aktueller NRW-Ligist ist er Konkurrent der SpVgg Erkenschwick. Zwar hat der VfB die chemischen Werke im Rücken, doch ein ebenso unschätzbarer Wert ist die Arbeit, die Fußball-Abteilungsleiter Horst Darmstädter seit Jahrzehnten leistet.

Mit Seriosität und Sachverstand ist es ihm unter anderem mehrfach gelungen, sogar Bundesligist Schalke 04 für Freundschaftsspiele am Badeweiher zu gewinnen. Unvergessen bleibt die Spielzeit 1999/2000, als der VfB unter Trainer Manfred Wölpper einen technisch versierten Ball spielte und Meister der Oberliga Westfalen wurde.

FFC Flaesheim-Hillen

Was den Herren verwehrt blieb, schafften zwei Frauenmannschaften. Zunächst stieg die SG Hillen 1995 für eine Saison in die 1. Bundesliga auf. Alsbald schloss sich der Recklinghäuser Club mit der Damenabteilung des SuS Concordia Flaesheim aus Haltern zusammen. Als FFC Flaesheim-Hillen gelang 1999 der zweite Aufstieg eines Fußballteams aus dem Vest in die 1. Bundesliga. Dort spielte Flaesheim-Hillen zwei Jahre. In der Saison 2000/2001 gelang zudem der Einzug ins DFB-Pokalfinale. Im Berliner Olympiastadion unterlag das von Herrmann Erlhoff trainierte Team dem Favoriten aus Frankfurt mit 1:2. Langfristig war es aber nicht möglich, die Mittel aufzubringen, die man für den Spielbetrieb in der höchsten deutschen Klasse benötigt. Immerhin: Die Damen haben zumindest gezeigt, dass auch Fußball im Vest erstklassig sein kann.

Ralf Rudzynski

Beim Aufstieg in die Oberliga 1997 hatte BW Post Recklinghausen noch Grund zum Jubeln. (Foto: © Karl Loer)

Ein Mannschaftsfoto des VfB Waltrop aus den 1990er Jahren, als das Team unter Coach Uli Viefhaus (ganz links) zumindest noch in der Verbandsliga vertreten war. (Foto: © Karl Loer)

Horst Darmstädter, Fußball-Abteilungsleiter des VfB Hüls. (Foto: © Karl Loer)

Sport im Vestischen Kreis

Das Vest in der Fußball-Bundesliga

Unterbau und Talentschmiede für zahlreiche Profclubs – von Klaus Fichtel bis Ingo Anderbrügge

Mehr als 72 Vereine bilden den Fußballkreis Recklinghausen. Hinzu kommen rund 30 Clubs aus Gladbeck und Castrop-Rauxel, die allerdings fußballerisch zu Gelsenkirchen und Herne gehören. Gekickt wird ab den Kreisligen aufwärts. Einen Profiverein gibt es im Vest nicht, doch trotzdem hat die Region überaus prägenden Einfluss auf das Geschehen in der Fußball-Bundesliga. Woche für Woche streifen sich zahlreiche Profis, die ihre ersten Tricks im Vestischen Kreis beigebracht bekommen haben, in der deutschen Elite-Klasse ein Trikot über. Die einen spielen für den FC Schalke 04, andere stehen bei Borussia Mönchengladbach oder Borussia Dortmund unter Vertrag. Und auch beim VfL Bochum sowie in anderen bundesweit bekannten Clubs legten Spieler aus dem Vest große Ehre für ihre Stammvereine ein.

Das Vest ist für zahlreiche Profclubs gleichermaßen Unterbau und Talentschmiede. Die Liste derer, die aus Castrop-Rauxel, Marl oder einer der anderen Städte auszogen, um in den Stadien des Landes oder sogar in ganz Europa für Furore zu sorgen, ist ellenlang. Schon vor Jahrzehnten waren Kicker wie Hermann Erlhoff oder Klaus Fichtel in der 1. Bundesliga aktiv. Beide spielten unter anderem für den FC Schalke 04, der auch unter den Fans im Vest an erster Stelle steht.

Keine Sportschau ohne Vest-Kicker

Nahezu an jedem Samstag sieht man zumindest einen Kicker in der Sportschau über den Bildschirm sprinten, der aus dem Vestischen Kreis kommt und repräsentativ für den ganzen Kreis steht. Dabei handelt es sich keineswegs um Mitläufer, sondern um echte Leistungsträger, von denen es einige sogar bis in die Nationalmannschaft gebracht haben. So wie Christoph Metzelder, der als gebürtiger Halterner im Jahr 2006 für Deutschland sogar an der WM im eigenen Land teilgenommen hat.

Ein weiterer WM-Teilnehmer (1970 in Mexiko) ist Klaus »Tanne« Fichtel. Der Abwehrrecke aus Castrop-Rauxel ist zudem ein echter Rekordspieler. Sage und schreibe 552 Mal hat er in der 1. Bundesliga gespielt. Eine gigantische Zahl, die von keinem anderen im Vest geborenen Profi er-

Nationalspieler Christoph Metzelder kommt aus Haltern und trägt mittlerweile das Trikot des FC Schalke. (Foto: © firo)

reicht worden ist. 1972 gewann Fichtel mit dem FC Schalke 04 den DFB-Pokal.

UEFA-Cup und Champions League

Für die »Königsblauen« haben darüber hinaus Ingo Anderbrügge, Martin Max und Mathias Schober gespielt. Das Trio gehörte dem Team an, das im Mai 1997 sensationell den UEFA-Cup nach Schalke holte. Anderbrügge spielte einst für Germania Datteln, Max kickte nach der familiären Übersiedelung aus Polen für BW Post Recklinghausen. Gleich zweimal (1999/2000 und 2001/2002) war Martin Max sogar Bundesliga-Torschützenkönig.

Mathias Schober gehört gleich zu einer ganzen Reihe von Torhütern, die das Vest auf der großen nationalen Bühne vertreten haben. Er stand beim Hamburger SV, dem FC Hansa Rostock und natürlich dem FC Schalke 04 unter Vertrag. Ein anderer Vest-Kicker im Schalker Kasten war der aus Datteln kommende Peter Sandhofe, der später 1. Vorsitzender von Schwarz-Weiß Meckinghoven wurde. Ein weiterer 1. Liga-Keeper aus dem Vest ist Christian Wettklo, der es aus Marl zum FSV Mainz 05 schaffte. Auch Georg Koch darf in dieser Auflistung nicht fehlen. Geboren wurde er zwar in Bergisch-Gladbach, doch seine ersten Lektionen auf dem Weg in den Profibereich lernte der Schlussmann am Stimberg bei der ruhmreichen SpVgg Erkenschwick.

Das Stimbergstadion in Erkenschwick mit seinen Fans wäre prädestiniert für die Heimspiele des Team Vest. Immerhin hat die Arena in den 1970er Jahren schon Zweitligaluft geschnuppert. (Foto: © Karl Loer)

Sport im Vestischen Kreis

»Team Vest« besitzt Erstligareife

Mit dem aus Herten stammenden Christian Timm gehörte ein Vest-Bürger sogar dem Kader von Borussia Dortmund an, der 1997 in der Champions League triumphierte. Ebenfalls aus Herten kommt Hans-Jürgen Wittkamp. Als Abwehrchef feierte er in den 1970er Jahren mit Borussia Mönchengladbach drei Deutsche Meisterschaften, einen DFB-Pokalsieg und einen UEFA-Cup-Gewinn.

Nimmt man alle Fußballer aus dem Vest zusammen, die jemals in der Fußball-Bundesliga gespielt haben, kommt man auf weit über 1000 Erstliga-Einsätze. Stellt man einen Kader aus aktuellen und ehemaligen Bundesliga-Profis zusammen, wäre dem »Team-Vest« im deutschen Oberhaus durchaus eine gute Rolle zuzutrauen. Und so könnte die Mannschaft aussehen, wobei der ohnehin schon erstklassige Kader keinesfalls Anspruch auf Vollständigkeit besitzt.

Tor:
Mathias Schober (Marl – Schalke, Rostock, Hamburg), Christian Wetklo (Marl – Mainz), Peter Sandhofe (Datteln – Schalke), Georg Koch (Erkenschwick – Düsseldorf, Kaiserslautern).

Abwehr:
Klaus Fichtel (Castrop-Rauxel – Schalke, Bremen), Hans-Jürgen Wittkamp (Herten – Mönchengladbach, Schalke), Mathias Schipper (Castrop-Rauxel – Schalke), Benedikt Höwedes, Christoph Metzelder (beide Haltern am See – Schalke).

Mittelfeld:
Ingo Anderbrügge (Datteln – Dortmund, Schalke), Marc-André Kruska (Castrop-Rauxel – Dortmund), Tim Hoogland (Marl – Mainz, Schalke), Alexander Baumjohann (Waltrop – Schalke, Mönchengladbach, Bayern München), Lothar Woelk (Recklinghausen – Bochum), Michael Rzehaczek (Recklinghausen – Bochum).

Angriff:
Wolfram Wuttke (Castrop-Rauxel – Schalke, Hamburg, Mönchengladbach), Christian Schreier (Castrop-Rauxel – Bochum, Leverkusen), Martin Max (Recklinghausen – Schalke, Mönchengladbach, 1860 München), Christian Timm (Herten – Dortmund, Köln, Kaiserslautern).

Peter Neururer spielte einst nicht nur für die SpVgg Marl, sondern coachte neben dem TuS Haltern vor allem zahlreiche Erstligisten. Er wäre einer von drei möglichen Trainerkandidaten. (Foto: © Karl Loer)

Georg Koch hütete zu Beginn seiner Karriere den Kasten der SpVgg Erkenschwick. (Foto: © Karl Loer)

Der Moment der Glückseligkeit: Ingo Anderbrügge und der UEFA-Cup-Triumph mit dem FC Schalke 04. (Foto: © firo)

Erfahrenes Trainertrio

Natürlich benötigt eine erfolgreiche Mannschaft auch einen erstklassigen Trainer. Auch in diesem Punkt braucht sich das Vest nicht zu verstecken. Gleich drei Fußballlehrer stehen zur Auswahl, wobei es in der heutigen Zeit auch kein Problem mehr wäre, wenn sie ein Trainertrio bilden würden. Gemeint sind Hermann Erlhoff, Peter Neururer und Dieter Hecking.

Erlhoff, dessen Stammverein die SuS Westerholt-Bertlich war, stand in den 1970er Jahren beim damaligen Erstligisten Rot-Weiß Essen auf der Kommandobrücke, der in Marl geborene Peter Neururer war ab den frühen 1990er Jahren bei zahleichen Erstligisten unter Vertrag. Dazu zählten der 1. FC Köln, der VfL Bochum, der 1. FC Saarbrücken und Hannover 96. In Hannover stand mit Dieter Hecking auch ein Trainer aus Castrop-Rauxel in der Verantwortung. Während Neururer als Spieler nicht bis in den bezahlten Fußball vordringen konnte, haben Erlhoff (unter anderem für Schalke) und Hecking für Mönchengladbach auch als Spieler echte Bundesligaluft geschnuppert. Rein sportlich wäre das Vest also gerüstet, um eine wettbewerbsfähige Mannschaft ins Rennen zu schicken.

Ralf Rudzynski

Der gebürtige Recklinghäuser Michael Rzehaczek begann einst bei der SG Hillen. Als Profi lenkte er das Spiel des VfL Bochum in der Bundesliga, ehe er aufgrund einer Knieverletzung die Schuhe an den Nagel hängen musste. (Foto: © Karl Loer)

Sport im Vestischen Kreis

Das wichtige Angebot der BRSG Haltern

Behinderten- und Rehasport in einer starken Gemeinschaft

Als »ein starkes Stück Sport« würdigte Halterns Bürgermeister Bodo Klimpel das Angebot der BRSG Haltern anlässlich der Feier zum 50-jährigen Jubiläum am 15. Mai 2010. Das Angebot umfasst Nordic Walking, Hocker-, Wirbelsäulen- und Wassergymnastik, Schwimmen für Jugendliche und Erwachsene, Rollstuhlsport, Rückenschule und Herzsport.

Seit 1960

1960 wurde der Verein als Versehrten-Sport-Gemeinschaft (VSG) gegründet und wendete sich in erster Linie an Mitbürger, die mit Verletzungen aus dem Zweiten Weltkrieg zurückgekehrt waren. 1979 wurde daraus die Behinderten-Sport-Gemeinschaft (BSG). Da inzwischen auch Rehasport angeboten wird, erhielt die BRSG im Jahr 2007 ihren jetzigen Namen: Behinderten-Reha-Sport-Gemeinschaft.
Im Jubiläumsjahr hatte die BRSG 360 Mitglieder und zudem rund 100 Rehasportler. »Der Verein ist für die Behinderten sehr wichtig, denn in der Gruppe sind sie bestens integriert. Viele machen bei uns das Sportabzeichen«, sagt Waltraud Schäfer, Schatzmeisterin, Übungsleiterin und 1975 Gründerin der Gruppe für behinderte Kinder: »Bei uns sind körperlich und geistig Behinderte. Manche sind blind, andere haben keine Beine oder keine Arme.«
Die Schwimmabteilung konnte sich in den letzten Jahrzehnten mehrfach über Erfolge bei Deutschen Meisterschaften freuen. Zudem wurde mit Vera Thamm, die vom Dysmeliesyndrom betroffen ist, ein früheres Vereinsmitglied zu Halterns Sportlerin des Jahres 2009 gewählt.
Als Sportstätten dienen der BRSG die Hallen im Christa-Hartmann-Schulzentrum, das Hallenbad Aquarell sowie die Anlage am Lippspieker, wo der Club im Jahr 2009 ein eigenes Vereinsheim eröffnete.

Ralf Rudzynski

Für ihr ehrenamtliches Engagement bei der BRSG Haltern erhielt Waltraud Schäfer von Bundespräsident Horst Köhler das Verdienstkreuz am Bande. (Foto: © Ralf Rudzynski)

Tennisranch Elmenhorst: Gelebte Integration

Das Rollstuhl-Tennis-Förderzentrum in Waltrop

Die Tennisranch Elmenhorst liegt an der Waltroper Grenze zu Lünen. Seit 2007 betreibt die Familie Kellermann dort ein Rollstuhl-Tennis-Förderzentrum. Gespielt wird auf zwei Freiluftascheplätzen sowie auf einem Hallenplatz. »Wir wollen auf unserer Anlage Rollstuhlfahrer über den Tennissport in die Gesellschaft integrieren«, so Christoph Kellermann, ehemaliger Bundestrainer des Deutschen Rollstuhl-Tennis-Verbandes.
Augenscheinlich gelingt ihm das. Rollifahrer aus dem gesamten Bundesgebiet haben das Angebot bereits angenommen. Auf der Tennisranch können aber auch »Fußgänger« Sport treiben. Besonders der angelegte Beachsportplatz sorgt für eine einzigartige Atmosphäre. Die Tennisranch Elmenhorst zeichnet sich durch ihre Multifunktionalität aus: Tennis, Beachvolleyball, Soccer, Basketball – all dies ist möglich. Abgerundet wird das Angebot der Ranch durch die hauseigene Tennisschule.

Rollstuhlfahrer über den Tennissport in die Gesellschaft integrieren: Darin sieht Christoph Kellermann die Aufgabe seiner Tennisranch. (Foto: © Tennisrauch)

Einmal jährlich mischen sich auch zahlreiche Promis unter die Rollifahrer, dann nämlich lädt die Familie Kellermann zur Breakchance-Charity. Egal ob Stars wie Ross Antony, Tanja Szewczenko, Anna-Lena Grönefeld, Marc-Kevin Goellner, Nicolas Kiefer oder Alexander Waske: Sie alle unterstützen das bundesweit einmalige Projekt im nördlichen Ruhrgebiet.
Weitere Informationen findet man im Internet unter www.tennis-ranch.de und www.breakchance.de.

Sport im Vestischen Kreis

Jeder Vierte ist Vereinsmitglied

Gladbeck – ein gutes Beispiel für kommunales Engagement

Eine schmucke Sportanlage: das Stadion Gladbeck. (Foto: © Nils Rimkus)

Im Kreis Recklinghausen ist im Sport die Zusammenarbeit zwischen Kommunen und Vereinen, Schulen und anderen Institutionen sehr gut ausgeprägt. Ein besonders schönes Beispiel neben anderen ist hier die »Sportstadt Gladbeck«. Mit diesem Slogan wirbt die Stadt nämlich schon seit den 1950ern, und das aus gutem Grund. Schließlich hatten die Stadtväter bereits in den 1920ern erstklassige Sportstätten für Vereine errichtet und ihnen überlassen. Hieraus entwickelte sich über den Sport eine besondere Nähe der Stadt zu ihren Bürgern, die ungebrochen andauert. Nicht ohne Grund erhielt Gladbeck 2002 in einem NRW-weiten Wettbewerb den 1. Preis als »Sportgerechte Stadt«.

Erstklassige Sportinfrastruktur

So ist fast jeder vierte Gladbecker in einem Sportverein organisiert. Da verwundert es nicht, dass es eine erstklassige Sportinfrastruktur gibt: In über 80 Vereinen werden rund 50 Sportarten angeboten. Es gibt in Gladbeck unter anderem eine beleuchtete Marathonbahn mit Kilometer- und Zielangabe, fünf Tennisanlagen, zwei Reithallen und Turnierplätze, vier Großsporthallen, 22 Turnhallen, 15 Sportplätze mit Leichtathletikanlagen, ein Hallenbad mit zwei Becken und das Freibad mit vier Becken, das sogar im Winter – dank einer Traglufthalle – nutzbar ist. Wunderschön ist das Stadion Gladbeck mit sechs Kunststofflaufbahnen, sämtlichen Leichtathletikanlagen, 1320 Sitz- und 36 292 Stehplätzen.

Die Stadt ist Landesleistungsstützpunkt für Leichtathletik und Schwimmen, wobei der Fokus auf der Nachwuchsarbeit liegt. Der hier betriebene Leistungssport bringt junge Sportler hervor, die regelmäßig in nationalen Wettbewerben an vorderster Stelle rangieren. Gladbecks große Stärke liegt außerdem im intensiv betriebenen und geförderten Breitensport. Hier wird, den demografischen Wandel im Blick, das Sportangebot in den letzten Jahren verstärkt auf die Belange älterer Menschen ausgerichtet.

Triathlon-Elite in Wittringen

Die wichtigsten Sportveranstaltungen haben weit über die Stadtgrenzen hinaus einen guten Ruf. So lockt der ELE-Triathlon, dessen Vorläufer 1986 erstmals ausgerichtet wurde, mittlerweile rund 1000 Profis und Amateure alljährlich auf die Wettkampfstrecken rund um Schloss Wittringen. Wenn im Freibad geschwommen, im Schlosspark Rad gefahren und im Stadtwald gelaufen wird, treffen im Rahmen des Bundesliga-Kampftags auch die besten deutschen Triathlon-Teams aufeinander. Die zweite Großveranstaltung ist der Sparkassenlauf – früher Septemberlauf –, der regelmäßig zwischen 700 und 1000 Teilnehmer sieht.

Daneben füllen sich die Plätze, Arenen und Hallen, wenn die Vereine ihre Saisonwettkämpfe betreiben. Als stärkster Zuschauermagnet betätigt sich hier der VfL Gladbeck, mit über 3500 Mitgliedern einer der größten Vereine NRWs.

Der Radparcours des Triathlons liegt im Schlosspark Wittringen. (Foto: © Stadt Gladbeck)

Dessen Handballer, die zurück in die Regionalliga West wollen, locken bei Heimspielen regelmäßig 500 Fans in die Riesener-Sporthalle. Aber ist es auch das Team, das den größten Zuspruch in Gladbeck genießt? Lothar Sikorski (Jahrgang 1948) ist Leiter des Städtischen Kulturamts, kennt sich in der Sportszene bestens aus und weiß die Antwort. »Die wichtigste Gladbecker Mannschaft«, sagt er lachend, »ist Schalke 04!«

Nils Rimkus

Dynamische Zuschauermagneten: die Handballer des VfL Gladbeck (schwarze Trikots). (Foto: © Stadt Gladbeck)

Der Schwimmpart beim ELE-Triathlon. (Foto: © Stadt Gladbeck)

Unternehmensregister

Augenoptiker:

Optik Nehm 109

Auto & Verkehr:

KFZ KURT 20
Vestische Straßenbahnen GmbH........ 11
Lingk Autolackiererei &
Karosseriebau.............................. 154

Bauunternehmen:

Mertmann GmbH & Co. KG............. 95

Bedachungen:

Dach und Wand
R. Mamajek GmbH......................... 126

Bestatter:

Bestattungen Wittstamm 153

Brand- und Wasserschadenbeseitigung:

BBS/Royalmaler
Gebr. Berndt GmbH 168

Chemische Industrie:

RÜTGERS Germany GmbH 29
Infracor GmbH............................... 113

Entspannungstechniken:

Anja Mannel 218

Fahrräder und Zweiradbedarf:

Radwelt jepkens GmbH.................... 121

Fleischwaren:

Fleischwaren Theo Schmidt, Inhaber
Michael Kortmann 31

Fliesen und Badgestaltung:

Bella Ceramica 50

Floristik:

Stiel und Blüte............................... 90

Fotografie:

WERNTGESSTUDIOS 75

Freizeitbäder:

Copa Ca Backum........................... 201
Aquarell....................................... 207

Gastronomische Betriebe und Hotels:

Zum blauen See 68
Pfeiffer's Sythener Flora 91
Best Western Parkhotel Engelsburg 137

Gebäudereinigungen:

Elmar Surau
Gebäudereinigung GmbH 77

Gesundheitsbedarf:

Gesundheitshaus Frosche GmbH 111

Haushaltswaren:

Tisch & Design
Kreuch GmbH & Co. KG 33

Heizungs-, Lüftungs-, Klimaanlagen:

WRS, Wärme-Regel-Service............. 165

Hörgeräteakustiker:

Audium Hörgeräte Senft 144

Immobilienmakler:

Grüter Immobilien........................... 116

Küchen:

KKTG Küchen Konzepte 36

Landwirtschaftliche Erzeugnisse:

Hof Niermann................................ 159

Maine Coon-Katzen:

Familie Vollgrebe............................ 105

Markisen, Kamine, Gartenmöbel:

Stein GmbH & Co. KG 59

Metallbau:

W+Z Metallbau GbR 97

Mode:

Waltons Trendsport......................... 47
Corinna, Damenmode 56
Herrenhaus Staab 85
Waltons Fashion Store 157

Persönlichkeits- und Teamcoaching:

gestreift gedacht 117

Pferdegestüte und -pensionsbetriebe:

Stall Top Point............................... 221

Pflasterbau:

Peter Becker
Pflasterbau Meisterbetrieb 163

Pflegedienste und -einrichtungen:

SuSaMed / Haus Katharina............. 106

Raumdesign und Wohngestaltung:

Die Tapete GmbH 67

Reformhäuser:

Reformhaus Becht 46

Reiseveranstalter:

ZiK Gruppenreisen
International GmbH 211

Rohr- und Kanaltechnik:

Rohr- und Kanaltechnik
Teichert GmbH 130

Sicherheitsdienste:

Huthwelker SicherheitsDienst 46

Spirituosen:

Kornbrennerei Boente,
Inhaber Werner Gehring e.K. 25

Stadtwerke:

Stadtwerke Haltern am See 83
Hertener Stadtwerke GmbH.............. 107

Strickwaren:

Wolle & mehr 143

Teppiche:

Abbasi Manufaktur......................... 142

Tischlereien:

Tischlerei Kartein 134

Tourismusinformationen:

stadtinfo Dorsten 210
Tourismusbüro Herten...................... 215

Versicherungen:

SONO, Krankentagegeld- und
Sterbegeldversicherungen................. 15
DAS 69

**Weiterbildung und
Existenzgründerservice:**

gn2-Systemhaus,
franchise-net GmbH........................ 191

Werbeagenturen:

E.dition & C.onsult GbR................... 91

Wirtschaftsförderungen:

WINDOR GmbH............................. 62

Zahnmedizin:

Kieferorthopädie
Dr. Dr. Hoppe & Partner 145
Zahnarztpraxis Houben.................... 147

Zelte und Präsentationssysteme:

Express-Zelt GmbH 71

*An der Dortmunder Straße 43 in Recklinghausen
befindet sich die Zahnartpraxis von Hubertus Houben. (Foto: © Ralf Rudzynski)*

Orts-, Personen- und Sachregister

A
Abtei Werden ... 125
Agora ... 39
Ahsen ... 52
Akkordeonklänge Vest Recklinghausen ... 182
Allgemeiner Schützenverein Holsterhausen-Dorf ... 66
Allgemeiner Bürgerschützenverein Hervest-Dorsten ... 58
Alt-Hochlar ... 149, 206
Alt-Marl ... 118
Alt-Oer ... 125
Altendorf-Ulfkotte ... 54, 57, 76
Annaberg ... 85
Appeltatenfest ... 73, 186

B
Bakema ... 114
Barkenberg ... 64
Bauerschaft Hachhausen ... 45
Behringhausen ... 34
Beisenkamp ... 50
Bereitschaftssiedlung ... 115
Bergbau- und Geschichts-Museum ... 123, 213
Bergwerk Blumenthal/Haard ... 123, 124
Bertlich ... 96, 105
Bert Donnepp ... 176
BG Dorsten ... 220, 227
Blau-Weiß Post Recklinghausen ... 141
Bockholt ... 148
Bockum ... 42
Borkenberge ... 202
Bormann, Jan ... 30, 32, 33, 165
Börste ... 148
Bottrop ... 5, 14
Bracht, Franz-Anton ... 132
Brassert ... 110
Brauck ... 70, 80
Brockenscheidt ... 165, 166
Brockmeier, Heinrich ... 99, 139
BRSG Haltern ... 232
BSV Wulfen ... 64, 220, 227
Buer ... 5, 14
Bürger-Schützenverein Marl-Frentrop ... 118
Bürger- und Schützenverein Alt Hamm-Bossendorf ... 93
Bürgerschützengilde Ahsen ... 52
Bürgerschützengilde Oer ... 125
Bürgerschützenvereine ... 24
Bürgerschützenverein Dorf-Hervest ... 58
Bürgerschützenverein Dorsten-Holsterhausen ... 66
Bürgerschützenverein Horneburg ... 51
Bürgertraber Herten e.V. ... 225
Burrmeister, Otto ... 172
Butendorf ... 70, 81
BW Post Recklinghausen ... 229

C
Carnevalkomitee Vest Recklinghausen ... 24
Castrop-Rauxel ... 28
Castroper Karnevalsgesellschaft Venezia ... 24
Castrop kocht über ... 30, 186
CCCS Rot-Weiß 1959 ... 24
Chemische Werke Hüls ... 108, 112
ChemSite ... 192, 193
Citybaskets Recklinghausen ... 220

D
Dachsberg ... 92
Darmstädter, Horst ... 229
Datteln-Hamm-Kanal ... 19, 43
Dattelner Meer ... 214
Dattelner Morgenpost ... 181
Dautzenberg, Rolf ... 224
Deininghausen ... 34
Deuten ... 54, 61
Deutener Moor ... 61
Deutscher Mühlentag ... 61, 118
Dillenburg ... 132
Disteln ... 96, 103
Dominikus Böhm ... 61
Dorf Westerholt ... 8
Dortmund-Ems-Kanal ... 19, 43, 48, 160, 214
Dortmunder Rieselfelder ... 167
Drachenbrücke ... 200, 213
Drees, Rita ... 223
Dreieckssiedlung ... 150, 213
Drewer ... 115

E
Egelmeer ... 162
ELE-Triathlon ... 73
Ellinghorst ... 70, 79
Elmenhorst ... 156, 165
Emscher-Lippe ... 50
Engelsburg ... 137, 138, 209
Erlhoff, Herrmann ... 229
Ernst, Max ... 114
Erzbistum Köln ... 10
Erzschacht-Museum ... 213
Essel ... 155

F
FC Erkenschwick ... 133
FC Herten ... 103
FC Recklinghausen 96 ... 220
FC Rhade ... 229
Feldmark ... 54, 56
Ferber, Fritz ... 120
FFC Flaesheim-Hillen ... 92, 220
FFC Hillen-Flaesheim ... 228
Flaesheim ... 82, 92, 205
Frohlinde ... 34

G
Galopprennen ... 40
Gebietsreform ... 27
Gemeindedreieck ... 55
Gerichtsbezirk ... 10
Giacometti, Alberto ... 114
Glabotki ... 71, 72
Gladbeck total ... 186
Glashaus ... 99
Godoj, Thomas ... 151, 183
GOVEST ... 4
Grimme-Institut ... 8, 114, 176
Grimme-Preis ... 8, 170, 177
Groß-Erkenschwick ... 128
Große Recklinghäuser Karnevalsgesellschaft Grün-Gold ... 24
Grullbad ... 150
Grün-Weiß Erkenschwick ... 133
Gustav-Adolf-Kirche ... 138, 141

H
Haard ... 200, 202, 216
Haard Walking Park ... 217
Habinghorst ... 38
Hachhausen ... 45
Hagem ... 48
Halde Hoheward ... 8, 96, 105, 200, 212, 215
Halde Hoppenbruch ... 213
Halterner Seetage ... 86, 187
Halterner Stausee ... 82, 86, 203, 214
Hamm-Bossendorf ... 93, 205
Hammerkopfturm ... 32
Hansestadt Dorsten ... 54
Hardt ... 54, 57
Haus Ostendorf ... 94
Haus Vogelsang ... 53, 200, 208
Heimatmuseum Lembeck ... 60, 208
Heimatvereine ... 5, 24
Heimatverein Colonia Marl ... 112
Heimatverein Lippramsdorf ... 94
Heimatverein Sythen 1930 ... 88
Heimatverein Waltrop ... 158
Henrichenburg ... 41, 156
Hermann-Grochtmann-Museum ... 42, 44,179
Herrlichkeitsbrunnen ... 60
Hertener Allgemeine ... 181
Hertener Löwen ... 220, 227
Hertener Weinmarkt ... 187
Hervest ... 54, 58
Hervester Zechenkolonie ... 58
Hillen ... 146
Hillerheide ... 146, 151, 220, 222, 224
Hirschkampsiedlung ... 162
Hochlarmark ... 150
Hochstadenbrücke ... 55
Hohenhorster Heide ... 146, 222
Hohe Mark ... 200, 202, 205, 216
Holsterhausen ... 54, 66
Holtermann, Gerd ... 40
Holthausen ... 156
Holtwick ... 87, 205
Holtwicker Heide ... 87, 203
Honermann-Siedlung ... 124
Horizontobservatorium ... 8, 96, 105, 213
Horneburg ... 12, 51, 156, 208
Hötting ... 45
HSC Haltern-Sythen ... 88
Hullern ... 82, 86
Hullerner Stausee ... 82, 86, 203
Hüls ... 110

I
Ickern ... 38
Ikonen-Museum ... 171, 139, 178
Innovationszentrum Wiesenbusch ... 78, 199

J
»Jule« Ludorf ... 228
Jahnstadion ... 111, 112
Jammertal ... 53, 206
Jovy, Dr. Michael ... 74
Jüdisches Museum Westfalen ... 170, 180
Jugendsinfonieorchester Recklinghausen ... 182

K
Kaiser Wilhelm II. ... 43, 160
Kammerorchester Gladbeck ... 182
Kanalfestival ... 43
Kappen, Gottfried ... 72
Karl der Große ... 10, 28, 89, 138, 156
Karnevalsclub Wittringer Ritter 1998 ... 24
Karnevalsumzüge ... 24
Katharinen-Kapelle ... 93, 205
Kettelersiedlung ... 162
Kfz-Zulassungsstelle ... 16, 22
KG Poahlbürger 1948 ... 24
Kirkeby, Per ... 141
Klein-Erkenschwick ... 128
Kloster Werden ... 34, 92
Koller, Jörg ... 224
Kommunale Neugliederung 1975 ... 4
Kompetenzfelder ... 26
König Ludwig ... 150, 212
Kreisverwaltung ... 16
Kreis Recklinghausen ... 13
Kuhlmann, Heiner ... 108
Kunsthalle Recklinghausen ... 180
Kunst für Kohle ... 141
Kusenhorst ... 94

L

Lambertus-Kirche 30
Landschaftsarchäologischer Park Henrichenburg ... 41
Landschaftsverband Westfalen Lippe (LWL) 17, 84, 160, 178
Langenbochum 96, 102
Lasthauser Moor 203
Lauri Sorainen 65
Lavesum 82, 87
Lehmbraken 88
Lembeck 54, 60
Lenkerbeck 120
Leveringhausen 161, 167
Libeskind, Daniel 42, 49
Lippramsdorf 82, 94
Loemühle 206, 214
Luftsportverein Dorsten 56, 215

M

Marl-Loemühle 19
Marler Zeitung 181
Marl Sly Dogs 111
Maschinenhalle Zweckel 76
Meckinghoven 48
Meistersiedlung 48
Merklinde 34
Moguai 183
Möller, Ralf 136, 152
Moselbachpark 158
Münch, Constantin 137
Musikgemeinschaft Marl 182

N

Napoleonsweg 12, 65, 217
Natrop 42
Netta, Heinz 122
Neue Philharmonie Westfalen 170, 182
Niederrheinischer Verein für Luftschifffahrt 215

O

Obercastrop 34
Oberwiese 160
Oer-Erkenschwick 122
Östrich 54, 57
Oppoli, Dieter 223
Oppoli, Ralf 225
Ostleven 52

P

Palmkirmes 146, 187
Paschenberg 96, 103
Pelkum 42
Petruskirche 138
Pferderennsport 40
Pferdesportpark Recklinghausen 220, 223
Phil Fuldner 183
Poahlbürger 27, 60
Polsum 108, 119
Pöppinghausen 34
Prigann, Herman 120

R

Radio Vest 181
Rapen 132, 205
Rauxel 38
Recklinghausen leuchtet 136, 139
Recklinghäuser Zeitung 181
Reiterbrunnen 30
Reitverein Lippe-Bruch Gahlen 57
Rentfort 70, 78, 79
Rhade 54, 61
Rhader Heimatverein 61
Rhein-Herne-Kanal 19, 43
Riesener-Brunnen 71, 72
Rockorchester Ruhrgebeat 183
Rode, Willi 40, 124, 146, 223, 225
Rodin, Auguste 114
Röllinghausen 150
Römermuseum 82, 84, 170, 178

Rot-Weiß Erkenschwick 124
Rote Funken Recklinghausen 24
Route der Industriekultur 213
Ruhrfestspiele 8, 136, 140, 155, 170, 172, 174, 187
Ruhr Nachrichten 181
Russisch-orthodoxe Gemeinde 51

S

Schachtanlage An der Haard 1 53
Scharoun, Hans 115
Scherlebeck 96, 104
Schiffshebewerk Henrichenburg 160, 200
Schlägel & Eisen 212
Schleusenpark Waltrop 156, 160
Schlossorchester Herten 182
Schloss Bladenhorst 39
Schloss Herten 217
Schloss Horneburg 51
Schloss Lembeck 208
Schloss Westerholt 100, 209, 217
Schloss Wittringen 233
Schmohl, Robert 50
Schultendorf 76
Schützenfeste 24
Schützengilde Rapen 133
Schützenverein Elmenhorst 165
Schwarz-Weiß Meckinghoven 230
Schweisfurth, Karl Ludwig 99, 102
Schwerin 32
SG 1928 Herten-Langenbochum 102
SG Hillen 229, 231
Sickingmühle 120
Siedlungsgemeinschaft Brassert e.V. 110
Silbersee 82, 89, 203, 214
Sinsen 120
Skulpturenmuseum Glaskasten 180
Soester Fehde 12
Speckhorn 148
Sportverein Concordia 92
SpVgg Erkenschwick 127, 129, 220, 228, 230
SpVgg Marl 229, 231
St. Agatha-Kirche 55
St. Amandus-Kirche 44
St. Lamberti-Kirche 70, 73
St. Peter-Kirche 156, 158, 206
St. Sixtus-Kirche 82, 84
St. Vincenz-Krankenhaus 44, 49
Stadt- und Heimatmuseum Marl 118
Stadtarchiv mit dem Vestischen Museum/
Haus der Geschichte 141
Städtischer Saalbau 173
Stadtspiegel 181
Stadtwaage 55
Stimberg 127, 203
Stimbergstadion 129
Stimberg Zeitung 127, 181
Stuckenbusch 149
Suderwich 155
SuS Bertlich 105
SuS Concordia Flaesheim 229
SuS Polsum 119
SuS Westerholt-Bertlich 231
Sutum 42
SV Bossendorf 93
SV Dorsten-Hardt 57
SV Neptun Erkenschwick 129
Sythen 82, 88
Sythener Mühle 89

T

Tannenberg 87, 94, 205
Tanzsportvereine TSZ Royal Wulfen 64
Tegeler, André 183
Toivo Korhonen 65
Truchsessische Wirren 12
TSV Marl-Hüls 111, 228
TTH Dorsten 64
Tuens Hüsken 51

Tüshaus-Mühle 61, 212
TuS Haltern 228, 231
TuS Sythen 88
TV Datteln 09 45

U

Umspannwerk Recklinghausen 152

V

van den Broek 114
Veiinghof 158
Verein für jüdische Geschichte
und Religion e.V. 180
Verein für Orts- und Heimatkunde
Oer-Erkenschwick 125
Verkehrs- und Verschönerungsverein Hochlar ... 149
Vestia Disteln 103
Vestischer Hellweg 14
Vestische Kinder- und Jugendklinik 49
Vestisches Museum 178
Vestische Straßenbahnen 18
VfB Hüls 112, 220, 228
VfB Waltrop 229
VfL Gladbeck 233
VfL Hüls 112
von Arenberg, Ludwig Engelbert 137

W

Waltroper Parkfest 187
Waltroper Zeitung 181
Wasserschloss Bladenhorst 208
Wasserschloss Herten 99, 209
Wasserschloss Lembeck 54, 60
Wasserschloss Wittringen 74, 208
Weitling, Otto 35
Wesel-Datteln-Kanal 19, 43, 92, 93
Westdeutsche Allgemeine Zeitung 181
Westerholt 96, 100
Westerholter Sommerfest 101
Westfälische Volkssternwarte 140
Westfälisches Landestheater 35, 170, 175
Westleven 92, 204
Westruper Heide 86, 87, 89, 203
Wewering, Heinz 40, 146, 159, 223, 225
William Thomas Mulvany 32, 40
Winter, Wilhelm 122
Wübbena, Leonard 99
Wulfen 54, 64

Y

Yehudi-Menuhin-Forum 213

Z

Zeche Victor 38
Zeche Auguste Victoria 12, 110, 112, 194, 212
Zeche Baldur 66
Zeche Brassert 110, 112
Zeche Clerget 150
Zeche Emscher-Lippe 42, 43, 45, 48
Zeche Erin 32, 212
Zeche Ewald 102, 199, 212
Zeche Ewald-Fortsetzung 122, 123, 128, 132
Zeche Fürst Leopold 57, 58, 195
Zeche General Blumenthal 123, 124, 146, 212
Zeche Graf Moltke 70, 74
Zeche Graf Schwerin 33
Zeche Ickern 38, 156, 162, 167
Zeche König Ludwig 136, 141, 152, 155, 172
Zeche Recklinghausen 150, 212
Zeche Schlägel & Eisen 102, 104
Zeche Waltrop 156, 162, 164, 166
Zeche Westerholt 100
Zeche Wulfen 65
Zeche Zweckel 76
ZRFV Dorsten 226
Zucht-, Reit- und Fahrverein Dorsten 56
Zukunftsstandort Ewald 212
Zweckel 70, 76

237

Herzlichen Dank!

Ein Nachschlagewerk wie das vorliegende zu erstellen, ist ein Mammutprojekt. Es ist wie ein Puzzle, bei dem mindestens 20 000 Teile zusammengesetzt werden müssen. Man weiß, es ist irgendwann fertig, und im Laufe der Zeit fügen sich auch die ersten Stücke zusammen. Doch der Weg vom Anfang bis zum fertigen Buch ist sehr lang.

Es ist längst nicht damit getan, in die Tiefen der Recherche einzutauchen und den Kreis nahezu täglich zu bereisen und zu erfühlen. Hinzu kommen wahre Unmengen an organisatorischen Dingen, die in Angriff genommen und erledigt werden müssen. Der Zeitplan ist straff durchstrukturiert. Viele Räder müssen ineinandergreifen. Irgendwann verselbstständigen sich einige Prozesse, was die Arbeit erleichtert, und ein solches Projekt gewinnt zudem an Eigendynamik. Auch deshalb, weil uns das gesamte Team der Edition Limosa auf hervorragende Weise begleitet hat.

Auch ohne die vielen anderen Helfer wäre es nicht möglich gewesen, das Buch »Der Vestische Kreis« fertigzustellen. Schon früh öffnete uns die Kreisverwaltung ihre Türen. Hier war Svenja Küchmeister in der Pressestelle für uns eine stets hilfsbereite Ansprechpartnerin. Vergleichbares gilt für die Pressestellen in allen zehn Städten;

Eine märchenhafte Stimmung im Winter – hier am Wasserschloss Herten. (Foto: © Svenja Küchmeister)

jede war wichtige Anlaufstation und wertvolles Regulativ. Wann immer wir um Hilfe baten, wurde sie uns zuteil. Sie alle waren mit großem, nie nachlassendem Engagement an unserer Seite.

Herzlichkeit, Engagement und offene Türen

Genauso war es bei vielen anderen Institutionen, wie zum Beispiel beim Stadt- und Vestischen Archiv Recklinghausen um Dr. Matthias Kordes oder beim Stadtarchiv Oer-Erkenschwick um Bettina Lehnert sowie bei Ansprechpartnern aus Kultur, Wirtschaft, Sport und Freizeit. Überaus herzlich war die Unterstützung, die wir seitens der vielen Heimatvereine im gesamten Kreis bekommen haben. Sie gaben uns die nötige Sicherheit, um vor allem historische Hintergründe richtig wiederzugeben.

Überaus gefreut haben wir uns darüber, dass uns unzählige Bürgerinnen und Bürger geholfen haben, die unterschiedlichen lokalen Gegebenheiten und Identitäten herauszuarbeiten. Bereitwillig haben sie aus ihrem Leben und von »ihrer« Stadt und »ihrem« Stadtteil erzählt. Diese Gespräche rundeten die Recherche ab.

Nicht unerwähnt bleiben darf der hohe Stellenwert, den bereits verfasste Literatur gespielt hat. Stellvertretend für viele andere Quellen seien genannt: Die »Vestische Zeitschrift«, der »Vestische Kalender«, »Der Kreis Recklinghausen« (erschienen im Theiss-Verlag 1979), »Die Emscher-Lippe-Region« (herausgegeben 2002 vom Landschaftsverband Westfalen-Lippe und der Geographischen Kommission für Westfalen), »Usse Duorp« (Herausgeber: Heimatverein Sythen), das »Hochlarmarker Lesebuch«, »Recklinghausen – Kleine Stadtgeschichte« von Werner Burghardt/Kurt Siekmann (1971 im Verlag Rudolf Winkelmann aufgelegt) oder »Das Vest. Ein dynamischer Wirtschaftsraum«.

Schließlich danken wir unseren Lebenspartnerinnen sowie Norbert Krehl, Maria Ennenbach, Anneliese Send, Siegfried Thomas, Günter Fricke und Horst Darmstädter.

Ralf Rudzynski, Dr. Nils Rimkus

Eine Idylle der eigenen Art ist der für den Kreis typische Mix aus Industriekultur und Natur. (Foto: © Svenja Küchmeister)

Der vestische Himmel über den Bögen des Horizontobservatoriums auf der Halde Hoheward. (Foto: © Angela Bischof)

Die Autoren

Ralf Rudzynski

Ralf Rudzynski wurde am 1. Juli 1968 geboren. Den Beruf des Redakteurs hat er von der Pike auf gelernt. Ab 1987 schnupperte er bei den Bochumer Ruhr Nachrichten im Ressort Lokalsport in den Beruf hinein. 1991 begann er bei der Zeitung RevierSport ein Volontariat. Noch im selben Jahr wirkte er maßgeblich am Trabrennbuch »Grün aus – Start frei« mit. Bereits 1997 war er stellvertretender Chefredakteur des RevierSport. Seit 1999 ist Ralf Rudzynski freiberuflich tätig. Sein Spektrum ist mannigfaltig und reicht von Sportberichten (Trabrennen, Fußball, Basketball) über Unternehmenspräsentationen und Erstellung von Firmenprofilen bis hin zu Reisereportagen über die Mongolei, Zakynthos oder die Philippinen. Darüber hinaus erstellt er Portraits in Wort und Bild und findet vor allem immer wieder nette Geschichtchen aus der Nachbarschaft. Ralf Rudzynski ist ein Journalist, dessen Wort gilt. Das wissen nicht nur seine Gesprächspartner bei der täglichen Recherche zu schätzen, sondern auch Prominente wie Sportstudio-Moderator Michael Steinbrecher, Trabrennweltmeister Heinz Wewering oder Fußball-Nationalspieler Stefan Effenberg.

Foto: © Yvonne Köhler

Foto: © Anja Micke

Nils Rimkus

Nils Rimkus ist ein Kind des Ruhrgebiets. 1964 in Bochum geboren und aufgewachsen, studierte er an der Ruhr-Universität Bochum (RUB) Publizistik- und Kommunikationswissenschaft, Geschichte und Biologie und promovierte in seinem ersten Fach. Seine Dissertation setzt sich mit dem Ruhrgebiet auseinander und behandelt die Aspekte Regionalmarketing, Image und regionale Identität.
Schon als Student arbeitete Dr. Nils Rimkus im Medienbereich, und ein Volontariat beim JournalistenBüro Herne rundete seine journalistische Ausbildung ab. In seinen vielen Jahren als freiberuflicher Autor und Journalist hat er zu Themen aus Gesundheit und Freizeit, Genießen und Wohnen, Wirtschaft und Geschichte, Demografischer Wandel und Sport geschrieben. 2009 gründete Dr. Nils Rimkus das Bochumer Text- und Pressebüro »Wieder Worte«.
Hier vertrauen ihm Kunden aus unterschiedlichsten Bereichen, darunter die gemeinnützige Stiftung Kinderzentrum Ruhrgebiet, die Revierparks und Freizeitzentren im Regionalverband Ruhr (RVR), die Ruhr Nachrichten Bochum und viele andere. Als Redakteur betreute er zuletzt zwei Publikationen der Bochum-Agenda 21. Die Branchenführer »Handwerk in Bochum« und »Einkaufen und Genießen in Bochum« wurden 2008 beziehungsweise 2010 von der Stadt Bochum herausgegeben.

Sonnenuntergang über dem Vestischen Kreis. (Foto: © Svenja Küchmeister)

... für Yvonne und Sylvia